NANNA FOSS

SPEKTRUM

1

DIE LEONIDEN

Aus dem Dänischen von Alina Becker

Arctis

Die Originalausgabe erschien 2020 unter dem Titel
Spektrum 1 – Leoniderne im Verlag Gyldendal, Kopenhagen.

Die Übersetzung wurde gefördert von der Danish Arts Foundation.

Danish Arts
Foundation

MIX
Papier | Fördert
gute Waldnutzung
FSC® C014496
FSC
www.fsc.org

Deutsche Erstausgabe
1. Auflage

Published by agreement with Gyldendal Group Agency

Übersetzung: Alina Becker
Umschlaggestaltung: Franziska Stern @coverdungeonrabbit
unter Verwendung von Motiven von © cgtrader.com und © freepik.com
Satz: Greiner & Reichel, Köln
Druck und Bindung: GGP Media GmbH, Pößneck
Printed in Germany 2024
ISBN 978-3-03880-090-3

www.arctis-verlag.de

Folgt uns auf Instagram
unter @arctis_verlag

EMILIE

1

»Und, Emilie? Wie sehe ich aus?« Alban zieht den Vorhang zur Seite, tritt aus der Umkleidekabine und breitet die Arme aus. Er trägt das dunkelblaue T-Shirt, das ich für ihn ausgesucht habe.

»Ich hatte recht mit der Farbe. Sie betont deine Augen«, sage ich.

»Auf eine positive Art, hoffe ich«, sagt er und lächelt kaum merklich. »Sitzt es okay?« Er dreht sich im Kreis, damit ich alles sehen kann. Der Stoff schmiegt sich an seinen trainierten Oberkörper, ohne zu eng zu sitzen und ihn wie einen Bodybuilder aussehen zu lassen, der aus dem nächstbesten Fitnesscenter entsprungen ist.

»Perfekt. Der V-Ausschnitt steht dir.« Ich werde nach und nach immer besser mit diesem ›Shopping‹, obwohl ich selbst mir das eher selten gönne. Ein paarmal im Jahr die immer selben Secondhandläden aufzusuchen, zählt nicht wirklich.

»Es fühlt sich auch wirklich gut an.« Alban schwingt mit den Armen, um die Elastizität des Stoffes auszutesten. »Ist das reine Baumwolle?«

»Ich glaube schon.«

»Du glaubst?« Er streicht mit dem Zeigefinger über die Naht des einen Ärmels. Über seiner Nasenwurzel bildet sich eine kleine Falte. »Fünfundneunzig Prozent Baumwolle, fünf Prozent Elastan, sage ich. Der Verlierer gibt ein Eis aus.«

»Eis? Im November? Bist du so scharf auf Hirnfrost?«

»Hast du Angst zu verlieren?« Alban hebt eine Augenbraue.

»Pah! Fang ruhig schon mal an, dein Kleingeld zu zählen. Und jetzt dreh dich um!«

Er gehorcht und ich fummele das Etikett aus der Innenseite. Dieses Spiel spielen wir nicht zum ersten Mal, und ich überlege kurz, ob ich inzwischen besser im Lügen geworden bin.

»Und?«, fragt Alban.

»Fünfundneunzig Prozent Baumwolle, fünf Prozent Elastan und fünfzig Prozent Kryptonit. Stoffnerd!«

»Ich glaube, der Stoffnerd hat heute Lust auf Schokoeis.« Er verschwindet wieder in der Umkleidekabine und zieht den Vorhang hinter sich zu. »Wo hast du das graue T-Shirt hingetan?«

»Hängt links am Haken. Und Schokoeis essen nur alte Leute!«

Ich höre das Geräusch eines Kleiderbügels, der gegen die Wand klappert.

»Kann da jemand nicht gut verlieren, meine minderjährige Freundin?« Alban lacht hinter dem Vorhang.

»Von wegen«, gebe ich zurück. »Und mit siebzehn bist du auch noch nicht volljährig, mein Lieber! Immer noch ein Jahr, bis du Zigaretten kaufen und Auto fahren darfst.«

»Dann wird es ja höchste Zeit, dass ich mit dem Rauchen anfange. Und meine Mutter überrede, mich den Führerschein machen zu lassen. Irgendwann *muss* sie doch mal nachgeben.«

Der Vorhang wird wieder zurückgezogen. Alban steht vor mir, die Arme voller Klamotten; über seinem lilafarbenen T-Shirt trägt er eine Jacke und einen Schal.

Lila passt gut zu seinem dunkelbraunen Haar und seinen stahlblauen Augen. Nicht dass ich Mode-Expertin wäre, aber ich habe einen guten Blick dafür, ob Farben miteinander harmonieren oder nicht. Das kommt ganz von allein, wenn man jeden Tag zeichnet, und genau deshalb hat mich Alban als Co-Pilotin für seine Shoppingtouren engagiert. Selbst wenn er ein Gespür für Stoffe hat, gehören Farben einfach nicht zu seinen Stärken.

Ich nehme seine ausgestreckte Hand.

»Soll ich dir nicht lieber damit helfen?«, frage ich mit einem Blick auf den großen Stoffhaufen über seinem freien Arm.

»Eure zarten Hände sollten nicht durch die unreinen Gewänder eines Plebejers besudelt werden«, erwidert er mit aufgesetzter Empörung.

»*Pssst!* Wenn du so redest, halten dich die Leute noch für meinen *Vater*!«, zische ich und ziehe ihn fort vom Umkleidebereich. »Oder für ein Relikt aus irgendeinem vergangenen Jahrhundert.«

»Das Wort *Plebejer* ist in unserer Sprache völlig zu Unrecht in Vergessenheit geraten«, sagt Alban.

»So wie *Taugenichts* und *Halunke* und *Hitzkopf* und *Spitzbube*«, ergänze ich. »Früher muss es viel lustiger gewesen sein, Leute zusammenzustauchen.«

»Erinnere mich daran, dass wir dir eine Zeitmaschine besorgen, damit du dich in einem passenden Zeitalter abreagieren kannst.«

»Keine Sorge, die steht schon auf meiner Wunschliste.«

Kurz darauf erreichen wir die Kasse, wo uns eine Verkäuferin mit vielsagendem Lächeln erwartet. Vermutlich liegt es an den Händen. Immer wenn wir uns an den Händen halten, denken die Leute, wir wären ein Liebespaar.

»Ich hätte gerne die hier.« Alban streckt den Arm aus und ich bugsiere den Kleiderhaufen auf den Verkaufstresen.

Die Verkäuferin versucht, Albans Blick auf sich zu ziehen, der starr auf einen Punkt links von ihr gerichtet ist. Dann schaut sie zwischen uns hin und her und ihr Lächeln verblasst.

»Ähm … ja. Klar, selbstverständlich.« Ihre Mundwinkel gleiten wieder nach oben, unsicher. Sie wendet sich an mich. »Ist das ein Geschenk?«, fragt sie.

»Keine Ahnung.« Ich zucke mit den Schultern, obwohl ich die Antwort sehr wohl kenne, und schaue Alban fragend an. »Ich will die Sachen schließlich nicht kaufen.«

Die Verkäuferin holt tief Luft und lehnt sich etwas über den Tresen, um ihre Frage zu wiederholen.

»IST DAS EIN GE-SCHE-ENK?« Sie spricht so langsam, deutlich und laut, dass sich ein paar Kunden in der Nähe zu uns umdrehen.

Ich beiße mir auf die Lippe, um nichts zu sagen. Es ärgert mich jedes Mal aufs Neue, wenn wir es mit solchen Leuten zu tun haben.

»Nein. Die sind nur für mich«, antwortet Alban ruhig.

Die Verkäuferin versucht, die Diebstahlsicherungen zu entfernen, sie werden von der durchdringenden blau-weißen Ladenbeleuchtung angeschienen. Sie scannt die Preisschilder und schaut wieder zu Alban.

Er hat bereits seine Karte in das Lesegerät gesteckt und die Fingerspitzen auf die ersten Tasten für seinen PIN-Code gelegt.

»JETZT BIT-TE PIN EIN-GE-BEN!« Die Verkäuferin brüllt fast.

»Gerne.« Albans Finger bewegen sich über die winzige Tastatur. »Mit meinen Ohren ist übrigens alles in Ordnung«, bemerkt er und lächelt.

Die Verkäuferin starrt ihn an und erwidert sein Lächeln zwei Sekunden zu spät.

Ich unterdrücke den Drang, ihr die Einkaufstüte aus der Hand zu reißen, lasse sie aber stattdessen einen langen Moment zappeln, bis sie ein paarmal blinzelt und die Tüte Alban entgegenstreckt.

»Vielen Dank«, sagt er. »Einen schönen Tag noch.«

»E-ebenso«, stammelt sie.

Ich schnaube und nehme wieder Albans Hand.

»Wow, was für eine Ziege«, sage ich, als wir draußen auf dem Bürgersteig stehen.

»Die war doch eigentlich ganz nett«, erwidert Alban. »Ich hatte Frostgram ja auch nicht dabei. Das warnt die Leute sonst vor.«

Frostgram, Albans neuester Begleiter, ist nach einem legendären Schwert aus dem Computerspiel World of Warcraft benannt. Das klingt ein bisschen tougher als ›Blindenstock‹. Wer hatte überhaupt die schwachsinnige Idee, dieses Ding als ›Stock‹ zu bezeichnen? Als wären Blinde automatisch lahm oder alt und bräuchten eine Gehhilfe.

»He, mal ganz ehrlich!«, sage ich. »Sobald die Leute einen Rollstuhl oder ein Hörgerät sehen, reden sie mit einem, als wäre man drei Jahre alt. Was denken die eigentlich? Dass dein Kumpel hier bedeutet ›Hallo, ich gehe in den Kindergarten‹, oder was?« Ich tippe mit dem Finger auf das viereckige Zeichen, das an der Vorderseite von Albans Jacke befestigt ist. Es ist blau und zeigt ein weißes Männchen mit einem weißen Stock. Sein Schal muss das Symbol im Laden verdeckt haben.

»Du hast heute ja einen richtig ritterlichen Tag.« Er drückt meine Hand. »Immer bereit, meine Ehre zu verteidigen.«

»Ich meine, das ist halt so *typisch*. Ich verstehe nicht, wieso du das einfach hinnimmst.«

»Da kann man nicht viel machen. Die Leute wissen es nicht besser. Lächle, und die Welt lächelt zurück.«

»Das sagst du so leicht. Aber es wird längst nicht so viel gelächelt, wie du vielleicht glaubst.«

»Dann ist es ja gut, dass *du* mit deinem ansteckenden Sinn für Humor die Wolken der Trübsal vertreiben kannst«, sagt Alban und legt die Stirn in ernste Falten.

Ich verpasse ihm einen sanften Knuff gegen die Schulter.

»Hey! Benimm dich, sonst parke ich dich am nächstbesten

Laternenpfahl. Da kannst du dann warten, bis Linus zurückkommt.«

Ich schaue mich im dichten Gedränge der Fußgängerzone um. Es ist mitten am Nachmittag, aber die Dämmerung lässt die Schatten zwischen den Häusern bereits tiefer werden. Die Leute erschaudern im eisigen Novemberwind und eilen mit gesenktem Blick und roten Nasen vorbei. Ihr Atem weht wie kleine weiße Fahnen hinter ihnen her.

»Es riecht nach Schnee«, sagt Alban.

Ich schaue nach oben in den steingrauen Himmel.

»Damit könntest du recht haben. Es ist ja auch ätzend kalt.« Ich reibe meine in Fäustlingen steckenden Hände aneinander und werfe noch einen Blick ins Gewimmel. »Wo bleibt er?«

Ich erkenne die Antwort, bevor ich meinen Satz beendet habe.

Vor uns teilt sich die Menschenmenge in zwei Hälften. Durch den Wirrwarr aus Winterstiefeln schiebt sich ein weißer Stock mit einer Gummikugel an der Spitze. Der Stock schwingt rhythmisch wie ein Metronom von einer Seite zur anderen und zeichnet einen unsichtbaren Halbkreis auf die Pflastersteine.

Manche starren weiterhin demonstrativ auf ihre Füße, als würden sie die Störung nicht bemerken. Andere lassen den Blick den schmalen Stock hinaufwandern, über die roten Markierungen und das schwarze Armband, um schließlich an der Person an dessen Ende kleben zu bleiben.

Linus ist einen Kopf kleiner und zwei Jahre jünger als sein Bruder. Er ist außerdem schmächtiger und strahlt immer eine angestaute Energie aus, die ihn neben Albans ruhigen, wohldurchdachten Bewegungen rastlos wirken lässt.

Linus geht in die achte, ich in die neunte und Alban in die zehnte Klasse. Aber obwohl wir über drei Stufen verteilt sind, fühlen sich beide für mich wie Gleichaltrige an. Vielleicht liegt es daran, dass wir drei in Wahrheit alte Seelen in jungen Körpern sind. Das sind die Worte meiner Mutter, und so kann man es wohl auf die nette Art ausdrücken.

Jonathan und seine Gang nennen uns eher Nerds, Loser oder Freaks. An guten Tagen.

Walnussbraune Haarsträhnen und eine große Sonnenbrille schauen unter Linus' Strickmütze hervor. Nur der untere Teil seines Gesichts ist zu erkennen, und der ist zu einem breiten Grinsen verzogen.

»Warum musst du immer einen auf Stevie Wonder machen, wenn du diese Nummer abziehst?«, frage ich kopfschüttelnd und greife nach seiner Sonnenbrille.

Linus blinzelt. Seine Augenfarbe ist schwer zu bestimmen, je nach Lichtverhältnissen wechselt sie zwischen Staubgrau und Hellgrün.

»Du sollst mich doch nicht verraten, Emilie! Es lief gerade so gut!« Er nimmt mir die Sonnenbrille wieder ab und setzt sie sich schnell auf die Nase. »So ist es viel einfacher und ich kann mich nicht darauf konzentrieren, immer einen leeren Blick aufzusetzen.«

»Weil ja alle Blinden aussehen wie Statisten aus ›The Walking Dead‹. So sind die Regeln.« Alban grinst. Dann reißt er Augen und Mund auf, streckt die Arme vor sich aus und lässt die Handgelenke baumeln. »Grrrraaaaaahhh!«

»Hör auf, Alban! Die Leute gucken!« Ich verkneife mir ein Kichern und greife nach seinem Arm.

»Komm runter, du Amateur-Zombie«, sagt Linus. »Du hast gerade ein paar alte Damen auf dem Bürgersteig gegenüber zu Tode erschreckt.« Er reicht den Stock an Alban weiter, der ihn prüfend vor sich über den Boden gleiten lässt.

»Frostgram ist leichter zu navigieren, findest du nicht?« Alban wiegt den weißen Stock in der Hand.

»Definitiv«, sagt Linus. »Aber Kohlefaser ist auch nicht so schwer wie Aluminium. Und bestimmt lässt sich der hier auch besser falten als der alte. Bei Excalibur haben die Gelenke immer irgendwie geklemmt.«

»Stimmt«, bestätigt Alban. »Diese Mobility-Stöcke aus Kohlefaser sind noch ganz neu.« Er klopft vorsichtig mit der Gummikugel an der Spitze auf das Pflaster. »Vielleicht war es ja Glück im Unglück, dass ich auf dem Bürgersteig ausgerutscht bin und Excalibur verbogen habe.«

»Wir halten sein Andenken in Ehren«, sagt Linus geschwollen.

Er besteht immer darauf, Albans neue Blindenstöcke einzuweihen. Und ihnen selbstverständlich Namen zu geben. Bis jetzt wurden alle nach berühmten Schwertern benannt. Linus freut sich jetzt schon auf den nächsten in der Reihe, obwohl er sich noch nicht entschieden hat, ob er ein Orcrist oder ein Gram wird. Das hängt davon ab, wer dann gerade angesagter ist: Tolkien oder die Helden der nordischen Sagen.

Linus' Einweihungsritual hat sich nach und nach zu einer regelrechten kleinen Feldstudie entwickelt.

›Ein echter Wissenschaftler nimmt nichts in Gebrauch, ohne es vorher getestet zu haben‹, pflegt er zu sagen. Das bedeutet, dass er mit hinter einer Sonnenbrille geschlossenen Augen über die Bürgersteige flaniert, bevor Alban den neuen Stock überreicht bekommt. Das hat ihm selbst und anderen im Laufe der Zeit so einige blaue Flecke eingebracht.

Obwohl ich mein Grinsen über sein Gehabe kaum zurückhalten kann, versetzt es mir trotzdem jedes Mal einen Stich ins Herz, wenn er die Brille wieder abnimmt und seinen großen Bruder den Stock an sich nehmen lässt.

Für Linus ist es nur eine Rolle. Für Alban ist es die Realität. Jeden Tag.

Manchmal wünsche ich mir, dass Alban den verfluchten

Stock nicht bräuchte. Dass er sich nicht andauernd mit dem vielsagenden Schweigen von Verkäufern oder Leuten auf der Straße auseinandersetzen müsste, die seinen rot-weißen Gehilfen sehen, bevor sie Alban sehen. Die ihm den Bedauernswert-Stempel aufdrücken, bevor sie auch nur ein Wort mit ihm gesprochen haben.

Ich habe mich noch nie dafür geschämt, mit Alban unterwegs zu sein, aber manchmal schäme ich mich für die Rücksichtslosigkeit anderer. Wenn die Leute fragen, ob Alban allein auf die Toilette gehen kann, bekomme ich Lust, die Frage an sie zurückzugeben.

Ob blind oder nicht, Alban ist der tougheste Mensch, den ich kenne. Das würde ich allen, die ihm merkwürdig hinterherstarren, gerne erzählen.

Nur den Mädchen nicht. Denn deren Blicke sind etwas anderem geschuldet. Alban ist seit der Vorschule mein bester Freund, aber auch mir ist nicht entgangen, weshalb sich die meisten Mädchen in unserem Alter nach ihm umdrehen.

Hätte er nicht vor zwölf Jahren diese Hirnhautentzündung gehabt, die seinen Sehnerv zerstörte, hätte ich ihn bestimmt nicht für mich allein. Die verstohlenen Blicke und das gedämpfte Gekicher der Grüppchen, die an uns vorbeilaufen, bestätigen das. Keines dieser Mädchen geht auf unsere Schule. Sonst würden sie kaum versuchen, Blickkontakt mit ihm aufzunehmen und verschiedene Variationen des verführerischen Schmollmundes, flirtenden Seitenblicks und sexy Langhaarwurfs anzubieten.

»Zombies stehen offenbar hoch im Kurs«, sagt Linus und schenkt dem Rudel Mädchen, die seinen großen Bruder gerade mit ihren Blicken ausgezogen haben, ein breites Lächeln. Sie schielen auf Linus' riesige Sonnenbrille und eilen davon.

Alban lässt sich nichts anmerken, obwohl er zweifellos ihr übermütiges Flüstern gehört haben muss, als sie vorbeihuschten. Er muss einen besonderen Schutzschild haben, der ihn vor solchen Dingen abschirmt.

Mein Blick fällt auf die Tragetasche, die Linus in der Hand hält. Etwas Großes und Viereckiges steckt darin, und zwischen den Griffen lugt blaues Geschenkband hervor.

»Ist das …?«, deute ich lautlos an.

Linus nickt und legt einen Finger auf die Lippen. Es war seine Aufgabe, unser gemeinsames Geburtstagsgeschenk für Alban zu kaufen, während ich das Geburtstagskind mit Powershopping abgelenkt habe.

»He.« Ich spüre etwas Kaltes auf meiner Wange und lege den Kopf in den Nacken. Der Himmel ist dunkelgrau geworden und vereinzelte Schneeflocken rieseln herab. »Es fängt an zu schneien. Wollen wir nicht nach Hause gehen? Meine Zehen fallen bald ab!«

»Hast du nicht etwas vergessen?«, fragt Alban.

»Ach ja. Dir soll an deinem Geburtstag doch auf keinen Fall dein wohlverdienter Hirnfrost entgehen«, sage ich.

Linus hebt eine Augenbraue über das Glas der Sonnenbrille.

»Dein Bruder hat das Recht, seinen Hirnstamm zu vereisen, weil er Baumwollmischgewebe paukt, während wir Normalsterblichen schlafen«, erkläre ich.

»Fett«, sagt Linus, als würden meine Worte total Sinn ergeben.

»Wir können auf dem Weg zu euch Eis im Supermarkt kaufen. Dann schmilzt es uns nicht.« Ich biete Alban meinen Ellbogen an und wir gehen zur Bushaltestelle am Ende der Straße.

»Schmelzen? Bei zehn Grad minus?« Linus zieht den Reißverschluss seiner Jacke bis unters Kinn.

»Ja, was ist nur mit dem Wetter los?« Der kalte Wind schmerzt auf meiner Haut und bringt meine Augen zum Tränen. Ich ziehe mir meinen riesigen Schal über Mund und Wangen und die Kapuze tief über die Stirn. Bestimmt sehe ich wie eine Mumie aus, die beim Mullbinden-Ausverkauf Amok läuft, aber ich hasse die Kälte ebenso sehr wie voreingenommene Idioten.

»Puh, muss kalt sein, da zu sitzen.« Linus nickt in Richtung eines zusammengekrümmten Bündels, das sich eng an die Schaufensterfront eines Geschäfts drückt.

»Da sitzt jemand auf dem Gehweg«, erkläre ich Alban. »Bestimmt ein Obdachloser«, füge ich hinzu, als mir das braune Stück Pappe vor der Gestalt ins Auge fällt. Ich bin zu weit weg, um die Buchstaben darauf entziffern zu können.

»Warte kurz.« Alban bleibt stehen und kramt in seiner Tasche herum. Er findet einen Fünfzig-Kronen-Schein und ein paar Münzen. »Mehr habe ich leider nicht«, sagt er und reicht mir das Geld.

Wir treten näher heran.

Das Bündel entpuppt sich als eine Frau mit strähnigem grauen Haar. Ihre Strumpfhose, die mit dunklen Flecken übersät ist, war irgendwann vielleicht einmal weiß oder pastellfarben. Sie trägt ein Paar ausgetretene Herrenschuhe und einen zerschlissenen geblümten Rock. Ihre Jacke ist einige Nummern zu groß und ihre Haut sehr runzlig.

Niemand außer uns bleibt stehen oder sieht auch nur in ihre Richtung.

Die Frau scheint uns noch nicht bemerkt zu haben, obwohl wir keine zwei Meter von ihr entfernt sind. Sie sitzt dort und wippt roboterartig hin und her, völlig versunken in ihrer eigenen Welt.

Ich zögere und schaue auf das Pappschild hinunter.

DAS ENDE IST NAH! steht dort in krakeligen Buchstaben.

Ich dachte immer, solche Weltuntergangsverkünder gäbe es nur im Film. Wenn sie jetzt nur nicht anfängt, einen Vortrag zum Jüngsten Gericht zu halten.

Ich mache einen unentschlossenen Schritt auf die Frau zu.

Sie reagiert noch immer nicht. Aus der Nähe kann ich hören, dass sie irgendetwas vor sich hinmurmelt. Soll ich ihr einfach das Geld hinlegen und verschwinden? Ich gehe vor dem Pappschild in die Hocke.

Auf meine Bewegung hin hebt sie den Kopf und ich blicke in ein Paar wässrige Augen mit einem weißgräulichen Schleier über den Pupillen. Es besteht kein Zweifel daran, dass sie blind ist.

Trotzdem öffnet sich ihr Mund zu einem runden, geräuschlosen Schrei, der den Blick auf faulige Zahnstümpfe freigibt. Als hätte ich sie erschreckt.

Als könnte sie mich *sehen*.

Sie richtet ihren milchigen Blick auf Alban und Linus hinter mir. Ihr Gesichtsausdruck wechselt von Schrecken über Ungläubigkeit bis hin zu etwas, das ich nur als blankes Entsetzen beschreiben kann.

»Ihr!«, krächzt sie.

Habe ich sie etwa schon einmal gesehen?

»Ich wollte nur …«, setze ich an.

»*Ihr* seid das!«, ruft sie mit brüchiger Stimme. »IHR seid das!«

Nein. Ich bin mir ziemlich sicher, dass ich sie noch nie gesehen habe.

Ich werfe einen Blick über die Schulter. Alban und Linus stehen reglos da, wie durch ihren plötzlichen Ausbruch am Boden festgenagelt.

»*Es ist so weit!*« Das Geschrei der Frau zieht neugierige Blicke an. »*Er kommt! Jetzt ist es so weit!*« Sie streckt mir einen knorrigen Zeigefinger entgegen und senkt die Stimme zu einem theatralischen Flüstern. »*Und das ist eure Schuld!*«

»Was kommt?«, frage ich, ganz irritiert darüber, plötzlich zu einer unfreiwilligen Statistin in ihrer Weltuntergangspredigt geworden zu sein. Ich mache Anstalten, wieder aufzustehen, aber sie erwischt mich am Arm und greift zu. Fest. Ich lasse das Geld fallen und verliere beinahe das Gleichgewicht.

Sie klammert sich an mir fest und zieht sich so nah an mich heran, dass ich alten Schweiß riechen kann.

»*Horror Vacui. Es ist so weit. Und er findet euch. Ihr könnt nichts machen! ER FINDET EUCH!*« Ihre knöchrigen Finger bohren sich mit erstaunlicher Kraft in meinen Oberarm.

»Aua, nicht!«

»Hey, lassen Sie sie los!«, höre ich Linus' Stimme an meiner Seite. Er greift nach der Schulter der Frau und drückt uns auseinander. Er schiebt noch nicht einmal sonderlich fest, aber die Frau taumelt rücklings gegen die Wand und ich lande hart auf meinem Hintern.

Mit Mühe rappele ich mich auf, mein Steißbein schmerzt nach der plötzlichen Begegnung mit den Pflastersteinen.

Linus legt das Geld auf das umgekippte Pappschild. Er behält die Frau dabei aufmerksam im Auge.

Sie ist wieder in sich zusammengesunken und murmelt vor sich hin. Der knochige Körper schwankt von einer Seite zur anderen, stärker als zuvor.

»Wir haben Ihnen etwas Geld auf Ihr Schild gelegt«, sagt Linus, aber die Frau antwortet nicht. Er wirft mir einen Blick zu und zuckt mit den Schultern.

Hinter ihm nehme ich eine wohlbekannte gelbe Silhouette in der Dämmerung wahr.

»Der Bus!«, platze ich heraus.

Linus wirbelt herum und läuft mit wild fuchtelnden Armen zur Haltestelle, um die Aufmerksamkeit des Fahrers auf sich zu lenken.

Der Bus kommt mit kreischenden Bremsen zum Stehen und ich drehe der merkwürdigen alten Frau den Rücken zu und greife nach Albans Hand, dann machen wir uns auf den Weg zur Straße.

2

»Der Obdachlosen da ging es bestimmt nicht so gut, was?«, sagt Linus, als wir uns im schmalen Flur seines Zuhauses den Schnee von den Stiefeln klopfen. Die Fahrt im vollen Bus zum Wohnblock, in dem Alban und Linus leben, haben wir schweigend verbracht, aber ich bin offensichtlich nicht die Einzige, der die Szene aus der Fußgängerzone nachhängt.

»Ach, findest du?«, frage ich. »Ist doch ganz normal, irgendwelche Leute auf der Straße mit Weltuntergangsgeschwafel zu überfallen.«

»Was hat sie noch gesagt?« Alban hängt seine Fäustlinge zum Trocknen auf die Heizung und beugt sich vor, um seine Stiefel aufzuschnüren.

»Er kommt! Jetzt ist es so weit!«, sage ich mit Gruselfilmstimme.

»Und offenbar ist das unsere Schuld«, ergänzt Linus.

»Was ist unsere Schuld? Das Jüngste Gericht, oder wie?« Alban zieht sich die Stiefel aus.

»Ne, ne. Horror Vacui«, sage ich. »Aber das muss wohl ebenso brutal sein.«

»So brutal wie der Weltuntergang? Dann sollte ich wohl möglichst bald auf meinem Schokoeis bestehen«, sagt Alban.

»Oh nein, wir haben das Eis vergessen!«, stöhne ich.

»Macht nichts.« Er richtet sich auf und wedelt abwehrend mit der Hand. »Mama hat Torte gebacken. Wir brauchen fürs Erste also keinen Zuckerentzug zu befürchten.«

»Das glaube ich auch nicht.« Sandra, Linus' und Albans Mutter, steckt den Kopf in den Flur. Sie ist eine schmächtige Frau mit silbernen Strähnen in ihrem dunkelbraunen Haar und zu vielen Sorgenfalten für ihr Alter. Die Farbe ihrer sanft dreinblickenden Augen ist eine Mischung aus Linus' Graugrün und Albans kühlem Blau. »Hallo, Jungs. Hallo, Emilie.« Sie schenkt mir ein herzliches Lächeln. Ich verbringe so viel Zeit in ihrer kleinen Wohnung, dass sie mich quasi als ihr drittes Kind ansieht.

Wäre ihr Mann nicht kurz nach Linus' Geburt an Krebs gestorben, hätte sie vielleicht noch eine eigene Tochter bekommen. So abgöttisch, wie sie ihre beiden Söhne liebt, hätte sie sicher genug Liebe für eine große Kinderschar übriggehabt.

»Hallo, Sandra.« Ich erwidere ihr Lächeln und greife nach dem Putzlappen, der über der Heizung hängt, um die Schneepfützen aufzuwischen.

»Ich hole gleich Albans Geschenk. Das Essen ist jeden Augenblick fertig, ihr könnt also schon mal den Tisch decken.« Sandra verschwindet durch die Tür zu ihrem kleinen Schlafzimmer.

Wir anderen gehen in die Küche, wo das Geburtstagsessen gerade Gestalt annimmt. Neben dem Spülbecken liegt eine mit Reis verklebte Sushimatte und eine offene Packung Noriblätter. Auf der Kaffeemaschine balanciert ein großer Teller mit bereits zubereiteten Sushistücken. Überall liegen gebrauchte Messer, Schneidebretter und Schüsseln zwischen leeren Plastiktüten und Avocadoschalen, sodass man die Arbeitsfläche darunter nicht mehr sehen kann.

»Hier zu Hause ist offenbar auch Horror Vacui angesagt«, sage ich.

»Das gibt es also wirklich?«, fragt Linus. »Ich dachte, das wäre nur Blödsinn gewesen.«

»Horror Vacui ist ein Begriff aus der bildenden Kunst«, erkläre ich. »Wenn man versucht, ein Papier oder eine andere Oberfläche komplett auszufüllen. Es bedeutet ›Angst vor dem leeren Raum‹.«

»Drohen diese Weltuntergangspropheten nicht eigentlich mit Sintfluten, Seuchen und dem ewigen Fegefeuer?«, fragt Linus. »Die Angst vor dem Nichts wirkt dagegen irgendwie ziemlich zahm, oder?«

»Bei ihr klang es wirklich übel.« Ich schüttele verwirrt den Kopf, um die angsterfüllten Augen der Frau von meiner Netzhaut zu verbannen.

Ihre merkwürdigen weißen Augen.

»Glaubst du eigentlich, dass sie blind war, Linus?«, frage ich.

»Ähm … du nicht?« Er holt ein paar saubere Teller aus der Spülmaschine.

»Ihre Iris und Pupillen waren ganz verschwommen.« Ich ziehe die Besteckschublade auf und nehme das Bündel Essstäbchen heraus. »Aber es schien, als könnte sie mich trotzdem sehen. Sie wirkte völlig erschrocken, obwohl ich kein Wort gesagt habe.«

»Vielleicht hat sie deinen Atem gehört und den Kopf zum Geräusch hingedreht«, sagt Alban. »Man muss die Leute nicht immer sehen können, um zu wissen, wo sie sind.« Er zwinkert in meine Richtung und öffnet den Kühlschrank, um die Flasche mit kaltem Wasser herauszuholen.

Ich fingere Essstäbchen für vier heraus und lege den Rest zurück in die Schublade.

»Aber … sie hat immer wieder *›ihr‹* gesagt, so als hätte sie nicht nur mich angesprochen. Und sie hat auch auf dich und Linus gezeigt.«

»Sie hat bestimmt unsere Schritte gehört, als wir uns ihr genähert haben«, sagt Alban. »Oder vielleicht hatte sie auch nur irgendeine Erscheinung. Es klang ja nicht wirklich so, als hätten wir uns in derselben Realität befunden.«

Alban hat sicherlich recht. Aber warum bereitet mir jeder Gedanke an sie immer noch Gänsehaut?

Sandra kommt mit einem großen Geschenk in den Armen zurück in die Küche.

Ich knalle die Schublade zu und schüttele das Unbehagen ab.

»Also, Alban, du alter Knacker«, sage ich laut. »Willst du die Geschenke vor oder nach dem Essen haben?«

Als ich kurz nach Mitternacht in Albans und Linus' mikroskopisch kleinem Badezimmer stehe und mir die Zähne putze, fühle ich mich ganz benommen. So ist das eben nach drei Stunden ›Bezzerwizzer‹ mit einer Gruppe Hardcore-Nerds.

Linus und ich haben die De-luxe-Version mit dem Xylofon gekauft, und Alban hat einen tapferen, aber vergeblichen Kampf gegen unser nicht vorhandenes musikalisches Gehör ausgefochten. Glücklicherweise musste Sandra los zur Nachtschicht im Pflegeheim, bevor wir richtig mit dem Spielen loslegten.

Obwohl Linus uns bei allen Fragen zu Logik und Zahlen abzog und ich in der Kategorie ›Literatur und Sprache‹ punkten konnte, war es dennoch Alban, der aus einem nervenaufreibenden Finale als Sieger herausging. Linus und ich setzten alles darauf, dass er nicht wusste, wer die Fußball-WM 1994 gewonnen hatte. Brasilien war definitiv ein reiner Glückstreffer. Hätte ich gewusst, dass Christiania im Jahr 1971 gegründet worden war, hätte ich die entscheidende Runde gewonnen, aber ›Geschichte‹ ist nicht gerade meine Stärke.

Ich spüle mir den Mund aus und stelle meine Zahnbürste zurück an ihren festen Platz im Becher. Ich übernachte oft bei Alban und Linus. Offiziell, weil es so praktisch ist, dass sie direkt gegenüber der Schule wohnen. Aber inoffiziell, weil es hier so wunderbar friedlich ist, im Gegensatz zu meinem Zuhause. Ich liebe meine Familie, aber die Ruhe, die ich hier finde, gibt es mit fünf Kindern unter einem Dach und einem laufend wechselnden Bestand an Tieren einfach nicht.

Meine braunen Augen sehen in dem schwachen Licht fast grau aus. Ich löse meinen geflochtenen Zopf, entwirre die schlimmsten Knoten mit den Fingern und flechte meine Haare erneut. Sie sind schlammfarben und reichen mir bis knapp unter die Schulterblätter. Ich trage sie immer geflochten, weil ich keine Ahnung habe, was ich sonst damit anfangen soll, so glatt, wie sie sind.

Der Pullover wird durch ein unförmiges T-Shirt-Nachthemd ersetzt, aber ich behalte meinen BH darunter an. Mit BH zu schlafen, kann die Durchblutung stören und die Brüste stark verformen, aber ich verstecke meine winzigen, spitzen Mückenstiche am liebsten, so gut es eben geht. Die Spätpubertät ist ätzend, wenn alle anderen Mädchen in der Klasse schon ordentlich Holz vor der Hütte haben.

Meistens versuche ich zu vergessen, dass ich einen Körper habe. Hülle mich in möglichst viele Schichten Stoff, wie eine verpuppte Larve, und hoffe, eines Tages wie ein anmutiger Schmetterling ins Licht herauszubrechen. Aber die Enttäuschung ist jeden Abend immer wieder groß, wenn die Stoffhülle fällt und zeigt, dass ich immer noch knochige Knie und schlaffe Haut am Bauch habe.

Ich strecke der Larvenvisage im Spiegel die Zunge heraus und sammle meine Jeans und meinen Pullover vom Fliesenboden auf.

Alban sitzt auf dem Bett und stimmt seine Gitarre, als ich das Zimmer betrete. Er trägt ein T-Shirt und eine Schlafanzughose und runzelt die Stirn unter den halblangen Haaren. Er muss die Nacht nicht in einem Kokon verbringen, um perfekt zu sein.

Sein Anblick mit der abgegriffenen ockerfarbenen Gitarre ist zu einem festen Teil meines Lebens geworden, seit wir uns vor etwa einem Jahrzehnt kennengelernt haben. Die Bettdecke unter ihm ist verblichener, seine Finger länger und geschickter bei den komplizierten Griffen, aber seine Körperhaltung ist dieselbe geblieben. An die Wand am Kopfende des Bettes gelehnt, ein Bein ausgestreckt, das andere angewinkelt in einem halben Schneidersitz.

Ich schalte das Licht aus und schlüpfe unter die Bettdecke. Alban rutscht ein Stück in Richtung Wand, um auf dem schmalen französischen Bett Platz zu machen.

»Wenn ich ganz nett frage, singst du mir dann ein Gute-Nacht-Lied?« Ich unterdrücke ein Gähnen.

»Da musst du aber wirklich, wirklich nett fragen«, sagt Alban. Im Schein der Straßenlampe vor dem Fenster sehe ich, wie er eine Saite spannt, bevor er sie erneut anschlägt.

»Lieber, kluger, *fantastischer* Alban … bitte sing doch ein klitzekleines Gute-Nacht-Lied für deine arme minderjährige Freundin.« Ich versuche, meinen Hundeblick in Schallwellen umzuwandeln, und sehe, wie einer von Albans Mundwinkeln zuckt.

»Wenn die minderjährige Freundin im Gegenzug verspricht, sich anschließend schlafen zu legen.«

»Ich glaube, sie hat leider keine Wahl.« Diesmal übernimmt das Gähnen auf der Hälfte des Satzes und dehnt die Wörter zu wenig charmanten Kehlkopflauten.

»Was willst du hören?«

»Such du aus«, sage ich, kuschle mich an ihn und schließe die Augen.

Alban sitzt einen Augenblick schweigend da. Dann schweben die sechs charakteristischen Töne des Intros von ›Nothing Else Matters‹ in die Schatten um uns herum.

Ich lächle, als Alban anfängt zu singen und sich seine Stimme um die langsame Melodie der Gitarre legt und den Rest der Welt ausblendet.

Ich muss nicht hinsehen, um zu wissen, dass er die Augen beim Singen geschlossen hat. Das hat er auch als Kind schon so gemacht, hat Sandra mir erzählt. Damals, als es noch einen Unterschied gemacht hat, ob seine Augen offen oder geschlossen waren. Aber es hilft ihm trotzdem, die Musik intensiver zu spüren, sagt er.

Er singt den Song so leise und sanft wie ein Wiegenlied, ganz ohne die raue, verhaltene Heavy-Metal-Energie von Metallica. Ein kalter Schauer des Wohlbefindens kitzelt mich im Nacken und an den Armen, bevor ich mich vom Schlaf einhüllen lasse.

3

Das Gefühl der Angst ist überwältigend, schon bevor ich die Augen öffne.

Die Leuchtstoffröhre über mir taucht alles in neonweißes Licht und bereitet mir Kopfschmerzen.

Ich liege auf dem Boden. Er ist kalt und feucht. Mein Herz klopft heftig hinter meinen Rippen, wie ein Alien, der versucht, sich zu befreien.

Über meinem Gesicht schwebt ein gebogenes Metallrohr vor einer glänzenden weißen Oberfläche.

Ich müsste wissen, was das ist. Ich habe so etwas schon einmal gesehen. Aber die anschwellende Panik lässt keinen klaren Gedanken zu.

Die Wände reflektieren das Neonlicht. Weiße, mit Buchstaben beschriebene Kacheln. Eine Art Behälter steht auf dem Boden neben mir, gefüllt mit zerknülltem Papier.

Ein Siphon. So heißt dieses Metallrohr. Ich liege unter einem Waschbecken.

Wie bin ich hier gelandet?

Ich versuche, mich zu bewegen, versuche, mich an etwas zu erinnern, aber es gelingt mir nicht. Sowohl Körper als auch Gehirn sind außer Reichweite, eingehüllt im Grauen.

Ich weiß, dass etwas Schreckliches passiert ist. Und dass etwas noch Gefährlicheres im Anmarsch ist. Aber ich habe keine Ahnung, was es ist.

Mein willenloser Körper starrt zum Waschbecken hinauf, wäh-

rend das außerirdische Wesen in meinem Brustkorb um sein Leben kämpft.

Unter dem Waschbecken hängt ein Tropfen. Er löst sich und fällt in Zeitlupe herunter auf mein Gesicht. Ich warte auf das leise Geräusch, das er von sich geben wird, wenn er mich zwischen den Augen trifft, aber es kommt nichts. Der Tropfen ändert seine Richtung und schwebt an meinem Körper vorbei.

Etwas bewegt sich am Rand meines Sichtfeldes. Mein Blick flackert in dem schmerzenden Licht umher, aber da ist nichts zu sehen. Ich bin vollkommen allein.

Ich erkenne, dass das Licht sich bewegt. Es wird langsam aus dem Raum gesogen. Oder vielleicht liegt es auch an den Schatten, die über die Wände kriechen und auf ihrem Weg den Boden, die Decke und das Waschbecken fressen.

Die Fugen zwischen den weißen Fliesen erwachen zum Leben. Sie wellen sich im schwindenden Licht, als wäre ich betrunken, und sie werden in dieselbe Richtung gezogen wie der Tropfen.

Die Dunkelheit überflutet mich.

Die Angst ist nun so stark, dass sie physisch schmerzt. Oder vielleicht war der Schmerz auch die ganze Zeit da.

Vielleicht sterbe ich gerade.

Ich kann nicht mehr denken.

Meine Augen sind weit aufgerissen, aber ich kann nichts sehen. Mein Mund öffnet sich zur Gegenwehr. Der Schrei zerrt an den Stimmbändern, Hals und Kopf tun weh, aber ich kann mich selbst nicht hören, und ich kann die Dunkelheit nicht übertönen.

Als die Schatten über mir zusammenfließen und die letzten krummen Linien verwischen, spüre ich nichts mehr. Selbst der Schmerz ist verschwunden.

Das Nichts ist ein Vakuum, das die Erinnerungen und die Gefühle und das Leben aus mir heraussaugt.

Vielleicht bin ich bereits tot.

Der Schrei bricht aus mir heraus und ich schrecke aus dem Schlaf. Die namenlose Angst überdauert wie ein klebriger Abdruck im Hirn.

Ich sehe mich verstört um. Die blassgelben Lichtfinger der Straßenlaterne umschmeicheln die Umrisse der Möbel in Albans Zimmer. Mein Herz pocht wie wild unter meinem T-Shirt, das feucht ist von Schweiß.

Ich ziehe die Knie bis unters Kinn und schlinge die Arme fest darum. Die Unruhe in meinem Körper zeigt sich in einer sanften Schaukelbewegung. Ich lege die Stirn an die Knie, schließe die Augen und versuche, ruhig Luft zu holen.

Erst als ich mich auf meine eigene Atmung konzentriere, bemerke ich Albans. Das Ein- und Ausatmen folgt zu schnell aufeinander, als würde er hyperventilieren.

Ich drehe mich zu ihm um.

Er liegt auf dem Rücken. Ein Lichtstreifen auf seinem Gesicht zeigt, dass seine Augäpfel sich hektisch hinter den geschlossenen Lidern bewegen, und sein Atem geht geräuschvoll und schwerfällig. Er stößt einen gequälten Laut aus und krallt sich mit einer Hand im Kissen fest. Die andere schlägt um sich und schlägt mit einem dumpfen Knall gegen die Wand.

Hat er so etwas wie einen Anfall? Der Gedanke lässt die Angst aus dem Traum wieder in mir aufsteigen, ein eisiger Hauch im Herzen.

»Alban!« Ich schüttele ihn, und er schlägt die Augen auf und schnappt nach Luft.

Einen Moment lang wirkt es, als starrte er mich an, aber dann legt er einen Unterarm über sein Gesicht und stößt ein tiefes, zittriges Seufzen aus. Die Vertiefung zwischen seinen beiden Schlüsselbeinen glänzt vor Schweiß.

»Hattest du einen Albtraum?«, frage ich und lege eine Hand auf seine Schulter.

Er nickt unter seinem Arm, atemlos.

»Ja.«

»Ich auch. Wir hatten bestimmt zu viel Torte.« Ich versuche, ein Lachen zustande zu bringen.

»Boah«, sagt er und wischt sich mit einem Ende der Bettdecke über die Stirn. »Ich weiß gar nicht mehr, wann ich zuletzt so schlecht geträumt habe.«

Ich wünschte, ich könnte dasselbe sagen. Aber es wäre wohl zu viel verlangt, von seinen Quälgeistern verschont zu bleiben, wenn man schläft.

Ich schmiege mich wieder an Alban und er breitet einladend die Arme aus. Unter dem vertrauten Duft von frischem Schweiß und seinem Deo weicht das klaustrophobische Gefühl allmählich aus meinem Körper.

Ich lege einen Arm über seine Brust und den Kopf auf die weiche Stelle unter seinem linken Schlüsselbein. Ich spüre seinen dumpfen, beständigen Herzschlag an meinem Ohr und an den Fingerspitzen, als ich wieder einschlafe.

Wieder Dunkelheit. Mein Herz beginnt zu rasen und ein Schrei formt sich tief in meiner Kehle.

Aber die Dunkelheit ist diesmal eine andere. Sie ist weniger dicht. Dreidimensionale Gebilde tauchen auf und verjagen die Panik, bevor sie Wurzeln schlagen kann.

Ein Bürostuhl mit einem Loch in der Rückenlehne. Ein wackeliger Bücherstapel. Ein Stativ mit einem riesigen weißen Zylinder.

Anders als im letzten Traum stehe ich jetzt aufrecht und kann mich bewegen. Meine Schritte hallen in dem finsteren Raum wider, als wäre die Decke sehr hoch und die Wände weit entfernt.

Ein Kälteschauer fährt mir über den Rücken. Die Angst, dass das Nichts zurückkehren könnte, sitzt mir im Nacken, aber das ist nicht der einzige Grund für mein Zittern. Beim Ausatmen bilden sich weiße Wolken vor mir.

Ein schwacher Lichtschein nahe am Boden weckt meine Aufmerk-

samkeit. Ich schaue nach unten und stelle fest, dass das Licht nicht von dort kommt, sondern von mir selbst.

Meine Handflächen leuchten violett. Ich halte sie mir vor das Gesicht. Meine Hände kribbeln, als wären sie eingeschlafen, und sie fühlen sich brennend heiß an.

Ein niederfrequentes Brummen setzt gleichzeitig mit dem violetten Leuchten ein. Es summt in meinen Zahnwurzeln.

Ich drehe die leuchtenden Handflächen nach außen, um die Lichtquelle zu suchen.

Der Boden besteht aus breiten Dielen und verschwindet fast vollständig unter einer sonderbaren Landschaft aus Kisten, Büchern, losen Papierbögen und etwas, das nach großen Landkarten aussieht.

Ich lege den Kopf in den Nacken, aber anstatt zu einem dunklen Deckengewölbe, starre ich zu einem funkelnden Sternenhimmel hinauf. Die Decke besteht aus viereckigen Glasscheiben, wie die Wände eines Gewächshauses.

Eine Sternschnuppe saust über den Himmel, dicht gefolgt von einer weiteren. Und plötzlich wird die sternenbestickte Decke über mir von Myriaden von Lichtblitzen übersät, die die Dunkelheit aufreißen.

Meine Hände brummen noch stärker und das Violett lodert auf, als hätte ich die Finger in Anzünder getaucht. Meine pulsierenden Handflächen und die herabstürzenden Sterne sind die einzigen Lichtquellen im Raum. Als ich die Augen schließe, zeichnen die Sternschnuppen glühende Spuren auf die Innenseiten meiner Lider.

Ich öffne die Augen erneut.

Und schreie.

Mehr vor Schrecken als aus Furcht.

Eine schlaksige Gestalt hat sich aus dem Schatten gelöst und steht jetzt direkt vor mir.

Es ist ein Junge in meinem Alter, etwas größer als ich. Er hat zwei Silberringe in der Unterlippe, Piercings in den Ohren und schwarzes, zerzaustes Haar, das ihm in die Augen fällt.

Die Augen des Jungen haben dieselbe Farbe wie das Wasser über den Korallenriffen, die man von Postkarten kennt. Ein Zwischending aus Türkis und klarem Hellgrün. Sein Blick ist so intensiv, dass die Hitze unter meiner Gänsehaut hochkocht.

Um den Hals trägt er eine Schnur mit einem dreieckigen Anhänger. Er ähnelt einem Kristall oder klarem Glas, eingefasst in einen verschnörkelten Metallrahmen.

Der Junge hebt eine Hand und zeigt auf etwas in ein paar Metern Entfernung. Seine Handfläche leuchtet in kräftigem Türkis. Fast in derselben Farbe wie seine Augen.

Ich folge der Richtung seines türkisfarbenen Zeigefingers und sehe einen großen Umzugskarton mit Symbolen an der Seite. Einen Stern und die Buchstaben MV.

Mir wird klar, dass das Brummen aus diesem Karton kommt.

Ich schaue den Jungen wieder an. Er hat seine Halskette abgenommen. Der Glasanhänger baumelt zwischen uns an der Schnur. Er pulsiert mit einem klaren weißen Licht.

Ohne Vorwarnung schießt ein Lichtstrahl aus dem Glas und trifft den Karton. Das Licht ist nicht mehr weiß, sondern bunt wie ein Regenbogen.

Der Brummlaut schwillt an. Die Wärme in meinen Händen nimmt zu, genau wie die violette Farbe.

Der Junge schaut mich an, den Kopf leicht zur Seite geneigt. Dann lächelt er. Ein schiefes, spöttisches Lächeln, das mich wie ein elektrischer Schlag unterm Solarplexus trifft.

Der unerwartete Haken in die Magengrube kitzelt, als ich die Augen aufschlage.

Alban schläft noch. Sein Puls unter mir ist langsam und ruhig, seine Atmung regelmäßig.

Ich hebe den Kopf von seiner Schulter, ganz steif im Nacken vom schiefen Liegen, und drehe mich auf den Rücken.

Das Gesicht aus dem Traum steht mir noch klar vor Augen,

und es juckt mich in den Fingern, es festzuhalten, bevor die Erinnerung verschwimmt.

Ich schiebe mich vorsichtig von Alban weg und schwinge die Beine über die Bettkante. Barfuß schleiche ich zu meiner Schultasche, die an ihrem üblichen Platz neben Albans Kurzhanteln steht. Ich hole Federmappe und Skizzenblock heraus, unendlich langsam, um keinen Krach zu machen, und mache das Licht an.

Der leise Knall des Schalters klingt wie ein Pistolenschuss in der stillen Nacht.

Ich halte den Atem an und schaue zu Alban. Das Licht hat keine Auswirkung, aber mit Geräuschen ist es etwas anderes.

Der Rhythmus, in dem sich seine Brust hebt und senkt, verändert sich nicht.

Ich setze mich aufrecht an die Wand und schlage die letzte Seite meines Skizzenblocks auf. Meine Hand sucht in dem verschmierten Federmäppchen herum und findet einen Kohlestift.

Damit mir das brüchige Bild nicht entgleitet, lasse ich den Stift nur ganz langsam über die leere Seite kreisen. Ich konzentriere mich auf die Erinnerung an das Gesicht, während meine Hand die Konturen nachmalt. Es passiert immer mal wieder, dass ich von etwas träume, das ich dann einfach aufzeichnen *muss*, aber oft verschwimmen die klaren, funkelnden Bilder, bevor ich es überhaupt aus dem Bett schaffe.

Diesmal ist es anders. Es ist, als würden die Linien über das Papier fließen und die schwarze Spitze in einem streng choreografierten Tanz mit sich ziehen, dessen Schritte ich zu meinem Erstaunen beherrsche. Ich kaue auf meiner Oberlippe herum, versunken in das Eigenleben der Zeichnung.

»Was malst du da?«

Ich zucke zusammen und der Kohlestift fällt mit einem sanften, dumpfen Geräusch zu Boden.

»Verdammt, Alban!«, ächze ich. »Du hast mich beinahe zu Tode erschreckt!«

»Entschuldige«, sagt er mit tiefer Stimme. Ich spüre, dass er lächelt.

Ich hebe den Stift auf und atme schwer aus. Mein Körper kann mit so viel Adrenalin in einer einzigen Nacht nicht umgehen.

»Ich zeichne nichts Bestimmtes«, sage ich. »Nur … grobe Skizzen, weißt du.«

Das ist eine kleine Lüge, so klein, dass sie in der Leichtigkeit des Satzes verschwinden kann, aber sie löst einen Anflug des schlechten Gewissens in mir aus. Vor allem, da ich nicht weiß, warum ich überhaupt lüge. Es ist schließlich nur ein Traum. Nur eine Zeichnung.

Vielleicht, weil Alban es nicht verstehen würde. Er zeichnet schließlich nie, um sich an Dinge zu erinnern.

Oder vielleicht, weil ich diesen besonderen Traum lieber für mich behalten möchte.

»Ich konnte nicht mehr schlafen«, sage ich.

»Ruhelose Künstlerin, wie üblich?«

»Genies schlafen nie.«

»Gut gesagt, Picasso«, sagt Alban und grinst.

»Warum ausgerechnet Picasso?« Ich rümpfe die Nase. »Kubismus ist so überhaupt nicht mein Stil. Fluchtpunkte und Säure sind nichts für mich.«

»Picasso war nicht nur im Kubismus unterwegs. Wenn mich meine Erinnerungen nicht ganz im Stich lassen, hat er bereits Anfang des 20. Jahrhunderts …«

»Okay, Kunstnerd, wir spielen nicht mehr ›Bezzerwizzer‹!« Ich beuge mich wieder über meinen Entwurf. Die schwarze Spitze des Stifts lockt das Gesicht aus dem Traum tiefer in mein Bewusstsein.

»Kohlestift?«, rät Alban.

»Vor dir kann man aber auch gar nichts geheim halten.« Ich fasse es nicht, dass er jedes Mal wieder richtigliegt.

»Kohle macht ein ganz eigenes Geräusch. Trockener als Grafit, aber nicht so weich wie Buntstifte.«

»Wenn du das so sagst, klingt es wahnsinnig kompliziert.«

»Zeichenwerkzeuge sind eine Wissenschaft für sich«, sagt er mit gekünstelter Schnöselstimme.

Ich lasse den Kohlestift intuitiv weiterwandern und achte jetzt aufmerksamer auf das kratzende Geräusch, das sein Kontakt mit dem Papier erzeugt.

Alban macht mich immer wieder auf Dinge aufmerksam, die ich sonst nicht bemerkt hätte. Er achtet so genau auf seine Umgebung, dass es zwangsläufig auf mich abfärbt.

Normalerweise mag ich unsere kleinen Zeichenratespiele, aber zum ersten Mal spüre ich einen mikroskopisch kleinen Keim der Verärgerung darüber, dass ich meinem Hobby nicht in Ruhe nachgehen kann.

Es muss der idiotische Traum sein, der mich so reizbar gemacht hat.

Ich zeichne schweigend weiter.

Es fühlt sich an wie eine Ewigkeit, bis Alban wieder gleichmäßig atmet und mich mit dem geheimnisvollen Jungen allein lässt.

4

Ich spüre den Novembermorgen durch meine dicke Winterjacke, er überzieht mein Gesicht mit Taubheit. Der Bürgersteig ist mit salzigem Schneematsch bedeckt und die Autos schleichen im Schneckentempo über die Straße, die Albans und Linus' Zuhause von der Schule trennt.

Meine Zähne klappern, noch bevor Linus die Tür hinter uns abgeschlossen hat. Der Weg zum Schuleingang dauert keine zwei Minuten, weshalb ich davon ausgegangen bin, die Fäustlinge in der Tasche lassen zu können. Aber der beißende Wind lässt mich meine Meinung ändern, und ich suche mit steifen, roten Fingern nach dem Reißverschluss meiner Tasche, während wir die Straße überqueren.

Wir sind schon fast auf der gegenüberliegenden Seite angekommen, als mein Kopf in weiß glühendem Schmerz explodiert. Ich lasse die Schultasche fallen und schlage mir die Hände vors Gesicht, das voller Schnee und Steinchen ist.

Lautes Gelächter umgibt uns, als ich auf die Knie sinke und nach meinen Sachen taste, eine Hand immer noch auf die Augen gepresst.

Die andere Hand findet meine Schultasche, und zu meinem Entsetzen merke ich, dass Bücher und Zettel im Schnee verteilt liegen.

Ich kann hören, wie Linus neben mir von einem Schneeball getroffen wird.

»Jonathan, du Mistkerl!«, murmelt er wütend.

Alban steht auf der anderen Seite und hebt einen Arm, um sein Gesicht hinter dem Ellbogen zu schützen, obwohl er normalerweise nicht zur Zielscheibe wird. Ich wüsste nicht, dass er schon einmal offenkundig gemobbt wurde. Nicht einmal von Jonathan. Vielleicht liegt es daran, dass er blind ist, oder auch nur daran, dass er eben Alban ist.

Sein Mund ist nicht mehr als eine harte weiße Linie, aber er sagt nichts. Glücklicherweise. Er hat mittlerweile verstanden, dass es alles nur noch schlimmer machen kann.

Linus bückt sich und greift nach meiner Schultasche, um mir zu helfen.

Ich blinzele den Schnee aus meinen Augen; sie tränen, während ich meine durchnässten Schulbücher an mich nehme und sie in die Tasche stecke.

Ich spüre einen Stich im Magen, als ich meinen Skizzenblock in einer schmutzigen Pfütze aus Wasser und Schneematsch schwimmen sehe.

Linus hebt ihn auf und reicht ihn mir mit rotem Gesicht. Ich trockne ihn schnell mit dem Ärmel ab, um zu verhindern, dass das Wasser vom Papier aufgesaugt wird, und stopfe ihn tief in die Tasche.

Das Gelächter schwillt an, aber vor allem eine Stimme sticht heraus. Der Rest ist lediglich ein nervöses Echo.

Ich schaue auf und blicke in das Gesicht, das mich in den meisten meiner Albträume verfolgt.

Jonathan lässt nie eine Gelegenheit verstreichen, mich in Grund und Boden zu stampfen, und ich war zu sehr mit den Träumen und der Zeichnung beschäftigt, um mich um den Schnee zu kümmern, der im Laufe des Abends und der Nacht gefallen ist. Jonathans Fäustlinge sind nass von halb geschmolzenen Eiskristallen. Seine grauen Augen unter dem Bürstenschnitt sind zusammengekniffen.

»Kannst du das Gleichgewicht nicht halten, Debilie?«, fragt er unschuldig. Vereinzeltes Kichern entfährt der Menge, die sich im Halbkreis um uns schart.

Ich beiße die Zähne vor Wut so fest zusammen, dass die hellen Flecken vor meinen Augen mit neuer Kraft zurückkehren. Ich kratze den letzten Papierbogen vom Boden, stehe auf und dränge mich durch das Gelächter, während ich zu Boden schaue.

Außer Atem und mit glühenden Wangen betrete ich das leere Klassenzimmer und gehe schnurstracks zu meinem Platz. Hinterster Tisch, direkt neben dem Fenster.

Ich hänge meine Jacke über die Stuhllehne und setze meine Strickmütze ab. Mein Nasenrücken und eine Wange brennen, als ich mir mit der Mütze vorsichtig das Gesicht abtupfe, und die Wolle wird mit Schmutz und kleinen Blutstropfen befleckt. Ich werfe sie auf die Jacke und lasse mich auf den Stuhl fallen. Innerlich koche ich.

Der Zeichenblock liegt auf dem Tisch, aufgequollen und dreckig. Ich hebe ihn hoch und trockne Vorder- und Rückseite gründlich mit meinem Ärmel ab, bevor ich ihn aufschlage. Viele der Zeichnungen sind ruiniert. Die ersten Seiten bestehen nur noch aus verschmierten Farbflecken oder schwarzgrauen Schattierungen, und ich kann die einzelnen Zettel nicht voneinander trennen, ohne das Papier zu zerstören.

Zornestränen brennen hinter meinen schmerzenden Augenlidern, aber ich beiße mir in die Wangen, um zu verhindern, dass meine Schwäche überhandnimmt.

So geht das schon seit dem ersten Schultag, als Jonathan meine Brotdose klaute und die Kordel aus der Kapuze meiner Sommerjacke riss. Über die Jahre hinweg hat sich das zu täglichen Schikanen entwickelt; verdorbene Milch in der Schultasche, zerbrochene Aquarellstifte und ein nicht enden wollender Soundtrack aus höhnischem Gelächter, der jeden meiner Schritte begleitet. Ich habe schon vor einigen Jahren aufgehört, mit dem Fahrrad zur Schule zu fahren, weil es mir zu lästig wurde, ständig alle platten Reifen zu reparieren, und ich habe schon fast so lange eine Geheimnummer, wie ich ein Handy besitze. Ich habe es auch aufgegeben, meine Nachrichten in den sozialen Medien zu checken. Viel zu oft zeigt mir die kleine Zahl über dem Nachrichten-Icon eine neue Boshaftigkeit von Jonathan an. Ihn zu blockieren reicht nicht, solange man sich so einfach Fake-Profile zulegen kann.

Ich habe nie verstanden, was zum Teufel ich ihm eigentlich getan habe.

Es ist nur noch schlimmer geworden, seit seine drei älteren Brüder von der Schule abgegangen sind. Bislang hat er sein Bestes gegeben, genau wie sie Ruhm als abgestumpfter Idiot zu erlangen. Vielleicht gibt es Extrapunkte auf das Arschlochkonto, wenn man sich eine Haftstrafe einhandelt oder noch vor der Volljährigkeit Erfahrungen mit harten Drogen vorweisen kann. In dem Fall sind ihm seine Brüder um einige Punkte voraus. Aber kein Wunder, dass das jüngste Arschloch der Familie vollauf damit beschäftigt ist, sie einzuholen.

Linus sagt, Jonathan sei einfach nur neidisch, weil ich klüger bin als er.

›Primaten zeigen die Zähne oder gehen zum Angriff über, wenn sie sich bedroht fühlen. Du lässt ihn vor dem Rest der Gruppe schwach aussehen. Ergo musst du ausgerottet werden. Das ist simple Verhaltenspsychologie.‹

Es ist nur ein schwacher Trost, dass er ein klassisches Beispiel für einen Affen mit mangelndem Selbstwertgefühl ist.

Ich verbanne Jonathan aus meinen Gedanken und konzentriere mich wieder auf meinen Skizzenblock. Auf einer der Seiten, inmitten der farbigen Grütze, kann man mit ein bisschen gutem Willen noch die Worte *Carpe diem* erkennen. Das bedeutet ›Nutze den Tag‹ auf Latein. Es geht darum, im Hier und Jetzt zu leben. Quasi das YOLO der alten Römer.

Das lateinische Sprichwort kämpft um seinen Platz auf dem nassen Zeichenblock, umgeben von Farben und Formen. Grüne und blaue Streifen laufen wie Blut von den feuchten *Carpe diem*-Buchstaben weg und vermischen sich mit dem Rot und Gelb der Schmetterlinge, die zerflossen um die beiden Wörter herumflattern.

Auf die gegenüberliegende Seite habe ich in verschnörkelten Buchstaben *Gutta cavat lapidem* geschrieben. Das bedeutet ›Steter Tropfen höhlt den Stein‹. Es erinnert mich daran, dass etwas, das auf den ersten Blick machtlos und fügsam wirkt, genug Stärke aufweisen kann, um gegen den härtesten Widerstand anzukämpfen.

Viele Sprichworte aus dem letzten Monat sind von dem schmelzenden Schnee verschlungen worden, stelle ich verbittert fest. Ich bin gezwungen, die nassen Zeichnungen herauszureißen, wenn sie nicht auch die übrigen zerstören sollen. Ich entferne einen nach dem anderen die klebenden Papierbögen, bis ich einen kleinen Haufen bunten Matsch neben dem Block zusammengetragen habe.

Der geheimnisvolle Junge ist glücklicherweise unbeschädigt. Weiter als bis zum Kohlestift bin ich nicht gekommen, und er sieht mich mit einem schiefen Lächeln auf den farblosen Lippen an. Sein Haar ist so lang, dass es fast die Augenbrauen und eines seiner Augen verdeckt, und es ist auf diese absichtlich-unabsichtliche Emo-Punker-Art zerzaust, wie man sie oft in Mangas sieht.

Aber abgesehen von der wilden Frisur hat er nichts von einer niedlichen japanischen Zeichentrickfigur. Er trägt zwei Piercings in der Unterlippe auf Höhe seiner Eckzähne und je ein krummes schwarzes Piercing in seinen Ohrläppchen.

Eines davon hat einen Durchmesser von mindestens einem Zentimeter.

Er ist beunruhigend anders als die putzigen Tiere und anmutigen Elfenprinzessinnen, die ich normalerweise zeichne. Meine Kunstlehrerin schüttelt immer den Kopf, wenn sie meine üblichen Motive sieht.

›*Zu viele Schmetterlinge, Emilie … das Leben bietet noch mehr als Schmetterlinge.*‹ Sie will gerne mehr ›Kanten‹ sehen, wie sie es ausdrückt. Aber wenn die eigene Realität schon voller Kanten ist, braucht man nicht noch mehr davon auf dem Papier.

Jedenfalls nicht mit Absicht. Wer weiß, welcher Teil meines Unterbewusstseins den gepiercten Jungen aus seinem Versteck gelockt hat.

Das Wiedersehen mit dem Lächeln aus dem Traum lässt langsam meine eigenen Mundwinkel nach oben gleiten. Ich taste in der Schultasche nach dem feuchten Federmäppchen, suche einen türkisfarbenen Buntstift mit dem richtigen Verhältnis von Grün und Blau aus und mache mich daran, eine Iris des Jungen zu schraffieren.

Die Augen sind immer das Erste, was ich zeichne, und das Erste, was ich koloriere. Die Seele einer Zeichnung hängt ganz von den Augen ab. Wenn die nicht richtig lebensecht strahlen, wird die ganze Zeichnung nicht gut. Man muss Highlights setzen, Schatten und Farbnuancen abstimmen, bis sich alles zu einer perfekten Kombination zusammenfügt. Die Wimpern sollten in einer bestimmten Art und Weise geschwungen sein, damit sie nicht wie steife Borsten aussehen, und der Bereich direkt unter der Augenbraue sollte immer heller sein, als man denkt.

Der Rest der Klasse tröpfelt in den Raum. Ihre Schritte und ihr Geplapper dringen nur als ein schwaches Summen zu mir.

Jonathans lautes Gelächter lässt mich aber zusammenschrecken. Automatisch beuge ich mich tiefer über die Zeichnung und verstärke meinen Griff um den Buntstift. Ich halte den Atem an und warte, ob Jonathan zu meinem Tisch kommt, aber er ist zu beschäftigt damit, über seinen eigenen Witz zu lachen, um weiter auf mir herumzuhacken.

Casper und Mathias lachen mit. Wie immer. Ritter Arschlochs stupide Schildknappen. Obwohl ich längst nicht Jonathans einziges Opfer bin, gehöre ich eindeutig zu seinen Favoriten. Vielleicht gibt er ja auf, wenn er es schafft, mich in der Öffentlichkeit zum Weinen zu bringen. Vielleicht provoziert es ihn, dass ich nicht so bin wie viele andere, die er mobbt. Dass ich nicht heule oder ausraste oder bei den Erwachsenen petze.

Das Sprichwort *Eloquium est argentum, silentium est aurum* liegt leider in dem Haufen toter, zerflossener Zeichnungen, aber das macht es nicht weniger wahr. ›Reden ist Silber, Schweigen ist Gold.‹ Einer der wenigen Sprüche, die immer wieder in meinen Skizzenblöcken auftauchen. Es geht darum, sich nicht brechen zu lassen. Zu schweigen, bis die Worte ihre Macht verlieren. Beharrlichkeit ist die einzige Waffe, die der Tropfen gegen den Stein besitzt.

Unsere Dänischlehrerin Mette betritt den Klassenraum. Sie fängt an, etwas auf die Tafel zu schreiben, und erzählt von den Anfängen der Science-Fiction.

Ich fische meinen Notizblock aus der Schultasche, um es so aussehen zu lassen, als würde ich mich an der Stunde beteiligen. Ich schreibe immer noch von Hand mit, weil ich dabei zeichnen kann. Außerdem erinnere ich mich besser an Worte, wenn ich sie mit einem Stift geformt habe, als wenn ich sie einfach nur in eine Tastatur hacke.

Die Buchstaben auf dem Smartboard sehen von meinem Platz in der hintersten Reihe aus verschwommen aus. Ich bin gezwungen, die Augen zusammenzukneifen, damit Wörter aus ihnen werden. Ich sollte wirklich diese Brille tragen, die mir meine Mutter gekauft hat, aber das würde Jonathan nur noch einen weiteren Grund für Gemeinheiten geben. Die paar Jahre mit Zahnspange waren schrecklich genug.

Mette redet weiter, aber ich höre nicht zu. Zeit und Raum lösen sich auf, während die Farben auf dem Gesicht des Jungen langsam Gestalt annehmen.

5

Als die Dänischstunde vorbei ist, hat das Gesicht auf dem Block einen ganz anderen Ausdruck bekommen. Von einem flachen und farblosen Entwurf hat es sich in ein lebensechtes und fast dreidimensionales Porträt verwandelt.

Die zerzauste Frisur ist schwärzer geworden und die Augen leuchten blaugrün hinter dem Pony. Ein Mundwinkel des Jungen zeigt nach unten, obwohl er lächelt, aber der andere verläuft in einer scharfen Kurve nach oben und zaubert ein Grübchen in seine Wange.

Der dreieckige Glasanhänger auf seiner Brust ist in einen dünnen, verschnörkelten Rahmen eingefasst. Es waren viele Grautöne und Highlights nötig, damit es wie Metall aussieht. Der Anhänger strahlt ein Spektrum regenbogenfarbenen Lichts bis zum Rand des Papiers. Im Traum hat es so ausgesehen, als ob das Glas das weiße Licht im Kern des Anhängers in eine Vielzahl von Farben aufspalten würde.

Spalten … das sagt mir etwas.

Ich sehe das Cover unseres Physik- und Chemiebuchs vor mir. Ich bin mir ziemlich sicher, dass man so ein Stück Glas Prisma nennt.

Auf einer Skala von eins bis zehn, wie nerdig ist man, wenn einen die Physikhausaufgaben im Traum heimsuchen?

Durch das Fenster sehe ich die wintergraue Landschaft, die in starkem Kontrast zu dem Farbspektakel in meiner Zeichnung steht. Eine frische Schneeschicht hat sich in der Zwischenzeit vom Himmel geschlichen. Das wäre ein hübscher Anblick, würde er mich nicht an das erinnern, was mich erwartet, sobald ich den Fuß wieder vor die Tür setze.

Die Pause endet, ohne dass ich mich von meinem Platz wegbewegt habe. Allmählich füllt sich der Raum mit Neuntklässlern und die Intensität des Lärms um mich herum nimmt zu. Ich hole mein Mathematikbuch heraus und zeichne weiter. Ich bin in die Schattierung der Wangenknochen des Traumjungen vertieft, als sich die Tür öffnet, und von Leder knirschende Schritte ziehen eine Spur gedämpfter Stimmen hin zur Tafel hinter sich her.

Ich schaue auf und sehe einen großen, drahtigen Mann vor dem Lehrerpult stehen.

Mein Blick gleitet über braune Lederstiefel mit Fransen und eine Cordhose mit ausgeblichenen Knien und weiter hinauf über einen bunten Sweater, einen silbergrauen Bart und langes, im Nacken zusammengebundenes Haar.

Aber es ist nicht der merkwürdige Hippie-Gandalf-Stil, der mich dazu bringt, ihn anzustarren.

Es ist das Gesicht des Mannes.

Weiße und wulstige Narben bedecken seine linke Wange, den Nasenrücken und einen Teil der Stirn, und über seinem linken Auge trägt er eine lederne Augenklappe.

Wir hatten ganz unterschiedliche Vertretungslehrer in Mathematik, seit Svenning sich vor einem Monat krankgemeldet hat, aber keiner von ihnen war … wie der hier.

»Hallo, Kids.« Die Stimme des Fremden klingt melodisch und viel tiefer, als es seine lange, dünne Gestalt vermuten lässt. Die Narben und der dichte Bart machen es schwierig, sein Alter zu schätzen. Er könnte alles zwischen Mitte vierzig und siebzig sein.

Niemand antwortet. Jonathan ist der Einzige, der es wagt,

einen etwas gequälten Laut von sich zu geben, eine Art Lachen, das im Keim erstickt wird.

»Ich heiße Janus«, fährt der Mann fort. »Es tut mir leid, dass Svenning erkrankt ist. Soviel ich weiß, wird er leider nicht wieder unterrichten können. Das heißt also, dass ich seine Stelle übernommen habe. Mit anderen Worten: Wir haben für den Rest des Schuljahrs das Vergnügen miteinander, sowohl in Englisch als auch in Mathematik und Naturwissenschaften.« Der graue Bart macht Platz für ein ernstes Lächeln, und als sich das rosafarbene Narbengewebe unter der Augenklappe runzelt, wird mir leicht übel.

Trotzdem kann ich nicht wegsehen.

Ich frage mich, ob er wie Svenning auch die Begleitung im Unterricht für Alban übernimmt.

Obwohl Alban ein Superhirn ist, braucht er für einige Unterrichtsstunden Hilfe von einem Betreuer. Svenning hatte ihn in den praktischen Stunden, wie Kunst und Sport, und in den eher visuellen Fächern wie Mathematik unterstützt, wo viel an der Tafel unterrichtet wird.

Aufgrund von Svennings Krankmeldung hatten in den vergangenen Wochen einige andere Lehrer die Begleitung im Unterricht übernommen. Und obwohl Alban sich nicht beschwert, weiß ich, wie anstrengend es für ihn ist, sich mitten im Schuljahr wieder auf neue Routinen einstellen zu müssen.

Es wirkt auf mich unfreiwillig komisch, dass ausgerechnet ein Einäugiger einem Blinden helfen soll.

Mit seinem gesunden Auge scannt Janus die sprachlose Menge ab, bis er bei mir hängen bleibt, als hätte ich laut gedacht.

»Da will wohl jemand unbedingt loslegen.« Janus nickt in Richtung meines Blocks, immer noch lächelnd, sodass sich die Narben rund um die Augenklappe runzeln.

Ich laufe feuerrot an und der plötzliche Blutzufluss bringt den Kratzer auf meinem Nasenrücken zum Pochen.

Unsere Lehrer sprechen mich im Unterricht so gut wie nie an. Das ist eine Art stillschweigende Übereinkunft. Solange ich in den schriftlichen Prüfungen gute Zensuren bekomme, lässt man mich den Rest der Zeit weitestgehend in Ruhe.

»Ähm … ja«, murmele ich und schiebe meinen weißen Zeichenblock unter den Notizblock, der nach der Dänischstunde noch peinlich leer ist. Jonathan stößt erneut dieses erstickte Geräusch aus und bringt meine errötete Haut zum Brodeln.

Glücklicherweise richtet Janus seine Aufmerksamkeit wieder auf die ganze Klasse.

»Da ich euch kurzfristig in mehreren Fächern unterrichten werde, dachte ich mir, dass ich euch bis Weihnachten eine fächerübergreifende Aufgabe gebe. Ihr tut euch paarweise zusammen und schreibt einen Aufsatz, in dem ihr zu einem bestimmten Thema Mathematik, Naturwissenschaften und Englisch verbindet. Die Aufsätze gebt ihr kurz vor den Weihnachtsferien ab.«

Einige meiner Mitschüler stöhnen leise und demonstrativ auf und ich rutsche unwillkürlich etwas tiefer auf meinem Stuhl nach unten.

Och nö. Bloß keine Gruppenarbeit.

Janus fährt fort, als hätte er das missbilligende Raunen nicht gehört.

»Weil ich glaube, dass die jungen Leute von heute viel zu wenig über ihre eigene Bedeutungslosigkeit in dem großen Ganzen wissen …«, Janus lässt den Blick seines braunen Auges eine Weile fest auf Jonathan ruhen, »… habe ich mir überlegt, dass ihr über etwas mit Bezug auf das Universum schreibt.«

»Das Universum?« Eine Stimme schießt aus der ersten Reihe zu Janus hinauf. Wie üblich erhebt Adriana, die Oberstreberin unserer Klasse, als Erste Einspruch. »Was meinen Sie mit

Universum? Das ist doch ein unglaublich weites Thema!« Sie schüttelt missbilligend den Kopf und lässt ihre blonden Korkenzieherlocken über die Stuhllehne tanzen.

»Genau das soll es auch sein. Eine kleine Herausforderung wird euch guttun«, sagt Janus gelassen. »Eure Aufsätze können alles umfassen, was mit dem Universum zu tun hat. Solange ihr alle drei Fächer mit einbezieht, könnt ihr im Grunde schreiben, worüber ihr wollt. Weltraumforschung, Sternennebel, die erste Reise zum Mond oder Einsteins Relativitätstheorie, was euch eben am meisten interessiert.«

Relativitätstheorie … wenn ich den Aufsatz doch nur mit Linus verfassen könnte. Er fährt auf alles ab, was mit Einstein zu tun hat.

»Die Aufsätze sind in vier Wochen fällig, und dann habt ihr noch eine Woche Zeit, um eure Präsentation vorzubereiten. Ihr werdet sowohl für die Zusammenarbeit als auch für den Essay und den Vortrag benotet.«

Ich schiele zu Adriana hinüber. Armer Tropf, wer auch immer sich mit ihr zusammentun muss. Adriana hasst Gruppenarbeiten mindestens so sehr wie ich. Obwohl sie in den Freistunden mit einer festen Freundinnenclique abhängt, neigt sie während des Unterrichts zu knallharten Alleingängen. Jeden, der keinen IQ auf Mensa-Niveau aufweisen kann, betrachtet sie als Klotz an ihrem wohlgeformten Bein.

»Wie organisiert ihr normalerweise die Aufteilung der Gruppen?«, fragt Janus.

»Svenning lässt uns immer selbst auswählen«, sagt Adriana schnell. Niemand widerspricht ihr, obwohl das gelogen ist.

»Okay«, sagt Janus. »Dann wird es Zeit für ein paar Veränderungen. *Ich* teile euch dieses Mal ein.«

Ein ungläubiges Gemurmel geht durch die Klasse, aber Janus erstickt die Einwände im Keim, indem er durch die Reihen geht und wahllos auf die Leute zeigt.

»Du da.« Er deutet auf mich. »Zusammen mit ihr.« Er dreht sich einmal halb um sich selbst und zeigt auf Adriana.

Was? Nein!

Ich starre auf meine neue Partnerin, wie versteinert vor Schreck, während Janus' Stimme zu einem Hintergrundrauschen wird.

Die meisten Lehrer sind natürlich ganz verknallt in Adriana. Ihre selbstgefälligen Monologe in den Unterrichtsstunden ersparen es ihnen, uns anderen Antworten abringen zu müssen.

Aber ich gehöre nicht zu ihrem Fanklub. Leute wie ich sind unsichtbar in Adrianas Welt, in der es nur darum geht, am lautesten zu sprechen, als Erste an der Reihe und immer und überall die Beste zu sein. Wo Reden Gold ist und Schweigen nur etwas für Verlierer.

Leider bin ich jetzt nicht mehr unsichtbar. Adrianas zusammengekniffene Augen schießen eisblaue Blitze in meine Richtung.

Ich schlucke, um den wachsenden Kloß in meinem Hals loszuwerden.

Janus geht zurück an die Tafel, als er fertig ist. Ein Blick durch die Klasse verrät die allgemeine Unzufriedenheit mit dem Ergebnis.

Benjamin, mein Sitznachbar in der letzten Reihe, hat anscheinend die größte Niete gezogen. Seine Augen hinter den dicken Brillengläsern sind weit aufgerissen und er schaut ängstlich zu Jonathan, der ihn gehässig angrinst und einen Daumen in die Höhe reckt.

Adriana beehrt mich mit einem letzten säuerlichen Blick, bevor ihre Hand in die Luft fliegt.

Janus nickt ihr zu.

»Ja?«

»Wie viele Seiten sollen wir schreiben? Sollen wir mit Fußnoten arbeiten oder einen Anhang mit Verweisen erstellen?

Wie lang soll der Vortrag sein? Wird die mündliche Arbeit genauso stark gewertet wie die schriftliche? Und müssen wir wirklich *alles* zusammen machen?« Sie beendet ihre Salve an Streberfragen mit einem bösen Blick in meine Richtung.

»Ich gebe euch noch eine schriftliche Zusammenfassung der praktischen Anforderungen für den Aufsatz und die Präsentation«, sagt Janus. »Und die Kooperation ist ein wichtiger Teil des Ganzen. Wenn ihr es nicht schafft zusammenzuarbeiten, kommt ihr nicht weit. Und das gilt nicht nur für diesen Aufsatz.«

Adriana schreibt mit grimmiger Miene mit und mein Launebarometer fällt unter den Nullpunkt. Das werden fünf sehr lange Wochen.

»Ich erwarte von jeder Gruppe einen Entwurf der Fragestellung, bevor ihr morgen nach Hause geht«, fährt Janus fort. »Ihr könnt jederzeit zum Brainstormen in die Bibliothek gehen.«

Ich starre hinunter auf den dreckigen Papierhaufen mit dem dahingeschiedenen *Carpe diem*, nicht imstande, die Initiative zu ergreifen und etwas zu unternehmen.

Um mich herum kratzen Stuhlbeine über das Linoleum und die Klasse teilt sich in flüsternde Grüppchen auf, die langsam durch die Tür verschwinden.

Ich bin so sehr in mein eigenes Elend versunken, dass ich Adriana erst bemerke, als sie sich neben mir räuspert.

»Ich gehe runter in die Bibliothek«, teilt sie mir mit.

»Aber … wir wissen doch noch gar nicht, worüber wir schreiben wollen?«

»Das können wir dort ja herausfinden. Ich will mich nicht auf die Warteliste für die guten Bücher setzen lassen müssen, nur weil du zu lahm bist.« Sie dreht sich auf dem Absatz um, und ihr langes Haar hinterlässt einen durchdringenden, künstlichen Duft von Blumen. Sie marschiert aus der Tür und kurz darauf ist nur noch das leise Echo ihrer schnellen Schritte auf dem Gang zu hören.

Ich schaue auf.

Janus lehnt sich mit überkreuzten Armen an die Tafel und beobachtet mich. Abwartend. So, als hätte er gerade einen Gladiatorenkampf in Gang gesetzt und würde jetzt nur noch darauf warten, dass ich zerquetscht werde.

Schwerfällig stehe ich auf, greife nach dem Gurt meiner Tasche und folge Adriana nach draußen.

6

»Wie wäre es, wenn wir über den Mars schreiben?«, frage ich. »Bestimmt finden wir ein paar spannende Artikel über die Marslandung, meinst du nicht?« Vor lauter Panik verhaspele ich mich immer mehr. Die Nähe zu Adriana bereitet mir körperliches Unbehagen, ein drückendes Gefühl in der Brust.

Wir schlendern durch die Regalreihen der Bibliothek und meine Finger wandern haltlos über die Buchrücken auf der Suche nach Inspiration.

»Die Marslandung? Meinst du vielleicht die Mondlandung? Bis jetzt sind doch noch keine Menschen auf dem Mars gewesen.« Adriana überfliegt die Buchrücken, ohne sie zu berühren. »*Unglaublich*, was für eine schlechte Auswahl wir hier haben.« Sie wirft den Kopf in den Nacken, um die Haare aus dem Gesicht zu bekommen.

Wir sind die Einzigen, die sofort hierhergegangen sind. Die anderen sitzen irgendwo auf den Gängen verstreut und sollten brainstormen, aber in den Gesprächsfetzen, die wir auf dem Weg aufgeschnappt hatten, ging es eher um Trichtersaufen, getunte Mofas und wer mit wem auf Daniels Party am Samstag rumgemacht hat.

»Ich weiß, dass es noch keine bemannte Marslandung gab«, sage ich, verärgert darüber, jetzt wie dumm dazustehen. »Aber es gibt schon Unmengen an Artikeln über Roboter, die …«

Erst jetzt bemerke ich das Mädchen, das ein paar Regale weiter an einem der beiden Bibliothekscomputer hockt.

Sie kaut energisch auf einem Kaugummi herum, während sie ab und zu zur Tür hinüberschaut, als würde sie auf jemanden warten. Ihr Gesicht kommt mir bekannt vor, aber ich bin mir sicher, dass ich sie noch nie in der Schule gesehen habe.

Ihre Dreadlocks haben verschiedene Rot- und Orangetöne und sie hat sie zu einem großen Knoten oben auf dem Kopf verschlungen. Wenn sie sich bewegt, sieht ihre Frisur fast wie ein Lagerfeuer aus. Sie trägt Armeestiefel, ein enges sonnengelbes T-Shirt mit einem herzförmigen Totenkopf und zerrissene Jeans. Durch die Löcher in der Hose sieht man ein paar grellgrüne Strumpfhosen.

Das Mädchen haut die Maus auf das Mauspad und steht so schnell vom Schreibtischstuhl auf, dass er nach hinten kippt. Sie sieht sich um und marschiert zielgerichtet auf die Regalreihe zu, vor der Adriana und ich stehen.

»Kennt ihr zufällig das WLAN-Passwort? Das Netz hier ist wirklich Schrott«, sagt sie.

Wir müssen überrascht wirken, denn sie grinst und klatscht sich die Hand an die Stirn.

»Ey, tut mir leid. Von vorne!« Sie streckt mir die rechte Hand entgegen. Eine große silberne Schlange windet sich um ihren Mittelfinger und ein Lederarmband mit einem hölzernen Anhänger in Form eines Vogels baumelt von ihrem Handgelenk. »Ich heiße Pi Levin. Heute ist mein erster Tag. In der 9B.«

»Das ist unsere Klasse.« Ich ergreife ihre ausgestreckte Hand. Die silberne Schlange fühlte sich überraschend warm an. Mein Händedruck ist viel zu schlaff, aber sie scheint es nicht zu bemerken. Ich weiß nicht, wann ich das letzte Mal einem anderen Teenager die Hand gegeben habe. »Ich bin Emilie.«

»Pi? Wie die *Zahl* Pi?«, fragt Adriana mit zusammengekniffenen Augen, als hätte das Mädchen sich als ›Tangens‹ oder ›Rechteck‹ vorgestellt.

»Ja. Aber ich bin nicht nach 3,14 benannt. Meine Eltern fanden den Namen einfach funky.« Pi grinst.

Ich lasse mir den Klang auf der Zunge zergehen. *Pi.* Das ist ein lustiges, kontrastreiches kleines Wort, hart und weich zugleich. Ich habe noch nie von jemandem mit diesem Namen gehört. Aber ich habe auch noch nie jemanden getroffen, der so aussieht wie Pi.

Aus der Nähe kann ich erkennen, dass sie helle türkisgrüne Augen hat, die von dicken Kajalstrichen rundherum betont sind. Ein paar kleine Sommersprossen sind über ihren Nasenrücken verstreut. Zu den Pünktchen auf dem rechten Nasenflügel gesellt sich ein Silberring, und auch ihre Ohrläppchen schmücken Ringe in verschiedenen Größen. Einer von ihnen hat die Form eines Schmetterlings. Außerdem trägt sie ein Piercing in jeder Wange, zwei kleine glitzernde Steine.

Pi streckt auch Adriana die Hand entgegen.

»Wie heißt du?«, fragt sie. Wenn sie lächelt, sehen ihre Piercings aus wie Tautropfen in zwei tiefen Grübchen. Es ist anmutig und fast elfenhaft, obwohl es nur Metallstücke sind, die sich durch Haut und Fleisch bohren.

»Adriana«, sagt Adriana steif und lässt die Hand mit der Silberschlange schnell wieder los. Sie hat bestimmt schon entschieden, dass sie unsere neue Klassenkameradin nicht ausstehen kann.

»Von welcher Schule kommst du?«, frage ich, um die angespannte Stimmung ein wenig aufzulockern.

»Eastern High in Queensland.«

»In Australien?«, frage ich dumm.

Pi nickt.

»Wegen der Arbeit meiner Mutter reisen wir viel. Sie kommt ursprünglich aus Dänemark, aber es ist schon viele Jahre her, dass ich hier gewohnt habe. Wir sind erst vor ein paar Tagen wieder zurückgezogen. Ich bin auf vier verschiedenen Kontinenten zur Schule gegangen.« Beim Lächeln kräuseln sich ihre Mundwinkel auf eine Weise, die das Gefühl des Wiedererkennens verstärkt.

»Ich glaube … ich bin mir fast sicher, dass ich dich schon einmal gesehen habe«, sage ich.

Pi mustert mein Gesicht mit forschendem Blick.

»Hmm. Also, ich glaube nicht, dass ich dich kenne. Reist du auch viel rum?«

Ich schüttele den Kopf. Die zwei Ausflüge mit meiner Familie nach Schweden wirken fast peinlich im Vergleich mit vier Kontinenten.

»Ich habe übrigens einen Zwilling, aber bei unserem letzten Besuch in Dänemark waren wir erst fünf Jahre alt«, sagt Pi.

Ich sehe zwei Schwestern mit flammendem Haar vor meinem inneren Auge. Es fällt mir nicht schwer, mir vorzustellen, wie sie Wüsten, Regenwälder und Städte auf der ganzen Welt besucht haben. Pi wirkt viel zu exotisch für unsere kleine Provinzschule.

Sie schaut wieder zu den Computern und verlagert unruhig das Gewicht von einem Bein aufs andere.

»Also, gibt es ein WLAN-Passwort? Ich muss nur …«

Ich sehe gerade noch den Schneeball am Rand meines Sichtfeldes, bevor er mich mitten im Gesicht trifft.

Ich schreie vor Schmerz auf und beuge mich nach vorne, die Hände auf die Augen gepresst.

»Jonathan!«, ruft Adriana.

»Dachtest wohl, hier drin wärst du in Sicherheit, was, Debilie? Aber ich kann … AAARGH!« Jonathans Stimme geht in einen Schmerzensschrei über.

Ich versuche, mir den Schnee aus den Augen zu wischen, um

sehen zu können, was hier vor sich geht, aber alles brennt und tränt weiter.

»Was zum Teufel machst du da, du IDIOT?«, brüllt Jonathan.

»Was *ich* mache?« Die heisere Jungenstimme klingt bedrohlich ruhig.

Ich versuche erneut, die Augen zu öffnen, aber es fühlt sich an, als wäre die Innenseite meiner Augenlider voller Glasscherben. Tränen und geschmolzener Schnee laufen mir über die Wangen, während mein Peiniger in der Nähe herumjammert.

»Lass mich los! Das tut scheiße WEH!«, ruft Jonathan.

»Erst, wenn du dich entschuldigst«, antwortet die raue Stimme.

»Das geht dich verdammt noch mal nichts … AU! AUUU!« Ein knackendes Geräusch ertönt, wie von einem Gelenk, das überdehnt wird. »TUT MIR LEID! TUT MIR LEEEEEEID!«

Einen Augenblick lang herrscht Stille, aber dann ertönt ein ohrenbetäubender metallischer Krach, der mich zusammenzucken lässt.

»Ich bring dich verdammt nochmal *um*«, knurrt Jonathan. Das Geräusch schneller Schritte vermischt sich mit weiteren gemurmelten Drohungen. Die Tür zur Bibliothek fällt lautstark ins Schloss und hinterlässt eine eindringliche Stille zwischen uns.

»Kannst du die Augen öffnen?« Die Stimme des Jungen schwebt jetzt genau über mir. Sie zittert ein wenig, als würde es ihm schwerfallen, seine Wut zu unterdrücken.

»Nein … es brennt.« Ich bedauere noch im selben Moment, dass ich wie eine Heulsuse klinge. Hoffentlich ist Jonathan wenigstens schon weg.

»Komm, wir gehen und spülen deine Augen aus«, sagt Pi.

Ich spüre, wie mich eine Hand am Unterarm fasst und mich

wegzieht. Ich bin vor Schreck viel zu betäubt, um Einwände zu erheben.

Ich betrachte auf der Mädchentoilette mein geschwollenes, rotes Gesicht im Spiegel. Zwei ziemlich blutunterlaufene Augen starren zurück.

»Ich habe mich gar nicht bedanken können«, murmele ich. »Ich konnte nicht sehen, wer das war.«

»Der diesem Neandertaler den Arm auf den Rücken gedreht hat? Das war mein Bruder, Noah.« Pi seufzt resigniert. Sie ist damit beschäftigt, nasse Fetzen Toilettenpapier aus dem Waschbecken zu fischen, mit denen sie meinen Augen Erste Hilfe geleistet hat.

Das Bild von zwei Mädchen mit schrillen Klamotten und Lagerfeuern auf dem Kopf zerbröselt augenblicklich.

»Er muss sich immer mit allen Idioten anlegen, er kann sein Temperament absolut nicht zügeln.« Pi wirft die nassen Papierreste in den Mülleimer. »Er bringt es sogar fertig, sich gleich am allerersten Schultag in die Scheiße zu reiten. Das wäre typisch für ihn«, wütet sie, mehr zu sich selbst gewandt.

Die Vorstellung von einer Zwillingsschwester weicht dem Bild eines Affen mit geringem Selbstwertgefühl, der Gliedmaßen verdreht und mit Morddrohungen um sich wirft. Der Neue ist offenbar ein ebenso großer Primitivling wie Jonathan. Mein Gefühl der Dankbarkeit schwindet und verwandelt sich in Ärger.

Als wir aus der Toilette kommen, geht Pi geradewegs auf einen Jungen zu, der vor der Tür zur Bibliothek hockt und abwesend in einem Comicheft blättert. Er trägt eine zerrissene schwarze Jeans, ein langärmeliges schwarzes T-Shirt und ähnliche Armeestiefel wie Pi. Es sieht aus, als hätte er auf uns gewartet.

Adriana ist verschwunden.

»Noah, du Idiot! Musst du das wirklich jedes Mal machen?« Pi reißt ihm das Comicheft aus den Händen. »Das muss ein neuer Rekord sein. Du hast dir jemanden zum Feind gemacht, *bevor* wir überhaupt mit der Schule begonnen haben. Du solltest dich einfach nur mit mir in der Bibliothek treffen, nicht den Dritten Weltkrieg lostreten!«

Sie klatscht ihm den Spiderman hart auf den Kopf.

Noah entreißt ihr das Heft, ohne den Blick zu heben. Er schlägt mit einem Ruck eine zufällige Seite auf und tut, als wäre er zu gebannt von den kleinen bunten Kästchen, um seine Schwester anzusehen. Seine heruntergekauten Fingernägel sind teilweise mit abblätterndem schwarzem Nagellack bedeckt.

»Er hat sie aus nächster Nähe getroffen, direkt ins Gesicht. Du weißt ganz genau, wie sehr ich solche Erbsenhirne hasse.«

»Das liegt nur daran, dass ihr Ego mindestens so groß ist wie deins! Du *kannst* einfach nicht anders, als dich einzumischen, wie? Aber wäre es zu viel verlangt, einmal an einer neuen Schule anzufangen, wo wir mal nicht von Tag eins an als die *Crazy Twins* bekannt sind?« Pi hat hektische rote Flecken unter ihren Sommersprossen und den funkelnden Piercings bekommen.

»Du bist doch kein Stück besser!« Noah sieht zu ihr auf. »Du musst auch immer …« Erst jetzt scheint ihm aufzugehen, dass sie nicht alleine sind.

Er räuspert sich verlegen und sieht mich an.

»Wie geht es deinen Augen?«

Ich schnappe nach Luft.

Es fühlt sich an, als bekäme ich zum dritten Mal an diesem Tag einen harten Eisklumpen ins Gesicht.

Noah hat helle blaugrüne Augen. Er trägt zwei Silberringe in der Unterlippe und in jedem Ohrläppchen ein schwarzes Piercing.

Ich versuche, etwas zu sagen, aber meine Zunge weigert sich, mir zu gehorchen. Ich kann ihn nur mit offenem Mund und großen geröteten Augen anstarren.

Er ist es.

Der Junge aus meinem Zeichenblock.

Abgesehen von der Frisur. Seine Haare reichen ihm nicht über die Augenbrauen, sondern stehen in alle Richtungen ab, wie ein tiefschwarzer Haufen Stroh, der von einem Tornado aufgewirbelt wurde. Und um seinen Hals hängt kein gläsernes Prisma.

»Bist du okay?«, fragt er.

Ein paar schmerzhafte Sekunden lang nicke ich dämlich, aber dann finde ich endlich den Startknopf für das Sprachzentrum in meinem Hirn.

»Ja, klar, war ja nur Schnee, oder? Ich bin nicht schneeblind geworden, falls du das denkst. Außerdem ist Schneeblindheit ja auch was ganz anderes. Aber ich kann noch sehen. Alles okay bei mir«, plappere ich.

Noah sieht mich verwundert an.

»Ich muss jetzt los. Ich sollte mich beeilen und nach Büchern für meinen Aufsatz suchen.« Ich dränge mich an den verblüfften Zwillingen vorbei und haste den Gang entlang. Das Blut pocht mir in den Wangen. Ich bin schon längst an der Bibliothek vorbei, aber meine Beine schaffen es nicht, umzudrehen.

Hinter mir höre ich, wie Pi etwas zu ihrem Bruder sagt, aber ich schnappe nur das Wort ›Gehirnerschütterung‹ auf, gefolgt von einem nervösen Lachen.

Ich biege um eine Ecke und stoße beinahe mit Adriana zusammen, die gerade aus der anderen Richtung herbeigelaufen kommt.

»Wo sind die beiden Neuen?« Sie sieht mich misstrauisch an, als hätte ich sie aufgegessen. »Ich habe versucht, Janus zu finden, aber er ist weder im Klassenraum noch im Lehrerzimmer. Wenigstens ist Jonathan auch verschwunden, also …« Sie zuckt mit den Schultern und steuert wieder auf die Bibliothek zu. »Kommst du?«

»Ja, danke der Nachfrage, mir geht's gut«, murmele ich und folge ihr.

Fünf Wochen.

Danke für nichts, Janus.

Noah und Pi sind verschwunden, als wir zurück zur Bibliothek kommen, aber ich sehe gerade noch, wie die Tür zum Büro der Schulleitung am Ende des Ganges zufällt.

Ein umgekippter Bücherwagen liegt vor dem Regal, wo Adriana und ich vorhin gestanden haben. Die Bücher sind auf dem Boden verstreut. Das erklärt den Lärm, kurz bevor Jonathan sich vom Acker gemacht hat.

Ich stelle den Wagen wieder auf die Räder und mache mich daran, die Bücher einzusammeln. Einige sind vom Herabfallen eingedrückt, und es tut mir in meinem Buchliebhaberherzen weh, als ich sie vorsichtig zurück auf den Rollwagen stelle.

Adriana tut so, als wäre nichts passiert. Sie setzt sich an den Computertisch und öffnet die Hülle ihres iPads, das sie aus dem Klassenraum geholt hat. Sie tippt zielgerichtet auf den leeren Bildschirm, als hätten wir uns bereits auf irgendetwas geeinigt. Ich bin kurz davor, etwas zu sagen, als Adriana sich suchend umsieht. Ihr Blick heftet sich auf meine Tasche, die an einem der Tischbeine lehnt. Die schwarze Ecke meines Zeichenblocks lugt heraus, und ohne zu zögern, greift Adriana nach dem Block und knallt ihn auf den Tisch.

»Ich nehme mir mal ein Blatt, um ein paar Buchtitel aufzuschreiben«, sagt sie und schlägt den Block von hinten auf.

Von ganz hinten.

Mein Herz saust mir in den Magen und wird wie an einem Bungeeseil wieder nach oben gerissen.

Mit einer Hand noch auf der Suche nach einer Federmappe erstarrt Adriana, als sie das Porträt von vergangener Nacht bemerkt. Sie legt mein Federmäppchen neben die Computertastatur, kneift die Augen zusammen und beugt sich über das schiefe Grinsen.

»Woher kennst du *den* denn?«

»Warum glaubst du, dass er das ist?«, frage ich mit fast kindlichem Trotz.

Adriana lacht kurz auf.

»Ja, warum wohl?«

Sie dreht den Block zu mir um und der erneute Anblick der Zeichnung trifft mich mit voller Wucht.

Obwohl die Haare anders aussehen und Noah kaum so freundlich dreinschaut wie sein gezeichneter Doppelgänger, ist die Ähnlichkeit unheimlich.

»Also, woher kennst du ihn?« Adriana lehnt sich auf ihrem Stuhl zurück und verschränkt die Arme vor der Brust.

»Ich … ich kenne ihn eigentlich nicht.« Ich fühle mich wie eine Fliege unter einem Vergrößerungsglas im scharfen Sonnenlicht. Warum habe ich die blöde Tasche auch mit in die Bibliothek genommen?

»Also hast du ihn gestalkt?« Adrianas Lippen kräuseln sich zu einem provokanten Lächeln.

Was soll ich darauf antworten? Jedenfalls nicht, dass ich ihn gezeichnet habe, weil ich von jemandem geträumt habe, der ihm ähnlich sieht. Das würde genauso absurd klingen, wie es sich anfühlt.

Und außerdem kann er es gar nicht sein. Das ergibt keinen Sinn.

»Vielleicht habe ich ihn mal im Supermarkt gesehen oder so«, sage ich. Nicht, dass ich ernsthaft davon ausgehe, Noah oder seine Schwester schon einmal unbewusst getroffen zu haben.

»Und du zeichnest immer irgendwelche wildfremden Menschen, die du beim Einkaufen triffst?« Das übertriebene Lächeln scheint jetzt auf Adrianas Lippen wie festgewachsen.

»Ich zeichne ständig alle möglichen unterschiedlichen Leute!« Meine Wangen pochen heiß, als ich mir den Zeichenblock vom Tisch schnappe. »Ich habe keine Ahnung, wo ich ihn gesehen haben könnte. Das kann sonst wo gewesen sein!«

Ich schließe den Zeichenblock und stopfe ihn tief in die Tasche. Dann löse ich ein paar Seiten aus meinem linierten Notizblock und klatsche sie neben Adrianas iPad. Ich setze mich vor den anderen Computer gegenüber von ihr und beginne hektisch, meine Zugangsdaten für das Schulsystem einzutippen.

Adriana stößt ein Schnauben aus und greift nach den Zetteln.

»Okay, okay, Stalker-Woman«, murmelt sie, laut genug, dass ich es auf jeden Fall höre.

Ich öffne einen Browser und starre auf den blinkenden Cursor. Meine Augen tränen nach der zweiten Gesichtsbehandlung mit Steinchen und Eiskristallen noch immer. Die Innenseiten der Augenlider fühlen sich wund an und ich stelle fest, dass ich Schnee fast so sehr verabscheue wie Gruppenarbeit.

Der Pfeil bewegt sich und öffnet einen weiteren Tab. Ehe ich mich versehe, haben meine Finger *Noah Levin* in die Suchleiste eingegeben.

Ich klicke auf die Bilderergebnisse und scrolle durch die Reihen fremder Gesichter, wobei ich Ausschau nach schwarzem Haar und einem finsteren Blick halte. Die Bildersuche bringt die wunderlichsten Ergebnisse hervor, unter anderem den Sänger von Maroon 5, der offenbar mit zweitem Vornamen Noah heißt und, abgesehen von einem zusätzlichen ›e‹ am Ende, fast denselben Nachnamen hat.

Aber plötzlich lande ich einen Treffer. Obwohl seine Haare hellbraun mit einem rötlichen Schimmer sind, erkenne ich die charakteristischen Piercings in der Unterlippe und die intensive türkise Augenfarbe wieder, die Noah mit seiner Schwester teilt.

Ich klicke auf das Bild und werde zu einem Profil auf irgendeiner Seite für Comicfans weitergeleitet. Noah hat nur drei Profilbilder hochgeladen und er lächelt auf keinem davon. Schwarz ist das vorherrschende Thema.

Er sieht meiner Zeichnung einfach zu ähnlich. Aber das schiefe Grinsen aus dem Traum wirkt merkwürdig schrill angesichts der Erinnerung an Jonathans Schmerzensschrei.

Adriana hustet, und ich schließe schnell den Tab und versuche, die blaugrüne Trance abzuschütteln, die mein Hirn kurzzeitig vernebelt hat.

Stalker-Woman. Debilie. Freak. Ein schräges Kind hat viele Namen.

Ich zwinge mich dazu, über das Universum nachzudenken. Habe ich wirklich genug Energie, um mich fünf Wochen lang mit der Marslandung zu beschäftigen? Und ist das überhaupt das Thema, zu dem Adriana gerade recherchiert, oder hat sie sich schon für ein anderes entschieden, ohne mich zu fragen?

Ich öffne ein neues Suchfeld und seufze. Dann beginnen meine Finger widerstrebend, sich über die Tastatur zu bewegen. Eigentlich kann ich ebenso gut mal nachsehen, welche Artikel es über …

»Hey.« Die heisere Stimme lässt mich zusammenzucken und ich tippe viel zu viele A's in das Wort *Mars*. Noah steht direkt neben mir. Langsam macht es mich ernsthaft nervös, wie er sich in mein Leben schleicht.

»Hallo«, sage ich. Mein Wortschatz scheint für ein paar Sekundenbruchteile komplett ausgedörrt.

»Könnt ihr uns vielleicht den Weg zu eurem Klassenraum zeigen?«, fragt Noah.

»*Unserem* Klassenraum«, meldet sich Pi von der Bibliothekstür aus. Sie lächelt uns über einen großen Bücherstapel hinweg an.

Ich nicke und ziehe schnell den Reißverschluss meiner Tasche zu. Wenn Adriana mein Bild erwähnt, sterbe ich.

»Wir haben sowieso gleich Englisch«, sage ich in einem Tonfall, der ärgerlicherweise sehr wie eine Entschuldigung klingt. Als bräuchte ich Adrianas Erlaubnis, um die Bibliothek zu verlassen. Ich beeile mich loszukommen, bevor sie etwas erwidern kann.

7

»Ist dieser Idiot auch in der Neunten?«, fragt Noah, während wir zusammen mit Pi den Korridor entlanglaufen.

»Ja, leider«, sage ich. »In meiner … ähm, unserer Klasse.«

»Cool. Dann kennen wir immerhin schon drei unserer neuen Klassenkameraden«, sagt er.

Ich werfe ihm einen verstohlenen Blick zu, um herauszufinden, ob er das ironisch meint, und bemerke irritiert, wie nah ich ihm bin. Einen absurden Moment lang fühlt es sich so an, als würde ich Seite an Seite mit einer meiner Zeichnungen gehen. Mein Atem setzt einen Moment lang aus und ich schaue schnell auf unsere Füße hinab.

Um zum Gebäude zu gelangen, in dem sich unser Klassenraum befindet, müssen wir einmal quer über den Schulhof gehen. Die Kälte breitet in Sekundenschnelle eine Gänsehautdecke über meine Arme und Wangen aus und meine Zähne klappern ohne Unterlass, bis wir das Haus erreichen.

Noah lässt sich nichts davon anmerken, dass wir gerade einen Spaziergang über den Nordpol gemacht haben. Er schleppt einen ebenso großen Bücherstapel wie Pi und einer der schwarzen Ärmel ist seinen Unterarm hinaufgerutscht.

Mein Blick bleibt auf einem Schatten direkt über seinem Handgelenk hängen.

»Muss man nicht achtzehn sein, um sich ein Tattoo stechen zu lassen?«, frage ich.

»Wahrscheinlich schon«, sagt er kryptisch.

»Hast du dich etwa älter gemacht?« Dann fällt mir etwas ein. »Du bist doch noch nicht achtzehn, oder?«

»Nein, ich werde bald sechzehn. Aber wenn man nicht nach dem Alter gefragt wird, muss man es auch nicht verraten.«

»Aber … deine Eltern haben das doch bestimmt irgendwann entdeckt, oder?«, frage ich.

»Sagen wir einfach, es war kein großes Gesprächsthema.« Noahs Stimme klingt seltsam, als er das sagt.

»Haben sie selbst auch Tattoos?«

»Kein einziges.« Er verändert seinen Griff um den Bücherstapel und der schwarze Stoff verdeckt das Tattoo wieder. »Wie heißt du eigentlich?«

Ich halte den Atem an und schaue ihn an. Um den Hals trägt er ein dünnes Lederband, das im Ausschnitt seines T-Shirts verschwindet.

Etwas in mir möchte wissen, was sich am Ende der Lederhalskette befindet. Ein anderer Teil möchte am liebsten all die Schmetterlinge ermorden, die plötzlich in meinem Bauch herumflattern, und dann schreiend wegrennen.

Wir sind vor der Tür unseres Klassenraums angekommen und ich bleibe stehen, ohne zu wissen, was als Nächstes passiert. Ich starre so intensiv auf das Lederband, dass ich erst recht spät bemerke, dass Noah sicher eine Antwort auf seine Frage erwartet.

»Ähm, Emilie. Ich heiße Emilie. Die andere in der Bibliothek heißt Adriana, und der Typ mit dem Schneeball, das war Jonathan. Aber das hast du vielleicht schon mitbekommen«, sage ich so schnell, dass ich über die Worte stolpere.

Hinter uns sind knarrende Schritte zu hören und wir drehen uns alle drei um.

»Hallo.« Janus' Auge richtet sich sofort auf Pi, die in dem dunklen Gang wie eine wahre Farbexplosion wirkt. Er presst die Lippen zusammen, und einer seiner Mundwinkel zuckt, aber nicht, um zu lächeln. Ich kann nicht entschlüsseln, ob er angewidert oder verärgert ist.

Vielleicht ist Janus einfach nur so alt, dass er sich von ›neumodischem Quatsch‹ wie Piercings, wilden Frisuren und kaputter Kleidung provozieren lässt. Aber sollte er nicht der letzte Mensch auf Erden sein, der über ein auffälliges Äußeres die Nase rümpft?

»Hallo.« Pi lächelt und zeigt ihre funkelnden Grübchen. Falls sie durch die vernarbte Halbmaske verschreckt oder durch die unterkühlte Begrüßung vor den Kopf gestoßen sein sollte, lässt sie es sich nicht anmerken.

Ihr Bruder nimmt Janus' Feindseligkeit nicht ganz so entspannt. Noah sieht so verbissen aus, dass man denken könnte, Janus hätte ihn direkt beleidigt oder etwas wirklich Unangenehmes zu Pi gesagt.

Aber wer weiß, ob Noah überhaupt einen anderen Gesichtsausdruck als grimmig auf Lager hat? Falls er Lachfältchen hat wie der Junge aus meinem Traum, versteckt er sie jedenfalls ziemlich gut.

»Ich heiße Pi.« Sie streckt die Hand aus.

Janus schaut sie an, als wäre die Silberschlange um ihren Mittelfinger lebendig.

»Ich weiß.« Er gibt ihr einen kurzen Händedruck und greift nach der Türklinke, bevor Noah sich ebenfalls vorstellen kann. »Ich wurde von der Schulleiterin informiert.« Er sagt das so, als wäre es etwas Negatives. »Mein Name ist Janus. Dann kommt mal mit in die Höhle des Löwen.« Er öffnet die Tür und betritt die Klasse, ohne auf uns zu warten.

Was hat unsere Rektorin Gitte ihm wohl über die Zwillinge erzählt, dass er sich so aufführt?

Zum zweiten Mal an diesem Tag erlebe ich mit, wie eine gesamte neunte Klasse sich in eine Mauer des Schweigens verwandelt. Selbst von meinem Platz ganz hinten im Raum kann ich die starrenden Blicke spüren, die auf die Zwillinge gerichtet sind.

Meine Mitschüler wissen offenbar nicht, was sie mit Noahs schwarz lackierten Nägeln, der flammenden Haarpracht seiner Schwester oder all dem Metall in ihren Gesichtern anfangen sollen. Die große Skepsis wird nicht unbedingt dadurch geschmälert, dass Pi mich anlächelt, als gehörten wir beide derselben geheimen Sekte an.

»Das sind Pi und Noah«, sagt Janus. »Sie haben heute recht kurzfristig ihren ersten Tag hier in der Klasse. Ich hoffe, ihr nehmt sie herzlich auf.«

Jonathan erdolcht Noah, der zwischen den Tischen hindurchgeht, ohne eine Miene zu verziehen, förmlich mit seinem Blick.

Noah setzt sich neben mich, und ich tue so, als ob ich ein künstliches Astloch auf der beschichteten Arbeitsplatte des Tisches untersuche, um ihn auf keinen Fall ansehen zu müssen.

Pi hat bereits den Stuhl neben Adriana besetzt. Er ist gerade frei, weil Adrianas beste Freundin Frederikke die Grippe hat.

Adriana rümpft die Nase über ihre neue Sitznachbarin, aber Pi scheint es nicht zu bemerken.

»Hello, my people!« Janus hat seine erste Begegnung mit den Zwillingen offenbar verkraftet, denn er eröffnet den Unterricht mit einem schaukelnden Reggae-Akzent, der in merkwürdigem Kontrast zu seinem undurchsichtigen Verhalten draußen auf dem Gang steht. Er hält eine zerfledderte Ausgabe von ›Brave New World‹ in die Höhe. Wir hätten bis heute die letzten Kapitel lesen sollen. »What do you think the main themes of this book are?«

Er schaut sich um und die Blicke meiner Klassenkameraden wandern in die Luft, aus dem Fenster oder hinunter auf die

Tischplatten. Alle bis auf eine sind vollauf damit beschäftigt, so auszusehen, als hätten sie die Frage nicht gehört oder verstanden.

Adriana meldet sich natürlich.

»What's your name?«, fragt Janus.

»Adriana«, sagt sie und liefert eine bildhafte Beschreibung der ›bestiality of mankind‹ ab.

»Thank you, Adriana«, sagt Janus. »Very good.«

Adriana lächelt. Die anderen Lehrer haben im Laufe der Zeit eine Immunität gegen ihre Makellosigkeit entwickelt und bringen es kaum noch fertig, sie zu loben. Wahrscheinlich muss es erfrischend für sie sein, den neuen Lehrer noch beeindrucken zu können.

»Well. Other interpretations?« Janus lässt den Blick wieder durch die Klasse schweifen. »Come on, peeps!«

Die Begeisterung in seiner Stimme klingt hohl in meinen Ohren. Wenn er nur das geringste bisschen über unsere Klasse wüsste, wäre ihm klar, dass kaum jemand außer Adriana das Buch überhaupt aufgeschlagen hat. Und außer mir natürlich. Aber das hänge ich normalerweise nicht an die große Glocke.

»No? No other themes?«

Ich presse die Lippen zusammen, um nicht mit einer Reihe allzu offensichtlicher Antworten herauszuplatzen. Schriftlich bin ich überdurchschnittlich gut in Englisch, aber im Mündlichen hapert es ernsthaft. Meine Zunge ist immer so sehr auf einen guten Klang fixiert, dass sie die Wörter förmlich zermatscht. Neben Noah mein jämmerliches Viertklässler-Englisch zu stammeln, ist das Letzte, was ich gebrauchen kann. Er spricht bestimmt mehrere Sprachen fließend.

Ich schiele zu ihm hinüber und mein Blick bleibt wieder an dem Lederband hängen. Ich denke an das leuchtende Glasstück aus meinem Traum und an den gebrochenen Farbstiftregenbogen, der in meiner Tasche liegt.

Noah regt sich und mein Blick richtet sich sofort auf eine Ecke des Smartboards. Janus muss doch irgendwann aufgeben.

»How about you in the green sweater?«, fragt er.

Niemand antwortet.

Ich schaue auf meine gestrickten Ärmel hinunter und stelle mit Schrecken fest, dass auch Tarnfarben als eine Art Grün durchgehen. Mein Blick kreuzt seinen und die Verlegenheit treibt mir die Röte in die Wangen, als er nickt.

Er meint *wirklich* mich.

»What's your name?«

»Äh ... my name is Emilie.« Ich spreche mit dem plattesten Akzent, den ich auf Lager habe, und Adriana unterdrückt ein Kichern.

»What do you think the themes are, Emilie?«, fragt Janus, ohne sich um Adriana zu kümmern.

Ich zucke mit den Schultern und kaue auf meiner Oberlippe herum.

»Loneliness«, murmele ich.

»A bit louder, Emilie.« Janus' Stimme klingt freundlich, fühlt sich aber an wie eine Pistole auf der Brust.

Ich räuspere mich.

»I think one theme could be loneliness in the modern society«, sage ich etwas lauter. »And the ...« Die Worte hängen mir fest im Hals, rau und kantig. »And the pain of not fitting in.«

»Excellent, Emilie.« Janus lässt sich meine gestotterte Aussprache nicht anmerken, sondern lächelt mir unter seinem Bart zu.

Ich bemühe mich um einen neutralen Gesichtsausdruck. Ich bin kein schwanzwedelndes Schoßhündchen, das bei einem Leckerli oder einem Lob in Ekstase gerät.

Adriana hat sich auf ihrem Stuhl zurückgelehnt und die Arme fest über der Brust gekreuzt. Ich glaube, ihr passt es nicht, dass jemand Anspruch auf ihr Strebermonopol erhebt.

Janus macht sich wieder daran, Fragen in die Runde zu werfen, und ignoriert Adrianas fuchtelnde Hand. Meine Mitschüler winden sich unter seinem hartnäckigen Blick und raten willkürlich. Jonathan antwortet absichtlich falsch und lacht uns andere provozierend aus.

Noah und Pi haben ›Brave New World‹ schon in Australien gelesen, also werden sie rasch in die Diskussion mit einbezogen. Natürlich sind sie unfassbar gut in Englisch. Ihre perfekte Aussprache und ihr großer Wortschatz schüren meine Angst, vor der Klasse zu sprechen, aber Janus spielt mir den Ball immer wieder zu, wenn jemand anderes ihn fallen lässt. Es wirkt, als wäre er jedes Mal verärgert, wenn Pi den Mund aufmacht. Beim Klang ihrer Stimme bekommt er jedes Mal kleine Zuckungen im Gesicht.

Zum Schluss bin ich so verschwitzt, dass ich nasse Flecken unter den Achseln habe. Ich habe keine Ahnung, was ich im Laufe der Unterrichtsstunde alles gesagt habe, aber Janus' aufmunterndes Nicken deutet darauf hin, dass nicht alles völlig daneben war.

Als es endlich Zeit für die Mittagspause wird, wirft Adriana mir ihren bislang giftigsten Blick zu und macht sich als Erste aus dem Staub. Trotzdem spüre ich einen leisen Anflug des Triumphs, da sie nun endlich Konkurrenz bekommen hat.

Im Augenwinkel nehme ich Noahs Lächeln wahr, aber als ich mich zu ihm umdrehe, ist es bereits wieder verschwunden.

8

Die Zwillinge heften sich automatisch an meine Fersen, als ich die Nachhut des Stroms bilde, der sich auf die Schulkantine zubewegt. Noah fragt mich nach dem Weg zur Toilette und drängelt sich durch die Menschenmenge in die Richtung, in die ich zeige.

Alban und Linus sitzen an unserem Stammtisch und packen ihr Essen aus. Ich wende mich an Pi, die eine Blase aus Schweigen und starrenden Blicken um sich herum heraufbeschworen hat. Wahrscheinlich wäre es höflich, sie zu fragen, ob sie sich zu uns setzen möchte, nachdem ich offenbar zu ihrer inoffiziellen Fremdenführerin geworden bin.

Aber ich schaffe es gar nicht, etwas zu sagen, bevor Pi sich den Stuhl neben Linus greift und sich auf ihn plumpsen lässt.

»Hallo!«

Linus sieht auf, und sein Mund steht kurz offen, als ihn Pis Anblick wie eine Schockwelle trifft.

Sie streckt die Hand aus. Anscheinend macht man das in Australien so.

»Ich heiße Pi. Ich bin neu in Emilies Klasse.« Sie blinzelt mir zu, als wären wir schon beste Freundinnen.

Linus schluckt den Bissen herunter, den er gerade von einem Würstchen im Teigmantel genommen hat, und nimmt ihre Hand.

»Ähm … hallo?«

Alban dreht sich zu Pi hin. Ihre Worte sind ein neuer Klang in der Sinfonie aus Stimmen an unserer Schule.

Ich bedaure, dass ich den Zwillingen nicht gesagt habe, dass Alban kein gewöhnlicher Zehntklässler ist.

»Das sind Linus und Alban«, sage ich und nicke nacheinander in Richtung der beiden Brüder.

Frostgram ist neben Alban an die Tischplatte gelehnt, aber ich glaube nicht, dass er Pi bereits aufgefallen ist.

Soll ich es ihr einfach sagen?

›Das hier ist mein bester Freund Alban und er ist blind.‹

Als wäre das ein Job oder ein Glaubensbekenntnis. Als wäre es das, was ihn ausmacht.

Mir fällt auf, dass ich meine Freunde niemandem mehr vorgestellt habe, seit sie meine Familie kennengelernt haben. Und damals hat keiner einen großen Wirbel darum gemacht. Ich hatte schon so viel von dem toughen, klugen Erstklässler und seinem lustigen kleinen Bruder erzählt, dass meine Eltern sie sofort erkannten, als sie das erste Mal einen Fuß über unsere Türschwelle setzten.

»Hi, Alban«, sagt Pi und streckt sich an Linus vorbei, um ihm die Hand zu geben.

»Hi, Pi.« Alban lächelt.

Die Hand schwebt unberührt in der Luft und Pis Blick flackert zwischen uns hin und her.

»Alban ist blind«, sage ich.

So. Jetzt ist die Bombe geplatzt. Alban lächelt weiter, aber seine Züge zeigen eine gewisse Anspannung. Er hatte wahrscheinlich gehofft, dass ich Pi schon vorgewarnt habe.

Pi runzelt die Stirn und zieht die Hand wieder zurück. Etwas Schweres und Brennendes rutscht mir hinab bis in den Magen.

Sie steht von ihrem Stuhl auf und setzt sich neben Alban auf die Tischplatte.

»Schön, dich kennenzulernen.« Pi legt die Hand auf seine und drückt sie kurz.

Alban zuckt zusammen. Er ist es nicht gewohnt, dass die Leute ihn einfach anfassen. Selbst ich, die ihn schon seit Ewigkeiten kennt, wage es nicht, so etwas ohne Vorwarnung zu tun.

»Ebenso, Pi«, sagt er. In seinem Lächeln und seiner Stimme erkenne ich einen ungewohnten Funken.

Pi lässt seine Hand los und richtet sich auf.

»Du siehst deinem Bruder sehr ähnlich«, sagt sie.

»Lustig. Da bist du die Erste, die das sagt.«

»Wirklich?«

»Linus kommt ganz nach unserem Vater, ich komme eher nach der Familie unserer Mutter«, erklärt Alban.

Pi beugt sich zu ihm hinüber. Es grummelt seltsam in meinem Magen, als ihr Blick langsam über sein Gesicht gleitet und es Stück für Stück erforscht. Den geraden Nasenrücken, die sanft geschwungenen Lippen, die langen, dunklen Wimpern. Die blaugrauen Augen mit einem Hauch von Stahl und Meerblick.

Alban muss spüren, dass sie ihn mustert, aber er verzieht keine Miene.

»Ihr habt nicht die gleichen Augen und eure Nasen sind etwas unterschiedlich«, sagt Pi, nachdem sie auch Linus genauer studiert hat. »Aber irgendetwas in der Form eurer Gesichter und Lippen ist ähnlich. Und wie ihr die Stirn runzelt.«

Ihre Analyse der Gesichtszüge meiner Freunde fühlt sich übergriffig an. Ein bisschen wie die Leute, die glauben, dass Blinde beim ersten Kennenlernen immer Gesichter ertasten wollen.

Linus starrt auf seine zerknüllte Lunchtüte, die Wangen ganz rot davon, so plötzlich im Mittelpunkt zu stehen.

»Nein, Entschuldigung!« Pi richtet sich mit einem Ruck auf und grinst verlegen. »Ich finde es ja selbst megaanstrengend, wenn die Leute mich und Noah vergleichen. Aber ich kann es trotzdem nicht lassen, selbst auf so was zu achten.«

»Ist Noah dein Bruder?«, fragt Alban.

»Mein Zwillingsbruder.« Pi schaut auf irgendetwas hinter mir. »Wenn man vom Teufel spricht ...«

Ich drehe mich um und erblicke Noah. Schwarz und lichtscheu schlängelt er sich zwischen Tischen und Schülern hindurch auf uns zu.

»Noah, das hier sind Alban und Linus«, sagt Pi, als er nah genug herangekommen ist. »Sie gehören zu Emilies Clique.«

›Clique‹. Klingt gut, wenn man es so formuliert. Als bestünde die aus mehr Leuten als uns dreien.

Linus dreht sich auf seinem Stuhl zu Noah um. Er spitzt wie üblich die Lippen, wenn er versucht, etwas wahnsinnig Kompliziertes auszuknobeln. Zum Beispiel, wie diese beiden außerirdischen Wesen vor ihm sich so weit von ihrem Heimatplaneten entfernen konnten, dass sie gezwungen waren, in unserer Schule notzulanden.

»Hi«, sagt Linus.

»Hey.« Noah nickt ihm kurz zu und lässt den Blick dann zu Alban weiterwandern.

»Hi, Noah«, sagt Alban und lächelt in Noahs Richtung.

»Alban ist blind«, sage ich. Es ist wohl am besten, gleich für Klarheit zu sorgen und noch eine Hand zu verhindern, die verlegen in der Luft schwebt.

Noah macht Anstalten, etwas zu sagen, aber seine Lippen scheinen mitten in der Bewegung einzufrieren.

Die Sekunden verrinnen. Ich hoffe innig, dass seine Reaktion genau wie die seiner Schwester ausfallen wird, vielleicht abgesehen von dem Handstreicheln.

Noahs Augen unter dem struppigen schwarzen Haar werden riesengroß. Sein Mund öffnet und schließt sich, ohne dass ein Ton herauskommt.

Dann kneift er die Augen fest zusammen und schüttelt den Kopf.

»Ich kann das hier nicht«, sagt er. Woraufhin er sich umdreht und ohne ein weiteres Wort verschwindet.

Mit Bauchschmerzen gehe ich in die nächste Unterrichtsstunde.

Pi hatte sich wieder und wieder in Noahs Namen entschuldigt, bevor sie aus der Kantine eilte, um nach ihm zu suchen. Anschließend blieb Alban, Linus und mir nicht mehr viel Zeit, um noch viele Worte zu wechseln.

Aber was hätten wir auch sagen sollen? Idioten sind Idioten. Und Vorurteile können in den seltsamsten Situationen hervortreten.

Aus irgendeinem Grund hätte ich Noah aber nicht für so vorurteilsbeladen gehalten.

Temperamentvoll möglicherweise. Aber borniert? Nein.

Ich täusche mich selten in Menschen, aber die Bauchschmerzen sind nicht auf meinen verletzten Stolz zurückzuführen. Sie sind dem unverhohlenen Ekel in Noahs Blick geschuldet, bevor er verschwand. Und dem Schock, der Alban ins Gesicht geschrieben stand.

Die Leute haben im Laufe der Jahre ganz unterschiedlich auf seine Blindheit reagiert. Unbesonnen und plump und haarsträubend. Aber niemals offen feindselig.

Mein Körper bewegt sich von der Schulkantine zum Klassenraum, ohne dass mein Hirn es wirklich kapiert.

Noah und Pi sind nicht da. Ich setze mich und suche in meiner Tasche nach dem Federmäppchen.

Es ist weg. Adriana muss es noch haben, aber sie ist noch nicht wieder zurück. Bestimmt hat sie in der Bibliothek gegessen, um sich mit Vollgas Punkte für ihr Streberkonto zu verdienen.

Ich könnte mir vielleicht einen Stift von einem meiner Mitschüler ausleihen, aber dann müsste ich alle meine schönen Bleistifte, Buntstifte und Marker bis zur nächsten Freistunde ihrem Schicksal überlassen. Nie im Leben!

Ich traue mich nicht, die Zeichnung des Noah-Doppelgängers in der Klasse zurückzulassen, also nehme ich meine Schultasche mit. Man stelle sich nur vor, Adriana käme vor mir zurück und würde sie herumzeigen, weil sie der Englischunterricht so frustriert. Man stelle sich vor, Noah würde sie sehen.

Von dem Gedanken wird mir schwindelig.

Als ich durch den knirschenden gefrorenen Schnee auf dem Schulhof stapfe, sehe ich Adriana, die in die entgegengesetzte Richtung unterwegs ist.

»Hast du mein Federmäppchen mitgebracht?«, frage ich atemlos.

»Nein. Ich habe die Freistunde dafür genutzt, Artikel und Literaturlisten auszudrucken«, sagt sie und marschiert weiter, ohne sich zu entschuldigen.

Ich schaue auf mein Handy. Noch eine Minute.

Aufgebrachte Stimmen empfangen mich im Gang, als ich mich der Bibliothek nähere. Ich pirsche mich heran, außer Atem.

»Warum musst du immer so verdammt stur sein?«, ruft eine Stimme. Es ist Pi.

»Weil er *aussieht* wie er!« Noah klingt weniger heiser, wenn er wütend ist. »Ich kriege eine fucking Gänsehaut, wenn ich ihn nur ansehe!«

Ich kann die Zwillinge nicht sehen, aber die Worte schlagen mir wie ein Funkenflug durch die offene Tür entgegen. Ich bleibe stehen und trete ein paar Schritte zurück.

»Das ist mir scheißegal, Noah! Er *ist* es nicht! Er *kann* es nicht sein, verdammt noch mal! Und das weißt du ebenso gut wie ich!«

Ich drücke mich flach gegen die Wand. Wenn sie jetzt rauskommen, sehen sie mich. Und dann wissen sie, dass ich gelauscht habe. Ihre Stimmen sind bis ans Ende des Korridors zu hören.

»Du hast ihn nicht gesehen«, sagt Noah. »Du weißt nicht, wovon du sprichst!«

»Aber ich weiß, wie es ist, ständig seinen dämlichen Zwillingsbruder verteidigen zu müssen, weil er alles daransetzt, sich überall unbeliebt zu machen!«

»Ich habe dich nicht darum gebeten, mich zu verteidigen!«

»Und ich weiß nicht, wieso ich es immer wieder tue!«, ruft Pi. »Weißt du was, Noah? *So* toll ist es auch wieder nicht, deinen Arsch retten zu müssen, weil du dich wegen nichts und wieder nichts mit dem Freund meiner Freundin prügelst!«

»Es war nicht wegen nichts! Du hast selbst gehört, was er über Papa gesagt hat!«

»Ja, das habe ich. Und das war nicht *halb* so schlimm wie das, was du zu ihm gesagt hast!«

»Fuck, du bist so eine Heilige«, knurrt Noah.

»Lass jetzt gut sein.« Pi klingt müde. »Ich will mich nicht mit dir streiten. Ich … es wäre einfach schön, einmal von vorne anfangen zu können. Ganz von vorne. Für uns beide.« Die Verletzung in ihrer Stimme ist unüberhörbar.

Beide schweigen eine ganze Weile.

»Okay.« Noah seufzt tief.

»Okay was?«

»Ich versuche, mich zu beherrschen. Sogar ihrem Freund gegenüber.«

»Emilies Freund. Und er heißt Alban.«

»Whatever.«

»Es würde dir nicht schaden, wenn du versuchst, dich ein bisschen für andere Leute zu interessieren, Noah. Dir ihre Namen zu merken und so. So findet man Freunde, weißt du?«

Noah gibt einen höhnischen Laut von sich.

»Ich brauche keine Freunde. Und schon gar keine Nerds, die sich nicht trauen, im Unterricht den Mund aufzumachen.«

Seine Worte treffen mich wie ein Schlag in den Magen.

»Du kennst sie doch gar nicht«, sagt Pi. »Ich finde sogar, dass sie richtig nett wirkt.«

»Das Leben ist zu kurz, um sich mit schwachen Menschen abzugeben«, sagt Noah kalt.

Ich ziehe mich auf den Gang zurück und setze mich in Bewegung.

9

Zum ersten Mal in meinem Leben schwänze ich die Schule. Das war nicht einmal eine bewusste Entscheidung. Ich war eigentlich auf dem Weg zur nächsten Stunde, aber anstatt an die verschlossene Klassenzimmertür zu klopfen, nahm ich meine Jacke wieder von der Garderobe und ging. Ehe ich mich's versah, saß ich im Bus.

Als ich am Ende unserer Schotterstraße aussteige, bringe ich es nicht übers Herz, nach Hause zu gehen. Meine Mutter wird mich fragen, warum ich nicht in der Schule bin. Für eine Frau mit fünf Kindern kennt sie meinen Stundenplan unheimlich genau.

Ich stapfe über das gepflügte Feld in Richtung Wald, obwohl der Schnee tief ist und ich nur schwer vorankomme. Aber wenn ich die Straße nehme, kann meine Mutter mich vom Küchenfenster aus sehen.

Die Silhouetten der Bäume empfangen mich wie eine tröstliche Umarmung, und kurz darauf werde ich von nackten Ästen und dem Weiß rundherum verschluckt.

Noahs Worte klingen in meinem Gehörgang höhnisch nach. Ich weiß nicht, warum sie mich so dermaßen aus der Bahn geworfen haben.

Vielleicht, weil er mich einen *Nerd* genannt hat? Daran bin ich gewöhnt. Das ist weit entfernt von allem, was Jonathan sich immer wieder einfallen lässt.

Außerdem *bin* ich ein Nerd. Alban und Linus sind Nerds. Und ich habe nie ein Problem damit gehabt. *Nerd* ist in meiner Welt kein Schimpfwort.

Die Kälte zerrt an meiner Lunge, während ich durch die Schneewehen stapfe. Der oberste Teil meiner Kehle schmerzt von den Schluchzern, die ich unterdrücke.

Noah ist nichts weiter als ein Idiot, der glaubt, er hätte mich durchschaut, weil ich hinten in der Klasse sitze und zeichne. Der glaubt, dass er mich kennt, nachdem wir einen einzigen Schultag miteinander verbracht haben.

Die Wut lässt meine Kiefermuskeln verkrampfen, als würde ich frieren, aber meine Wangen sind glühend heiß.

Mit mühsamen Schritten erreiche ich meine Eiche. Sie steht auf einer Lichtung, weit von der Straße entfernt, umringt von blattlosen Buchen.

Die Eiche ist riesig, vielleicht mehrere Hundert Jahre alt. Die Buchen waren damit beschäftigt, in einem ewigen Kampf um das Sonnenlicht in die Höhe zu schießen, wodurch ihre Stämme hoch, schlank und gerade gewachsen sind. Die Eiche hingegen ist breit und verwittert, und ihre Äste winden sich wie in einem verzauberten Tanz und strecken sich nach dem Wald ringsherum aus.

Als ich noch klein war, habe ich mir vorgestellt, dass die Eiche eine uralte Frau wäre. Sie hatte einen Kreis aus ehrerbietigen Zuhörern um sich versammelt, um eine Geschichte aus vergangenen Zeiten zu erzählen. Die Buchen hielten aus Respekt vor der Eiche Abstand, sorgsam darauf bedacht, dass ihre Äste nicht zu weit ins Licht wuchsen.

Als ich und die Buchen größer wurden, bekam ihre Distanz eine feindseligere Note. Was einst als ein sanftes Flüstern in den Kronen der Bäume begonnen hatte, wurde zu einem boshaften Wispern, und die Schatten der Buchenäste nahmen der Eiche immer mehr Licht.

Aber jetzt gerade ist das Raunen der Buchen nicht wahrzunehmen, und auch die Eiche steht mir ruhig und still gegenüber.

Ich setze mich auf eine Wurzel und lehne mich mit dem Rücken an den Baumstamm, damit man mich vom Weg aus nicht sehen kann. Ich ziehe den Reißverschluss meiner Tasche mit einer wütenden Bewegung auf und nehme mein kleines Federmäppchen heraus. Es ist dick und fest, um meine filigranen Kohlestifte zu schonen. Aber ein kleines Mäppchen ist besser als nichts. Meine Finger sind zwar noch wie steif gefroren, aber ich muss jetzt an etwas anderes denken als an Noah.

Ich schaue auf meinen Zeichenblock, der zwischen den Schulbüchern herauslugt. Mir sind die leeren Seiten ausgegangen. Die Zeichnung von Noah – also die lächelnde Version seiner selbst, von der ich mir immer mehr sicher bin, dass sie nur ein Traum war – hat das letzte Blatt beansprucht.

›Das Leben ist zu kurz, um sich mit schwachen Menschen abzugeben.‹

Ich habe mich selbst immer als stark empfunden. Nicht mutig, überhaupt nicht mutig, aber stark. Eine stille Stärke, wie bei einer Eiche, die den Elementen trotzt und Jahr für Jahr eine dickere, schönere Rinde bekommt.

Für Noah ist Schweigen gleichbedeutend mit Schwäche. Für ihn geht es nur darum, am lautesten zu schreien und als Erster zuzuschlagen.

Ich finde einen dicken Kohlestift und nehme meinen Notizblock aus der Tasche. Mit harten, hastigen Bewegungen beginne ich damit, das in mir tobende Gewitter auf das linierte Papier zu bannen.

Große, dunkle Wolken fressen sich in das Weiß hinein. Unförmige Klumpen aus Schwarz und Grau in gewaltigen Formen, die die Welt zu spalten drohen.

Es ist ein lächerliches Klischee, Gewitterwolken zu zeichnen, wenn man wütend ist. Aber es hilft.

Vor allem, wenn man genügend Kohle hat.

Eine Eiche wächst aus dem Tosen der Elemente heraus, größer und stärker als jene, die ich gerade als Rückenlehne für meine Zeichentherapie nutze. Ein Koloss, der Blitzen und Sintfluten und allen Idioten der Welt widersteht.

Eloquium est argentum, silentium est aurum.

Man ist nicht schwach, wenn man die Regeln selbst aufstellt. Wenn man die Antworten kennt, aber selbst entscheidet, wann man sie gibt. Man ist nicht schwach, wenn man alles unter Kontrolle hat.

Die Spitze des Kohlestiftes ist zu fein für den Zorn, der in mir brodelt. Ich krame im Federmäppchen und finde die Schachtel mit der Zeichenkreide.

Die Silhouette des Eichenbaums wird schärfer. Die schwarzen Linien sind so mit Kohlestaub gesättigt, dass sie fast dreidimensional wirken. Strich für Strich wird das Papier von staubiger, pechschwarzer Dunkelheit verschluckt. Die Schatten der Wolken wachsen und das Licht der Eiche verschwindet in einer hingekritzelten, grauweißen Aura rund um den Stamm und die krummen Äste.

An allem ist nur dieser Traum schuld. Es fällt mir schwer, mich von dem Gedanken zu lösen, dass Noah meiner eigenen Fantasie entsprungen ist. Und vielleicht ist es deshalb so schwer, ihn zu hassen. Denn wenn ich ihn hasse, hasse ich dann nicht auch mich selbst?

Ich umklammere das Kreidestück, wütend darüber, dass ich immer wieder auf diesen lächerlichen Traum zurückkomme. Ich habe Noah nicht erschaffen! Es ist Zufall, eine schwachsinnige Ironie des Schicksals, dass er dem Jungen von letzter Nacht ähnelt. Genau genommen hat er nicht viel Traumhaftes an sich. Noah ist genau wie Jonathan und all die anderen

Schwachköpfe, die schon mein ganzes Leben lang an meinem Selbstvertrauen nagen.

Ich beiße mir auf die Oberlippe und die Kreide lässt das letzte bisschen Weiß auf der Seite verschwinden. Ich schaue auf meine Finger hinunter, die mit Kohlestaub verschmiert sind, fast so, als ob die Dunkelheit auf dem Papier begonnen hätte, über den linierten Block hinaus in mich hineinzukriechen.

Plötzlich kehrt der Albtraum mit einer Wucht zurück, die mich nach Luft schnappen lässt.

Ich bin wieder in dem leeren Raum und die alles verzehrende, schwarze Angst übermannt mich für einen schier unendlichen Augenblick.

Dann reiße ich das Papier vom Block, zerknülle es und werfe es weg. Es landet armselige zwei Meter entfernt, aber ich zwinge mich dazu, den Blick abzuwenden, und reibe mir mit Schnee die Kohle von den Fingern.

Mein Handy klingelt in der Tasche. Ich ziehe es mühsam hervor und nehme den Anruf entgegen, kurz bevor das Klingeln verstummt.

»Bist du krank?« Alban klingt besorgt.

»Nein, *Mutti*, ich bin nicht krank«, sage ich mit etwas mehr Ärger in der Stimme, als seine Frage es verdient hat.

»Stimmt etwas nicht?«

»Nein.« Dann seufze ich. »Ja, vielleicht. Oder … ich weiß nicht.« Ich kann fast hören, wie sich Albans Stirn runzelt.

»Wo bist du?«, fragt er. »Linus hat gesagt, du wärst gleich nach dem Mittagessen mit dem Bus nach Hause gefahren. Er hat dich vom Klassenraum aus gesehen.«

»Ich bin draußen bei der Eiche«, sage ich.

Alban weiß, dass ich diesen Ort zu meiner Ideenschmiede erkoren habe. Er war schon mit mir hier draußen. Er sagt, Eichen würden anders klingen als andere Bäume, wenn der

Wind durch ihre Blätter bläst, aber ich kann den Unterschied nicht hören, auch wenn ich es jahrelang geübt habe. Vielleicht macht er sich auch nur über mich lustig.

»Ist etwas passiert?«, fragt er. »War wieder etwas mit Jonathan?«

»Ja, aber das ist nicht … es ist schwer zu erklären, Alban.«

»Es hat doch nichts mit diesem Noah zu tun, oder?«

»Wie kommst du darauf?«, frage ich. Etwas zu schnell.

»Emilie, wenn es damit zu tun hat, was in der Kantine passiert ist …«

»Hat es nicht. Jedenfalls nicht *nur*. Ich hatte nur einen schlechten Tag.«

»Wie schlecht?«, fragt er mit seiner typischen sanften Ich-habe-jede-Menge-Zeit-Stimme.

Ich atme schwer aus.

»Ich bin mit Adriana in einer Projektgruppe eingeteilt, muss also fünf Wochen lang mit ihr zusammenarbeiten, meine Augenlider brennen, als würde ich Kontaktlinsen aus Sandpapier tragen, und es schneit sicher bis März durch, sodass Jonathan mich jeden einzelnen Tag einseifen kann, und ich wurde in Englisch von unserem neuen Lehrer ins Kreuzverhör genommen, und dieser Noah ist übrigens ein riesiger, fieser Vollidiot«, sage ich. »So schlecht.«

»Warum ist er das?«

Natürlich muss er sich ausgerechnet an der Sache mit Noah festbeißen.

»Weil er genauso ätzend ist, wie er in der Kantine klang«, sage ich.

»Du kennst ihn doch noch gar nicht, Emilie. Mir fallen Tausende Gründe ein, warum er so reagiert haben könnte. Vielleicht hatte er auch einen schlechten Tag.«

Normalerweise bewundere ich Albans Sinn für Diplomatie, aber jetzt gießt er Öl ins Feuer.

»Klar. Und ich bin mir sicher, dass er noch schlechter wurde, als er seine Zeit damit verschwendet hat, Jonathan in den Schwitzkasten zu nehmen, um einer Versagerin wie mir zu helfen.«

»Wovon redest du da? Jonathan im Schwitzkasten?« Alban klingt erschrocken.

»Ich weiß nicht genau, was er gemacht hat. Ich hatte Schnee in den Augen. Aber er hat jedenfalls irgendwas mit Jonathan angestellt, das ihn zum Heulen gebracht hat.« Die Erinnerung an Jonathans Schreie um Gnade lässt einen meiner Mundwinkel sadistisch nach oben zucken.

»Warum?«

»Weil mir Jonathan mitten in der Bibliothek einen Schneeball in die Fresse gepfeffert hat. Ich habe *keine* Ahnung, warum Noah sich eingemischt hat, aber er hat offensichtlich das Bedürfnis, den Helden zu spielen. Obwohl ich es ihm offensichtlich nicht wert bin.«

»Wie meinst du das?«

»Er … ich habe gehört, wie er mit seiner Schwester über mich geredet hat, nachdem wir in der Kantine gewesen waren. Ist egal.«

»Klingt nicht, als wäre es egal«, sagt Alban. »Was hat er gesagt?«

»Pi sagte etwas über … etwas darüber, wie man Freunde findet. Noah scheint eher gut darin zu sein, es sich mit Leuten zu verscherzen. Und dann sagte er, dass … dass …«

Albans Schweigen ist wie ein statisches Rauschen, das die Worte aus mir herauszerrt.

»Er hat mich einen Nerd genannt«, flüstere ich. »Und gesagt, dass ich schwach sei. Und dass er sich nicht mit mir anfreunden wollen würde.«

»Was? Er kennt dich doch gar nicht!«

»Seit wann muss man mich *kennen*, um festzustellen, dass

ich eine Niete bin?« Meine Stimme stockt vor Schluchzen, obwohl ich mir vorgenommen hatte, nicht zu heulen.

»Emilie, du bist keine Niete.«

»Wirst du es nie leid, so zu tun, als ob nichts wäre, wenn man dich mies behandelt?«, frage ich.

Alban verstummt einen Moment.

»Es hilft aber nichts, wütend oder traurig zu sein. Du entscheidest selbst, inwieweit du das, was andere sagen oder tun, an dich heranlassen willst.«

»Du hast leicht reden!« Mein Zorn und Selbstmitleid ergießen sich über ihn, ohne dass ich etwas dagegen tun könnte. Irgendwie kann ich diesmal seine Moralpredigten nicht gebrauchen. Ich will, dass er mir zustimmt und sagt, wie ätzend Noah doch ist. »Du kannst natürlich mit den Schultern zucken und weitermachen, aber wenn man so *schwach* ist wie ich, ist es nicht so einfach, ständig glücklich zu sein, oder?«

»Emilie, was ist los?«, fragt Alban ernst. »Warum machst du so eine große Sache daraus, was er von dir hält?«

Wo soll ich anfangen? Ich habe ihm weder von dem Traum noch von der Zeichnung erzählt.

»Ich weiß nicht«, murmle ich. Mein Körper fühlt sich an wie ein geplatzter Luftballon, nachdem die Wut herausgelassen wurde. Es fühlt sich nicht so gut an, wie ich gehofft hatte. »Es ist nur … ich habe nicht so gut geschlafen, okay?«

Mein Handy piept. Ich nehme es vom Ohr und schaue es mir an. Der Bildschirm ist schwarz.

Ich drücke darauf herum, aber es tut sich nichts. Es ist ausgegangen. Ich halte den Einschaltknopf gedrückt. Nichts.

Mein Handyakku hält nur ein paar Stunden. Und jetzt denkt Alban bestimmt, dass ich ihn weggedrückt habe, weil ich sauer bin.

Ich schleudere es hart auf den Boden, aber mein Bedürfnis nach dem erlösenden Knall wird nicht erfüllt. Das Handy gleitet geräuschlos durch die frische Schneeschicht und hinterlässt nur ein blödes kleines Loch.

Ich widerstehe dem unbändigen Drang, darauf herumzutrampeln.

10

»Emilie, bist du das?« Mama lugt in den Flur. Die wütend zugeknallte Haustür ist ihr nicht entgangen. »Stimmt etwas nicht?«

Manchmal ist es fantastisch, eine Hausfrau als Mutter zu haben, aber manchmal sehne ich mich danach, ein leeres Haus betreten zu können, das keine Fragen stellt.

Ich ziehe meine Jacke aus und hänge sie über den Berg von Oberbekleidung, der an der kleinen Garderobenleiste hinter der Tür hängt.

»Mein Handy ist schon wieder tot.« Ich grätsche über die Stapel aus Winterstiefeln, Hausschuhen und Clogs, um mich an meiner Mutter vorbeizudrängen. Hinter mir rutscht meine Jacke am Klamottengletscher hinunter, aber ich tu so, als wäre nichts passiert.

»Schon wieder?«, fragt Mama.

»Ja, der Akku hält überhaupt nicht mehr. Es ist mitten im Gespräch ausgegangen, obwohl ich es die ganze Nacht am Ladegerät hatte.«

Erst jetzt geht mir auf, dass ich nicht direkt von unserem Labrador Filou überfallen wurde, als ich zur Tür hereinkam.

»Papa dreht eine Runde mit ihm«, sagt meine Mutter auf meinen suchenden Blick hin. »Er hat heute Nachtschicht und wollte noch mit ihm an die frische Luft, bevor er losmuss.«

Mein Vater ist Polizist und wurde versetzt, weil sein altes Revier geschlossen wurde. Er sagt, es mache ihm nichts aus, zu pendeln und wieder Nachtschichten schieben zu müssen, aber ich bin mir ziemlich sicher, dass er bald wieder dunkle Schatten unter den Augen haben und vor den Nachrichten einschlafen wird, so wie früher, als ich klein war.

In der Küche öffne ich die Schublade mit den Ersatzladegeräten und wickle eines davon aus dem gordischen Kabelknoten heraus. Mein Handy piept zufrieden, als ich es in der Steckdose neben dem Toaster einstöpsele.

»Wenn ich auf meine Weihnachtsgeschenke verzichte, kriege ich dann das Geld, um mir ein neues zu kaufen? Ich habe das Ding *so* satt!« Ich öffne die Brotschublade und wühle zwischen den Tüten mit Roggenbrot und Brötchen herum.

»Iss zuerst das alte Zeug«, sagt Mama automatisch. »Wir haben doch schon besprochen, dass du dir ein neues Handy selbst verdienen sollst.«

Ich schneide der halben Packung Roggenvollkornbrot, die ich aus der Schublade gefischt habe, eine Grimasse.

»Ich weiß, Mama. Und ich bin ja dabei. Aber das alte hat offenbar beschlossen, den Löffel abzugeben, bevor ich meinen Lohn bekomme.« Ich untersuche das Brot durch die Plastikfolie, um sicherzugehen, dass es keinen Schimmel hat, und nehme mir dann eine Scheibe. Sie ist so trocken, dass ich sie toasten muss, um sie überhaupt genießen zu können. Ich stecke zwei Scheiben in den Toaster und versuche, mein Handy einzuschalten, während ich warte. Es gibt ein Lebenszeichen von sich und lässt mich den PIN-Code eingeben, ohne dass es gleich wieder stirbt. Beeindruckend. »Kann ich mir dann vielleicht etwas Geld leihen? Nur bis zum Ersten?«, frage ich.

Mama nimmt die Packung Roggenbrot und faltet die Plastikfolie sorgfältig um die letzten beiden Scheiben, bevor sie sie wieder in die Schublade legt.

»Ich habe kein Geld, das du dir leihen könntest, Schatz. Ich habe letzte Woche deine Weihnachtsgeschenke gekauft und du weißt ja, dass die letzte Reparaturrechnung für das Auto ein bisschen … höher war als erwartet.«

Ich seufze. Der Minibus meiner Eltern ist ein großes, rostrotes Loch in unserer knappen Haushaltskasse. Und Weihnachtsgeschenke? Ich habe noch nicht einmal einen Wunschzettel geschrieben. Aber meine Mutter achtet ohnehin gerne darauf, runtergesetzte Dinge zu kaufen. Dass man die dann nicht mehr umtauschen kann, ist ihr nicht so wichtig.

»Kannst du nicht einfach mehr Schichten in der Kneipe übernehmen, wenn du Geld brauchst?«, fragt sie.

»Alle brauchen Geld, Mama. Ich kann diesen Monat keine Schichten mehr übernehmen. Es ist anscheinend der Weltuntergang, wenn man nicht das neueste iPhone und *genau* die gleichen Schuhe wie alle anderen besitzt, oder wenn man es sich nicht leisten kann, sich jedes Wochenende das Hirn wegzusaufen.«

Ich verstehe nicht, wieso meine Altersgenossen ihr Geld hauptsächlich für Gadgets, Markenartikel und Suff auf den Kopf hauen. Der örtliche Secondhandladen und meine eigene Nähmaschine leisten den größten Beitrag zu meiner Garderobe. Ich gebe meinen Lohn in erster Linie für Mal-Utensilien aus, weil ich meine paar Kröten lieber in ein Marker-Set investiere als in ein Paar zerrissene Jeans.

Und selbst wenn ich den Geschmack von Bier und Schnaps nicht hassen würde, käme es mir trotzdem absurd vor, mich mit meinen Klassenkameraden zu betrinken. Allein der Gedanke, auf diese Weise die Kontrolle zu verlieren, löst bei mir schon einen Kater aus.

»Du kannst dir mein altes Smartphone ausleihen«, bietet Mama an.

»Nein danke. Der Bildschirm ist fast komplett schwarz, seit

Markus draufgetreten ist. Man kann darauf überhaupt keine Nachrichten mehr lesen.«

Meine Mutter schüttelt den Kopf.

»Ich weiß, dass es ärgerlich ist, Emilie, aber wir können uns im Moment kein neues Handy für dich leisten.«

»Okay.« Ich öffne den Kühlschrank und nehme mir Aufschnitt für mein Brot. Dazu gibt es nicht mehr viel zu sagen. Die Menschen haben schon schlimmere Dinge überlebt als halb kaputte Handys.

Eine ganze Reihe von Nachrichten geht in diesem Moment ein, und ich überlege, sie zu ignorieren. Ich will mich Alban gerade nicht erklären müssen.

Ich kann ihm später schreiben, wenn ich nicht mehr so verdammt sauer bin. Obwohl Alban sich auf seinem Smartphone meine Nachrichten mithilfe eines Sprachausgabeprogramms von einer klinischen, roboterhaften Frauenstimme vorlesen lässt, zeigen sie immer meine Stimmung an, egal wie sehr ich versuche, sie zu verschleiern. Und Alban soll nicht noch mehr Zeit mit meinen dämlichen Problemen verschwenden.

Aber trotzdem kann ich die Nachrichten ja schon einmal lesen …

Ich mache mir ein Wurstbrot und öffne die erste.

Es sind drei Mitteilungen von Alban und eine von der Mailbox. Alban muss versucht haben, mich anzurufen, nachdem unser Gespräch unterbrochen wurde.

Ich seufze und höre die Mailbox ab. Mama fängt an, die Spülmaschine auszuräumen, und ich helfe ihr mit einer Hand, während ich mit der anderen das Handy ans Ohr drücke.

»Sie haben drei neue Nachrichten. Erste Nachricht um 13:35 Uhr …«

Es ist nichts als Lärm in der Leitung. Einen kurzen Moment denke ich, dass es ein typischer versehentlicher Anruf von Linus ist, aber dann höre ich Worte durch das Rauschen.

Die Stimme ist verzerrt, aber etwas davon klingt wie *»Hier ist Mama.«*

Ich drücke auf den Bildschirm, um die Nachricht von Anfang an abzuhören, aber das ist offensichtlich eine zu große Aufgabe für das scheintote Handy, das sich wieder ausschaltet.

»Hast du angerufen, als ich draußen im Wald war?«, frage ich und lege das Gerät zur Seite, bevor ich etwas Dummes tue, wie zum Beispiel, es in den Toaster zu stecken.

Mama dreht sich mit einem halb leeren Besteckkorb in der Hand zu mir um.

»Im Wald? Ich dachte, du wärst direkt von der Schule gekommen?«

»Ähm ... Deutsch ist ausgefallen. Tove war krank«, sage ich und begebe mich schnell auf neutraleren Boden zurück. »Also, hast du angerufen? Ich habe eine Nachricht auf meiner Mailbox, die kaum zu verstehen ist.«

»Ja, ich habe vor einer halben Stunde angerufen, weil ich dich bitten wollte, noch Milch zu kaufen. Aber ich habe dir keine Nachricht hinterlassen.«

Aha. Geheimnis gelüftet. Meine Mutter weigert sich, mir zu glauben, dass sie für zwei Drittel der Nachrichten auf meiner Mailbox verantwortlich ist.

»Mama, wie oft habe ich dir schon gesagt, dass du *auflegen* musst, um ein Gespräch zu beenden?«

»Aber du bist doch nicht rangegangen, oder? Wieso muss ich dann auflegen?«

Jedes Mal dieselben Fragen. Ich gebe es auf.

An diesem Abend beginne ich mit einem neuen Skizzenblock. Versuche, Noah und die schwarze, alles verzehrende Leere aus meinem System zu entfernen.

Das geheimnisvolle Porträt und das Erlebnis mit der Kohlezeichnung im Wald lassen mich erschauern, als ich im Anschluss an die Hausaufgaben die Schublade mit meinen Zeichenutensilien öffne. Ich zwinge mich, die Kappe eines Tuschestifts abzuschrauben und die rote Spitze auf das Papier zu setzen.

Meine Wellensittiche Galadriel und Elrond flattern durch den Raum und kommentieren mein Zeichnen mit eifrigem Zwitschern. Galadriel landet auf meiner Schulter und reibt ihren Schnabel an meinem Ohrläppchen, und ich kratze sie mit meiner freien linken Hand am Hals, während der Tuschestift seine Arbeit verrichtet.

Ich vermeide es bewusst, die Schatten in den Zeichnungen zu tief werden zu lassen, und kein einziges meiner Elfenmädchen, keine Amazone oder Meerjungfrau bekommt blaugrüne Augen. Männliche Wesen zeichne ich überhaupt nicht. Nur Frauen mit grimmigen Zügen um den Mund und glänzenden Waffen.

Der Zeichenblock mit dem Noah-ähnlichen Jungen liegt versteckt in der unteren Schreibtischschublade. Am liebsten würde ich die Zeichnung wegwerfen, aber ich will den kranken Verschwörungstheorien meines Gehirns nicht nachgeben.

Vor allem nicht, wenn sie etwas mit Noah zu tun haben.

11

Ich versuche, nicht an Noah zu denken, als ich mich am nächsten Morgen für die Schule fertig mache.

Glücklicherweise geht es in meiner Familie turbulent genug zu, dass ich eh keinen klaren Gedanken fassen kann.

»Emilie!«, ruft meine Mutter aus dem Badezimmer. »Hast du das Shampoo gesehen?«

Zweistimmiges Kreischen und lautes Plätschern verrät mir, dass sie gerade meine kleinen Brüder Oliver und Markus, vier und fünf Jahre alt, in die Badewanne gesteckt hat.

Ich schnappe mir die XL-Shampooflasche von der Fensterbank über der Küchenspüle und bringe sie ihr.

»Damit hast du gestern gespült.« Ich stakse über das Land der tausend Seen auf dem Boden und stelle sie auf den Rand der Badewanne.

»Ach ja«, sagt Mama, ohne aufzusehen, zu sehr damit beschäftigt, die beiden nassen kleinen Körper in der Wanne zu halten. »Kannst du Spülmittel auf den Einkaufszettel schreiben? Stillgesessen, ihr beiden kleinen Affen! Ihr seid gleich fertig!« Sie setzt Oliver wieder hin und es folgt ein Wasserschwall, der ihre Strümpfe durchnässt.

Ich öffne den Deckel der Shampooflasche und halte sie ihr hin. Sie lächelt dankbar und ich drücke eine kleine Menge auf ihre ausgestreckte Handfläche. Mit routinierten Bewegungen reibt sie schnell Olivers Kopf ein und nimmt dann einen weiteren Klecks für Markus, der sich im Schlauch der Handbrause verheddert hat.

»Neeein! Das brennt! Das brennt in den Augen!«, heult er, obwohl Mamas eingeschäumte Hände kaum seinen Haaransatz berührt haben.

»Guck nach oben, dann bekommst du auch nichts in die Augen, Schatz«, sagt sie und massiert sein Haar, bis es weiß wird. Markus kneift die Augen und den Mund fest zusammen und legt den Kopf so weit in den Nacken, dass er Shampooreste auf den Rücken bekommt.

Mama befreit ihn aus dem Duschschlauch und fängt an, ihm die Haare auszuspülen, aber dann sagt Oliver etwas, das ihn dazu bringt, wieder nach vorne zu blicken.

Der Seifenschaum läuft über Markus' Gesicht und das erste der vielen Schreikonzerte des heutigen Tages beginnt in voller Lautstärke.

»Kannst du vielleicht Emma anziehen?«, ruft meine Mutter durch das Geheul.

»Ja.« Ich stelle das Shampoo ab und bringe mich auf der anderen Seite der Badezimmertür in Sicherheit.

Das Radio in der Küche läuft wie immer in voller Lautstärke. Eine Stimme aus dem Lautsprecher posaunt die Morgennachrichten heraus. Anscheinend irgendwas mit EU-Agrarsubventionen.

Gääähn.

Emma, mit ihren neun Monaten meine jüngste Schwester, sitzt in ihrem Ikea-Hochstuhl am Ende unseres langen Esstisches. Die weiße Tischplatte aus Kunststoff ist so gründlich mit Haferbrei verschmiert, dass sie fast wie ein Kunstwerk wirkt, und mindestens ebenso viel Brei ist in Emmas Haaren, auf ihren Unterarmen und Pausbäckchen.

»Hast du überhaupt etwas davon gegessen?«, frage ich seufzend und schaue resigniert auf die Breilandschaft.

»Da-dah!«, jubelt sie und wirft einen Löffel mit Brei nach mir. Er landet vor meinen Füßen und Emma grinst so breit, dass ihre Augen hinter ihrem Gesichtsspeck verschwinden. »Ah-daaah!«, ruft sie triumphierend und klatscht ein paarmal ihre winzigen, breiverschmierten Hände mit glucksenden Geräuschen zusammen.

Ich halte einen Stapel Schaumstofftücher unters Wasser und reibe ihr breit grinsendes Gesicht ab, das sich ein paar Sekunden später in ein Schmollgesicht verwandelt. Emma windet sich in zornigem Protest und kleine Bröckchen Haferbrei fliegen um uns herum und landen auf dem Tisch, dem Boden und meiner Bluse.

Ich nehme Emma das vor Haferbrei triefende Lätzchen ab und setze sie zusammen mit einem Pixi-Buch auf den Boden, während ich die Kleckse aufwische.

Der Nachrichtensprecher schwafelt jetzt von einem großen Pharmakonzern, der im Verdacht steht, bei einer Demenzforschungsstudie getäuscht zu haben. Mama dreht das Radio immer auf eine ohrenbetäubende Lautstärke, damit sie die Nachrichten auch hören kann, selbst wenn sie nicht in der Küche ist. Ich bezweifle allerdings, dass der Sprecher die Schreie meiner kleinen Brüder im Badezimmer übertönen wird.

Morgen wie dieser überzeugen mich davon, dass ich nur ein Kind haben sollte. Wenn überhaupt. Mein kleines Mantra ›Schweigen ist Gold‹ ist mit einer Großfamilie nicht gerade gut vereinbar.

»Aaah! Guck dir meine Strumpfhose an!« Meine Schwester Sofie steht mit angehobenem Fuß und einem zutiefst gekränkten Blick, wie ihn nur eine Zwölfjährige aufsetzen kann, in der Küchentür. Ein Klumpen Haferbrei hat sich unter ihrer schwarz-rosa gestreiften Strumpfhose festgesetzt. »Das war das letzte saubere Paar!«

»Du kannst dir gerne eine von meinen nehmen.« Ich trete aus dem Schatten des Hochstuhls hervor und eiere vorsichtig um all die Legosteine und Eisenbahnschienen auf dem Küchenboden herum.

»*Nein* danke.« Sophie hüpft auf einem Bein aus der Küche und zurück in ihr Zimmer.

Das einzig Gute daran, wenn die kleine Schwester sich zu einem Fashion-Snob entwickelt, ist, dass man seine eigenen ach-so-hässlichen Klamotten sogar dann für sich allein hat, wenn man die gleiche Größe trägt. In den seltenen Fällen, wenn sich eines meiner Kleidungsstücke versehentlich in ihren Wäschestapel schleicht, werden sie mir mit spitzen Fingern und gerümpfter Nase abgeliefert.

Manchmal wünschte ich, ich hätte mehr mit meinen Geschwistern gemeinsam. Vielleicht liegt es am Altersunterschied oder daran, dass wir uns nicht für die gleichen Dinge interessieren, aber Sofie und ich hatten nie ein besonders enges Verhältnis. Und Markus, Oliver und Emma sind so klein, dass ich nie etwas anderes als ihr dritter Elternteil sein werde. Mamas und Papas fleißiges Mädchen.

Alban und Linus haben nur einander, aber sie sind eher Freunde als Brüder. Genau das vermisse ich bei meinen eigenen Geschwistern.

Ich ziehe Emma um und lasse sie mit ihren Spielsachen im Wohnzimmer spielen, wo Oliver und Markus schon mit nassen Haaren herumtollen und versuchen, ein Feuerwehrauto zu zerstören.

Mama steht am Küchentisch und kämpft mit unseren Lunchpaketen.

Ich schnappe mir eine Weintraube aus der Schale neben dem Schneidebrett und greife über den Stapel Essen, der darauf wartet, eingepackt zu werden, nach der Einkaufsliste und einem Kugelschreiber.

»Was brauchen wir noch außer Spülmittel?« Ich muss schreien, um das Radio zu übertönen.

»Klopapier, Dosenmakrelen, Hefe …«, ruft meine Mutter zurück.

»Stopp, stopp, nicht so schnell!« Ich schalte das Radio mit der linken Hand aus und lasse den Kugelschreiber über das Papier rasen.

Die Haustür fällt knallend ins Schloss und ein schwarzer Wirbelwind der Freude fegt in die Küche.

Filou springt an mir hoch, als hätte er mich wochenlang nicht gesehen. Ich halte ihn mit ausgestrecktem Bein auf Abstand, während ich nach Mamas Anweisungen die Einkaufsliste weiterschreibe.

Normalerweise würde ich mich mit ihm auf dem Boden herumwälzen, aber ich fahre später zu Alban und Linus, und Sandra hat eine starke Tierhaarallergie.

Linus ist ironischerweise ein großer Fan von allem, was Fell, Schuppen und Federn hat, also kommt er gerne zu mir nach Hause. Ab und zu kapituliere ich und lade meine zwei Freunde in unsere Casa del Chaos ein, wo wir zurzeit einen Hund, zwei Wellensittiche, ein Kaninchen, drei Hamster und ein großes Aquarium mit Fischen beherbergen. Die Vögel gehören mir, der Rest ist Allgemeingut.

In niemanden ist Filou so vernarrt wie in Linus. Obwohl unser alter Hund jeden, der ihn hinter den Ohren krault, mit seiner Liebe überschüttet, kennt seine Hingabe zu meinem tiernärrischen Freund keine Grenzen. Nicht umsonst nennt Papa Linus den ›Hundeflüsterer‹.

Markus, Oliver und das Feuerwehrauto sind in der Küche im Einsatz, und Filou verliert das Interesse an meiner unnahbaren Person und beginnt stattdessen, die Gesichter der kreischenden Kinder abzulecken.

Papa steckt den Kopf aus dem Flur ins Zimmer.

»Es ist saukalt heute! Ich habe das Auto vorgeheizt.« Er steigt aus seinen Stiefeln und gibt Mama einen Kuss.

»Gut«, sagt sie lächelnd und schmiert weiter Margarine auf eine Scheibe Roggenbrot, während sich ihre Lippen treffen.

Papa sieht mich an.

»Wenn du und Sofie in ein paar Minuten fertig seid, kann ich euch an der Schule absetzen, bevor ich die Jungs in den Kindergarten bringe. Dann müsst ihr nicht an der Bushaltestelle frieren.«

»Das ist lieb von dir, Papa, aber ich habe mich schon mit ein paar Klassenkameraden verabredet.« Ich weiche seinem Blick aus, um die Lüge zu verschleiern. Als ich das letzte Mal mitgefahren bin, hatte unser Minibus direkt vor der Schule eine Panne, und meine Brüder saßen da und leckten vor den Augen meiner Mitschüler über die Scheiben.

Als wäre mein Leben nicht schon peinlich genug.

12

Janus' silbergraues Haar ist zu einem Pferdeschwanz gebunden. Es tanzt über seine Schulterblätter, während er in einer Wolke aus Kreidestaub Zahlen und Buchstaben an die Tafel schreibt. Er ist so sehr von der alten Schule, dass er keine Smartboards benutzt.

Es ist schwer, sich auf den Naturwissenschaftsunterricht und die Reaktionsgleichungen zu konzentrieren. Ich sehe die ganze Zeit Albans leicht gekränkte Miene vor mir.

Als er mich an diesem Morgen in der Schule mit besorgten Falten auf der Stirn empfing, weil ich vergessen hatte, ihn am Vorabend zurückzurufen, wimmelte ich ihn ab. Schwor ihm, dass ich nicht sauer sei und natürlich wisse, wie nutzlos es sei, in der Sache mit Noah derart überzureagieren. Ich versicherte ihm, dass wir nicht mehr darüber zu reden bräuchten und ich die Angelegenheit bereits abgehakt hätte.

Er musste es dann auf sich beruhen lassen, obwohl er mich gut genug kennt, um zu wissen, dass das nicht ganz der Wahrheit entsprach.

Ich kann ihn vielleicht mit Worten anlügen, aber meine Stimme oder meine Atmung oder die Art, wie ich mit dem Kugelschreiber klicke, verraten mich immer wieder. Manchmal ist es ziemlich anstrengend, mit Herrn Hochsensibel befreundet zu sein.

Janus vollführt einen letzten Schwung und lässt die Kreide

auf der Tafel quietschen. Die Formel für die Fotosynthese hat unter seiner flatternden Hand Gestalt angenommen.

$$CO_2 + H_2O \rightarrow C_6H_{12}O_6 + O_2$$

In der Gleichung fehlen die Zahlen vor Kohlendioxid, Wasser, Glukose und Sauerstoff, und bei dem Gedanken an das, was uns erwartet, macht mein Magen einen kleinen nervösen Satz.

»Alles klar«, sagt Janus und dreht sich um. »Wer von euch möchte das hier für mich auflösen?«

Ich halte den Atem an, während er sich mit gespitzten Lippen und nervtötender Geduld im Klassenraum umsieht.

»Wie wäre es mit dir, Noah?«

Noah hebt seinen Blick von dem Comic, den er in seinem Naturwissenschaftsbuch versteckt hat. Obwohl uns hier im Physikraum mehrere Reihen trennen, kann ich sehen, dass es Batman ist, der den Platz des Periodensystems eingenommen hat.

»Was soll mit mir sein?« Er sagt es nicht direkt schnodderig, aber die Art und Weise, wie er Janus' Blick standhält, hat etwas von einem Machtkampf.

»Habt ihr in Down Under schon die Fotosynthese durchgenommen?«, fragt Janus.

»Ja.«

»Fabelhaft. Dann kannst du ja nach vorne kommen und deinen Klassenkameraden zeigen, wie man diesen Kumpel hier auf Vordermann bringt.« Ein Lächeln, nicht viel mehr als ein kleiner Tic, zuckt über Janus' vernarbte Wange.

Noah sieht ihn ausdruckslos an. Dann klappt er langsam das Buch und den Comic zu und steht auf. Seine Bewegungen sind träge-selbstbewusst, als er zur Tafel geht.

Janus streckt ihm die Kreide entgegen, aber Noah ignoriert ihn und nimmt sich ein Stück von der Ablage unter der Tafel.

Er schaut auf die Formel, ohne etwas zu schreiben.

Sekunden vergehen und ich erröte stellvertretend für Noah. Er steht gerade und regungslos da, augenscheinlich ungerührt von dem halb erstickten Lachen aus Jonathans Ecke, und dreht die Kreide zwischen den Fingern.

Dann wendet er sich an Janus.

»Ich weiß nicht mehr, wie das geht.« Er spricht, als wäre es ihm völlig gleichgültig. Als wäre es nicht der Gipfel der Demütigung, vor uns allen zu stehen und zugeben zu müssen, es nicht zu können.

»Ich glaube, du schaffst es, Noah. Wenn du es *wirklich* versuchst«, treibt Janus ihn an.

»Aber das habe ich *wirklich* nicht vor«, sagt Noah ruhig und geht zurück zu seinem Platz.

Ich bin zu überrascht von seiner erhabenen Gleichgültigkeit, um ihm in die Augen sehen zu können.

»Na dann.« Janus sieht mich an. Das seltsame Lächeln bringt den Bart um seinen Mundwinkel wieder in Bewegung.

Oh nein.

»Emilie. Willst du nicht ein Pfundsmädchen sein und uns allen zeigen, wie es geht?«

Ich stehe mit wackeligen Beinen auf, schwindlig von dem massiven Druck der Aufmerksamkeit, die plötzlich auf mich gerichtet ist.

Wie im Nebel greife ich nach der Kreide in Janus' Hand.

Der Geruch des Kreidestaubs kitzelt mich in der Nase. Die Formel ist weißes Kauderwelsch auf dunkelgrünem Hintergrund.

$$CO_2 + H_2O \rightarrow C_6H_{12}O_6 + O_2$$

Ich kann eine chemische Gleichung aufstellen. Das habe ich schon einmal problemlos geschafft. Aber genau jetzt habe ich keine Ahnung, wie ich es anstellen soll. Die vielen Blicke, die sich wie eine Akupressurmatte in meinen Nacken, Hinterkopf und Rücken bohren, sind so voller Erwartung, dass ich nicht einen einzigen zusammenhängenden Gedanken fassen kann.

Jonathans Lachen klingt dieses Mal wie ein lautes Schnauben.

Ich hebe die Kreide, völlig leer im Kopf. Es kribbelt mir unter den Armen.

Außerdem fühlt es sich an, als würde Noahs korallenrifffarbener Blick zwischen meinen Schulterblättern brennen. Aber wahrscheinlich bilde ich mir das nur ein. Er sitzt bestimmt da und glotzt in sein dämliches Comic-Heft, ganz erhaben über die Welt und ihre Schwäche.

Meine Zähne knirschen, so fest beiße ich zu.

Er weiß nicht das Geringste über mich.

Ich setze die Kreide auf die Tafel. Und höre Linus' Stimme in meinem Kopf:

›Stell dir das einfach wie Waagschalen vor, die im Gleichgewicht sein müssen. Wenn fünf Sauerstoffmoleküle auf einer Seite des Pfeils stehen, müssen auf der anderen Seite ebenfalls fünf sein. Es ist eigentlich ganz einfach.‹

Das Kopfrechnen klappt überraschend schnell, als ich mich auf seine Worte konzentriere.

Auf der rechten Seite des Pfeils sind sechs Cs, also müssen sie auch auf der linken Seite vorkommen. Ich setze eine 6 vor CO_2, und der Rest kommt von selbst. Eine 6 vor H_2O und O_2, das heißt, dass bei der langen Glukosekette nichts mehr fehlt.

$$6\,CO_2 + 6\,H_2O \rightarrow C_6H_{12}O_6 + 6\,O_2$$

»So geht das auf!« Janus klingt begeistert. »Gut gemacht, Emilie.«

Meine Knie sind ganz weich vor Erleichterung, als ich zu meinem Platz zurückkehre.

Ohne darüber nachzudenken, schaue ich Noah an, als ich an ihm vorbeigehe. Die Verblüffung in seinem Gesicht ist die Schweißflecken unter meinen Armen fast wert.

Janus stellt dem Rest der Klasse wahllose Fragen, um herauszufinden, wie weit wir mit dem Lehrplan gekommen sind. Die offensichtliche Schlussfolgerung ist ›nicht weit genug‹, denn fast nur Adriana und ich geben ihm richtige Antworten.

Danach teilt er uns in Paare ein. Als Lehrer in Naturwissenschaften bekommt er anscheinend einen Kick durch das Experimentieren mit explosiven Mischungen, denn ohne mit der Wimper zu zucken, setzt er Pi und Adriana zusammen.

Aber seine Vorliebe für kranke Experimente endet hier nicht. Natürlich ziehe ich für das anstehende Säure-Basen-Experiment die schwarz gekleidete und viel zu sehr mit Batman beschäftigte Niete.

Ich presse die Oberarme fest an meinen Körper, um die feuchten Flecken von meinem Schweißausbruch zu verbergen. Die Nervosität überträgt sich auf meine Bewegungen und Noah schaut kurz auf, als ich den Bunsenbrenner auf den Tisch fallen lasse.

Reiß dich zusammen, Emilie!

Ich rücke so weit wie möglich von ihm weg und kümmere mich um den Versuchsaufbau.

»Also dann«, sage ich demonstrativ laut, als ich ein leeres Glas auf dem kleinen Metallständer zwischen uns abgestellt habe.

Ich schaue Noah mit einem, wie ich hoffe, überlegenen Blick an. Er hat die Ellbogen auf den Tisch gestützt und beobachtet mich, das Kinn auf den Händen ausruhend. Als wäre ich ein sonderbares Tier hinter einer Plexiglasscheibe im zoologischen Garten.

»Also dann«, sagt er wie ein Echo.

Und lächelt.

Ein schiefes, atemloses Lächeln mit nach unten gezogenen Mundwinkeln und so dominierenden Lachfältchen, dass sich sein ganzes Gesicht verändert.

Ich bin so überrascht, dass Noah tatsächlich Lachmuskeln hat, dass ich anfange zurückzulächeln. Ein unbestimmtes, dümmliches Lächeln mit Zähnen, das sich wie ein Krampf in den Wangen anfühlt.

So viel zum Thema, ein eiskalter Anti-Looser zu sein.

»Du bist ziemlich gut in diesem Naturwissenschaftskram, was?«, sagt er.

Das Einzige, woran ich denken kann, ist, wie sehr er mit seinem Lächeln plötzlich meiner Zeichnung gleicht. Ich glaubte schon, mich selbst davon überzeugt zu haben, dass das alles nur eine Einbildung war.

Ich zucke mit den Schultern und schaue hinunter auf die beiden Glasfläschchen mit verdünntem Natriumhydroxid und Salzsäure.

»Ich mache nur meine Hausaufgaben«, sage ich und höre sofort, wie selbstgefällig ich klinge. Ich beeile mich, die Deckel der Fläschchen abzuschrauben und Pipetten hineinzustecken.

»Wozu?«, fragt er.

Ich werfe ihm einen Blick zu.

»Was meinst du?«

»Warum machst du Hausaufgaben?«

»Weil ... weil man es muss«, sage ich mit hauchdünner Überzeugung. Ich nehme eine Pipette und fange an, Natriumhydroxid in das Glas auf dem Ständer zu tropfen. »Sonst wäre es doch egal, ob man in die Schule geht, oder?«

Super, Streberin.

Noah schaut auf die klaren Tropfen, die durch die Pipette gleiten. Sie treffen auf den Boden des leeren Glases, wo wir das basische Natriumhydroxid mit Salzsäure vermischen sollen. Zwei giftige, ätzende Flüssigkeiten, die ungefährlich werden, wenn man sie richtig vermischt.

»Hm«, sagt er nur.

»Was?«, frage ich gereizt. »Habt ihr in Australien etwa keine Hausaufgaben aufbekommen?«

»Doch«, sagt er.

»Warum machst du sie dann nicht?«

»Tu ich doch. Wenn ich finde, dass es sinnvoll ist.«

»Wenn du Lust dazu hast, meinst du?«

Er zuckt mit den Schultern und kratzt sich schwarzen Nagellack vom Daumennagel.

»Warum bist du zur Tafel gegangen, wenn du die Gleichung nicht aufstellen konntest?«, frage ich. Seine Attitüde fängt an, mir auf die Nerven zu gehen. »Warum hast du nicht einfach zugegeben, dass du es nicht hinbekommst?«

»Weil ich nicht schwach wirken wollte.«

Wie sehr ich dieses Wort satthabe.

»Und weil ich dachte, ich könnte mich zwingen, mich zu erinnern, wenn ich an der Tafel stehe.« Noah knibbelt nachdenklich an der Ecke seines Comics herum, die allmählich ausfranst. »Es war einen Versuch wert. Aber Reaktionsgleichungen gehören offensichtlich nicht zu meinen Stärken.«

Der Gedanke, mich zu etwas zu zwingen, das ich nicht hundertzehnprozentig unter Kontrolle habe, bereitet mir Übelkeit. Und das vor so vielen Leuten, die man nicht einmal kennt.

»Ich bin viel besser in Sprachen«, sagt er. »Hablo muy bien español.«

»Ja, gestern in Englisch hast du ziemlich den Ton angegeben.« Ich ignoriere seine spanische Protzerei. »Aber du hattest ›Brave New World‹ ja auch schon gelesen. Da ist es dann ja nicht allzu schwer, darüber zu reden.«

»Ich habe das erste und das letzte Kapitel gelesen.«

»Wie konntest du so …«

»Man muss ein Buch nicht achtmal vorwärts und rückwärts gelesen haben, um etwas darüber sagen zu können. Schon gar nicht, seit das Internet erfunden wurde.«

»Aber das ist doch Betrug!«, platze ich heraus.

»Ich beteilige mich am Unterricht. Ich bekomme gute Noten. Die Lehrer sind glücklich. Ich bin glücklich. Win-win.«

»Und was, wenn du nach etwas gefragt wirst, das du nicht gelesen hast … oder *worüber* du nichts gelesen hast?«

»Ich achte darauf, dass ich nur über Dinge rede, bei denen ich mir sicher bin. Wenn man sich gleich zu Anfang der Stunde meldet, hat man den Rest der Zeit seine Ruhe.«

Ich bin sprachlos. Ohne so recht zu wissen, ob aus Verachtung oder Bewunderung. Bei ihm klingt eine gewöhnliche Englischstunde wie eine Partie ›Stratego‹.

»Aber *du* hast doch alles gelesen, oder?« Noah sieht mich mit einem seltsamen prüfenden Blick an.

Ich nicke und bei der Bewegung tropft Natriumhydroxid aus der Pipette auf den Tisch zwischen uns.

»Warum hast du dann nichts gesagt?«, fragt er.

»Das habe ich doch.«

»Ja. Du hast etwas gesagt, weil Janus dich dazu gezwungen hat. Aber die anderen Lehrer tun das nicht.«

»Na und? Kann dir das nicht egal sein?«, frage ich. Obwohl es mir am liebsten wäre, wenn er einfach den Mund hielte. Am besten für immer.

Warum fühlt es sich so an, als würde *ich* durch die nächste Prüfung fallen, obwohl es doch *er* ist, der seine Hausaufgaben nicht macht?

Es kribbelt in meinem Nacken, als Noah sich über den Tisch näher zu mir lehnt.

Ich kann ihm nicht in die Augen sehen, sondern konzentriere mich nur auf seine Hand, die auf der Tischplatte liegt, ein paar

Zentimeter von dem Tropfen entfernt, den ich gerade verschüttet habe.

»Es wundert mich nur«, sagt er langsam. Sein Nagellack ist ähnlich schwarz wie die abblätternde Farbe auf dem Tisch. »Es wundert mich, dass du so viel kannst, es aber nicht zeigst. Dass der Lehrer dir die Antworten aus der Nase ziehen muss. Dann ist es doch Zeitverschwendung, sich vorzubereiten, oder nicht?«

Das Ganze fühlt sich langsam so an wie einer dieser Träume, in denen man plötzlich entdeckt, dass man nackt ist.

Ich werde so explosionsartig rot, dass ich fast hören kann, wie die Blutgefäße in meinen Wangen unter dem Druck platzen.

»Ich habe nicht das Bedürfnis, einen auf klug zu machen.« Ich starre Noah an und versuche, überlegen zu wirken, obwohl meine Ohrläppchen glühen.

»Okay?«, sagt er mit hochgezogenen Augenbrauen und einem Hauch von Vergnügen in der Stimme. »Also findest du es cooler, dich stattdessen dumm zu stellen?«

»Ich stelle mich nicht …«, fauche ich, aber er unterbricht mich.

»Aber du *wirkst* dumm, wenn du nichts sagst. Oder arrogant. Keine Ahnung, was schlimmer ist.«

»Du musst wirklich einen Haufen Freunde haben, wenn du so gut darin bist, Komplimente zu verteilen«, sage ich.

»Mit Komplimenten macht man sich keine Freunde.«

»Wie dann?« Die Worte kommen mir über die Lippen, bevor ich sie herunterschlucken kann. Als wäre Noah eine Art fantastischer Freundschaftsguru, der mich aus meinem ach so jämmerlichen Leben retten kann.

Noahs Blick brennt sich wie ein türkisfarbenes Feuer in mich ein.

»Man findet Freunde, indem man sich nicht verstellt. Dann haben die Leute die Wahl. Take it or leave it.«

»Klar«, sage ich und schnappe mir ein paar Papiertücher aus dem Halter an der Wand. »Wenn man sich nicht verstellt, wird natürlich alles großartig. Weil es ja allen völlig egal ist, wie man aussieht und was man macht. Oder was man *nicht* macht.« Ich wische den Tropfen auf. Noah bewegt seine Hand nicht, aber das ist mir egal. Ich reibe immer weiter über die Tischplatte, selbst nachdem der Tropfen längst vom Papier aufgesaugt wurde.

»Man kann es nicht allen recht machen«, sagt er achselzuckend. »Und Freunde zu haben ist nicht dasselbe, wie beliebt zu sein.«

Das klingt wie etwas, das in meinem Zeichenblock stehen sollte, umringt von Schmetterlingen.

Ich beschließe, seinen unverhohlenen Versuch, mich zu ärgern, zu ignorieren und mich stattdessen auf das Chemie-Experiment zu konzentrieren.

Ich zerknülle die Papiertücher und werfe sie in den Mülleimer neben mir. Dann stecke ich die Pipette zurück in das Glas mit der Base und nehme eine andere Pipette, um die Säure hinzuzugeben.

Aber dann überlege ich es mir anders. Auf keinen Fall werde ich alles allein machen, während er nur dasteht und alles niedermacht, was ich bin und tu.

»Du fügst die Salzsäure hinzu«, sage ich entschlossen, schiebe das Glas mit dem HCl-Etikett zu ihm hin und schalte das pH-Meter ein. »Du musst stoppen, wenn der pH-Wert 7,0 beträgt.«

Noah sieht mich verwirrt an und ich versuche ihn mit genau der richtigen Menge Mordlust im Blick herauszufordern.

Dann nimmt er die Pipette mit zwei so spitzen Fingern, als enthielte sie einen unverdünnten, schmerzhaften Tod.

»Entspann dich. Das sind nur 0,1 Mol«, sage ich.

»What?« Er sieht mich an, als hätte ich Russisch gesprochen.

»Du weißt doch, was ›Mol‹ bedeutet, oder?«

Er schüttelt den Kopf.

»No idea. Klingt wie eine Geschlechtskrankheit. Oder ein kleines Tier.« Keine Entschuldigung, kein Small-Talk-Versuch. Nur die leere Bestätigung, dass er keine Ahnung hat und es ihn nicht weniger jucken könnte.

»Mol ist eine Maßeinheit für chemische Lösungen«, erkläre ich ungeduldig. »Und eine 0,1-molare Salzsäurelösung ist mit so viel Wasser verdünnt, dass sie ziemlich harmlos ist. Aber wir können sie noch harmloser machen, indem wir eine basische Lösung dazugeben, sodass sie zu normalem Salzwasser wird.«

Noah kaut auf seinem Lippenpiercing herum und sieht mich mit zusammengekniffenen Augen an.

»Hm«, macht er.

»Du weißt nicht, wovon ich rede, oder?«, frage ich seufzend.

»Nope. Aber es klingt spannend. Wie viel soll ich noch mal hineingeben?« Er nimmt die Pipette jetzt mit festerem Griff und saugt etwas Salzsäure in das schmale Glasröhrchen.

»Bis ich ›Stopp‹ sage.«

Wir sind still, während die Salzsäure das Gemisch zwischen uns langsam neutralisiert. Es gelingt uns, den pH-Wert genau auf 7,0 zu bringen.

»Und jetzt?«, fragt Noah.

»Jetzt wird das Ganze abgebrannt.«

»Dein Ernst?«

»Wir lassen das Wasser verdampfen, sodass nur noch Salz übrig bleibt«, sage ich und schalte den Bunsenbrenner unter dem Metallständer ein.

»Und was ist der Sinn dahinter?«

Ich starre in die blaue Flamme und stöhne innerlich auf. Warum muss er ständig alles hinterfragen?

»Es geht darum, dass Säuren und Basen sich nicht mehr unterscheiden, wenn sie sich in der Mitte treffen können.« Janus' tiefe Stimme lässt mich zusammenzucken und beinahe lasse ich das Glas Natriumhydroxid auf den Boden fallen.

»Wie läuft es hier?«, fragt er.

»Wir warten auf das Salz«, sagt Noah.

»Ihr wart schnell. Welchen pH-Wert habt ihr bekommen?«

»7,0. *Genau*«, sagt Noah, als wüsste er, wovon er spricht.

»Wirklich gut gemacht. Ruft mich, wenn das Wasser verdampft ist.« Janus wendet sich dem nächsten Pärchen zu, das viel zu viel Flüssigkeit in das Glas gegeben hat und immer noch mit einem pH-Wert von 9 herumeiert.

Ich erhasche einen Blick auf Adrianas mürrisches Gesicht am anderen Ende des Raums. Wenn Janus mich weiterhin so lobt, wird sie als kotzgrüne Pfütze aus Ärger auf dem Boden enden, bevor der Dezember kommt.

»Chemie ist echt komisch«, sagt Noah und mustert unser Glas. Winzige Bläschen haben sich an der Innenseite gebildet, ein Zeichen dafür, dass das Wasser sich erwärmt.

»Chemie gehört zu den logischsten Dingen der Welt«, sage ich mit einem kleinen Lächeln. »Wenn man seine Hausaufgaben macht.«

Noahs Mundwinkel zuckt nach unten, als wollte er das Lächeln erwidern. Er dreht dem Glas den Rücken zu und lehnt sich mit vor der Brust verschränkten Armen gegen die Tischplatte. Seine Augen sind ein türkisgrünes tropisches Meer, das die kleine Insel, die einmal mein Verstand war, überflutet.

»*Du* bist echt komisch, Emilie.« Er sagt es nicht bösartig. Auf eine merkwürdige Weise klingt es fast wie ein Kompliment.

»Tja, so bin ich eben«, sage ich beiläufig. »Ein komischer, schwacher Nerd, der sich nicht traut, in den Unterrichtsstunden den Mund aufzumachen.«

Noah sieht mich scharf an, als er seine eigenen Worte aus der Bibliothek wiedererkennt.

»Und meine Freunde sind auch komisch«, fahre ich fort, »Ich verstehe wirklich gut, wenn man sie hasst, ohne sie zu kennen.«

Noah schaut in das Mischglas. Eines seiner Lippenpiercings dreht sich, als würde er mit der Zunge daran herumspielen.

Das Wasser erreicht den Siedepunkt und eine dünne weiße Dampfsäule steigt zwischen uns auf.

»Yeah. Ich habe wohl einen ziemlich schlechten ersten Eindruck hinterlassen.« Er sieht mich immer noch nicht an.

»Was war da los?«, frage ich. »Gestern, in der Kantine, als du weggerannt bist?«

»Dieser dunkelhaarige Typ …«, setzt Noah an.

»Alban. Er heißt Alban.«

»Alban«, sagt Noah zu der blubbernden Flüssigkeit im Glas. »Er erinnert mich an jemanden, den … den ich nicht ausstehen kann.« Eine krasse Untertreibung, seinen Nackenmuskeln nach zu urteilen, die sich unter der Haut anspannen.

»Warum nicht?«, frage ich.

Noah schweigt. Lange.

Ich schiele auf das Lederband um seinen Hals. Was auch immer am Ende hängt, ist wie üblich unter seinem schwarzen T-Shirt versteckt. Ich könnte ihn einfach danach fragen. Ganz zwanglos und beiläufig. Es ist nichts Merkwürdiges daran, sich für seine Klassenkameraden und ihre Besitztümer zu interessieren.

Also, Stalker-Woman?

Die ersten Salzkörner beginnen im fast trockengelegten Glas zwischen uns zu knistern. Ich strecke die Hand aus, um den Bunsenbrenner auszuschalten, als Noah tief Luft holt und den Mund öffnet.

Doch bevor er etwas sagen kann, wird er von Janus unterbrochen.

»Das sieht gut aus«, sagt er und schaut in unser noch heißes

Glas, das innen von einer dünnen Salzschicht bedeckt ist. »Ihr seid ein gutes Team.« Er tupft sich eine Geschmacksprobe auf die Zungenspitze. »Wunderbares Kochsalz. Das kommt zu Hause direkt in die Mühle.«

Ich schenke Noah ein ganz normales Lächeln.

Er macht mit der Hand die Metal-Pommesgabel und fletscht die Zähne zu einer Hell-yeah-Grimasse.

Die Schmetterlinge von gestern Morgen, die schon wieder in den Winterschlaf gefallen waren, erwachen in meinem Bauch und rufen nach Verstärkung.

13

Die Schmetterlinge wirbeln immer noch wie ein flatternder Tornado unter meinen Rippen, als ich die Schulkantine betrete. Sie weigern sich zu landen, solange Noah neben mir geht.

Alban und Linus sitzen auf ihren angestammten Plätzen, mit dem Rücken zu uns.

Ich habe kaum die Gelegenheit, darüber nachzudenken, wie ich die Sache angehen soll, als Noah sich auch schon an mir vorbeischleicht und zielstrebig an ihren Tisch tritt. Er zieht einen Stuhl neben Alban hervor und setzt sich ihm gegenüber.

Alban hört das Scharren der Stuhlbeine auf dem Boden und dreht das Gesicht in die Richtung, aus der das Geräusch kommt.

Linus schaut mit großen Augen von Noah zu Alban, zu mir und wieder zu Noah.

»Hi, Linus.« Noah nickt ihm zu. Offensichtlich kann er sich Namen doch merken, wenn es sein muss.

»Äh … hallo?«, sagt Linus. Offensichtlich ratlos, was gerade passiert.

»Hi, Alban«, sagt Noah. Beim Klang von dessen Stimme pressen sich Albans Lippen zu einer waagerechten Linie zusammen.

»Hi«, sagt er bedächtig.

»Ich bin Noah, und ich bin neu in Emilies Klasse.«

»Ich weiß.«

»Ich glaube, ich habe dich gestern gar nicht richtig begrüßen können.«

»Nein, das glaube ich auch«, sagt Alban und zerknüllt sein Pausenbrotpapier. Er streckt die Hand nach Frostgram aus und steht auf. Ohne ein weiteres Wort macht er sich auf den Weg zum Ausgang.

Linus und ich starren uns wie schockiert an.

Alban ist normalerweise der Erste, der Leuten verzeiht, wenn sie etwas Dummes getan haben.

Ich weiche Noahs Blick aus, als ich aus der Kantine eile.

»Alban, warte kurz.« Ich hole ihn vor dem Eingang ein. »Noah hat doch versucht …«

Alban bleibt stehen und ich lege eine Hand auf seinen Arm.

»Warum bist du einfach gegangen?«, frage ich.

Er schüttelt den Kopf.

»Ich weiß nicht. Das … war so nicht geplant.«

»Was?«

Alles, was Alban tut, ist sonst bis ins kleinste Detail durchdacht.

»Ich … ich war nur so wütend darüber, was er über dich gesagt hat. Ich habe gestern viel darüber nachgedacht, als ich dich nicht erreicht habe. Er muss dich damit wirklich verletzt haben.«

»Alban, ich habe dir doch gesagt, dass mein Handy hinüber ist. Deshalb konnte ich dich nicht zurückrufen.«

»Aber es hat dich trotzdem getroffen«, fährt er fort. »Das konnte ich heute Morgen hören. Du warst so verletzt, wie du es wegen Jonathan noch nie gewesen bist.« Er lässt den Daumen über den schwarzen Griff von Frostgram gleiten. »Es tut mir leid, dass ich so gleichgültig gewirkt habe. Dass ich dir nicht zugehört habe.«

Ich weiß nicht, was ich antworten soll. Also lasse ich seinen Arm los und umarme ihn stattdessen.

Er zieht mich an sich.

»Du bist ein kleiner Trottel«, murmle ich in sein graues T-Shirt.

»Ich habe Jonathan nie gehasst«, sagt Alban leise. »Ich kann ihn bestimmt nicht leiden, aber er hat noch nichts getan, was mich dazu bringen könnte, ihn zu hassen. Jonathan ist nur eine gewöhnliche Nervensäge. Aber dieser Noah …« Er beendet den Satz nicht, und aus irgendeinem Grund fühle ich mich erleichtert. Alban sagt immer, dass Hass ein so starkes Wort sei, dass man es nicht leichtfertig benutzen sollte. Ich möchte nicht dazu beitragen, dass er es notwendigerweise so empfindet.

Ich löse mich aus seiner Umarmung und sehe zu ihm auf.

»Sagst du nicht immer, dass man sich nicht davon beeinflussen lassen soll, was andere von einem halten?«

Alban seufzt und reibt sich den Nacken.

»Ja. Und das tu ich auch nicht. Die Leute können von mir halten, was sie wollen. Aber wenn es um dich geht, sieht das anders aus.«

Die Schmetterlinge in meinem Bauch haben eine Pause eingelegt, jetzt, da Noah außer Sichtweite ist, aber Albans Worte bringen einen von ihnen zum Flattern. Ich bin froh, dass er nicht sehen kann, wie ich erröte.

»Du bist heute aber auf einem ganz ritterlichen Trip«, sage ich. »Jederzeit bereit, meine Ehre zu verteidigen.«

»Vielleicht ein bisschen zu ritterlich.« Er verzieht das Gesicht.

»Noah ist nicht so schlimm, wie ich ihn beschrieben habe«, sage ich.

Alban zieht eine Augenbraue hoch.

»Ich meine … er ist immer noch nervig«, fahre ich fort. »Und ein Klugscheißer und selbstgefällig und kryptisch und … wirklich nervig. Aber ich habe heute ein Chemie-Experiment mit ihm überlebt.«

»Du hast also tatsächlich mit ihm geredet?«

»Ja. Und er hat sich für gestern entschuldigt.«

»Ach ja?«

»Ja«, sage ich. Konnte man Noahs Eingeständnis in der letzten Stunde als Entschuldigung werten? »Ich glaube, er hat sogar versucht, es *dir* zu sagen, bevor du gegangen bist.«

Alban reibt sich mit den Fingerspitzen über die Stirn, als wäre er sehr müde.

»Na, das habe ich ja toll hingekriegt.«

Ich schaue zur Eingangstür der Kantine.

»Du könntest ... na ja, du *könntest* ja eventuell zurückgehen und noch einmal mit ihm sprechen?«

Alban seufzt tief und nickt.

»Okay.«

Ich stelle mich neben ihn, sodass sich unsere Handrücken berühren, und Alban lässt seine Hand meinen Arm hinaufgleiten, um sich wie üblich über dem Ellbogen festzuhalten.

Das hat Sandra mir vor Jahren beigebracht. Sie hat sich große Mühe gegeben, mir zu erklären, dass ich Alban nicht einfach am Arm packen und wegziehen, sondern ihm die Initiative überlassen soll.

Wenn man mit jemandem liiert oder wirklich gut befreundet ist, so wie wir, kann man ruhig auch die Hand des anderen halten. Aber das tun wir hauptsächlich außerhalb der Schule, damit wir nicht zu viel Stoff für die Gerüchteküche liefern.

Ich denke selten darüber nach, wie ich mich in Albans Gegenwart verhalte, aber Noah und Pi haben mich dazu gebracht, einige meiner Angewohnheiten von außen zu betrachten.

Als wir losgehen, bin ich mir der Bewegungen, die unsere Hände und Füße machen, sehr bewusst. Ich öffne die Kantinentür und Alban schließt sie hinter uns. Es fühlt sich an, als würde man beim Zeichnen plötzlich auf die ganz speziellen Geräusche achten, die so ein Kohlestift erzeugt.

Linus ist verschwunden, als wir zum Tisch zurückkehren, aber Noah und Pi sitzen sich gegenüber und essen, ohne einander anzusehen.

»Er ist noch da«, flüstere ich Alban zu und drücke ermutigend seinen Arm.

Pi sieht uns über Noahs Schulter hinweg an und ihre Miene hellt sich zu einem hoffnungsvollen Lächeln auf, das ihren Bruder dazu bringt, sich zu uns umzudrehen.

Es ist, als würde ihm der Anblick von Alban körperliche Schmerzen bereiten. Er schließt für einen Moment die Augen, zwingt sich dann aber, ihn anzusehen.

»Hallo noch mal«, sagt er. Der kühle Unterton ist unüberhörbar.

»Hi.« Alban versucht, zu lächeln. »Und bitte entschuldige, dass ich abgehauen bin. Ich glaube, wir haben uns auf dem falschen Fuß erwischt. Das tut mir leid.« Er ist sich sicher genug, wo genau Noah sitzt, um ihm die Hand entgegenstrecken zu können.

Noah sieht sie an. So lange, dass ich mich frage, ob wir den Rest des Schuljahres damit verbringen werden, beleidigt zu sein und uns zu entschuldigen.

Dann nimmt er Albans Hand und drückt sie kurz und fest.

Sie lassen einander so schnell los, dass es aussieht, als hätten sie einen Stromschlag verpasst bekommen.

»Gleichfalls«, sagt Noah. »Tut mir auch leid«, fügt er hinzu.

Erst jetzt merke ich, dass ich die Luft angehalten habe.

Pi lächelt so breit, dass ihre Wangenpiercings fast verschwinden.

»Drei Freunde an einem halben Tag. Das muss ein neuer Rekord sein, Bruderherz!«

»Yes. Man nennt mich auch der Magnet«, sagt Noah tonlos und wendet sich wieder seinem Essen zu.

14

»Und? Worüber schreibt ihr?«, fragt Pi.

Ich sitze mit Adriana und den Zwillingen auf der Sofagruppe in der Bibliothek. Janus hat uns eine weitere Mathestunde Zeit gegeben, in der wir uns absprechen und Literatur für unsere Aufgaben finden sollen, bevor wir am Nachmittag eine ausgearbeitete Fragestellung abliefern sollen.

Adriana sieht von dem großen Stapel ausgedruckter Artikel auf, den sie nach Veröffentlichungsdatum sortiert.

»Die Relativitätstheorie«, sagt sie.

Ich komme mir mit meinem Buch über den Mars auf dem Schoß ein bisschen dumm vor. Ich wusste gar nicht, dass wir uns auf ein Thema geeinigt hatten, aber die Projektaufgabe war auch nicht das, was mich in der letzten Zeit am meisten beschäftigt hat. Und die Relativitätstheorie klingt nach etwas, womit Adriana gerne brillieren möchte.

»Und ihr?« Ich sehe zu Pi, ohne Adrianas Themendiktatur zu kommentieren. Ich bin immer noch zu erleichtert, dass ich meine Federmappe unbeschadet beim Bibliothekscomputer wiedergefunden habe, als dass ich Lust hätte, es mir mit ihr zu verscherzen.

»SETI«, sagt Noah. Er liest ausnahmsweise kein Comicheft, sondern überfliegt das Inhaltsverzeichnis eines Buches, auf dem Bilder von großen satellitenschüsselähnlichen Dingern zu erkennen sind.

»Search for Extra-Terrestrial Intelligence«, übersetzt Pi. Sie kann ja nicht wissen, dass ich mit dem größten Weltraumfreak der Schule befreundet bin und alles über SETI weiß. Sie und Noah arbeiten gemeinsam an dem Projekt, weil sie erst nach der Gruppeneinteilung in unsere Klasse gekommen sind.

»Also über Ufos und Außerirdische?«, fragt Adriana. »Seid ihr euch sicher, dass ihr darüber schreiben dürft? Ist das überhaupt seriös?«

Noah sieht sie an.

»Wenn die NASA sich damit beschäftigt, würde ich es schon als seriös bezeichnen.«

Adriana murmelt irgendetwas und blättert weiter durch ihre Zettel. Offensichtlich bin ich nicht die Einzige, die mit Noahs Fähigkeit, einem direkt bis in die tiefsten Gehirnwindungen zu blicken, nicht zurechtkommt.

»Aber die Relativitätstheorie klingt auch spannend«, sagt Pi.

»Ja, wer würde nicht gerne einen Monat lang mit Einstein arbeiten?« Ich lege das Marsbuch diskret mit der Rückseite nach oben vor mich hin.

»Einstein?« Linus kommt mit einem Physikbuch in der Hand hinter einem Bücherregal hervor. Er setzt sich auf die Armlehne neben mir. »Hey, ihr habt euch alle guten Bücher gekrallt!«, ruft er, als er die Stapel auf dem Tisch vor uns sieht.

»Ich dachte, du könntest die sowieso alle auswendig«, sage ich.

»Nicht gut genug, um einen Aufsatz über das Higgs-Teilchen schreiben zu können.«

Adriana sieht auf und mustert ihn von Kopf bis Fuß.

»Wie alt bist du noch mal?«

»Ähm … vierzehn«, sagt Linus verwirrt. »Warum?«

»Vierzehn? Und du willst über das Higgs-Boson schreiben?«

»Ja? Soweit ich weiß, gibt es für Elementarteilchen keine Altersbeschränkung.«

Ich muss mir in die Wange beißen, um nicht zu kichern.

»Ich nehme an, dass ihr von diesem neuen Lehrer auch zu fächerübergreifenden Gruppenprojekten gezwungen wurdet?«, sage ich.

»Fächerübergreifend, ja«, sagt Linus. »Aber nicht in Gruppenarbeit. Wir *sollen* sogar alleine schreiben. Dieser Janus hat etwas von Selbstständigkeit und beginnender Pubertät und so geschwafelt.«

»Könntest du stattdessen nicht auch über die Relativitätstheorie schreiben und uns ein bisschen Nachhilfe geben?« Ich stoße ihn mit dem Ellbogen in die Seite.

»Darüber habe ich schon mal geschrieben. Aber ich kann euch meinen Aufsatz gerne ausleihen.«

»Ich glaube *wirklich*, dass wir ohne ein Siebtklässler-Referat über Einstein zurechtkommen«, sagt Adriana.

»Linus ist in der achten Klasse«, sage ich aufgebracht. »Und er ist ein ziemlicher Überflieger.«

»Na klar«, sagt Adriana, ohne den Blick von ihrer Sortierarbeit zu heben.

Ich bin kurz davor, noch mehr zu sagen, aber Linus macht, von seinem Physikbuch verdeckt, das Time-out-Handzeichen und schüttelt kaum merklich den Kopf.

»Wie auch immer, viel Spaß mit euren Büchern.« Er hüpft von der Armlehne herunter. »Ich schau mal, ob ich ein paar traurige Reste in den hinteren Regalen finde. Ansonsten gibt es ja auch massenhaft Forschungsartikel im Internet, die ich …«

»Fehlt es euch an Lesestoff?«

Zum zweiten Mal an diesem Tag erschreckt mich der Klang von Janus' Stimme.

Er macht nicht mehr so knarzende Geräusche wie gestern. Er hat seine Lederstiefel zu Hause gelassen und stattdessen ein paar verwirrend geräuschlose Moonboots angezogen.

»Hier gibt es nicht so viel Auswahl«, sagt Adriana, als wäre

Janus persönlich dafür verantwortlich, dass die Bestückung unserer Schulbibliothek nicht ihren astronomischen Erwartungen entspricht.

»Dann müsst ihr das Material eben woanders finden«, sagt Janus.

»Schon geschehen.« Adriana deutet mit einer lässigen Geste auf den dicken Papierstapel vor ihr.

»Nicht nur schriftliches Material«, sagt Janus. »Manchmal ist es besser, auch hörend zu lernen. Einer der anderen Lehrer hat einen Astrophysiker erwähnt, der in der Nähe lebt und regelmäßig Vorträge hält. Vielleicht wäre es eine gute Idee, euch inspirieren zu lassen?«

Linus' Augen glitzern bereits.

»Wie heißt er?«, fragt er begeistert.

Janus runzelt seine zweifarbige Stirn.

»Karsten oder Karl oder so. Ich kann mich nicht an seinen Nachnamen erinnern.«

»Große Hilfe«, sagt Adriana.

»So viele Sternfanatiker kann es in diesem Kaff ja wohl nicht geben«, sagt Noah und zieht sein Smartphone aus der Tasche. »Ich google ihn schnell.«

Ich beobachte, wie seine Finger einen spinnenartigen Tanz auf dem Display vollführen.

»Da hätten wir ihn doch«, sagt er. »Karl Christensen. Er hat einen Doktortitel in Astrophysik und wohnt laut Google Maps etwas außerhalb der Stadt. Er hat eine Website.«

Über den niedrigen Tisch hinweg sehe ich, wie er auf einer dieser typischen zusammengebauten Nullachtfünfzehn-Websites landet. Auf der Startseite ist das Bild eines Mannes mit rundem Gesicht und kurzem lockigen Haar zu sehen. Er erinnert mich an die Wissenschaftsvideos mit Neil deGrasse Tyson, die Linus sich immer anschaut, abgesehen davon, dass das Lächeln dieses Mannes aufgesetzt wirkt.

»Anscheinend hält er die Vorträge bei sich zu Hause. Okay, das ist ein bisschen umständlich.« Noah scrollt die Terminliste durch. »Es gibt einen heute Abend mit dem Titel ›Geheimnisse des Universums‹, zusammen mit einem anderen Physiker-Dude, Josef Christensen.«

»Zweimal Christensen? Sind das etwa Brüder?« Linus wirkt sehr angetan von der Idee, einen Bruder zu haben, mit dem man über Astrophysik fachsimpeln kann. Alban hat sich schon immer mehr für Etymologie und Musiktheorie interessiert als für Naturwissenschaften.

»Das könnt ihr ja herausfinden«, sagt Janus. »Zwei Vorträge an einem Abend. Ich finde, das klingt vielversprechend. Ich leite das auf jeden Fall an eure Mitschüler weiter, damit auch sie die Möglichkeit haben, sich das anzuhören.« Er verschwindet mit langen, lautlosen Schritten aus der Bibliothek.

»Damit *auch* sie die Möglichkeit haben?«, sagt Adriana erstaunt.

»Also, ich habe zumindest vor, dort hinzugehen«, sage ich trotzig.

»Ich auch!«, sagt Linus. »Und Alban kommt bestimmt auch gerne mit. Er schreibt einen Aufsatz über die Voyager 1. Ihr wisst ja … die Raumsonde, die 1977 mit einer vergoldeten Schallplatte und einem Gruß an alle Außerirdischen losgeschickt wurde.«

»Sagt mal, hat Janus die ganze Schule mit der Weltraumkrankheit infiziert?«, frage ich.

»Sieht so aus. Ich bin schon ein Fan von ihm«, sagt Linus und grinst.

»Was ist mit euch? Kommt ihr auch mit?« Ich sehe Pi an.

»Na klar! Wir haben viele Artikel, aber kaum Bücher gefunden. Vielleicht kann uns dieser Wissenschaftler welche ausleihen?«

»Er kennt sich bestimmt mit der neuesten Weltraumforschung aus«, sagt Linus. »Ich würde gerne sein Bücherregal sehen!«

Adriana wirkt plötzlich interessiert.

»Wenn wir uns bei ihm Bücher ausleihen können, müssen wir nicht auf die Vormerkungen warten. Dann können wir schon morgen pünktlich loslegen.« Sie schaut nachdenklich vor sich hin.

»Ich habe heute Abend aber eine wichtige Verabredung«, sagt Noah.

»Was für eine Verabredung?«, fragt Pi misstrauisch.

»Ich habe Kazuya versprochen, dass er Prügel bezieht. Er wird cranky, wenn ich ihn versetze.«

»Zockst du auch Tekken?«, fragt Linus.

»Ja, hauptsächlich Devil Jin.«

Natürlich spielt Noah den großen, bösen Goth-Engel mit den roten Augen, der Laserstrahlen auf seine Gegner schießen kann.

Noah streckt sich faul auf der Couch aus und sieht Linus interessiert an.

»Und du?«

»Ich halte mich an King«, sagt Linus. »Ich mochte Leoparden schon immer. Vor allem, wenn sie Kung-Fu beherrschen.« Er sieht zu mir. »Emilie spielt Lili«, fügt er hinzu.

Warum muss er *mich* da jetzt mit hineinziehen?

»Wirklich?« Noah dreht sich zu mir um und einer seiner Mundwinkel zuckt provozierend.

Ja, haha. Das Nerd-Mädchen spielt die heiße Blondine im kurzen Kleidchen. Sehr witzig.

»Wenn man die Leute nicht im echten Leben verdreschen kann, muss man seine gewalttätigen Neigungen eben auf andere Art und Weise ausleben«, sage ich.

»Pi spielt auch«, sagt Noah. »Aber sie ist so eine schlechte Verliererin, dass sie den Controller durch den Raum pfeffert, wenn es mal nicht läuft.« Er duckt sich, als sie einen Bleistift nach ihm wirft.

»Alban hat nie Tekken gespielt. Er ist ziemlich langweilig«, sagt Linus mit Bedauern in der Stimme. Es soll ein Witz sein, aber Pi und Noah sehen verlegen aus, als würden sie es nicht wagen, darüber zu lachen.

Adriana ignoriert ihn konsequent.

Manchmal vergesse ich, dass unser verschworener Sinn für Humor wirklich *extrem* verschworen ist.

Linus räuspert sich.

»Okay, wann wollen wir uns denn treffen?«

»Da steht, dass der Vortrag um neunzehn Uhr beginnt«, sagt Noah. »Das wird echt crazy. Zwei alte Nerds zum Preis von einem. Ich denke an euch, wenn ich meinen Highscore knacke.«

»Wir können uns um zehn vor sieben dort treffen«, sagt Pi. Sie wendet sich an ihren Bruder. »Und du *kommst* mit. Sonst sage ich Mama, dass du den Henkel der Ming-Vase abgebrochen hast, weil du beim Kartons-Auspacken im Wohnzimmer Ball gespielt hast.«

»Sie kommt erst nächste wieder Woche nach Hause.« Noah wirft ihr einen bösen Blick zu. »Bis dahin kann ich sie kleben.«

»Denkst du wirklich, eine sechshundert Jahre alte Vase ist mit einem geklebten Henkel genauso wertvoll?«

»Sie hat doch selbst gesagt, die Vase soll nicht verkauft werden, weil sie einen hohen ideellen Wert hat!«

»Der ideelle Wert wird dir nicht den Arsch retten, wenn sie herausfindet, dass sie kaputt ist.«

Ich schaue zwischen den beiden hin und her und fühle mich, als würde ich ein Tennismatch mit Handgranaten anstatt Bällen beobachten.

»Na gut. Whatever.« Noah schaut wieder auf das SETI-Buch, obwohl er eher aussieht, als würde er es am liebsten durch den Raum werfen.

»Ist eure Mutter verreist?«, frage ich, um die unangenehme Stille zu durchbrechen.

Pi nickt.

»Sie ist Kunsthändlerin, also reist sie um die Welt, um Kunst zu kaufen und zu verkaufen. Sie hat Galerien in verschiedenen Großstädten.«

»Warum seid ihr dann wieder nach Dänemark gezogen?« Meine Frage ist klar formuliert, aber ihr Blick zu Noah verrät mir, dass ich gerade in ein Minenfeld getreten bin.

»Weil … weil unsere Mutter will, dass wir unseren Schulabschluss in Dänemark machen.« Pi dreht die große Silberschlange immer wieder um ihren Mittelfinger, ohne mich anzusehen. »Sie will hier eine Kunstgalerie eröffnen. Gerade ist sie in Queensland, um alles in ihrer alten Galerie zu regeln.«

Noah sitzt immer noch über sein Buch gebeugt, aber seine Augen bewegen sich nicht so, als würde er tatsächlich lesen.

Warum sind sie mitten im Schuljahr umgezogen? Vielleicht liegen die Schulferien in Australien anders? Ich würde gerne mehr wissen, aber die Zwillinge scheinen nicht allzu wild darauf zu sein, darüber zu reden.

»Das … klingt auch nach einer guten Idee. Also, sein Abitur in der Muttersprache abzulegen«, sage ich.

Weder Pi noch Noah bestätigen meine Schlussfolgerung.

Einige Sekunden vergehen und das Schweigen wird so schwer, dass es fast Abdrücke in den Sofapolstern hinterlässt.

»Okay.« Linus' Blick flackert. »Ähm … dann treffen wir uns doch um zehn vor sieben bei diesem Karl. Bis später, Emilie.« Er schenkt mir ein flüchtiges Lächeln und verschwindet zwischen den Bücherregalen.

Seine Worte erinnern mich an mein Lese-Date mit Alban nach der Schule.

Eine sichere Insel der Normalität zwischen steinigem Einseifen und blaugrünem Herzflattern.

Einige Stunden später liege ich rücklings in einem Sitzsack und lasse mich von einem Gedicht von Michael Strunge einlullen, das Alban mir vorliest.

Wir wussten, dass die Zeit nicht existiert
nur die Bewegung
und so erstarrten wir im Kuss
damit er ewig wurde.

Ich kannte das Gedicht schon, aber seine Stimme gibt den Formulierungen ganz neue Nuancen. Man erlebt die Worte ganz anders, als wenn man sie geschrieben sieht. Es geht um Einfühlungsvermögen. Um Rhythmus und Betonung und Pausen an den richtigen Stellen. Vorlesen kann die Bedeutung eines Wortes verändern, sogar, wie es sich *anfühlt*.

Albans Finger bewegen sich beim Lesen über das kleine Brailledisplay vor seinem Computer, während er liest, es wandelt den elektronischen Text in Blindenschrift um, die als erhöhte Punkte in einer Zeile erscheinen, während er auf dem Bildschirm über das Gedicht scrollt.

Seine Fingerspitzen können die dreidimensionalen Wörter fast so schnell erkennen, wie meine Augen es in einem gewöhnlichen Buch könnten. Normalerweise lesen Blinde etwas langsamer als Sehende, weil sie den Text nicht querlesen können, sondern gezwungen sind, jeden Buchstaben einzeln aufzunehmen.

Aber Alban liest viele Bücher und er benutzt auch Braille-Notenschrift beim Musizieren, also gehört er zu den Schnelleren. Wenn er vorliest, klingt seine Stimme sicher und flüssig.

»Wir wussten, dass der Raum nicht existiert
nur der Gedanke daran

und so überlebte unsere Liebe
über die Sterne hinaus«

Keiner von uns sagt etwas, als das Gedicht endet. Ich lehne mich mit einem knisternden Geräusch im Sitzsack zurück, und Albans Finger wandern über die Braillezeile, vielleicht um die letzte Strophe noch ein weiteres Mal zu lesen.

Es ist nicht unangenehm, gemeinsam mit ihm still zu sein. Einer der vielen Gründe, warum wir seit meinem allerersten Schultag befreundet sind.

Ich sehe den siebenjährigen Alban immer noch deutlich vor meinem geistigen Auge, wie er auf der Treppe in der Schulaula saß.

Die dunklen Haare, die seine Augen fast verdeckten, ohne dass er es bemerkte. Der dicke Ringordner, der aufgeschlagen auf seinen Knien lag, während seine Finger über die Seiten glitten.

Sein Blick war auf einen Punkt an der gegenüberliegenden Wand gerichtet, aber er bewegte die Lippen, als würde er sich selbst vorlesen.

Ich war nahe bei ihm stehen geblieben, fasziniert von dem seltsamen Anblick. Ihm schien das nicht aufzufallen, denn er wandte sich nicht in meine Richtung. Ich stellte mich auf die Zehenspitzen, um einen Blick auf die Seite zu erhaschen, die er aufgeschlagen hatte. Das Papier war leer, schien aber mit Reihen winziger Knospen gefüllt.

Ich schaute auf sein Gesicht, um zu sehen, ob sich seine Lippen noch bewegten. Mein Blick wurde von einem Paar stahlblauer Augen erwidert, die durch mich hindurchzuschauen schienen.

Der Junge lächelte in meine Richtung.

›Ich übe unsere Morgenlieder‹, sagte er, als würde das alles erklären.

Irgendwann habe ich gelernt, dass diese winzigen Knospen Braille- oder Punktschrift heißen und die Schriftsprache für Blinde sind.

Und Alban hat unsere Morgenlieder auswendig gelernt und noch ein paar Hundert mehr.

»Willst du nicht noch ein Gedicht lesen?«, frage ich. Alban dreht sich auf dem Schreibtischstuhl um und lächelt.

»Ich habe schon fast eine halbe Stunde länger gelesen als sonst. Strunge hat es dir richtig angetan, oder?«

»Ja, er ist ziemlich gut«, räume ich ein. »Aber er ist noch besser, wenn die Alternative zu ihm eine Matheaufgabe mit Gleichungen ist.« Ich sinke tiefer in meine knisternde Unterlage und schließe die Augen.

»Ich dachte mir schon, dass es da einen Hintergedanken gibt. Aber ich muss dich leider enttäuschen, weil ich selbst noch Mathe erledigen muss. Und Deutsch und eine Tagesordnung für die nächste Schülerratssitzung.«

Ich öffne die Augen wieder.

»Och.« Ich stehe auf, um meine Schultasche zu holen.

»Ich versuche, bis zum nächsten Lese-Date noch ein paar Achtzigerjahre-Gedichte für unseren nächsten Lesetermin zu finden. Oder vielleicht eine Kurzgeschichtensammlung aus den Neunzigern, wenn du Glück hast?«

»Gnade!«, stöhne ich. »Keine Kurzgeschichten aus den Neunzigern mehr! Die, die du letztes Mal gelesen hast, waren einfach nur merkwürdig.«

»Sollte man nicht offen für alles sein?«

»Das sagst *du* … der vehement behauptet, dass die Neunziger der Höhepunkt der literarischen Entwicklung gewesen seien?«

»Ich hätte in den Neunzigern jung sein müssen. Die Bücher waren damals einfach besser. Und die Musik. Und Filme.« Er zuckt mit den Schultern.

»Alter Mann.« Ich lasse mich wieder in den Sitzsack plumpsen, mit meiner Schultasche auf dem Schoß.

Alban grinst nur.

Seine Lieblingsautoren, -bands und -filme waren im letzten Jahrtausend angesagt. Generell hat er noch weniger Bezug zur Gegenwart als Linus und ich. Er trägt sogar eine Armbanduhr, obwohl er sich die Zeit eigentlich von seinem Handy ansagen lassen kann. Er sagt, dass er es mag, die Zeit als etwas Physisches wahrzunehmen.

»Jetzt will der alte Mann aber Hausaufgaben machen.« Alban rückt seinen Bürostuhl wieder an den Schreibtisch und den Computer. Von meinem Platz im Sitzsack aus kann ich sehen, dass er sich ins Intranet der Schule einloggt. Er bekommt alle seine Hausaufgaben und Schülerratsdokumente elektronisch zugeschickt, damit sein Sprachausgabeprogramm ihm die Texte vorlesen kann. Die Braillezeile benutzt er nur, wenn er etwas besonders gründlich lesen muss oder wenn er überprüfen will, wie ein Wort geschrieben wird. Und natürlich für Gedichte. Die abgehackte Roboterstimme der Sprachausgabe würde sie völlig versauen.

Ich sitze mit der Schultasche da, ohne sie zu öffnen. Ich habe wirklich keine Lust auf Mathe, sollte aber langsam in die Gänge kommen, wenn ich mich nachher mit den anderen treffen will.

»Kommst du eigentlich mit zum Vortrag?«, frage ich.

»Ja, das klingt spannend. Linus war total aufgekratzt deswegen.«

»Der neue Lehrer auch. Er ist fast *losgerannt*, um es dem Rest der Klasse zu erzählen.« Der Sitzsack raschelt leicht, als ich den Kopf schüttle.

»Janus?«

»Ja.«

»Der ist ganz locker drauf.« Alban dreht sich wieder halb auf dem Schreibtischstuhl herum. »Er war meine Begleitung in den Stunden, in denen Svenning früher dabei war. In Deutsch hat er heute den Audiokommentar eines Films für mich übernommen. Total fließend, als hätte er nie etwas anderes gemacht.«

»Ähm … okay.« Ich bin mir noch nicht sicher, ob ich Janus mag. Aber meine Skepsis ändert nichts daran, dass er seinen Job gut macht. Ich weiß, wie schwierig es sein kann, einen Film für einen Blinden zu kommentieren. Man muss in der Lage sein zu beschreiben, was auf der Leinwand passiert, aber gleichzeitig darf man die Dialoge nicht übersprechen.

»Geheimnisse des Universums. Das wird bestimmt lustig«, sagt Alban und konzentriert sich wieder auf seine Hausaufgaben.

›Lustig‹ scheint mir dann doch eine Spur zu optimistisch. Wahrscheinlich wird es ziemlich langweilig.

Trotzdem gibt es einen winzigen Teil in mir, der … sich wirklich auf den Abend freut? Ich versuche, den Schmetterlingen in meinem Bauch klarzumachen, dass es nichts mit Noah zu tun hat.

Aber sie lachen mich nur aus und flattern weiter.

15

Es ist zehn vor sechs, als ich mit Adriana, Alban und Linus auf einer menschenleeren Straße aus dem Bus steige. Wir sind so weit draußen auf dem Land, dass wir außer der Bushaltestelle und dem Licht eines Hofs in einigen Kilometern Entfernung kein Zeichen der Zivilisation erkennen können, aber laut Google Maps sind wir am richtigen Ort.

Noah und Pi warten bereits auf uns, je eine Hand an ihren Mountainbikes, sie atmen schwer nach ihrer Fahrradtour durch die Kälte. Pi trägt eine neongrüne Daunenjacke, die zu leuchten scheint, als das Licht von Noahs Fahrradlampe sie trifft.

Noah hat natürlich eine schwarze Lederjacke an. Ich frage mich, ob er absichtlich versucht, dem Bad-Boy-Klischee zu entsprechen, oder ob es einfach ein Naturgesetz ist, dass mürrische, schwarz gekleidete Menschen eine Vorliebe für Leder haben?

Sein Haar sieht anders aus, mehr wie auf meiner Zeichnung. Die Schmetterlingsparty, die seit dem Abendessen unter meinem Brustkorb tobt, erreicht einen neuen Höhepunkt.

»War sonst niemand mit euch im Bus?«, fragt Pi. »Ich dachte, die meisten aus der Klasse würden kommen.«

»Vielleicht werden sie von ihren Eltern gefahren?« Ich schaue mich um, aber das Einzige, was außer den Fahrradlichtern der Zwillinge in der Dunkelheit zu sehen ist, sind die roten Rücklichter des Busses, die gerade hinter einer Kurve verschwinden.

Oder vielleicht sind die anderen keine solchen Streber, dass sie sich für einen Aufsatz in die Dunkelheit und Eiseskälte begeben.

»Es sollte doch um sieben Uhr sein, oder?«, fragt Adriana.

Noah zückt sein Handy.

»Ja«, sagt er und hält uns zum Beweis das Display mit den Vorlesungsterminen hin. »Die Adresse muss falsch sein.«

»Dann hat der Clown sie auf der Website falsch angegeben«, sagt Adriana. »Ich habe sie jedenfalls nicht falsch notiert.«

Der Mond hält sich hinter einer dichten Wolkenlandschaft versteckt, aber von dem Schnee geht ein schwacher Glanz aus, der gerade ausreicht, um sich zu orientieren.

Ich entdecke die Ecke eines verschneiten Schildes.

»Ich glaube, hier steht eine Hausnummer drauf«, sage ich. »Kommt mal mit einer Lampe her.«

Pi richtet ihre Fahrradleuchte auf das Schild und ich kratze es frei. Nummer drei.

»Dann *muss* es also hier sein«, sagt Adriana.

»Der nächste Bus kommt erst in einer Stunde. Wir können es also ebenso gut probieren.« Linus geht an mir vorbei und bietet Alban seinen Jackenärmel an. »Pass auf, der Schnee ist ziemlich tief.«

Die Lichtkegel der Fahrradlampen weisen uns den Weg, als wir die fast unsichtbare Nebenstraße hinaufstapfen, die sich weg von der Landstraße windet. Es gibt keine Reifenspuren, aber der Randstreifen ist durch kleine Grasbüschel erkennbar, die aus dem Schnee ragen. Frostgram zeichnet ungleichmäßige Muster vor uns auf den Boden, während Alban sich an Linus' Oberarm festhält.

Nach ein paar langen Minuten erreichen wir eine Hecke.

Dahinter erkenne ich ein Gebäude, dessen genaue Größe sich in der Dunkelheit verliert.

Die Einfahrt ist nicht freigeschippt und das ganze Haus still und dunkel, ein schlafender Riese in all dem Weiß. Ein Auto parkt auf der anderen Seite des Hauses, bedeckt mit einer dicken Schneeschicht, als hätte es mehrere Tage draußen gestanden, ohne bewegt worden zu sein.

Wir betreten den Hof, unsicher, wie es weitergeht.

»Wenn wir hier nicht richtig sind, können wir wenigstens nach dem Weg fragen«, sagt Adriana entschlossen. »Es ist schon nach sieben.« Sie macht einen Schritt auf die Steintreppe zu, die zur Haustür hinaufführt.

»Wir können doch nicht einfach so klopfen!«, rufe ich. »Da brennt ja nicht einmal Licht! Was, wenn die Leute schlafen?«

»Na und?«, fragt sie. »Sollen wir hier eine Stunde lang stehen und frieren, bis der nächste Bus kommt?«

Ich will sie gerade bitten, noch einmal die Adresse zu überprüfen, als die Haustür so plötzlich geöffnet wird, dass ich rückwärtsstolpere und irgendjemandem auf die Schuhe trete.

»Was macht ihr hier?«, fragt eine Männerstimme in scharfem Ton. »Was wollt ihr?« Aus dem Raum hinter ihm kommt kein Licht. Das ganze Haus scheint im Dunkeln zu liegen.

Noah lässt seinen Lichtkegel zur Tür hineingleiten, wo er auf ein Gesicht trifft.

»Hey, lass das!« Der Mann kneift die Augen zusammen und schirmt das ihn plötzlich blendende Licht mit einer Hand ab. Obwohl das Licht seine Gesichtszüge verwischt, wird deutlich, dass er wirklich der Mann von der Website ist. Er trägt einen dicken Pullover mit ausgefransten Rändern und eine Jogginghose, die an den Knien ganz abgewetzt und ausgebeult ist.

Noah ändert den Winkel der Lampe, sodass das Licht stattdessen auf die Tür scheint.

»Sind Sie Karl Christensen?«

»Ja. Warum?« In Karls Stimme liegt ein aggressiver Unterton.

»Und Sie sind Astrophysiker?«, fährt Noah ungerührt fort.

»Ja, das bin ich! Wieso interessiert euch das?«

»Halten Sie heute Abend einen Vortrag?«

Karl schnaubt laut.

»Nein, bei Ganymedes, das tu ich nicht.«

»Hält Josef Christensen auch keinen Vortrag?« Noah wird ungeduldig.

»Sag mal, was ist hier eigentlich los?«, fragt Karl. »Willst du mich zum Narren halten?«

»Fuck this.« Noah wendet sich zum Gehen. »Mit der Website muss etwas nicht stimmen.«

»Website? Wovon in aller Welt redest du da?«, fragt Karl.

»Die mit den Vortragsterminen«, sage ich.

»Vortragstermine? Ich halte überhaupt keine Vorträge. Weder heute noch an irgendeinem anderen Abend!«

Noah dreht sich um und geht zielstrebig die Treppe hinauf.

Karl weicht erschrocken zurück und will ihm die Tür vor der Nase zuschlagen, aber Noah klemmt seinen Fuß in den Spalt.

»Ist das nicht Ihre Website?«, fragt er und hält Karl sein Smartphone hin.

Ich kann erkennen, wie Karl die Augen zusammenkneift, als hätte er Angst, sie könnten sich vom Licht des Handydisplays infizieren.

»Ich *habe* gar keine Website.« Er schaut von Noah zu uns anderen, die am Fuß der Treppe stehen.

»Aber … woher kommt die dann?«, frage ich. »Wenn Sie die Website nicht erstellt haben, wer dann?«

»Interessante Frage«, sagt Karl. »Vielleicht ein paar Teenager, die nichts Besseres zu tun haben, als meine Zeit zu verschwenden?«

»Glauben Sie, dass *wir* das waren?«, fragt Adriana.

»Ich weiß ja nicht einmal, wer ihr seid, aber es scheint doch kein Zufall zu sein, dass ihr aus heiterem Himmel hier auftaucht und nach meinem Vater fragt.«

»Heißt Ihr Vater Josef Christensen?«, fragt Noah.

»Er *hieß* Josef Christensen. Er ist tot.«

Ich tausche ein Stirnrunzeln mit Linus aus.

Karl versucht erneut, die Tür wieder zu schließen, und schaut auf Noahs Fuß, der sie immer noch blockiert.

»Und jetzt verschwindet«, sagt er. »Ich habe keine Zeit für eure geschmacklosen Scherze. Die Leoniden beobachten sich nicht von selbst.«

Noah zieht den Fuß zurück.

»Der Sternengreif!«, ruft Linus. »Das ist ja heute!« Er legt den Kopf in den Nacken und schaut zum Nachthimmel, wo der Mond sich gerade aus den wolligen Fingern der Wolken befreit.

Seine Worte scheinen eine beunruhigende Wirkung auf Karl zu haben.

»Was hast du gesagt?« Er öffnet die Tür und schaut Linus an, als wäre er gerade einem notgelandeten Ufo entstiegen.

Erst jetzt dämmert es Linus, dass er laut gedacht hat.

»Ich … ähm, das ist nur etwas … also, so nenne ich die Leoniden. Das ist nicht …«

»Was hast du gesagt?«, wiederholt Karl und tritt hinaus auf die Steinstufen. Er hat keine Schuhe an, und dort, wo er steht, liegen mindestens fünfzehn Zentimeter Schnee. Aber er achtet nicht auf seine Füße. Er hat nur Augen für Linus, der verlegen hustet.

»Was sind die Leoniden?«, fragt Pi.

»Ein Meteorstrom«, erklärt Linus, ohne Karl anzusehen. »Eine große Menge Sternschnuppen, die in einigen Nächte Mitte November vorkommen. Es sieht so aus, als kämen die Sternschnuppen aus dem Sternbild des Löwen, das auf Latein

Leo heißt. Deshalb heißt der Strom auch Leoniden. Und deshalb … äh … deshalb nenne ich ihn Sternengreif. Weil es so aussieht, als ob der Löwe Flügel bekommt, wenn die Sternschnuppen von ihm ausstrahlen. Und ein Löwe mit Flügeln ist nun mal ein Greif. Also ist ein Sternzeichenlöwe mit Flügeln …«

»… ein Sternengreif. Ach, wie reizend«, sagt Adriana mit beißendem Sarkasmus.

»So hat mein Vater sie auch genannt«, murmelt Karl. Er kann seinen Blick nicht von Linus abwenden. »Mein Vater hat die Leoniden auch Sternengreif genannt.«

»Wirklich?« Linus lächelt vorsichtig. »Wie lustig.«

Karl erwidert sein Lächeln mit einem kleinen Wangenzucken. Dann schaut er uns zögerlich nacheinander an und sieht hinauf zu den kleinen Stückchen Sternenhimmel, die hinter der fliegenden Wolkendecke langsam größer geworden sind. Nach einer Weile seufzt er und senkt den Blick wieder.

»Es tut mir leid, dass ich eben so wütend war. Ich war nicht … auf Besuch vorbereitet.« Karl schaut nach unten und richtet seinen mottenzerfressenen Pullover. Dann tritt er rückwärts über die Türschwelle ins Haus. »Wollt ihr nicht … habt ihr nicht vielleicht Lust, mich ins Observatorium zu begleiten und sie euch anzusehen?« Er gestikuliert in den Schatten hinter sich. »Also, die Leoniden? Ich habe vor Kurzem erst ein neues Teleskop bekommen.«

Seine Hundertachtzig-Grad-Wendung ist so absurd, dass ich nicht weiß, was ich sagen soll.

»Aber … man kann doch mit einem Teleskop keinen Meteorstrom beobachten?«, sagt Linus.

»Äh, nein … nein, nein«, stammelt Karl. »Aber deswegen könnt ihr trotzdem … also, ihr dürft es trotzdem gerne ausprobieren. Um irgendwelche anderen Dinge zu sehen.«

Ich frage mich, ob der stammelnde Mann etwas zu tief in das Glas mit der Reinigungsflüssigkeit für das Teleskop geschaut hat. Oder ob er einfach nur völlig begeistert davon ist, dass sich jemand für sein Hobby interessiert.

Der Gedanke, ihm in die Dunkelheit zu folgen, gefällt mir nicht. Andererseits sind wir zu sechst, und er ist allein. Was könnte er schon tun? Er sieht nicht gerade wie ein Axtmörder aus.

Aber irgendetwas an der Situation wirkt … verkehrt. Als hieße ich Gretel und stünde auf der Schwelle zum Pfefferkuchenhaus. Ich weiß nur nicht genau, warum.

»Haben Sie wirklich ein Observatorium?« Linus klingt angefixt.

»Ja«, sagt Karl. »Ich habe es selbst gebaut.«

Linus pfeift beeindruckt.

Karl tritt zur Seite, damit die Türöffnung frei ist.

»Kommt rein.«

Ich versuche verzweifelt, mir eine Ausrede auszudenken, um seiner Einladung nicht zu folgen.

Noah dreht sich zu uns um. Die Wolken, die sich an den Vollmond geklammert hatten, haben sich aufgelöst. Im Licht, das von der Schneedecke reflektiert wird, kann ich sein Gesicht deutlich erkennen. Er lächelt schief und sieht mir direkt in die Augen.

Die Schmetterlinge in meinem Bauch verwandeln sich in kleine Nachtschwärmer mit Stahlwolle-Flügeln, die in einem wuseligen Haufen herumflattern.

»Kommt ihr?« Seine Stimme klingt herausfordernd.

Ich schlucke meine Feigheit herunter und forme ein aufmüpfiges ›Ja‹ mit der Zunge, aber Alban kommt mir zuvor.

»Ja«, sagt er laut. Er verstärkt seinen Griff um Frostgram und Linus' Arm. Linus sieht seinen großen Bruder verwundert an, folgt dann aber der Aufforderung.

»Vier Stufen nach oben, tiefer Schnee«, sagt er, kurz bevor ihre Füße die erste Steinstufe betreten.

Noah dreht sich um und geht durch die Tür. Linus und Alban folgen ihm.

Pi rudert mit den Armen.

»Whatever«, sagt sie und geht den Jungs hinterher in die Dunkelheit.

Ich atme tief durch und stapfe die verschneiten Stufen ebenfalls hinauf. Adrianas Schritte sind hinter mir zu hören. Das Geräusch der letzten weißen Flagge.

»Also, ich frage ihn nur nach seinen Büchern«, sagt sie und schiebt sich an mir vorbei durch die Tür.

Ich verkneife mir eine bissige Antwort und wünsche Noah dahin, wo der Pfeffer wächst.

16

»Ein Meteorstrom macht sich am besten in völliger Dunkelheit«, sagt Karl, als sich die Tür hinter uns geschlossen hat. »Schaltet eure Lampen aus und lasst die Handys in der Tasche. Ich laufe seit dem Sonnenuntergang im Dunkeln herum, um meine Augen daran zu gewöhnen. Mondlicht ist nicht optimal für die Sternenbeobachtung, aber immerhin sieht es so aus, als würden die Wolken verschwinden.«

Noah und Pi schalten ihre abnehmbaren Fahrradlampen aus, und das, was ich als langen, schmalen Flur identifizieren konnte, verschwindet in der Dunkelheit um uns. Es gibt kein Fenster in der Haustür, weshalb das Mondlicht nicht hereinscheint.

»Kommt mit«, sagt Karl und setzt sich in Bewegung. Seine Schritte werden schneller, ein gleichmäßiger Takt, der auf eine Treppe am Ende des Flures schließen lässt.

Wir stolpern ihm hinterher.

Ich versuche, das beklemmende Gefühl der Klaustrophobie zu ignorieren, das die undurchdringliche Dunkelheit in mir auslöst. Ich werde Alban gegenüber immer demütiger, wenn ich mich selbst blind orientieren muss. Mein Zeh stößt gegen die unterste Stufe der Treppe, aber ich unterdrücke schnell alle Schimpfwörter, die hinter meinen zusammengebissenen Zähnen aufblitzen.

»Eure Augen werden sich schnell an den Mangel an elektrischem Licht gewöhnen«, sagt Karl ein Stück weit über uns. »Und so wird der Sternenhimmel viel deutlicher sein.«

Wir sind an einem kleineren Treppenabsatz angekommen und es klingt, als würde Karl eine Tür vor uns öffnen.

Meine Fingerspitzen spüren die abblätternde Farbe, als ich durch sie in einen neuen Raum trete. Es ist nicht ganz so dunkel wie im stockfinsteren Flur und meine Augen reagieren gierig auf das schwache Mondlicht.

Wir befinden uns an einem Ort mit kühler Luft und einem hohlen, hohen Raumklang.

Plötzlich werde ich von dem Gefühl überwältigt, schon einmal hier gewesen zu sein. Mein Inneres zieht sich zu einem festen Knäuel zusammen und ich schnappe nach Luft.

Alban dreht sich um.

»Emilie?«, sagt er gedämpft.

Ich greife nach seinem Arm, um zu verhindern, dass es mir den Boden unter den Füßen wegzieht.

Seine Hand schließt sich um meine und sein Gesicht kommt mir im Halbdunkel näher.

»Alles okay mit dir?«

»Ja, ja«, keuche ich. »Nur … außer Atem nach … der Treppe.«

Ich erwarte, dass er meine armselige Lüge im Bruchteil einer Sekunde durchschaut, aber in diesem Moment legt Linus ihm von der anderen Seite die Hand auf die Schulter und zieht ihn weg, begeistert über Meteorschauer plappernd.

Meine Hand fühlt sich kälter an, als Alban sie loslässt.

Ich atme tief ein und blinzle, um die grauen Umrisse im Raum zu entziffern.

Die Dielen unter meinen Füßen sind breit und mit Büchern und Sternkarten bedeckt, die in einem vertraut wirkenden Muster zwischen losen Papierblättern verstreut liegen.

Schräg vor mir steht ein Bürostuhl. Schaumstoff schaut

durch ein Loch im mottenzerfressenen Bezug der Rückenlehne heraus. Neben dem Stuhl schwankt ein hoher Bücherstapel und ein paar Meter weiter steht ein großer Zylinder auf einem Stativ. Das Teleskop. Linus inspiziert bereits die vielen Knöpfe, vertieft in ein Gespräch mit Karl und Alban.

Mein Herz schlägt einen Salto.

Ich halte den Atem an und schaue zur Decke hinauf.

Es trifft mich wie ein Faustschlag in den Magen, als ich sehe, dass der Sternenhimmel in Quadrate unterteilt ist. Das Dach besteht aus Glas, wie ein Gewächshaus.

Ich *bin* schon einmal hier gewesen. In dem Traum, in dem ich den Jungen traf, der wie Noah aussah.

Ich schüttele den Kopf.

Nein, das ist einfach zu weit hergeholt.

Ich habe Karl nie getroffen. Und ich kann mich nicht an seinen Hof oder seine Haustür oder irgendetwas anderes von diesem Ort erinnern. Ich bin ganz sicher noch *nie* in diesem Haus gewesen. Und mein Hirn kann doch bestimmt keinen Raum aus dem Nichts erschaffen, den ich noch nie gesehen habe?

Aber dann fällt mir ein, dass ich vor ein paar Jahren eine Sendung über Reinkarnation gesehen habe. Die Teilnehmer konnten Orte wiedererkennen, an denen sie nie gewesen waren, weil ihre Seelen offenbar noch Erinnerungen ihrer früheren Körper hatten.

Oh nein! Vielleicht ist das ein Déjà-vu? Vielleicht war ich in einem anderen Leben hier?

Mit angehaltenem Atem schaue ich durch den Raum. Mein Herz rast unter meinen Rippen und bringt mich zum Schwitzen, obwohl es recht kühl ist. Ich kann aber keinen geheimnisvollen Karton entdecken, der dem aus dem Traum ähnelt.

Ich blicke zu Noah, der in die Novembernacht hinaufstarrt. Sein Profil hebt sich scharf von einer viereckigen, glänzenden

Fläche ab. Einem Whiteboard, vollgeschrieben mit Zeichen, die nach komplizierten Berechnungen aussehen.

Als hätte er meinen Blick gespürt, wendet er sich nach ein paar Sekunden von den Sternen ab und sieht mich an. Er macht einen Schritt in meine Richtung, stößt aber mit dem Fuß gegen den Ständer des Whiteboards, das mit ohrenbetäubendem Lärm nach hinten kippt.

»Was ist passiert?«, ertönt Albans Stimme auf der anderen Seite des Teleskops, aber Linus versucht bereits, ihn zu beruhigen.

Noah kriecht über den Boden, um die herumkullernden Whiteboard-Marker aufzusammeln. Ich finde einen davon unter dem Teleskop und reiche ihn ihm. Sein Lächeln gleicht dem auf meiner Zeichnung und mein Herz schlägt schneller. Ich bin froh, dass meine errötenden Wangen in dem diffusen Licht nicht zu erkennen sind.

Noah greift nach dem Ständer, um das Whiteboard wieder aufzustellen, und ich assistiere ihm auf der anderen Seite. Mit dem Absatz stoße ich gegen etwas Hartes und drehe mich um, um zu sehen, was es ist.

Das Whiteboard stand vor einem großen Stapel Kartons.

Umzugskartons.

Ein Gefühl des Wiedererkennens kratzt an meinem Gedächtnis wie Fingernägel an einer Tafel, als ich einen Stern und die Buchstaben *MV* auf dem größten der Kartons sehe.

In einem ersten Impuls glotze ich auf meine und Noahs Hände, aber die sind immer noch farblos. Kein violettes oder türkisfarbenes Leuchten. Keine brummende Wärme.

Als ich wieder aufsehe, begegne ich Noahs Blick. Das schwache Mondlicht verwandelt das tropische Meer seiner Augen in Seen aus Quecksilber. Die Seen werden kleiner, als er meinen erschrockenen Gesichtsausdruck sieht.

Ich lasse das Whiteboard los und gehe zu dem geheimnisvollen Karton. Der Deckel ist geschlossen, sodass ich nicht sehen kann, was sich darin befindet.

Es kribbelt mir unter der Haut. Ich will ihn öffnen. Ich will ihn *so* gerne öffnen.

Und gleichzeitig will ich einfach rückwärts zur Tür gehen, sie aufreißen und die Treppe hinuntersprinten, zurück nach vorgestern, als ich diesen dämlichen Traum noch nicht geträumt hatte.

Karls begeisterte Stimme durchbricht meine Unentschlossenheit.

»Es hat schon angefangen! Seht mal!« Er deutet auf die Glasdecke, und ich brauche ein paar Sekunden, um wie benommen zu begreifen, dass er von den Leoniden spricht.

Wie ein sprachgesteuerter Roboter hebe ich den Blick zum Nachthimmel.

Zuerst sind da nur Sterne. Hunderttausende von Sternen, die sich nicht vom Fleck rühren.

Dann huscht ein schwacher Lichtblitz über unsere Köpfe.

Eine Sternschnuppe. Genau wie im Traum.

Ich halte es nicht länger aus.

Mit einem Ruck beuge ich mich vor, schlage die Laschen des Pappkartons zur Seite und springe wieder zurück, aus Angst, vom Inneren des Kastens angegriffen zu werden.

Ich weiß nicht genau, was ich erwartet habe.

Etwas Schockierendes. Etwas Bedeutungsvolles. Etwas Haarsträubendes, Atemberaubendes, Herzzerreißendes … etwas Wildes.

Auf keinen Fall Stapel von Schwarz-Weiß-Fotos, ein kaputtes Hundehalsband, eine zerschlissene Damenledertasche und ein paar zerknüllte Blätter mit unleserlicher Handschrift. Altes Gerümpel, das wie die bedauerlichen Überreste eines Nachlasses aussieht, den man noch nicht zu Ende sortiert hat.

Dieser Antiklimax gibt mir ein bleiernes Gefühl in den Beinen.

Ich schaue mich schnell um, um mich zu vergewissern, dass niemand meine kleine Freakshow bemerkt hat.

Leider sind fünf Augenpaare auf mich gerichtet. Sogar Alban hat gemerkt, dass etwas los ist, und dreht sich in meine Richtung um.

»Was machst du da mit den Sachen meiner Eltern?«, fragt Karl.

»Äh …«, gibt mein Mund von sich, während mein Gehirn mit Hochdruck daran arbeitet, etwas Besseres zu finden.

Karl schaut auf den Karton hinunter. Er holt tief und ein wenig ungleichmäßig Luft, als fiele es ihm schwer, seine Gefühle zu kontrollieren. Dann geht er in die Hocke und nimmt vorsichtig ein Foto in die Hand. Es zeigt einen Mann mittleren Alters, einen Jungen von etwa sechs Jahren und einen großen, hellen Hund. Sie sitzen auf einer Wiese vor einem Backsteinhaus. Der Mann ähnelt Karl, aber er lacht und ist etwas schlanker.

»Wer ist das?«, fragt Pi, die näher gekommen ist.

»Das sind mein Vater und unser Hund«, sagt Karl mit leiser Stimme. Er holt Luft, als wolle er noch etwas sagen, aber stattdessen legt er das Bild zurück in die Schachtel und nimmt die Damentasche in die Hand. Bestimmt hat sie seiner Mutter gehört.

Ich vermute, dass *MV* eine Abkürzung für ›Mutter und Vater‹ ist.

Adriana wendet ihre Aufmerksamkeit wieder dem Buch zu, das sie aus einem Regal hinter Karl gezogen hat. Selbst in dem schwachen Licht erkenne ich, dass sie die Augen verdreht.

Noah stellt sich neben mich, aber Karl scheint vergessen zu haben, dass noch jemand außer ihm in seinem Observatorium ist. Er fährt mit dem Daumen über das Leder der Tasche. Sie ist dick und hellbraun und voller ominöser Flecken. Die Tasche hat einen langen, blank gescheuerten Riemen und ist mit einer Schnalle verschlossen.

Linus und Alban sind ebenfalls näher herangerückt, und zusammen mit den Zwillingen bilden wir jetzt einen Kreis um den Umzugskarton mit den Fundstücken.

Karl zögert einen Moment, bevor er die Schnalle löst. Er würdigt uns keines Blickes, als er in die braune Tasche greift und ein seltsam aussehendes Instrument aus mattgoldenem Metall herauszieht.

Auf den ersten Blick sieht es aus wie eine Mischung aus einer altmodischen Uhr und einem Kompass. Unter der gewölbten Glasscheibe befindet sich eine schwarz-weiße Weltkarte, und am Rand sind zehn kleine, runde Scheiben mit Symbolen angebracht. Sie sehen aus wie Zahlen, aber es ist zu dunkel, als dass ich mir dessen sicher sein könnte.

»Wow«, sagt Pi. »Wozu ist das gut?«

Die Begeisterung in ihrer Stimme bringt sogar Adriana dazu, sich zu uns umzudrehen, immer noch das Buch in der Hand.

»Ich weiß es nicht. Es hat meinem Vater gehört«, sagt Karl. »Ich dachte eigentlich, es wäre verloren gegangen, aber vor ein paar Jahren habe ich es beim Aufräumen zwischen seinen Sachen gefunden.«

»Es sieht aus, als würde es zu einem Schiff gehören. Etwas zum Navigieren«, sagt Linus.

»Mein Vater hat immer gesagt, dass ich damit nicht herumspielen darf.« Karl rappelt sich mit dem Instrument in der Hand mühsam auf die Beine. »Aber als ich ihn gefragt habe, wofür es ist, hat er nur rumgedruckst. Ich glaube nicht, dass er es selbst herausgefunden hat.« Karl schaut Linus aufmerksam an, fast so, als würde er erwarten, dass *er* es für ihn herausfindet.

Adriana legt das Buch zur Seite und kommt zu uns herüber. Sie versucht so zu tun, als würde sie sich langweilen, während sie gleichzeitig den Hals reckt, um einen Blick auf das zu erhaschen, was Karl in der Hand hält.

»Darf ich es mal sehen?« Linus streckt die Hand aus. Als Karl das eigenartige Instrument loslässt, sinkt Linus' Hand unter dem Gewicht des Instruments. An dessen Seite, unter den zehn flachen Scheiben, befinden sich mehrere Metallbänder mit Einkerbungen, genau wie bei einem Vorhängeschloss mit Zahlen. Als Linus an den Metallbändern dreht, verschieben sich die Symbole auf den zehn Scheiben mit einem metallischen Schnarren.

»Es sieht so aus, als könnten wir … etwas einstellen. Vielleicht irgendeinen Code?«

»Vielleicht.« Karl folgt Linus' Bewegungen mit wachsamem Blick, während Linus einen Zeigefinger über eine kleine eckige Vertiefung an der Oberseite des Instruments gleiten lässt. Die Vertiefung beginnt an der Metallkante und reicht bis zur Hälfte des gewölbten Glases.

»War hier irgendetwas drin?«, fragt Linus.

Karl zuckt mit den Schultern.

»Nicht, dass ich wüsste. Aber vielleicht hatte mein Vater nicht alle Einzelteile.«

Ich sehe mir die Vertiefung genauer an. Sie ist dreieckig mit gebogenen Seiten.

Die gleiche Form wie das Prisma auf meiner Zeichnung.

Die Erkenntnis bringt meinen Herzschlag aus dem Takt und ein erschrockener Laut kommt über meine Lippen.

Das Geräusch erregt Noahs Aufmerksamkeit.

Ich starre abwechselnd auf die Vertiefung in dem Instrument und auf seine Brust. Ich kann die Lederschnur hinter dem schwarzen Schal und der Lederjacke nicht erkennen, aber ich bin mir sicher, dass sie da ist.

Noah folgt meinem Blick.

Mit einem Mal weiten sich die türkisgrünen Augen. Seine

Hand gleitet unter die Lederjacke und weiter in den Ausschnitt seines schwarzen T-Shirts, aus dem er etwas herausfischt.

Ein dreieckiger Glasanhänger in einem gebogenen Metallrahmen.

Genau wie im Traum.

Aus meiner Kehle kommt ein trockenes, klickendes Geräusch, aber die Luft schafft es weder hinein noch hinaus.

Noah zieht sich die Lederschnur über den Kopf und löst den Knoten, um den Anhänger abzuziehen.

»Passt der von der Größe her?«, fragt er.

Linus untersucht das kleine Glasstück in Noahs Hand und die dreieckige Kontur in der Metalloberfläche des Instruments.

»Könnte tatsächlich gut sein«, sagt er. »Wie seltsam. Lass mich mal probieren.«

Karl sieht aus, als würden ihm gleich die Augen aus dem Kopf fallen, und Pi starrt ihren Bruder mit offenem Mund an.

Noah reicht Linus den Anhänger, der ihn in die Vertiefung drückt, wo er mit einem Klicken einrastet.

Ein tieffrequentes Brummen erfüllt das Observatorium.

Es summt in meinen Zähnen und die Haare auf meinen Armen und im Nacken stellen sich auf, als hätte mich eine Aura statischer Elektrizität erfasst.

Plötzlich werden meine Arme nach vorn gerissen und etwas Hartes prallt gegen beide Handflächen.

Ein brennender Schmerz schießt durch meine Armknochen und stößt in meinem Rückgrat auf eine Säule aus weißem Feuer. Regenbogenfarbene Funken tanzen vor meinen Augen und ich bemerke gerade noch, dass ich schreie.

Dann wird alles farblos und still.

17

Ich schlage die Augen auf und sehe einen Sternenhimmel, der in Quadrate unterteilt ist.

Für einen Moment bin ich im Zweifel, ob ich vielleicht träume, aber als ich den Schmerz spüre, weiß ich, dass ich wach bin.

Meine Hände tun weh. Es fühlt sich an wie glühende Nägel, die durch meine Haut dringen.

Mein Körper liegt auf dem Rücken, die Arme und Beine sind in einem seltsamen Winkel zur Seite gestreckt.

Langsam hebe ich die Hände vor mein Gesicht und versuche, mich zu konzentrieren. Die Haut an meinen Handflächen ist dunkler als die an den Fingern, fast schwarz in dem schwachen Licht. Mit dem linken Zeigefinger berühre ich die Innenseite meiner rechten Hand und es fühlt sich an, als würde eine Glasscherbe über meine Haut kratzen.

Die Fingerspitze färbt sich dunkel. Ich muss die rote Farbe nicht sehen, um zu kapieren, dass es Blut ist. Meine Handflächen haben große Fleischwunden. Ein gedämpftes Stöhnen gleitet meinen Hals hinauf und zieht eine Spur von Übelkeit nach sich. Ich bin noch nie sonderlich gut mit dem Anblick von Blut klargekommen.

Jemand schluchzt.

Ich hieve mich mit Mühe auf die Ellbogen und schaffe es, mich hinzusetzen. Das Observatorium dreht sich um mich herum und ich atme ein paarmal tief durch die Nase ein und aus, um das Schwindelgefühl zurückzudrängen.

Adriana sitzt neben mir und ballt weinend die Fäuste vor der Brust. Auf ihrer weißen Jacke sind dunkle Flecken zu erkennen.

Was ist passiert?

Noah und Pi hocken mit schmerzverzerrten Gesichtern auf der anderen Seite. Noah schaut auf seine blutigen Handflächen und zu seiner Schwester. Wie auf ein gemeinsames Signal hin stehen sie mit zusammengebissenen Zähnen auf.

Pi setzt sich neben Adriana und sagt mit sanfter Stimme etwas zu ihr.

Adriana schluchzt noch lauter und wiegt sich hin und her.

Karl steht neben dem Umzugskarton und starrt uns entsetzt an. Er ist der Einzige, der aufrecht steht. Hinter ihm liegen das Metallinstrument und das Prisma, etwa einen Meter auseinander.

Auf der anderen Seite des Kartons kann ich Albans Stiefel, die Spitze von Frostgram und die Umrisse von Linus' Jacke sehen.

»Shit. Du also auch.« Noah schaut auf meine Handflächen und dann zu Karl. »Was zum Teufel ist passiert?«

Karl blinzelt, als hätte Noah ihm eine Ohrfeige verpasst.

»Ich … ich … das habe ich nicht kommen sehen! Das schwöre ich! So etwas ist noch nie passiert!« Er hebt die Arme, als wollte er sich ergeben, und ich bemerke, dass seine Handflächen unversehrt sind.

Noah umfasst mein Handgelenk und hilft mir vom Boden auf. Bei der Bewegung verzieht er das Gesicht.

»Ich glaube, das sind Verbrennungen«, sagt Pi. Sie sieht auf Adrianas blutige Hände. »Wir müssen einen Stromschlag oder so etwas bekommen haben.«

»Wenn es Verbrennungen sind, sollten wir sofort Wasser

darüberlaufen lassen«, sagt Noah. »Wo gibt es hier ein Waschbecken?«

Karl rührt sich nicht vom Fleck, steht nur da und zuckt, als könnte sein Gehirn nicht folgen.

»Wir brauchen Wasser. *Sofort!*«, sagt Noah scharf.

Karl nickt und die Bewegung scheint seine Zunge zu lösen.

»Die Küche ist die erste Tür unten rechts und die Toilette ist links.«

Pi und Adriana sind schon auf dem Weg zur Treppe. Adriana taumelt schluchzend, während sie von Pi gestützt wird.

»Emilie, geh mit den anderen und lass dir kaltes Wasser über die Hände laufen. Die ganze Zeit. Pi kann dir helfen«, sagt Noah. »Karl, rufen Sie einen Krankenwagen. Oder mehrere. Wenn wir wirklich einen Stromschlag bekommen haben, müssen wir in die Notaufnahme und uns durchchecken lassen, und wir passen kaum alle in Ihr Auto.«

Ein nervöses Zucken huscht über Karls Gesicht. Dann setzt er sich in Bewegung und läuft Pi und Adriana mit unbeholfenen Schritten hinterher.

»Wir sind sechs!«, ruft Noah ihm hinterher. Ich unterdrücke den Schmerz und gehe hinüber zu Linus und Alban.

Linus beugt sich über seinen großen Bruder, der die Augen geschlossen hat. Sein Gesicht ist bleich. Beide haben große Wunden in den Handflächen und auf Albans Wangen sind Blutspuren von Linus' Fingern.

Noah kniet sich neben sie.

»Er ist immer noch … ich kriege ihn einfach nicht wach!« Die Panik in Linus' Stimme geht auf mich über.

Noah legt ein Ohr an Albans Mund und beobachtet einige lange Sekunden aufmerksam dessen Brustkorb unter seiner Jacke.

»Er atmet.« Noah hebt den Kopf, bleibt aber noch über Albans regungslosen Körper gebeugt. »Alban?«, sagt er laut.

Keine Reaktion.

Noah legt ihm die Hand auf die Brust und öffnet den Mund, um noch etwas zu sagen. Plötzlich holt Alban Luft und setzt sich so abrupt auf, dass sie beinahe mit den Köpfen zusammenstoßen. Frostgram rollt weg von uns über den Boden.

»Hey, hey, hey, beruhige dich!« Noah packt ihn an der Schulter.

Alban schnappt tief nach Luft, kneift die Augen weiter zusammen und öffnet sie schließlich. Er presst eine zitternde Hand dagegen und stöhnt auf, als die verbrannte Haut sein Gesicht berührt.

»Was ist passiert?«, fragt er.

»Du hast Verletzungen in den Handflächen«, sagt Noah. »Wir haben alle Wunden. Das muss dieses Kompass-Mistding gewesen sein. Es muss ein Stromschlag von ihm ausgegangen sein, der uns verbrannt hat.«

»Sind die anderen okay?«, fragt Alban.

»Zumindest ist niemand tot«, sagt Noah schroff. »Der Stromschlag hat anscheinend nur unsere Hände getroffen. Aber die Verbrennungen sind stark und wir könnten auch innere Verletzungen erlitten haben.« Er hinterlässt blutige Spuren auf Albans Jacke, als er ihm auf die Beine hilf. »Kommt«, sagt er zu uns. »Wir müssen die Wunden so schnell wie möglich kühlen.«

18

Der Blick des Krankenpflegers wandert am Rand seiner Brille entlang und erfasst uns einen nach dem anderen.

»Also gut«, sagt er. »Damit ich das richtig verstehe: Ihr habt *nicht* mit Feuerwerk herumgespielt. Ihr habt nur einen Stromschlag von einem Schiffskompass bekommen. Ihr alle. Gleichzeitig.«

»Etwas, das einem Kompass *ähnelt*«, erklärt Noah ungeduldig. »Wir haben keine Ahnung, was es war, aber es gab jedenfalls diesen Schlag.«

Wir stehen oder sitzen alle zusammen in dem kleinen Behandlungsraum, in den uns der Krankenpfleger geführt hat. Mit Verbrennungen muss man offenbar nicht warten. Karl ist mitgekommen, aber er steht in einer Ecke und weiß nicht, was er mit sich anfangen soll. Er schaut Noah immer wieder prüfend an.

»Und euch *ist* schon bewusst, dass Strom, der so schwere äußere Verletzungen verursacht, in der Regel tödlich ist, oder?« Der Krankenpfleger hebt die Augenbrauen, sodass sie zwei skeptische Halbkreise auf seiner Stirn formen. Er packt Einwegspritzen und Verbände auf einem Tisch neben der Liege aus.

»Jetzt hören Sie, wir wissen nicht, was passiert ist.« Noah klingt wütend. »Wir sind einfach mit diesen Wunden an den Händen auf dem Boden aufgewacht.«

Karl wirkt unruhig in der Ecke.

Der Pfleger sagt nichts, aber auf seinem Gesicht steht in großen, unsichtbaren Buchstaben *Aaaaalles klar*.

Ich verstehe seine Skepsis. Es ergibt keinen Sinn. Und genauso wenig Sinn ergibt es, dass ich von der Umzugskiste geträumt habe. Und von Noah und seinem Prismen-Anhänger, der zufälligerweise allzu perfekt zu einem von Karls Erbstücken passt.

Ich schaue zu Linus, der immer eine logische Erklärung für alles hat. Von Zeit zu Zeit wirft er einen Blick auf seinen großen Bruder.

Alban lehnt den Hinterkopf mit geschlossenen Augen und einer Furche zwischen den Augenbrauen gegen die Wand. Seine Haut ist noch immer so grau wie das Mondlicht im Observatorium und seine Finger klammern sich fest um Frostgram.

Adrianas Augen und Nase sind gerötet. Ihre Unterlippe zittert, als sie auf ihre Hände schaut, die in einer mit Wasser gefüllten Plastikschüssel stecken.

Noah und Pi hatten Karls Küche schnell nach Behältern durchsucht, in denen wir unsere Wunden auf dem Weg in die Notaufnahme kühlen konnten.

Pi sitzt ganz still mit ihrer Plastikschüssel da und sieht tief und ruhig atmend zu Boden, als würde sie meditieren. Sie ist fast so gut darin wie Noah, sich ihr Unbehagen nicht anmerken zu lassen. Eine Fähigkeit, die von ihrem vielen Lauftraining herrührt, wie sie mir im Krankenwagen gesagt hat.

Der Schmerz in meinen Händen ist jetzt weniger stechend. Er hat sich im Wasser des Topfes, mit dem ich dasitze, in ein durchgehendes Pochen verwandelt.

»Ich hole jetzt einen Arzt, damit es hier mal vorangeht.« Der Krankenpfleger verschwindet durch die Tür.

»Es tut mir wirklich, wirklich leid«, sagt Karl zum hundertsiebzehnten Mal. »Wenn ich gewusst hätte, dass …«

»Haben Sie aber nicht«, unterbreche ich ihn. »Und egal, was passiert ist, wir können jetzt nichts mehr daran ändern.« Ich klinge unhöflicher als beabsichtigt, aber das ist mir egal.

Er sollte kein schlechtes Gewissen haben. Immerhin war *ich* es, die den Karton geöffnet hat.

Karl zupft an einem Faden, der aus der Naht seiner Jogginghose herausschaut. Er beobachtet Noah aus dem Augenwinkel. Zupft und zupft, schaut und schaut, bis die Naht allmählich aufgegangen ist und er sich die Frage nicht mehr verkneifen kann.

»Woher hast du diesen Anhänger?«

»Australien«, sagt Noah. »Ich habe ihn von einem Mann auf einem Markt in irgend so einem Kaff an der Ostküste gekauft.«

»Warum hast du gerade diesen Anhänger gekauft? Warum keinen anderen?«, frage ich.

»Weil ich ihn kaufen *wollte*. Nicht mehr und nicht weniger«, sagt Noah. Trotzig, als müsste er sich verteidigen.

Mir wird schwindelig bei dem Gedanken, dass das Prisma vom anderen Ende der Welt kommt, nur um ausgerechnet in Karls Haus zu enden.

Was ist eigentlich im Observatorium passiert? Was hat meine Hände so heftig getroffen?

Das Instrument kann es nicht gewesen sein, denn meine Arme waren zu weit auseinander. Ich muss einige der anderen erwischt haben. Wir standen immerhin in einem Kreis um den Umzugskarton, so nah beieinander, dass wir uns problemlos die Hände hätten reichen können.

Ohne darüber nachzudenken, drehe ich meine Handflächen nach oben. Beim Anblick der geschwollenen, blassroten Wundflächen wird mir übel, und ich drehe die Hände schnell wieder um.

Wir haben alle Brandwunden an der gleichen Stelle.

Dieser Strom oder diese Energie, oder was auch immer von

diesem Instrument ausging, muss durch unsere Handflächen übertragen worden sein. Auf die eine oder andere Weise wurden wir wie riesige Fleischmagnete zueinandergezogen, als Linus Noahs Prisma einsetzte.

Karl kaut angespannt auf seiner Unterlippe. Er hat den Faden aus seiner Hose abgerissen und das Loch in der Naht dadurch nur noch größer gemacht. Der graue Stoff seiner Jogginghose hat an den Knien dunkle Flecken, die aber nicht dunkel genug aussehen, um Blut sein zu können. Er ist der Einzige, der seine Hände nicht im Wasser kühlt. Und er war der Einzige, der noch aufrecht stand, als ich wieder zu mir kam.

»Warum sind Sie nicht verletzt? Haben Sie keinen Schlag bekommen, so wie wir?«, frage ich.

Er schüttelt den Kopf.

»Nein«, sagt er fast entschuldigend.

»Vielleicht, weil Sie in der Mitte gestanden haben?«, schlägt Linus vor.

Karl hebt ratlos die Hände.

»Ich weiß es nicht.«

»Haben Sie gesehen, was passiert ist?«, fragt Pi. Sie hat ihren tranceähnlichen Kontakt mit dem Boden unterbrochen und sieht ihn an.

»Nein«, sagt Karl. »Ich habe ein Brummen gehört. Und dann war da … sehr viel Licht. Ich konnte nichts sehen.«

»Welche Farbe hatte das Licht?« Ich sehe sofort ein türkisviolettes Feuerwerk vor meinem geistigen Auge.

»Weiß. Ein sehr, sehr starkes weißes Licht. Aber nur ein kurzes Aufblitzen, glaube ich. Als ich wieder richtig sehen konnte, habt ihr alle zusammen auf dem Boden gelegen.«

»Fuck, ist das krank«, sagt Noah.

Die Tür geht auf, und der Krankenpfleger betritt den Raum, gefolgt von einer kleinen korpulenten Frau mit grauem Haar, die ebenfalls einen Kittel trägt.

Sie sieht uns mit geschürzten Lippen an, schüttelt den Kopf und atmet schwer aus. Um diese Jahreszeit muss sie viele junge Leute mit idiotischen Brandwunden sehen. In der Schule ist schon das illegale Neujahrsfeuerwerk im Umlauf, obwohl wir erst Mitte November haben.

»Gut«, sagt sie. »Ihr drei bleibt hier.« Sie zeigt auf Noah, Adriana und mich. »Ihr anderen geht mit meinem Kollegen nach nebenan.«

Karl murmelt etwas vom Wartezimmer und eilt zur Tür hinaus, und Linus hilft Alban auf die Beine, um gemeinsam mit Pi dem Krankenpfleger zu folgen.

»Ich heiße Majken und bin Ärztin.« Sie nimmt ein Päckchen vom Tisch, das der Pfleger vorbereitet hat, und öffnet es.

Eine Kanüle. Beim Anblick der spitzen Nadel kribbelt es mir unangenehm an allen Stellen, wo sie eindringen könnte.

»Ich impfe euch vorsichtshalber gegen Tetanus und anschließend säubere ich eure Verletzungen.« Majken desinfiziert sich die Hände und nimmt einen Beutel mit sterilen Handschuhen aus einem Behälter, der neben dem Waschbecken steht. Sie zieht eine klare Flüssigkeit aus einer Flasche auf dem Tisch in die Kanüle. »Okay. Wer will zuerst?«

Niemand meldet sich freiwillig. Ich hätte eigentlich gedacht, dass dies eine Herausforderung für Noah wäre, sich absichtlich Schmerz zufügen zu lassen.

Majken sieht Adriana an.

»Du siehst aus, als würde es dir nicht gut gehen, meine Liebe. Sollen wir es nicht einfach hinter uns bringen?«

Adriana steht widerwillig auf.

Die Ärztin gestikuliert mit ihren behandschuhten Händen in Richtung der Liege, die hart wirkt und mit dickem Papier abgedeckt ist, das wie eine riesige Klopapierrolle aussieht.

Adriana setzt sich mit steifem Rücken auf die Liege. Majken

zieht rasch das Oberteil zwischen Adrianas Hals und ihrer linken Schulter ein Stück herunter. Mit routinierten Bewegungen desinfiziert sie eine Stelle der Haut und greift zur Nadel.

»Entspann die Schulter, Kleine. Dann tut es nicht weh.« Majken klemmt eine Hautfalte zwischen Daumen und Zeigefinger ein. »Jetzt gibt es einen kleinen Piks.«

Eine einzelne Träne rinnt über die eingetrockneten Schlieren Mascara auf Adrianas Wange, aber sie gibt keinen Laut von sich.

Majken klebt ein Pflaster auf den winzigen Blutstropfen, der heraussickert. Dann öffnet sie eine Verpackung mit einem flachen Schwamm.

»Das ist ein Reinigungsschwamm«, erklärt sie. »Da ist nur normale Seife drauf, aber es könnte ein bisschen brennen. Ich verspreche, dass es schnell vorbei ist.« Sie setzt sich auf den Stuhl gegenüber von Adriana und beginnt, die Wunden zu säubern, während sie mit leiser Stimme weiterspricht.

Noah und ich sitzen währenddessen neben der Tür.

Ich möchte weder sehen, was mich selbst erwartet, wenn ich in Adrianas Richtung schaue, noch will ich meine eigenen Hände betrachten, also starre ich auf Noahs Fuß. Das schwarze Leder seines Armeestiefels weist Flecken von getrocknetem Streusalz auf.

Seine Jeans hat Löcher über den Knien. Der Anblick der nackten Haut lässt es in meinem Magen flattern, also konzentriere ich mich auf seine Lederjacke, die mit vielen Reißverschlüssen und Nieten verziert ist, die offenbar keine lebenswichtigen Funktionen zu haben scheinen.

Jep, das Badboy-Klischee lebt er voll aus.

Mein Blick bleibt auf der Stelle haften, an der das Prisma gehangen haben muss. Die Lederjacke bewegt sich und mir geht auf, dass ich schon viel zu lange auf den halb geöffneten Reißverschluss unter Noahs Kinn starre.

Der Blick aus seinen türkisgrünen Augen ist fest auf mein Gesicht gerichtet.

»Woher wusstest du von meiner Halskette?«

»Das ... das wusste ich doch gar nicht?«

»Hör auf. Du hast oben im Observatorium so heftig auf mein Oberteil gestarrt, dass ich schon dachte, ich hätte mindestens die Hälfte meines Abendessens daraufgekleckert.«

Soll ich ihm von dem Traum erzählen?

Ich sehe zu der Ärztin. Sie wickelt gerade einen dünnen weißen Verband um Adrianas Hand. Es scheint mir nicht der ideale Ort zu sein, um über meine etwas zu lebhaften Halluzinationen oder Karls Sammlung von lebensbedrohlichem Krimskrams zu sprechen.

»Ich ... ich habe nur einen dreieckigen Umriss unter deinem T-Shirt gesehen.« Die Lüge ist nicht mehr als ein Murmeln. »Die Größe schien zu passen. Aber ich wusste nicht, dass deine Halskette ... irgendetwas kann.« Ich lächle nervös. »Woher sollte ich das wissen?«

»Ja. Woher solltest du das wissen?« Noah lehnt sich in seinem Stuhl zurück. Sein Blick ist immer noch skeptisch, aber er stellt keine weiteren Fragen.

Als ich an der Reihe bin, treibt mir die Tetanusimpfung die Tränen in die Augen. Ich schaue grimmig an die Decke und versuche sie wegzublinzeln, bevor sie überlaufen.

Die Mühe hätte ich mir sparen können, denn das Reinigen der Handflächen tut so weh, dass mir die Tränen ohnehin über die Wangen laufen. Ich beiße mir auf die Oberlippe, um mich auf etwas anderes zu konzentrieren, und hoffe, dass mein Gesicht unter den ganzen Tränen einigermaßen ungerührt aussieht.

»Verbrennungen sind extrem schmerzhaft«, sagt Majken mitfühlend und reißt eine neue Packung Reinigungsschwämme auf.

»Ja, davon haben Sie bestimmt schon einige gesehen«, sage ich.

Small Talk. Mein Rettungsring in einem Meer aus Schmerzen.

»Ein paar«, gibt Majken zu. Sie tupft meine linke Handfläche mit dem Schwamm ab und meine Schneidezähne graben sich in meine Lippe, bis ich Blut schmecke.

Während sie arbeitet, konzentriere ich mich auf ihren Oberkörper in dem weißen Kittel, bedacht darauf, nicht nach unten zu schauen. Majken hat eine merkwürdige Verfärbung an der Seite ihres Halses. Ein ungleichmäßiger Streifen Haut, uneben und heller als der Rest, der hinter dem Stoff an ihrem Oberarm verschwindet.

Majken bemerkt meinen Blick und richtet ihren Kittel, sodass er die Stelle verdeckt, und stattdessen schaue ich schnell an die Wand hinter ihr.

Ob sie selbst Erfahrungen mit Verbrennungen gemacht hat? Sie sagt nichts und ich weiß nicht, ob ich mir erlauben kann, sie zu fragen.

Als meine Wunden gereinigt sind, legt Majken eine dünne, klebrige Kompresse über meine Handflächen. Es sieht aus, als wären die Hände in nasses Klopapier eingewickelt, bevor sie sie mit einer dicken, watteartigen Bandage umhüllt und schließlich einen elastischen Verband anlegt, der alles an Ort und Stelle halten soll.

Noah sitzt unnatürlich gerade auf dem Stuhl, während Maiken die letzte Tetanusspritze aufzieht. Sie hat sein langärmeliges T-Shirt zur Seite gehoben und die Nadel bereits angesetzt, als er eine Hand hebt und sich abrupt nach vorne beugt, um sich aus ihrem Griff zu befreien.

»Ich muss nur … kann ich mich kurz hinlegen?« Seine Stimme ist heiserer als sonst.

Sie senkt die Nadel, und Noah legt die Stirn für ein paar Sekunden an seine Handwurzel und kneift die Augen zu. Dann holt er tief Luft und lehnt sich im Stuhl zurück.

Majken zwickt ihn in die Schulter und die Sehnen seines Nackens und der Handgelenke ziehen sich zusammen wie Stahldrähte. Er ballt die Hände und atmet schwer durch die Nase aus, als die Nadel durch seine Haut dringt.

Im Gegensatz dazu wirkt er weitgehend ungerührt, als seine Hände gereinigt und bandagiert werden. Die Reinigungsseife entlockt ihm nur ein kurzes Zucken auf der Wange und er beobachtet sogar genau Majkens Arbeit.

Er hat also wahrscheinlich eine Schmerzgrenze so hoch wie die Großer-Belt-Brücke, hat aber Angst vor … Nadeln?

Gerade als ich glaube, Noah durchschaut zu haben, fallen meine Theorien in sich zusammen. Er ist wie eine dieser Matrjoschka-Puppen, bei denen jedes Mal eine neue Version zum Vorschein kommt, wenn man die oberste abschraubt.

Ich frage mich, ob sich unter seiner harten Schale noch andere Farben als Schwarz verbergen?

19

Als Noah und ich wieder im Wartezimmer sitzen, sind noch ein paar andere Patienten aufgetaucht. Er spricht zum Glück nicht mehr über das Prisma.

Adriana ist nach draußen gegangen, um auf ihre Mutter zu warten, Karl ist verschwunden und die anderen drei sind noch nicht zurück.

»Ich kenne niemanden mit einer Nadelphobie, der ein Tattoo und vier Piercings hat.«

Okay … habe ich das gerade laut gesagt?

»Gegen Phobien kann man nur eines tun«, sagt Noah tonlos. »Und das ist, sie zu überwinden. Bisher läuft es nicht besonders gut.«

»Aber … hast du sie denn nicht schon überwunden? Du musstest doch für dein Tattoo sicher recht lange mit einer Nadel im Arm dasitzen?« Ich tue so, als hätte ich dieses Gespräch mit voller Absicht begonnen.

»Ich kann sie erst überwinden, wenn ich die Kontrolle habe. Wenn ich mich selbst hundertprozentig kontrollieren kann.«

»Das klingt drastisch«, sage ich. »Und ziemlich unmöglich.«

Noah zieht seinen Ärmel hoch.

Eine Mutter mit ihrem Sohn im Kindergartenalter, die etwas weiter entfernt in unserer Stuhlreihe sitzt, schielt zu uns herüber, während die ältere Dame uns gegenüber demonstrativ auf ihre Zeitschrift starrt.

Die Tätowierung ist größer, als ich dachte. Der Schriftzug in gotischen Buchstaben beginnt an Noahs Ellbogen und zieht sich auf der Innenseite seines Unterarms bis zum Handgelenk hinunter.

Courage is resistance to fear, mastery of fear
not absence of fear

»Mark Twain«, sagt Noah. »Man kann vor der Angst nicht weglaufen, aber man kann vermeiden, sich von ihr beherrschen zu lassen.«

»Du hast wirklich ein Problem damit, auf andere Menschen schwach zu wirken, oder?«

»Es ist mir egal, was die Leute von mir denken. Die können mich als alles Mögliche bezeichnen. Wenn sie sich trauen.« Ein beunruhigendes Lächeln umspielt für einen Moment Noahs Lippen, ehe er weiterspricht. »Solange sie wissen, dass ich kein Angsthase bin.«

Ich mustere die Lederjacke, die dunklen Tornadohaare, die schwarzen Klamotten, die Armeestiefel, die doppelt gepiercte Unterlippe, seine Ohrringe und das illegale Tattoo. Sein ganzes Erscheinungsbild schreit danach, dass die Leute sich eine Meinung über ihn bilden.

»Also sollte es einem nun egal sein oder nicht?«, frage ich.

»Wenn die Leute denken, dass du Angst hast, nutzen sie es aus. Du musst deine Angst zu deinem Vorteil nutzen. Es geht schlicht ums Überleben. Survival of the fittest.« Er zieht den Ärmel wieder herunter und lehnt sich auf seinem Stuhl zurück. Die weißen Verbände an seinen Händen sind wie Fremdkörper in seiner dunklen Welt. Ein seltsamer verletzlicher Riss in der harten Fassade.

»Aber du wirkst fast … fanatisch, was das angeht«, sage ich. »Wie viele Fünfzehnjährige gehen los und lassen sich ihr Lebensmotto in die Haut ritzen? Die meisten würden es wahrscheinlich auf ihr Federmäppchen oder in ihr Onlineprofil schreiben.«

Ich habe nicht das Bedürfnis, meine eigene Sprichwort-Sammlung auf den Zeichenblöcken zu Hause zu erwähnen, die voll mit *Carpe diem*-Taschenphilosophie sind und im Vergleich zu Noahs sehr buchstäblicher Art, Zitate auszuleben, doch stark verblassen.

»Ich setze mich gerne selbst unter Druck«, sagt Noah und schaut mit düsterer Miene vor sich. »Wer Angst vor dem Leiden hat, leidet bereits unter der Angst.«

»Das klingt wie etwas, das du dir auf den anderen Arm tätowieren lassen solltest«, sage ich trocken.

»Habe ich tatsächlich schon überlegt.« Noah zuckt mit den Schultern. »Es ist ein Zitat eines französischen Schriftstellers, das auch in der Auswahl war. Aber Mark Twain hat das Rennen gewonnen und mehr konnte ich mir nicht leisten. Es war schwierig, einen Tätowierer zu finden, der bereit war, nicht nach meinem Alter zu fragen.« Er reibt sich über den Arm, wo das Impfpflaster unter seiner Jacke klebt. »Und um ganz ehrlich zu sein … ich wäre wahrscheinlich umgekippt, wenn ich auch nur eine Minute länger auf dem Stuhl gesessen hätte.«

Ich kann mir ein Lächeln nicht verkneifen.

Er wirkt gar nicht mehr so selbstgefällig, wenn er zugibt, dass er nicht aus gehärtetem Stahl gemacht ist. Und es ist seltsam befriedigend zu wissen, dass ich wenigstens in einer Sache cooler bin als er. Auch wenn es nur Nadeln sind.

Auf dem Gang sind Schritte zu hören und Karl biegt um die Ecke.

»War es schlimm?« Er schaut auf unsere Verbände.

»Es ging. Die Ärztin meinte, es würde wieder alles gut werden«, sage ich.

Ein vertrautes Klicken lässt mich zur matten Glastür blicken, die den Wartesaal von der Notaufnahme trennt. Kurz darauf öffnet sich die Tür und mit Frostgram voraus betreten Alban, Linus und Pi den Raum. Auch sie mit verbundenen Händen, wie ein Haufen Kindergartenkinder, die sich mit einer Schere geprügelt haben.

»Wo ist Adriana?«, fragt Pi.

»Sie ist rausgegangen. Ihre Mutter kommt sie gleich abholen«, sage ich.

»Muss irgendjemand von euch nach Hause gebracht werden?«, fragt Karl.

Ich will sein Angebot ablehnen, überlege es mir aber anders. Ich weiß nicht, wie ich meinen Eltern erklären soll, dass sie mich in der Notaufnahme abholen müssen, während sie glauben, ich sei bei einem Vortrag, außerdem würden ihre Fragen meine Kopfschmerzen nur noch schlimmer machen. Mit etwas Glück kann ich die Verbände so lange verstecken, bis mir eine weniger dramatische Erklärung für meine Verbrennungen einfällt.

»Wenn Sie mich am Ende des Skovvej absetzen könnten, wäre das toll«, sage ich.

»Unsere Mutter hat heute Nachtdienst, also würden wir auch mitkommen«, sagt Alban. »Wir wohnen gleich gegenüber der Schule.« Er will Sandra nicht beunruhigen, indem er sie von der Notaufnahme aus anruft, auch wenn Linus versucht hat, ihn dazu zu drängen. Alban ist immer noch blass und Linus wirft ihm immer wieder besorgte Seitenblicke zu.

Karl nickt.

»Natürlich. Was ist mit euch?« Er sieht die Zwillinge an.

»Na ja ... Sie haben in Ihrem Auto doch bestimmt keinen Platz für sechs Leute, oder?«, fragt Pi. Ihre Fahrräder stehen noch draußen auf dem Feldweg.

»Tja, stimmt«, sagt Karl und lacht nervös. »Aber ich kann

doch zurückkommen und euch abholen, wenn ich die anderen abgesetzt habe?«

»Nein, schon gut«, sagt Noah und winkt ab. »Wir nehmen ein Taxi.«

»Wir sollten auch langsam los«, sagt Linus. »Es ist schon spät.«

Ich stehe auf und schaue auf die Uhr an der Wand. Es ist kurz nach zehn. Nicht mehr lange und meine Eltern werden nervös, zumal ich mein Handy nicht dabeihabe. Es lädt immer noch zu Hause auf dem Küchentisch auf.

Linus bietet Alban seinen Arm an und wir gehen den Flur entlang in Richtung der automatischen Glasschwingtür beim Ausgang.

Als wir fast dort sind, sehe ich eine Frau mit langem goldenen Haar, die auf der anderen Seite der Glasscheibe im Powerwalking-Tempo auf uns zuläuft. Ihre schwarzen Stiefel knallen in einem wütenden Rhythmus auf den Boden und ihre Lippen sind zu einem verbissenen knallroten Strich zusammengepresst.

Oh nein. Adrianas Mutter.

Einige Schritte hinter ihr trippelt Adriana mit ängstlichem Gesichtsausdruck.

Linus und Alban gehen voraus, aber Linus spricht gerade mit seinem Bruder und hat sie noch nicht bemerkt.

Adrianas Mutter drückt gerade den Schalter der Tür, als Linus und Albert über die gelbe Linie auf dem Boden treten, die den Sicherheitsabstand für den Schwenkbereich der Tür markiert. Sie hat Karl bereits gesehen, ohne den Rest von uns zu bemerken.

»Linus!«, rufe ich, aber es ist Alban, der reagiert. Er tritt schnell einen Schritt zurück und zieht Linus mit sich, während die Tür sich summend öffnet und ein paar Zentimeter vor Frostgrams Gummikugel aufgleitet.

Adrianas Mutter marschiert durch die Tür. Hinter ihr schafft es Adriana gerade so, durch die Tür zu huschen, bevor sie sich wieder schließt.

»Sag mal, was *in aller Welt* ist denn hier los?« Die Mutter baut sich direkt vor Karl auf und zeigt anklagend mit ihrem rot lackierten Fingernagel auf ihn. »Meine Tochter sagt, Sie hätten sie mit Hochspannung experimentieren lassen!« Auf einem ihrer Eckzähne ist ein Lippenstiftfleck, und sie erinnert mich an einen Vampir, der Anstalten macht, seinem Opfer das Blut auszusaugen.

»Ich … ich …« Karl weicht einen Schritt zurück, aber sie kommt näher.

»Ich verlange eine Erklärung!« Ihre Nasenflügel zucken genau wie die von Adriana, wenn sie ihren Willen nicht bekommt.

Seltsamerweise scheint sich Adriana in dieser Situation unwohl zu fühlen. Sie steht mit vor der Brust verschränkten Armen an der Wand und schaut auf den Boden, während ihre Mutter so heftig gestikuliert, dass die Nähte ihrer maßgeschneiderten Jacke nachgeben.

»Was haben Sie zu Ihrer Verteidigung zu sagen?«, zischt sie Karl an, dem dieser unerwartete Angriff die Sprache verschlagen hat.

»Entschuldigung, gibt es ein Problem?«

Adrianas Mutter versteift sich beim Klang von Majkens Stimme weiter hinten im Gang. »Ja, das kann ich Ihnen flüstern! Ich möchte wissen, ob gegen diesen Mann Anzeige erstattet wurde, nachdem er meine Tochter misshandelt hat!«

Majken lässt sich Zeit genug für die letzten paar Meter zur Schwingtür.

»Soweit ich weiß, nicht«, sagt sie ruhig. »Und ich glaube auch nicht, dass das nötig ist.«

»Wie meinen Sie das?«, tobt Adrians Mutter. »Natürlich ist das nötig! Meine Tochter soll nächsten Monat ein Weihnachtskonzert spielen und es würde ihre Vorbereitung völlig ruinieren, wenn ihre Hände so entstellt bleiben!«

Es fällt mir auf, dass sie Adriana nicht beim Namen nennt, sondern über sie redet, als wäre sie eine teure Jacke, die schmutzig geworden ist.

Majken erwidert ihren Blick, ohne zu blinzeln, obwohl sie mindestens einen Kopf kleiner ist als die honigblonde Furie.

»Die jungen Leute haben mir erzählt, dass es ein Unfall war. Sie haben eine Maschine benutzt, die sie nicht hätten einschalten sollen. Niemand hätte ahnen können, dass es so schiefgehen würde. Wie gesagt, ein Unfall. Kein Verbrechen. Es gibt keinen Grund, die Polizei einzuschalten«, sagt sie.

Der Krankenpfleger muss ihr gegenüber unsere ursprüngliche Erklärung erwähnt haben, auch wenn sie offensichtlich eher der Feuerwerkstheorie anhängt. Unabhängig davon, ob es ein Unfall war oder nicht, bin ich dankbar, dass sie die Situation nicht noch schlimmer macht, indem sie das Feuerwerk anspricht. Wenn die Polizei eingeschaltet würde, könnte ich das unmöglich vor meinem Vater verheimlichen. Er liest immer die Berichte seiner Kollegen aus unserer Gegend.

»Verbrechen oder nicht – irgendjemand wird dafür verantwortlich gemacht werden! So viel ist sicher!« Adrianas Mutter schaut abwechselnd Majken und Karl an. Sie wedelt drohend mit dem Finger und dreht sich dann auf dem Absatz ihrer spitz zulaufenden Stilettos um, drückt den Türöffner und ist schon einige Meter voraus, als die Tür an der Wand zum Stehen kommt. »Komm schon, Adriana!«, knurrt sie, ohne sich umzusehen.

Ich winde mich. Jetzt, da sie zum ersten Mal Adrianas Namen ausgesprochen hat, klingt es, als würde sie mit einem Hund reden.

Adriana folgt ihrer Mutter mit schnellen Schritten. Beim Anblick ihrer hochgezogenen Schultern und der geschwollenen, roten Augenlider löst sich mein üblicher Ärger über sie in Luft auf.

»Bis morgen«, sage ich, aber sie ist schon zu weit weg, um meine Worte zu hören.

20

Ich zögere, nachdem Karl mich abgesetzt hat und ich vor der Eingangstür stehe. Wie soll ich an meinen Eltern vorbei in mein Zimmer gelangen, ohne dass sie mich nach den Verbänden fragen? Meine Hosentaschen sind zu klein, um die Hände hineinzustecken, und es wäre auch nicht besonders diskret, mit Fausthandschuhen durchs Haus zu laufen.

Filou bellt und fiept im Flur, ganz aufgeregt durch das Geräusch eines fremden Automotors. Ich stoße die Tür auf, trete ins Haus und halte die Hände hoch über den Kopf, damit der Hund sie bei seinem wilden Begrüßungstanz nicht versehentlich erwischt.

»Bist du das, Emilie?« Die Stimme meiner Mutter bewegt sich auf den Eingang zu. Meine Wunden stechen, als ich mir den Pullover über den Kopf ziehe, und die plötzliche Kälte bereitet mir Gänsehaut unter dem T-Shirt. Ich schaffe es gerade, den Pullover über meine Hände zu drapieren, bevor Mama um die Ecke biegt.

»Hallo, mein Schatz. Wie war der Vortrag?«

»Gut so weit.« Ich laufe an Filou vorbei, der mir hinterherhüpft. Ich würde das übliche Wer-war-mit-dabei-und-hat-es-Spaß-gemacht-Verhör nicht überstehen, also verziehe ich leidend das Gesicht. »Ich habe ziemlich Kopfschmerzen, ich glaube, ich gehe direkt ins Bett.«

»Willst du eine Tablette?«, fragt Mama und ich nicke. Die,

die wir in der Notaufnahme bekommen haben, reichen wahrscheinlich nicht für die ganze Nacht.

Meine Mutter findet den Blister und drückt mir zwei Paracetamol heraus. Dann füllt sie das Glas mit Wasser und hält mir alles entgegen, aber ich kann ihr die Sachen nicht abnehmen, ohne meine Hände zu entblößen.

»Ich … äh, ich glaube, dass es auch ohne geht. Es ist schon viel besser geworden, seit ich aus dem Bus gestiegen bin«, lüge ich. »Schlaf gut, Mama.« Ich gebe ihr einen leichten Kuss auf die Wange und husche aus der Küche.

Als ich in mein Zimmer komme, gehe ich direkt zu meinem Schreibtisch. Aus dem Vogelkäfig ertönt ein verschlafenes Piepen, als ich die unterste Schublade öffne und den abgenutzten Zeichenblock heraushole. Ich knalle ihn auf den Schreibtisch und schlage die letzte Seite auf.

Je häufiger ich Noah im echten Leben sehe, desto mehr Gänsehaut bekomme ich, wenn ich mir die Zeichnung ansehe.

Weil das absolut *er* ist.

Ich habe ihn so genau getroffen, dass ich schwitzige Handflächen bekommen würde, wäre da noch Haut.

Die geschwungenen Augenbrauen. Die seltsam zerzauste Haarsträhne in der Stirn, einem Wirbel am Haaransatz geschuldet. Der schmale Nasenrücken, der sich leicht über der Nasenspitze nach oben wölbt. Und das Lächeln, dieses verdammte Lächeln, das den Schmetterlingsschwarm in meinem Bauch zu einer chaotischen Massenkarambolage werden lässt, wann immer ich es am wenigsten erwarte.

Ich sitze auf dem Bett und starre auf die Zeichnung, bis mir Beine und Hände schmerzen.

Es war meine Schuld, dass wir uns alle diese Verbrennungen zugezogen haben. *Meine* Schuld. Weil ich von einem spontanen Verfolgungswahn gepackt wurde und anfangen musste, in Karls Zeug herumzuwühlen.

Weil ich … ja, was? Mir selbst beweisen wollte, dass mein Traum von Noah und dem Observatorium, bevor beide in meinem Leben auftauchten, reiner Zufall war?

Oder weil ich einen Augenblick lang geglaubt habe, dass es nicht nur ein gewöhnlicher Traum war?

Aber was könnte es sein?

Eine Vision? Ein Zeichen? Eine Warnung?

Wovor?

Und von wem?

Ich kann mir nicht erklären, warum Noah der rote Faden sein sollte.

Ein wilder Impuls überkommt mich. Was, wenn ich ihm die Zeichnung zeigen würde? Was, wenn *er* Antworten für mich hätte?

Aber … was sollte ich ihm überhaupt sagen?

›Hi, das habe ich ein paar Stunden vor unserer ersten Begegnung gezeichnet. Ob ich eine Stalkerin bin? Nein, überhaupt nicht. Ich habe nur neulich von dir geträumt. Und von dem Karton mit dem Ding, das uns alle umbringen wollte. Verrückt, sagst du? Hmmm … ja. Übrigens, habe ich schon erwähnt, dass wir geleuchtet haben?‹

Klar. Fantastische Idee, Emilie.

Als der Schmerz in meinen Händen so stark wird, dass er meine Verschwörungstheorien übertönt, schleiche ich in die dunkle Küche und schnappe mir ein paar Paracetamol. Als ich an der Spüle stehe und Wasser in ein Glas fülle, sehe ich einen Lichtblitz am Horizont.

Ich glaube nicht daran, dass einem beim Anblick einer Sternschnuppe ein Wunsch erfüllt wird, aber ich schließe trotzdem die Augen und bete, dass alles bald einen Sinn ergibt. Dann schlucke ich die Tabletten und gehe ins Bett.

Im Traum steht ein junger Typ vor mir. Er wendet mir den Rücken zu, aber ich habe das Gefühl, ihn schon einmal gesehen zu haben.

Es ist fast völlig dunkel. Vor ihm kann ich einen Schreibtisch erkennen und ein großes rotes Viereck an der Wand. Vielleicht ein Gemälde.

Ich versuche, einen Schritt auf ihn zuzugehen, aber meine Glieder sind schwer, als bewegte ich mich durch Wasser. Irgendetwas an seinem Nacken und der Form seiner Schultern unter dem dunklen Haar kommt mir bekannt vor.

Ich hebe eine Hand, unendlich langsam, und strecke sie ihm entgegen. Es ist so unfassbar anstrengend, dass ich mich am liebsten in meinem Traum hinlegen und einschlafen würde.

Irgendjemand sagt etwas. Eine Männerstimme. Aber die Worte sind nur ein weit entferntes Summen, das es nicht ganz durch den unsichtbaren Klumpen Gelee schafft, der mich umgibt.

Der Dunkelhaarige antwortet. Trotz des Gelees kann ich hören, dass er älter ist als ich. Seine Stimme hat nicht diesen metallischen Klang eines Teenagers im Stimmbruch.

Wieder die Männerstimme. Jetzt näher. Flehend.

Der junge Mann tritt einen Schritt zurück. Ich will etwas sagen und verhindern, dass er mir auf die Füße tritt, aber die Worte scheinen sich auf meiner widerspenstigen Zunge nicht bilden zu wollen. Es gibt einen lauten Knall, als würde eine Tür aufgerissen und gegen eine Wand geschlagen.

Der Typ vor mir zuckt zusammen und dreht sich in Richtung des Geräuschs.

Eine schwarz gekleidete Gestalt kommt mit schnellen Schritten und einer Aura des Bösen auf uns zu.

»Was machst du da?« Die Heiserkeit pflanzt einen Namen in mein abgestumpftes Hirn, bevor ich die Piercings und die schwarzen Haare erkenne. »Was zum Teufel machst du da?« So viel Hass in so einem kurzen Satz. Noah geht an dem jungen Mann vorbei und schubst den anderen. »Verpiss. Dich. Hier.« Er spricht mit zusammengebissenen Zähnen und schubst mit jedem Wort härter.

Die Stimme des Mannes wird in die Schatten unter dem roten Quadrat zurückgedrängt.

Der Dunkelhaarige legt eine Hand auf Noahs Schulter, aber Noah dreht sich um, als hätte ihm die Berührung einen Schlag verpasst.

»Und du«, sagt er und zeigt mit dem Finger geradeaus, »du hältst dich einfach fern!«

Dann sieht er mich an.

Mein Gehirn ist irgendwo in dem Gelee vergraben, und meine Gedanken kämpfen sich wie Blubberblasen an die Oberfläche der dicken Masse. Ich bin außerstande, mich zu bewegen.

Ich sollte nicht hier sein. Es fühlt sich falsch an. Wie in diesen Albträumen, in denen man rennt und rennt, ohne dem Monster zu entkommen.

Aber das hier ist ein anderes Monster.

Noah kneift die Augen zusammen.

»Was guckst du so?«

Ich weiß nicht mehr, wie man spricht.

Der junge Typ dreht sich zu mir um.

Ein vertrautes Paar stahlblauer Augen starrt auf die Geleeblase, und ich schnappe nach Luft, als wäre ich lange unter Wasser gewesen, ohne es zu merken.

Alban sieht mich prüfend an.

Es dauert einen Moment, bis ich begreife, dass er mich wirklich … ansieht. Dass er nicht mehr blind ist. Seine Augen bewegen sich unruhig und erforschen mein Gesicht. Besorgt. Verwirrt.

»RAUS HIER!«, brüllt Noah. »ALLE!«

Ich wache mit einem Ruck auf und stelle fest, dass ich auf dem Boden neben meinem Bett liege. Die Bettdecke ist an einem Ende des Bettbezuges zu einem Klumpen geworden, und der Rest des Stoffes hat sich um meinen Körper gewickelt, als wäre ich eine verpuppte Raupe.

Noahs zorniger Schrei klingt mir immer noch in den Ohren.

Ich befreie mich von dem verschwitzten Stoff und taumle zurück ins Bett.

Im Traum sehe ich, was Noah mit Jonathan in der Bibliothek anstellt. Wie er ihm mit einer schnellen Bewegung den Arm auf den Rücken dreht, damit er sich nicht mehr bewegen kann. Noahs Blick kreuzt meinen über Jonathans verdrehten Körper hinweg, und sein Gesicht ist ausdruckslos, während er Jonathans Arm weiter nach oben drückt, sodass sein Schultergelenk knackt und der Schmerzensschrei durch die Bibliothek hallt.

Mehr Träume.

Noah, der an einem einsamen Strand surft. Das Meer und der Himmel gehen ineinander über, und der Glanz dieser blauen Welt lässt Noahs Haut auf eine Weise türkis leuchten, die ich wiedererkenne.

Noah, der auf einem kleinen roten Mountainbike durch einen Kiefernwald fährt, einen Spiderman-Rucksack auf dem Rücken. Die Haare, die ihm auf der Stirn kleben, sind nicht schwarz, sondern dunkelblond mit einem Hauch von Kupfer.

Noah, der eine Wasserschlacht mit Pi in einem großen Garten mit Orangenbäumen entlang einer Hecke veranstaltet. Es ist seltsam, sein Lachen zu hören.

Noah, der mir in Karls Observatorium gegenübersteht, auf der anderen Seite des offenen Umzugskartons. Die anderen sind weg, wir sind allein in der grauen Dunkelheit.

»Hör schon auf. Du hast es gewusst.« Er streckt die Hand aus. Der Glasanhänger liegt blank und farblos auf seiner nach oben zeigenden Handfläche.

Ich schaue nach unten und merke, dass ich das mattgoldene In-

strument in der Hand halte. Meine Füße weichen zurück. Noah darf den Glasanhänger nicht einsetzen. Ich bin mir sicher, dass etwas Schreckliches passieren wird, wenn er es tut. Etwas viel Schlimmeres als Verbrennungen.

Er macht einen Schritt auf mich zu.

Ich drehe mich um und beginne zu laufen. Die Dunkelheit wird tiefer, während ich mich durch sie hindurchbewege. Es gibt keine leuchtenden Hände oder ein regenbogenfarbenes Prisma, die mir den Weg zeigen könnten.

Noah ruft mir etwas hinterher, vielleicht meinen Namen, aber ich schaue mich nicht um.

Das Instrument summt immer lauter, aber ich kann es einfach nicht loslassen, und ich kann nicht stehen bleiben. Die Vibrationen breiten sich in meinem Körper und meinem Geist aus, bis alles in bebender, pechschwarzer Finsternis versinkt.

21

Am Morgen leide ich unter starker Müdigkeit … und ich bin Noah leid.

Deshalb merke ich erst, dass ich ein neues Problem habe, als ich auf dem Weg ins Badezimmer bin.

Ich greife hinter den Duschvorhang, um das Wasser aufzudrehen, und der weiße Verband um meine Hand fällt mir ins Auge.

Verbände und Duschen. Eine denkbar schlechte Kombination.

Ich traue mich nicht, sie abzunehmen, aber was soll ich sonst tun? In genau sieben Minuten wird Sofie an die Badezimmertür hämmern und motzen, dass ich viel zu lange brauche.

Mama kocht gerade Porridge, als ich in die Küche trete, wie gewöhnlich ist das Radio bis auf Tinnitus-Stufe aufgedreht. In den Nachrichten geht es immer noch um das korrupte Pharmaunternehmen, was mir nach wie vor am Allerwertesten vorbeigeht.

Ich schleiche hinter meiner Mutter entlang und fange an, auf der Suche nach Plastiktüten und Klebeband die Schubladen zu öffnen und zu schließen. Jedes Mal, wenn ich mich bewege, drehe ich mich so, dass ich den Blick auf meine Hände versperre.

»Geht es deinem Kopf besser, Schatz?« Mama dreht das Radio ein bisschen leiser, immer noch mit dem Rücken zu mir.

Augen am Hinterkopf gehören wohl zum automatischen Upgrade, wenn man Mutter wird.

»Mmmh, es geht.« Ich stöpsele mein Handy aus und klemme es mir unter den Arm, bevor ich die nächste Schublade öffne. »Haben wir keine Gefrierbeutel mehr?«

»Nein, den letzten habe ich gestern benutzt, um die Fleischsoße einzufrieren.«

Ich fluche innerlich, während etwas leuchtend Gelbes meine Aufmerksamkeit erregt. Gummihandschuhe! Jetzt fehlt mir nur noch etwas, um sie abzudichten.

»Was hast du mit deinen Händen gemacht?« Sofies Stimme zerschmettert meine Freude, gerade als sich meine Finger um eine Rolle Tesa schließen, die ich in einer Schublade gefunden habe. Sie steht mit einer Schüssel Cornflakes in der Hand da und sieht mich an.

»Nichts«, sage ich, aber Mama hat die Verbände schon gesehen.

»Herrje, Emilie! Was ist passiert?« Sie lässt den Porridgelöffel fallen, um meine Hände zu begutachten, aber ich mache einen Schritt durch die Tür zum Flur.

»Ich habe mich gestern bei Alban und Linus verbrannt. Es ist nicht so schlimm, wie es aussieht. Sandra hat mich verarztet.« Es ist riskant, die Wahrheit zu verdrehen, aber mir ist keine Lüge eingefallen, die sowohl Karl als auch das stromleitende Instrument, die vielen Verbrennungen und den Besuch der Notaufnahme am vergangenen Abend umfassen könnte.

»Verbrannt? Woran?«, fragt Mama. Der Porridge gibt ein klebriges *Spotz* von sich, als eine Luftblase an seiner Oberfläche platzt.

»An … äh … einem Topf.«

»Mit beiden Händen?«

»Äh … ja. Er war wirklich heiß«, sage ich dumm. »Aber … na ja, es tut eigentlich nicht so weh.« Wenn ich schon einmal dabei bin zu lügen, macht eine Lüge mehr oder weniger auch keinen großen Unterschied mehr.

Ich halte die Gummihandschuhe und das Klebeband hoch.

»Ich habe nicht viel Zeit zum Reden, Mama. Ich muss das noch überziehen, bevor ich unter die Dusche kann.«

»Oh, meine arme kleine Maus«, sagt Mama. »Soll ich dir mit dem Klebeband helfen?«

»Nein danke«, sage ich und flüchte ins Badezimmer.

Als ich die halbe Rolle Klebeband verbraucht habe, um die gelben Handschuhe an meinen Unterarmen zu befestigen, bereue ich ein wenig, dass ich ihre Hilfe nicht angenommen habe. Ich schwitze, meine Handflächen tun weh, und mir wird erst jetzt bewusst, wie schwierig es in der nächsten Zeit sein wird, zu zeichnen.

Ich wasche mich mit so schnellen Bewegungen, wie es die Schmerzen zulassen. Es fällt mir schwer, ein Handtuch um das nasse Haar zu wickeln, und meine Verbände verrutschen, als ich die Gummihandschuhe abziehe. Am liebsten würde ich losheulen, aber dafür habe ich keine Zeit.

Ich wische mit dem Unterarm auf der beschlagenen Spiegeloberfläche eine Insel für mein Gesicht frei und frisiere mein Haar mit den Fingern. Das Licht der Lampe über dem Spiegel gibt meinen braunen Augen einen seltsamen Glanz. Ich lehne mich näher zum Spiegel.

Vielleicht ist es das Licht oder vielleicht geht die Fantasie mit mir durch, aber ich merke plötzlich, dass die Farbe anders wirkt. Ich gehe so nah an den Spiegel, dass meine Nase das Glas berührt.

Ich bin kurz davor mir einzubilden, in der Mitte des Brauns meiner Augen ein Glühen von Blau zu erkennen. Es sieht tatsächlich fast violett aus, mit rötlichen Brauntönen am Rand der Regenbogenhaut. Meine Pupillen sind erschrocken, pechschwarze Punkte in dem hellen Licht.

»Bist du langsam mal fertig!« Sophies Hämmern an der Tür holt mich in die Realität zurück. Mit unbeholfenen Bewegungen wickle ich das Handtuch um meinen Körper und dränge die violette optische Täuschung meines Gehirns wieder in den Hintergrund.

»Hey, Debilie? Dir ist schon klar, dass man sich weiter oben am Arm ritzt, oder?« Jonathans Stimme unterbricht mein Selbstmitleid darüber, dass ich nicht daran gedacht habe, vor der Schule ein paar Paracetamol zu nehmen. Meine Handflächen sind wund von dem harten Kampf im Badezimmer und unter dem Verband beginnt es obendrein zu jucken.

Ich will mich nicht umdrehen und ihm antworten. Stattdessen ziehe mir die Ärmel über die Hände und krame in der Tasche nach meinem Federmäppchen.

»Versuch doch, nächstes Mal etwas tiefer zu schneiden, Loser. *Das* wird *ganz* sicher helfen«, fährt Jonathan fort, offenbar fest entschlossen, eine Reaktion von mir zu erzwingen.

»Versuch doch, die Fresse zu halten. *Das* wird *ganz* sicher helfen«, sagt Noah hinter mir. Ich ärgere mich ein wenig über seinen ständigen Drang, immer zur Rettung herbeizueilen.

Noah setzt sich auf den Stuhl neben mir und nickt mir zu, als wären wir alte Kollegen, die schon seit Jahren nebeneinander an ihren Schreibtischen hocken. Er trägt schwarze fingerlose Handschuhe, die seine Verbände verdecken. Pi hat sich neben Adriana gesetzt. Sie trägt die gleiche Art Fingerlinge, nur in leuchtendem Gelb.

Adriana hat die Arme vor der Brust verschränkt und die Hände fest unter die Achseln geklemmt. Es sieht aus, als hätte sie die Verbände abgenommen.

Mette betritt die Klasse und teilt Fragebögen zu der Science-Fiction-Anthologie aus, die wir bis heute gelesen haben sollten.

Normalerweise bin ich im Dänisch-Unterricht hundert

Prozent dabei, aber heute sind meine Gedanken weit entfernt von apokalyptischen Paralleldimensionen und Androiden, die von elektrischen Schafen träumen.

Mein Kugelschreiber gerät beim Schreiben immer wieder ins Stocken. Ich muss immer wieder an das summende Licht im Observatorium denken, kurz bevor alles explodierte.

Ich werde wohl geisteskrank. Eine andere Erklärung kann es nicht geben. Die Frage ist, ob Noah die Ursache oder das Symptom dafür ist, dass mein Gehirn sich gerade abschaltet.

Vielleicht ist er ja in Wirklichkeit nur eine Halluzination?

Ich werfe ihm einen Blick zu. Er hat noch keine meiner Fragen beantwortet, sitzt nur da und kaut mit entrücktem Blick auf seinem Bleistift herum.

Aber wenn dem so sein sollte … denke ich mir auch das Papier aus, auf dem er schreibt, oder die Kritzeleien, die er mit seinem imaginären Bleistift anfertigt? Wo ist die Grenze für meine kleine, erfundene Welt?

Noah verlagert sein Gewicht und ein schwacher Duft von Deo schwappt in meine Richtung. Er fühlt sich sehr real an, wenn er sogar die Geruchssensoren in meiner Nase aktiviert.

Nein. Er kann keine Halluzination sein. Die anderen reden auch mit ihm. Und *über* ihn. Alban hat bereits ein angespanntes Verhältnis zu Noah, also wäre er ein sehr beharrliches gemeinsames Hirngespinst, falls es ihn nicht geben sollte.

Ich drücke einen Zeigefinger gegen die Schläfe, um den Wahnsinn aus meinem Kopf zu pressen, wie einen riesigen Pickel, den es auszudrücken gilt.

Werde ich etwa zur Hellseherin?

Oder bin ich nur so ein eigenartiger Teenager, der keine richtigen Freunde hat, dann aber von einem auf den anderen Tag übernatürliche Kräfte erhält und die Welt rettet und den geheimnisvollen neuen Typen in der Schule abschleppt und erst dadurch merkt, wie schön und unfassbar cool er ist?

Pah. Als ob!

Ich stoße ein dumpfes Schnauben aus, das Noah von seinen unbeschriebenen Science-Fiction-Arbeitsblättern aufschauen lässt, also tue ich schnell so, als würde ich in meinem Federmäppchen nach etwas suchen.

Warum war Noah der Einzige, der in meinem Observatoriums-Traum vorkam? Warum nicht Karl oder einer der anderen?

Weil Noah das Prisma hatte, sagt die kleine Stimme in meinem Hinterkopf. Weil er wichtiger ist als die anderen. Weil es etwas bedeutet.

Aber … Karl besaß das Instrument. Ist er nicht auch wichtig?

Schachmatt.

Die Stimme verstummt.

Bis auf Weiteres hat sich der Traum vom Observatorium erfüllt. Mehr oder weniger. Abgesehen von den leuchtenden Händen.

Was ist mit den anderen Träumen?

Der unheimlichen, alles verzehrenden Dunkelheit?

Und der flehenden Männerstimme vor dem roten Bild?

Ich sehe Albans festen Blick vor mir. Spüre, wie er mein Gesicht mustert.

Wenn meine Träume jetzt wahr werden … bedeutet das, dass Alban sein Augenlicht zurückbekommt?

22

Als die Stunde vorbei ist und alle auf den Gang stürmen, gehe ich zu Adriana.

Noah und Pier sind im Sekretariat, um ein paar Unterlagen auszufüllen, weshalb wir alleine mit Mette im Klassenzimmer sind, die dabei ist, einige Notizen vom Smartboard zu wischen.

Die Mädchen aus Adrianas Clique sind abgedampft, nachdem sie einen halbherzigen Versuch unternommen haben, sie dazu zu bewegen, mit in die Kantine zu gehen. Adriana hat den größten Teil der Stunde damit verbracht, wie ich dazusitzen und ähnlich apathisch vor sich hin zu starren.

»Wie geht es deinen Händen?«, frage ich.

Sie ballt sie fast automatisch zu Fäusten und steckt sie wieder unter die Achseln, aber ich erhasche einen Blick auf ein paar viereckige glänzende Pflaster. Sie haben die gleiche Farbe wie ihre Haut und sind kaum zu erkennen.

»Gut«, sagt sie geistesabwesend. Ihr Blick ist auf den Stapel Fragebögen in der Ecke des Lehrerpults gerichtet.

»Was für eine Nacht, was?« Ich versuche es mit einem Lächeln, das aber nicht bei ihr ankommt.

Sie kaut mit kleinen hektischen Bewegungen auf ihrer Unterlippe.

»Es war Asimov, der sich diese Gesetze ausgedacht hat, oder?«, fragt sie, als hätte sie mich nicht gehört. »Dass hinreichend fortschrittliche Technologie nicht von Magie unterschieden werden kann?«

Ich wundere mich darüber, dass sie immer noch an Science-Fiction-Autoren denken kann, versuche aber zurückzuspulen.

»Nein«, sage ich. »Asimov war der mit den Robotergesetzen. Nicht mit Magie.«

Adrianas Blick flackert zum Lehrerpult.

»Bist du sicher?«

»Isaac Asimov steht für die drei Robotergesetze. Oder vier, wenn man es genau nimmt. Arthur C. Clarke erfand die drei Gesetze zu …«

»Oh nein! Natürlich!« Ohne nachzudenken, schlägt Adriana ihre Hand auf den Tisch, und ihr Gesicht verzieht sich vor Schmerz.

»Beruhige dich, Adriana. Jeder macht mal einen Fehler, irgendwann ist immer das erste Mal.« Ich lächle ihr aufmunternd zu, aber sie schaut nur auf den Stapel, der ihr Schicksal besiegelt.

Mette steht immer noch mit dem Rücken zu uns und fährt das Smartboard herunter.

»Wenn ich doch nur …« Adriana schüttelt den Kopf und schließt die Augen. Der Rest des Satzes zeigt sich anhand ihrer zusammengepressten Lippen.

Wenn sie doch nur den Zettel finden und den Fehler korrigieren könnte. Eine winzige falsche Antwort.

Ich kann mich noch daran erinnern, wie sie in einer Dänischklausur einmal nicht die beste Note hatte und sich in der folgenden Woche krankmeldete.

Ich bemerke eine Bewegung auf dem Schreibtisch.

Der Stapel Fragebögen scheint sich leicht zu bewegen.

Ich schaue mich im Raum um. Die Tür steht offen, aber alle Fenster sind geschlossen, also sollte es nicht ziehen.

Mein Blick geht zurück zu dem Stapel.

Einen Moment später hebt sich die obere Hälfte der Fragebögen einen Zentimeter von den anderen ab, und zwar so schnell, dass ich sofort daran zweifle, ob ich richtig gesehen habe.

Mette steht immer noch mit dem Rücken zu uns, und ich schaue Adriana an, um zu sehen, ob sie etwas bemerkt hat.

Ihre Augen sind immer noch geschlossen und zwischen ihren Augenbrauen zeigt sich eine kräftige Falte. Die Furche wird noch tiefer und die Fragebögen bewegen sich erneut. Diesmal lässt der Luftzug die Blätter flattern.

Ich schnappe nach Luft und Adriana öffnet die Augen.

»Was ist?«, fragt sie gereizt.

»Nichts … gar nichts.« Ich starre weiter auf den Stapel, der jetzt recht schief aussieht.

»Wollt ihr nicht rausgehen und euch vor der nächsten Stunde den Kopf durchlüften?« Mette dreht sich lächelnd um und steckt die Fragebögen in ihre Tasche.

Adriana fährt zusammen, als ihre letzte Chance auf Wiedergutmachung vor ihren Augen verschwindet.

»Ja«, murmle ich. »Das machen wir.«

Nach der Pause haben wir Sport.

Erst in der Umkleidekabine merke ich, dass ich Papas Jogginghose anstatt meiner eigenen eingepackt habe. Sie ist mindestens drei Nummern zu groß und lässt mich ein bisschen wie ein Barbapapa aussehen, dem die Luft entwichen ist, auch als ich hineinschlüpfe und die Kordeln so eng wie möglich ziehe. Darin kann ich auf keinen Fall laufen.

Körperliche Aktivität war noch nie meine Stärke, und jetzt gibt es sogar noch zwei neue Zuschauer bei der wöchentlichen Demonstration meiner lausigen Koordinationsfähigkeiten. Meine inneren Schmetterlinge haben sich nie weiter weg angefühlt.

Ich versuche, die Kordel meines Joggingzeltes noch weiter zu straffen, aber sie reißt, als ich besonders stark daran ziehe. Jetzt stehe ich mit einer halben Kordel in der Hand da und überlege, was ich tun soll. Ich könnte vorgeben, krank zu sein. Vielleicht gehe ich einfach auf die Toilette und stecke mir einen Finger in den Hals, damit die anderen hören, dass es ernst ist.

»Hast du vielleicht ein Deo, das ich mir ausleihen kann?«, fragt Pi neben mir. »Ich habe meins vergessen, und ich habe keine Lust, wie ein Gnu zu riechen, wenn ich keins draufhabe.« Sie lächelt mich an, nur mit einem roten BH und einem Hello-Kitty-Slip bekleidet.

»Äh … ja, natürlich«, murmle ich, ganz verwirrt über ihren halb nackten Körper so nah bei mir. Ich krame meinen Deoroller aus der Tasche und reiche ihn ihr.

»Danke.« Sie schraubt den Verschluss ab und rollt die feuchte Deokugel ein paarmal über ihre Achselhöhlen.

Ich hoffe, die Kugel riecht nicht zu sehr nach meinem Schweiß.

»Willst du dir eine Hose ausleihen? Ich habe noch eine zweite dabei.«

Ich will gerade dankend ablehnen, aber sie hat schon glänzende Leggings mit krassen Mustern gefunden und wirft sie vor mir auf die Bank. Dann holt sie ihren Sport-BH aus der Tasche und öffnet ihren normalen BH, woraufhin ich ihr schnell den Rücken zudrehe.

Ich starre auf die verrückten Leggings, die eng aussehen. Sind wir jetzt schon Freundinnen von der Sorte, die sich gegenseitig Sachen leihen? Machen Leute das so? Ich hatte noch nie eine Freundin.

Pi zieht sich eine kurze winzige Shorts aus einem glänzenden Material und ein eng anliegendes grünes Oberteil an. Sie bändigt ihre flammenden Dreadlocks mit einem Zopfgummi und lächelt mich an.

»Na, bist du bereit?«, fragt sie.

»Äh«, sage ich. »Gleich.« Ich hebe ihre Leggings von der Bank auf. Jetzt gibt es keinen Weg zurück.

Als wir die Turnhalle betreten, spielt Noah mit ein paar unserer Klassenkameraden Fußball. Seine Schläfen sind schweißnass, aber er scheint nicht außer Atem zu sein.

Die neonfarbenen Leggins sitzen so stramm an mir, dass es fast so aussieht, als wären sie aufgemalt. Ich fühle mich in mehrfacher Hinsicht nackt, als ich durch die Halle gehe, gefolgt von den Blicken der anderen. Glücklicherweise zieht der Geräuschpegel des Fußballspiels schnell die allgemeine Aufmerksamkeit auf sich.

Noah hat dieselben schlanken Gliedmaßen und flinken Bewegungen wie Pi, aber sein schwarzes T-Shirt und seine Shorts zeigen, dass er muskulöser ist, als ich dachte. Sowohl er als auch Pi tragen dünne Handschuhe aus Wildleder, die ihre Bandagen verdecken.

Obwohl ich das Tattoo schon einmal gesehen habe, starre ich es verstohlen an. Ich beobachte, wie er sich mit der Hand durch sein feuchtes Haar fährt, ganz darin vertieft, dem Ball zu folgen.

Sein Gesicht ist nicht so klassisch schön wie das von Alban. Seine Nase ist spitz und einer seiner Mundwinkel ist etwas höher als der andere, selbst wenn er nicht lächelt. Die Lippenpiercings geben ihm etwas Raubtierhaftes.

Er ist nicht typisch … *heiß*. Ich weiß, wie heiße Typen aussehen. Wie sie sich bewegen, wenn sie wissen, dass sie heiß sind. Das Selbstvertrauen steckt in Details. In der Art und Weise, wie sie ihr Haar aus den Augen schütteln oder den Kopf in den Nacken werfen, wenn sie lachen. Wie sie keine Angst haben, anderen in die Augen zu sehen. Es gibt einem Selbstsicherheit, wenn man weiß, dass man nur mit einem Lächeln fast alles bekommen kann, was man will.

Aber Noah versucht nicht, mit seinem Lächeln irgendetwas zu erreichen, denn dafür lächelt er viel zu selten. Und sein provozierendes Selbstvertrauen beruht nicht auf seinem Aussehen. Sein Aussehen beruht auf seinem Selbstvertrauen. Er traut sich, anders zu sein.

Ein schriller Pfiff durchbricht meine Gedanken.

Unser Sportlehrer Torben, ein Mann in den Vierzigern mit Bürstenschnitt, Schnurrbart und unnatürlich knackigem Hinterteil, klatscht in die Hände.

»Okay, Neunte!«, brüllt er wie ein Hauptfeldwebel. »Zeit für Fußball!«

Och nö.

Neben der Gruppenarbeit ist Fußball wahrscheinlich das, was ich an der Schule am meisten hasse. Im Grunde alle Sportarten, bei denen Bälle, Jonathan und die Erwartung zu rennen eine Rolle spielen.

Noah und ich spielen im selben Team, und Jonathan nutzt natürlich jede Gelegenheit, um uns mit brutalen Tacklings und harten Schüssen zuzusetzen, die mit Absicht nicht auf das Tor gerichtet sind.

Oder vielmehr versucht er, *mir* zuzusetzen, weil Noah allen seinen Angriffen mit der Geschmeidigkeit eines Ninjas und blitzschnellen Reflexen ausweicht.

Adriana steht am Rand und soll eigentlich die Schiedsrichterin spielen, aber sie glotzt mehr auf ihr iPhone als auf den Ball. Ihre Mutter hat offensichtlich alle Hebel in Bewegung gesetzt und ihr eine Befreiung vom Sportunterricht organisiert, um das Weihnachtskonzert zu retten.

»Pass auf, Emilie!«, ruft Noah, und ich drehe mich gerade noch rechtzeitig um, um zu sehen, wie Jonathan einen weiteren Todesball in meine Richtung hämmert. Ich ducke mich und höre, wie Adriana erschrocken aufschreit, als der Ball über meinen Kopf hinweg in ihre Richtung saust.

Ich kneife die Augen zusammen und warte auf den harten Aufprall, aber stattdessen höre ich nur ein leises Geräusch von ein paar Fingerspitzen, die den Kunststoff des Balls streifen.

Als ich mich aufrichte, kriege ich den Ball direkt in den Nacken. Mir wird schwarz vor Augen und ich kippe um, mit explodierenden Leoniden vor meinen Augen.

Meine Stirn knallt gegen etwas Hartes, Muskeln und Knochen hinter einer Hülle aus Stoff, und ich spüre ein Paar fremder Beine unter mir, als ich auf dem Boden lande.

Der Geruch von Noahs Deodorant steigt mir plötzlich allzu deutlich in die Nase und ich ringe verzweifelt nach Luft, um aufstehen zu können. Eins seiner Knie hat mit voller Wucht meinen Magen gerammt, also ist das leichter gesagt als getan.

Ich bekomme noch immer nicht richtig Atem, als Noahs Beine unter mir verschwinden und ich starke Finger um meine Handgelenke spüre.

Er zieht mich hoch und für eine halbe Sekunde stehen wir so nah beieinander, dass wir unsere Atemluft miteinander teilen. Seine schmeckt nach Minzkaugummi.

Ich trete schnell einen Schritt zurück.

»Danke«, sage ich atemlos.

Noah antwortet nicht. Er sieht Adriana mit gerunzelter Stirn an und läuft dann zu unserem eigenen Tor.

Der schrille Pfiff der Pfeife hallt von der Sprossenwand wider.

»Noch zwei Minuten!«, ruft Torben.

Noah nimmt einem unserer Gegnerspieler den Ball ab, dribbelt an ihm vorbei und läuft auf das Tor zu.

»Ich bin frei!«, ruft Pi und fuchtelt links von ihm mit den Armen.

Noah schaut nach unten und zögert einen Moment. Dann tritt er so fest gegen den Ball, als würde er versuchen, ihn durch das Tornetz, die Sprossenwand und die Mauer dahinter zu schießen.

Der Ball dreht sich, und anstatt zu seiner Schwester zu fliegen, bewegt er sich in Adrianas Richtung. Sie scheint ihren Schiedsdienst schon wieder vergessen zu haben und steht da und knibbelt an einem ihrer Nägel herum.

»Adriana!«, schreit Noah und sie hebt mit einem Ruck den Kopf. Der Ball schießt auf ihren Kopf zu und sie reißt die Arme hoch, um ihr Gesicht zu schützen.

Ich kann es nur beobachten, weil ich ganz an der Seite stehe.

Der Ball trifft sie nicht. Seine Flugbahn macht eine scharfe Kurve nach oben, sodass er über ihrem zusammengekauerten Körper in die Sprossen donnert und von dort zurückprallt.

»Echt jetzt, was machst du da?«, ruft Adriana. Ihre Stimme ist ganz dünn vor Schreck.

»Sorry«, sagt Noah und hebt den Ball auf, und seine Augenbrauen ziehen sich unter seinen feuchten schwarzen Stirnfransen wieder zu einem dunklen V zusammen.

Torben pfeift das Spiel ab und Noah wirft den Ball in den Ballkiste.

Ich schaue auf seinen schweißglänzenden Nacken, als er durch die Tür der Jungenumkleide verschwindet. Nachdem ich ihm fast zwei Stunden lang beim Fußballspielen zugesehen habe, wird mir klar, dass sein Ballgefühl mehr als nur gut ist. Im Gegensatz zu mir trifft er alles, worauf er zielt.

Er hat mit voller Absicht den Ball auf Adriana geschossen.

23

Ich habe so lange gebraucht, um mich mit ein paar Mülltüten über den Händen in der Umkleidekabine zu waschen, dass ich es nicht mehr pünktlich zum Englischunterricht schaffe.

Janus verteilt gerade Fragebögen, als ich auf meinen Stuhl neben Noah rutsche.

Er sitzt da und fummelt an den schwarzen Fäden seiner Handschuhe, die sich am Daumen aufribbeln. Ich kann den weißen Verband durch das Loch sehen. Er scheint tief in Gedanken zu sein und sieht nicht auf, als ich mich setze.

Bevor ich ihn fragen kann, was genau in der Sportstunde passiert ist, schreitet Janus zur Tafel und dreht sich um.

»Allrighty!« Er wedelt mit den übrigen Fragebögen. »I want you to discuss these questions with the person next to you. You've got fifteen minutes and then we sum it up together. Ready, set, go!«

Fünfzehn Minuten Dialog auf Englisch mit Noah. Als ob die letzten zwei Stunden der Demütigung noch nicht genug gewesen wären.

Ich ziehe mein Englischbuch aus der Tasche und drehe mich zu ihm um.

»Hast du es auch gesehen?« Seine Stimme ist leise.

»Was gesehen?« Mir stellen sich die Nackenhaare auf, aber ich versuche so zu tun, als wäre nichts.

»Dass Adriana etwas mit dem Ball gemacht hat. Sie hat ihn abgeblockt.«

Er hat es auch bemerkt. Es lag nicht nur an mir.

»Wie hat sie das gemacht?«, flüstert Noah, obwohl ich nichts entgegnet habe.

Wir sehen beide zu Adriana hinüber, die sich gerade mit Pi unterhält.

»Vielleicht war es nur Einbildung«, sage ich, als würden die Worte es wahr machen.

»Das dachte ich erst auch.« Noah lässt Adriana nicht aus den Augen. »Aber ich habe alles genau beobachtet, als ich den Ball das zweite Mal auf sie geschossen habe. Ich bin mir ziemlich sicher, dass er die Richtung geändert hat. *Sie* hat seine Richtung geändert.«

»Wie hätte sie das tun sollen?«, frage ich.

»Keine Ahnung.« Noah hält seine Stimme weiter gesenkt und lehnt sich gerade vor, um noch etwas zu sagen, als ein Schatten über den Tisch fällt.

»Which question are you two discussing?«, fragt Janus.

Er bleibt so lange stehen, bis ich mich durch einige Sätze auf Englisch gequält habe. Für den Rest der Stunde bleibt er in der Nähe unseres Tisches, sodass wir nicht weiterreden können, aber die Fragen sprudeln immer wieder an die Oberfläche.

Träume ich noch oder hat einfach alles aufgehört, einen Sinn zu ergeben?

Erst Noah und jetzt auch Adriana?

Wenn ich Noah selbst erfunden haben sollte, klingt es verdammt surreal, dass meine Halluzination nun anfängt, selbst zu halluzinieren.

Hat Adriana wirklich den Ball dazu gebracht, die Richtung zu ändern? Und was war mit den Fragebögen?

Es ist eine Sache, von Menschen, Gegenständen und Orten

aus der Zukunft zu träumen. Eine ganz andere, Dinge zu bewegen, ohne sie zu berühren.

Beides klingt nach einer Handlung aus einem von Noahs Comicheften, und keins von beidem klingt wie etwas, an dem ich teilhaben will.

»Wir müssen reden«, sagt Noah am Ende der Englischstunde. Es ist Schulschluss, also herrscht allgemeine Aufbruchstimmung.

Er zieht sich eine schwarze Strickmütze über die Haare, wirft seinen Rucksack über eine Schulter und sieht mich erwartungsvoll an.

Ich werfe einen Blick auf Pi. Sie spricht immer noch mit Adriana. Will Noah nicht mit seiner Schwester gehen?

»Können wir irgendwo alleine sein?«, fragt er und seine Worte jagen mir einen leichten Stromstoß durch die Wirbelsäule.

Ich nicke.

»Die meisten haben jetzt aus. Wir können uns ein Klassenzimmer suchen.«

»Okay.« Er macht einen Schritt zur Seite, um mich vorbeizulassen, damit ich ihm den Weg zeige.

Ich führe ihn hinunter zu den Räumen der unteren Klassen, in denen jetzt sicher keine Schüler mehr sind.

Als wir mit hallenden Schritten die Aula durchqueren, vergewissere ich mich mit einem Blick über die Schulter, dass niemand in der Nähe ist.

»Worüber willst du reden?«

Noah sieht mich aus dem Augenwinkel an. Eines seiner Piercings klickt, als würde er daraufbeißen. Dann holt er tief Luft.

»Du hältst mich jetzt wahrscheinlich für verrückt …«

»Ach, da bist du!« Linus' atemlose Stimme erstickt den Rest des Satzes und das Geräusch schneller Schritte ist zu hören.

»Hast du nicht heute Nachmittag eine Freistunde?«, frage ich.

»Ja, aber ich habe ein Buch über Quantenmechanik gelesen und die Zeit vergessen. Es ist ziemlich genial.« Linus lächelt und merkt offensichtlich nicht, dass er uns bei etwas unterbrochen hat.

Kann er nicht ein Mal ein ganz normaler Junge aus der achten Klasse sein, der zur gleichen Zeit wie alle anderen nach Hause geht?

»Ich habe dich gesucht«, sagt er. »Du hast nicht auf meine Nachricht geantwortet, und wenn ich anrufe, geht direkt die Mailbox an. Ist dein Handy immer noch tot?«

»Ja«, sage ich, obwohl ich nicht mehr versucht habe, es einzuschalten, seit ich unsere Küche verlassen habe. »Was für eine Nachricht?«

»Alban hat angerufen und mich gebeten, herauszufinden, ob Jonathan nicht etwas im Schilde führt. Seit heute Morgen hat es noch mehr geschneit. Alban meinte, wir sollten einen Umweg nach Hause machen.«

Typisch Alban, dass er an so etwas denkt. Aber jetzt, da Noah hier ist, kommt er mir ein bisschen väterlich vor.

»Jonathan hat Englisch geschwänzt«, sage ich. »Ich weiß nicht, wo er ist.«

»Aber ich weiß es«, sagt Linus. »Er hat sich mit Casper und Mathias hinter der Hecke vor dem Haupteingang versteckt und den größten Haufen Schneebälle angelegt, den die Welt je gesehen hat. Man kann sie von den Fenstern der Physikräume aus sehen. Ich habe den Rest eurer Klasse gewarnt, dass sie den Hintereingang nehmen sollen.«

Noah sieht mich schnell an.

»Ich gebe besser Pi und Adriana Bescheid. Wir können … wir können einfach später reden, oder?« Er springt los, bevor ich etwas sagen kann.

Linus sieht ihm verwirrt hinterher.

»Was sollte das denn?«

»Ähm … keine Ahnung.«

Eben noch wollte Noah mir etwas Verrücktes erzählen, aber jetzt stehe ich mitten in der Aula und fühle mich ein bisschen wie eine Witzfigur.

»Willst du mit zu uns und Tekken spielen?«, fragt Linus.

»Ich würde gerne, aber ich muss … ich habe eine andere Verabredung.«

»Mit Alban?«

»Nein.« Ich habe keine richtige *Verabredung* mit Noah, aber es schwelt immer noch in meinem Zwerchfell. Einen Moment lang hatte ich tatsächlich gedacht, er wüsste … etwas. Irgendetwas, das den Vorkommnissen einen Sinn gibt.

»Okay?«, sagt Linus. »Willst du nach Hause?«

»Ja.« Ich gehe zum Ausgang, weil ich nicht weiß, was ich sonst tun soll.

Was ist, wenn Noah nicht zurückkommt und ich einfach in der Aula vor mich hin gammel?

»Ich würde an deiner Stelle trotzdem den Hintereingang nehmen«, sagt Linus.

Ich ändere wieder wortlos die Richtung. Was hat Noah gesagt, bevor wir unterbrochen wurden? Linus fügt noch etwas hinzu.

»Was?« Ich sehe ihn verwirrt an.

»Ich habe gefragt, ob etwas nicht stimmt? Du wirkst … seltsam.«

»Mir tun nur die Hände weh«, sage ich, ohne ihm in die Augen zu sehen. »Ich habe meine Schmerztabletten vergessen.«

Ich will ihm gerne alles erzählen, damit er mich mit seiner unwiderstehlichen Logik beruhigen kann. Ich will, dass er die ganze Sache Schritt für Schritt durchgeht und endlich eine natürliche Erklärung dafür findet, warum es sich anfühlt, als ob meine Realität dabei wäre, sich aufzulösen.

Linus würde mich nie auslachen. Für ihn gibt es keine dummen Fragen, die nur allzu merkwürdig sind, um sich darüber zu wundern.

Aber ich kann nicht. Ich weiß nicht, wo ich anfangen soll. Manche Dinge sind so absurd, dass sie sich nicht in Worte fassen lassen. Man muss sie *erleben*. Man muss sie *sehen*.

Wir haben es gerade zum Hintereingang geschafft, als Pi uns einholt.

»Noah hat gesagt, ihr wolltet mit mir reden?«, schnauft sie.

»Äh … ach ja?« Ich tausche einen verdutzten Blick mit Linus.

»Wolltet ihr nicht?« Sie zieht im Gehen ihre neongrüne Daunenjacke an.

Linus öffnet die Tür.

»Hat er dir nicht gesagt, dass auf dem Schulhof Jonathan und seine Gorillas mit massenhaft Schneebällen auf der Lauer liegen?«, frage ich.

»Nein?« Pi bleibt stehen und Linus und ich tun es ihr gleich.

»Wo sind er und Adriana denn hin?« Es fühlt sich an, als würde ein kleiner, harter Schneeball in meinen Magen rutschen.

»Auf dem Weg zur Bibliothek. Noah wollte ihr dort etwas zeigen.«

Die Bibliothek liegt einmal quer über den Schulhof.

»Wir müssen sie aufhalten!«, ruft Linus, lässt die Tür los und rennt zum Haupteingang.

»Aber … echt jetzt, es sind doch nur Schneebälle?«, wendet Pi ein.

»Es sind nicht *nur Schneebälle*, wenn Jonathan dahintersteckt«, sage ich und renne Linus hinterher.

Was hat Noah vor?

Ich höre Pi hinter mir, als ich um die letzte Ecke biege und einen Blick durch die großen Fenster im Foyer werfen kann.

Noah und Adriana gehen bereits draußen in der Kälte auf die Bibliothek zu.

Ich kann die Spitze von Jonathans Mütze über der schneebedeckten Hecke sehen.

Noah beobachtet die Mütze mit wachsamem Blick, aber Adriana sagt irgendetwas und scheint das lauernde Unheil noch nicht bemerkt zu haben.

Linus hat die Eingangstür erreicht. Als er die Klinke ergreift, trifft der erste Schneeball Noahs Schulter. Adriana reißt die Arme über den Kopf, während Schneebälle auf sie zufliegen.

Es besteht kein Zweifel daran, dass Jonathan nur auf Noah zielt, aber sowohl Casper als auch Mathias werfen willkürlich auf beide. Keiner von ihnen zielt besonders gut, aber Noah und Adriana sind so nah an der Hecke, dass die meisten Schneebälle sie treffen.

Ich sehe, dass Noah etwas zu Adriana sagt, aber sie geht in die Hocke und kauert dort mit hochgezogenen Schultern.

Linus öffnet die Tür und zögert, und ich stehe hinter ihm. Noah sagt wieder etwas und diesmal kann ich hören, was es ist.

»Schlag sie weg, Adriana. Schlag sie einfach weg!«

Warum laufen sie nicht zurück ins Gebäude? Wir können die Tür zusperren und die anderen draußen halten.

Noah pariert die Schneebälle mit den Händen und Unterarmen, ohne Adriana aus den Augen zu lassen.

»Schlag sie weg«, wiederholt er. Einer von Jonathans Schneebällen trifft ihn hart auf seiner Handfläche, Noah verzieht das Gesicht vor Schmerz, und er gibt einen halb erstickten Laut von sich, der Adriana dazu bringt, in ihrer Kauerstellung zu ihm aufzusehen.

Ich sehe nicht, wer den nächsten Schneeball wirft, aber er

trifft Adriana am Kopf. Sie schreit laut auf und fällt auf die Knie, die Hände vor das Gesicht gepresst.

Jonathan und die anderen beiden sind offensichtlich so voller Adrenalin, dass sie es nicht merken und ihr Bombardement fortsetzen.

»Stopp! *Hört auf*, verdammt!«, schreit Noah ihnen zu und stellt sich schützend vor Adriana, um sie abzuschirmen.

Das stachelt Jonathan nur an, der jetzt mit beiden Händen zu feuern beginnt.

Drei gegen einen im Nahkampf … Da bringen Noah auch seine blitzschnellen Reflexe nichts. Die weißen Handgranaten prasseln auf ihn nieder und bald sind seine Kleidung und seine Haare komplett voller Schnee.

Plötzlich reitet ihn wohl der Teufel und er beugt sich vor. Mit einer langen, fließenden Bewegung nimmt er eine Handvoll Schnee, presst sie zu einem Schneeball zusammen und wirft ihn in Richtung Jonathan. Der Schneeball trifft Jonathans Stirn, während einer von Caspers Schneebällen Noah verfehlt und in Richtung Adriana fliegt. Sie sieht ihn kommen und hebt abrupt die Hände, um sich zu schützen.

Das Gefühl eines Déjà-vus überkommt mich, als der Schneeball eine unsichtbare Wand vor ihr trifft und zurück über die Hecke saust.

Linus schreckt zusammen.

»What the fuck?«, murmelt Pi.

Der Schneeball trifft Jonathan zwischen die Augen. Er springt brüllend auf und hechtet über die blattlose schneegepuderte Hecke.

Noah starrt Adriana mit großen Augen an. Und reagiert eine Sekunde zu spät, um Jonathans Faust auszuweichen. Sein Kopf ruckt nach hinten und der Schnee färbt sich rot.

»Er war es nicht!«, schreie ich, bevor ich klar denken kann. »Er war es nicht!«

Entweder nimmt Jonathan meine Stimme nicht wahr oder er ignoriert mich. Er trifft Noah ein weiteres Mal mit der Faust im Gesicht, und Noah taumelt nach hinten, schüttelt den Kopf und hat Mühe, das Gleichgewicht zu halten.

»STOPP!« Ich schreie so laut, dass meine Stimme bricht. Ich dränge mich an Linus vorbei, hinaus aus dem Schulhof. »STOPP!«, rufe ich noch einmal, als ich näher dran bin.

Jonathan lässt seine geballten Hände ein paar Zentimeter sinken, weit genug, dass Noah zurückschlagen kann.

Nein, so war das nicht geplant.

»Hört auf! Du auch, Noah!« Ich kratze gerade noch allen Mut zusammen, um mich zwischen die beiden zu stellen, als eine tiefe Stimme über den Schulhof dröhnt.

»Was ist hier los?« Janus ist wieder wie aus dem Nichts aufgetaucht. Er macht ein paar lange Schritte und packt Jonathan an den Schultern, um ihn zurückzuhalten. Für einen Mann mit so dürren Armen legt er eine erstaunliche Kraft an den Tag.

Noah sieht aus, als wolle er Jonathan noch eine verpassen, aber er überlegt es sich im letzten Moment anders. Blut fließt aus seiner Nase und hat schon einen klebrigen Fleck auf der Vorderseite seiner Lederjacke hinterlassen. Er steht da und ringt nach Luft, während er abwechselnd Adriana, Jonathan und Janus mit wildem Blick anschaut.

»Was macht ihr da?«, fragt Janus. »Eine Schneeballschlacht bedeutet nicht, dass man sich mit Schnee *schlägt*, Jungs!«

Jonathan wirft Noah, fest in Janus' eisernem Griff eingeklemmt, Blicke zu, die töten könnten.

»Hört zu«, sagt Janus. »Ich lasse dich jetzt los, Jonathan. Und dann will ich, dass ihr euch die Hand gebt.«

»Vergessen Sie es!«, schnaubt Jonathan.

»Andernfalls muss ich euch melden«, sagt Janus ernst. »Entweder ein Händedruck oder eine Nachricht an eure Eltern. Ihr habt die Wahl.«

Noah zögert einen Moment. Dann streckt er Jonathan ausdruckslos die Hand entgegen.

Jonathan reißt sich aus Janus' Griff los und starrt Noah einige Sekunden lang böse an. Als er seine Hand ergreift, kann ich den Schmerz fast *spüren*. Als wäre es meine eigene Brandwunde, die von Jonathans großer Faust bis zur Unkenntlichkeit zerquetscht wird.

Noahs Augenlider flattern, aber er sagt nichts.

Jonathan zieht die Hand ruckartig zurück und stapft zu Casper und Mathias, die sich hinter der niedrigen Hecke verstecken.

»Gut«, sagt Janus. »Und in Zukunft will ich euch nicht mehr dabei erwischen, dass ihr euch prügelt. Das nächste Mal geht's für euch direkt zur Schulleitung. Verstanden?«

Jonathan nickt nur grimmig seinen beiden Knappen zu und sie verlassen gemeinsam den Schulhof.

»Whatever«, sagt Noah. Er hat seine Mütze verloren und das Blut in seinem Gesicht ist ein grausiger Kontrast zu seinen schneebedeckten Haaren und Klamotten.

»Deine Nase blutet«, stelle ich fest.

Noah hält sich die Hand vors Gesicht und scheint überrascht zu sein, dass er Blut an den Fingern hat. Er sieht an sich herunter. Die Schneekruste an seinem Halsausschnitt ist bereits rot gefärbt.

Janus hilft Adriana wieder auf die Füße. Sie schluchzt, ohne die Hände vom Gesicht zu nehmen.

»Komm, wir gehen rein und sehen uns das an«, sagt er sanft und führt sie zurück zum Haupteingang.

Linus und Pi kommen ihnen entgegen. Es fällt ihnen schwer, den Blick von Adriana abzuwenden.

Dann sieht Linus Noahs blutiges Gesicht. Es scheint, als würde er etwas mit sich selbst ausdiskutieren.

»Ihr habt keine Haustiere, oder?«, fragt er.

»What? Nein, haben wir nicht«, sagt Noah. »Was soll das bedeuten?«

»Unsere Mutter ist extrem allergisch. Aber wenn ihr keine Haustiere habt, kannst du mit zu uns kommen, um dich zu waschen und umzuziehen.«

»Nicht nötig. So weit haben wir es nicht bis nach Hause.« Um seine Fäustlinge und den Verband darunter nicht vollzubluten, wischt sich Noah mit dem Handgelenk das Blut und den geschmolzenen Schnee von der Oberlippe.

»Es ist weit nach Hause mit *diesem* Gesicht«, sagt Pi. »Willst du die halbe Stadt erschrecken?«

»Wir wohnen gleich da drüben.« Linus zeigt auf die andere Straßenseite. »Du kannst dir ein T-Shirt von Alban leihen.«

Noah sieht nicht begeistert aus.

»Okay«, sagt er. »Also, um mich zu waschen. Umziehen muss ich mich nicht. Ich werde einfach meine Jacke sauber machen.«

Sie machen sich zu dritt auf den Weg über den Schulhof.

Noahs schwarze Mütze liegt noch im Schnee und ich hebe sie auf. Nach ein paar Sekunden der Unentschlossenheit folge ich ihnen.

»Wolltest du nicht nach Hause?«, fragt Linus.

Ich murmle etwas davon, dass ich es nicht eilig habe. Er schaut misstrauisch auf Noahs Mütze in meiner Hand, aber ich lasse mir nichts anmerken. Ich kann jetzt unmöglich nach Hause gehen. Dringender als alles andere muss ich mit Noah reden.

Und ich muss wissen, ob Pi und Linus dasselbe gesehen haben wie ich.

24

»Ich bin da«, ruft Linus, als er die Haustür aufschließt. »Wir haben Besuch.«

Im Wohnzimmer sind Schritte zu hören und Alban öffnet die Tür zum Flur. Er trägt Sportklamotten, eine schwarze Hose und ein graues T-Shirt und hat dunkle Schweißflecken unter den Achseln und in Form eines Vs auf der Brust.

»Besuch?«, fragt er außer Atem und reibt sich das Kinn mit schmerzverzerrter Miene. Manchmal hat er Kieferverspannungen, wenn er hart trainiert und sich sehr konzentriert.

»Emilie und Noah und Pi«, sagt Linus und hängt seine Jacke auf. »Noah hatte einen kleinen … ähm … Zusammenstoß mit Jonathan. Er muss kurz in unser Bad, bevor er nach Hause geht. Ich glaube nicht, dass ihm meine Oberteile passen. Kann er sich eins von deinen leihen?«

Alban zieht die Augenbrauen hoch. Die Bewegung löst einen Schweißtropfen, der ihm über die Schläfe gleitet.

»Äh … ja?«

»Ich brauche wirklich kein …«, setzt Noah an, aber Linus ist schon auf dem Weg in Albans Zimmer.

»Was ist passiert?«, fragt Alban, immer noch mit der Hand am Kinn.

»Du hattest recht mit den Schneebällen«, sage ich. »Jonathan hatte auf dem Schulhof ein riesiges Lager gebaut.«

»Hat Linus dich nicht erwischt?«

»Doch.« Ich sehe Noah an. Pi tut es mir gleich.

»Und was ist dann passiert?«, fragt Alban.

Linus kommt mit einem T-Shirt zurück. Dem lilafarbenen, das ich an Alban am liebsten mag. Noah starrt darauf, als wäre es ein Trikot mit goldenen Pailletten, aber Linus verzieht keine Miene, als er es ihm hinhält.

»Habt ihr nicht den Umweg genommen, wie ich vorgeschlagen habe?«, hakt Alban nach.

»Nein«, sage ich.

Er lässt die Hand sinken und als er etwas erwidern will, sehe ich einen großen blauroten Fleck an der Seite seines Kiefers und Blutreste in einem Nasenloch.

»Was ist passiert, Alban?«, frage ich erschrocken. »Hast du dich verletzt?«

»Das ist nichts. Warum seid ihr über den Schulhof gegangen?« Ich bemerke einen scharfen Unterton in seiner Stimme.

Noah nimmt das T-Shirt und verzieht das Gesicht. Vielleicht wegen der Farbe, vielleicht wegen Albans Frage.

»Ich musste was ausprobieren«, sagt er.

»Du wusstest also, dass es passieren würde?« Linus sieht Noah entgeistert an. »Deshalb bist du mit Adriana direkt auf den Schulhof gegangen?«

»Dass *was* passieren würde?«, fragt Alban.

Noah zögert.

»Äh …«, sagt Linus. »Also … Jonathan und zwei andere aus der Neunten haben Noah und Adriana auf dem Schulhof mit Schneebällen bombardiert. Und plötzlich hat Adriana einen Schneeball … na ja, irgendwie zurückfliegen lassen. Ohne ihn zu berühren.«

»Was?«

»Ihr habt es auch gesehen, oder?« Linus schaut schnell zu Noah, Pi und mir.

»Ja«, sage ich. Die Zwillinge nicken, aber sie schauen zu Alban.

»Ja«, sagen sie wie aus einem Mund.

»Es war, als hätte der Schneeball einen Schutzschild kurz vor ihr getroffen, der ihn zurückgeschossen hat«, erkläre ich.

»Wie Telekinese«, fügt Linus hinzu.

Als er das so sagt, klingt es wie eine Superkraft. Etwas aus einer anderen Welt.

»Aber das ist unmöglich«, sagt Alban. »Ihr wisst doch, dass das nicht sein kann.«

Hätte man mir so etwas erzählt, hätte ich es auch abgestritten. So etwas passiert in Wirklichkeit nicht.

»Aber es ist passiert«, sagt Noah. »Und das Gleiche hat sie beim Sport mit dem Ball gemacht. Mehrmals. Ich war mir einfach nicht sicher, ob ich es richtig gesehen habe. Also musste ich sie auf die Probe stellen.«

»Indem du sie in einen Hinterhalt lockst?«, fragt Alban schroff.

»Es war eine spontane Entscheidung. Ich hatte nicht viel Zeit, darüber nachzudenken!«

»Nein, *offensichtlich* nicht.«

»Darum geht es doch gar nicht!« Noah rudert mit den Armen und halb geschmolzene, blutige Schneereste fallen zu Boden. »Es geht darum, dass ein Mädchen an eurer Schule etwas kann, was fucking weird ist!«

»Und warum steigerst du dich da so rein?«, fragt Alban. Seine Lippen sind zusammengepresst, als hätte Noah *ihn* als ›fucking weird‹ bezeichnet.

Noah lässt die Arme sinken. Er macht einen Schritt auf Alban zu, der die Bewegung spürt und angespannt im Türrahmen steht.

»Vielleicht liegt es daran, dass ich es nicht akzeptieren kann, nicht herauszufinden, *warum* etwas seltsam ist?«

»Noah«, sagt Pi scharf. »Wolltest du dich nicht umziehen?«

»Das Badezimmer ist dort drüben«, sage ich schnell und zeige auf die Tür vor uns. »Falls du deine Sachen waschen willst. Du solltest dich beeilen, wenn die Blutflecken nicht eintrocknen sollen.«

Noah knallt die Badezimmertür hinter sich zu und eine merkwürdige Stille breitet sich im Flur aus.

»Komm rein, Pi.« Alban zwingt sich zu einem Lächeln. »Du auch, Emilie. Ich war sowieso gerade fertig.« Er dreht sich um und geht ins Wohnzimmer.

»Mit was fertig?«, fragt Pi. Sie bleibt stehen, als sie das Laufband im Wohnzimmer sieht.

»Mit dem täglichen Spaziergang im Park.« Alban schiebt das Laufband an die Wand neben dem Sofa.

»Läufst du?« Pi klingt überrascht. Wie die meisten anderen, sobald sie herausfinden, dass Blinde mehr können, als nur vorsichtig hinter ihrem Stock herzutrippeln.

»Ja, genau«, sagt Alban. »Jeden Tag, wenn ich es schaffe. Sonst mache ich nur ein bisschen Krafttraining.«

»Cool!« Sie lächelt breit. »Es muss toll sein, so viel Selbstdisziplin zu haben. Ich muss mich wirklich zusammenreißen und mir selbst in den Hintern treten. Wenn ich es schaffe, jeden zweiten Tag zu laufen, ist es schon eine gute Woche.«

Sie erwähnt nicht, wie übermenschlich cool es ist, dass er als Blinder läuft. Auf diese bewundernde und leicht mitleidige Art, die ich oft mitbekomme, wenn ich mit Alban unterwegs bin. Sie behandelt ihn nicht wie einen Menschen mit Behinderung, sondern wie jeden, für den sie sich interessiert.

Das ist unerwartet und eigentlich ziemlich cool. Und gleichzeitig finde ich es ein bisschen irritierend, dass sie so gut mit meinen Freunden auskommt, ohne sich überhaupt Mühe geben zu müssen.

»Das Wichtigste ist, dass man überhaupt etwas macht. Jeder

nach seinem eigenen Geschmack und Rhythmus«, sagt Alban diplomatisch und erwidert das Lächeln, das er in ihrer Stimme hört.

Sie mustert ihn abschätzend.

»Ich hätte es mir denken können, du bewegst dich wie ein Läufer. Vor allem, wenn du deinen Stock nicht benutzt.« Frostgram steht im Flur. Zu Hause, wo Alban die Entfernungen und die Platzierung der Möbel zentimetergenau kennt, braucht er ihn nicht.

Alban räuspert sich verlegen, als könnte er ihren Blick spüren.

»Habt ihr Hunger?« Er geht in die Küche, ohne eine Antwort abzuwarten.

Linus, Pi und ich folgen ihm.

»Wir essen, wenn wir zu Hause sind«, sagt Pi. »Du musst nicht …«

»Ich muss uns anderen ja eh etwas machen.« Alban hat im Gefrierschrank bereits eine Tüte mit Sandras selbst gebackenen Vollkornbrötchen gefunden.

»Okay«, sagt Pi und lächelt. »Kann ich dir bei irgendetwas helfen?«

»Wenn du eine Handvoll Möhren schälen willst, backe ich die Brötchen auf.« Alban nickt zur Schubladenreihe neben der Spüle hinüber. »Die Möhren liegen in der linken Gemüseschublade und der Kartoffelschäler ist in der obersten Schublade rechts von der Spüle.«

Pi öffnet den Kühlschrank und macht sich auf die Suche nach den Karotten. Als sie die Gemüseschublade öffnet, treffen sich unsere Blicke, aber keine von uns spricht mehr über das, was auf dem Schulhof passiert ist.

Linus steht über den Küchentisch gebeugt, mit gesenktem Kopf, tief in Gedanken versunken. Er trommelt mit den Fingerspitzen auf der Tischplatte herum und murmelt vor sich hin, aber ich kann nicht verstehen, was er sagt. Sein Logik liebendes Gehirn muss wegen der Sache mit Adriana explodieren.

Alban schaltet den Ofen ein. Seine Finger ertasten die genoppte Hundertachtzig-Grad-Markierung auf dem Knopf und drehen ihn nach oben. Dann bückt er sich, um ein Ofengitter aus der Schublade unter dem Herd zu holen.

Pi lässt ihn nicht aus den Augen, während sie die Tüte mit den Möhren aufreißt und anfängt, sie zu schälen. Viele der langen orangefarbenen Schalen landen neben der Spüle, aber sie ist zu sehr mit Alban beschäftigt, um es zu bemerken.

Ich habe Alban schon Hunderte Male in der Küche beobachtet, aber jetzt sehe ich ihn mit fremden Augen. Mit ihren Augen. Sehe seine Ruhe und Selbstsicherheit, wo andere vielleicht nur Hilflosigkeit und Einschränkung erkennen.

Die Brötchen werden mit schnellen gezielten Bewegungen auf dem Backblech verteilt, während Alban immer wieder mit den Fingerspitzen den Rand des Backrosts abtastet, damit nichts herunterfällt. Dann nimmt er einen Brotkorb aus dem Regal über ihm und legt ein Brotmesser neben dem Korb bereit.

Eine ganze Weile ist das einzige Geräusch in der Küche das Schaben des Sparschälers auf den Karotten.

»Seid ihr euch sicher, was ihr gesehen habt?«, fragt Alban.

»Ja«, sage ich gleichzeitig mit Linus und Pi.

Mit vor Konzentration gerunzelter Stirn zieht er ein Paar Ofenhandschuhe an.

»Sah es so aus, als wüsste Adriana, was sie tut?«, fragt er.

»So eher nicht«, sage ich. »Nicht wie eine bewusste Handlung. Eher wie ein Reflex.«

Wieder Schweigen.

Ich sollte helfen, den Tisch zu decken, oder Aufschnitt aus dem Kühlschrank holen. Etwas anderes tun, als nur herumzustehen und zu glotzen. Aber mein Kopf ist bis zum Bersten gefüllt.

Sonst ärgere ich Linus immer damit, dass er es nicht schafft, zwei Dinge zeitgleich zu tun. Dass seine Gabel es nur bis zur Hälfte seines Mundes schafft, wenn er beim Essen fernsieht, oder dass er nicht in einem Topf rühren oder das Geschirr abwaschen kann, wenn er gleichzeitig reden muss.

Alban öffnet den Backofen und greift mit einer Hand in die Mitte des Ofengitters. Mit der anderen behandschuhten Hand findet er die mittlere Schiene des Ofens und schiebt das Backblech vorsichtig hinein. Er stellt den Timer ein und stapelt Gläser und Teller auf einem Tablett. Im Haus hat alles einen festen Platz, damit er immer findet, was er sucht.

Ich rieche den schwachen Duft von Minze und drehe mich um. Albans T-Shirt sitzt lockerer an Noah und die lila Farbe hebt sich von all dem Schwarz ab. Es ist seltsam, ihn in Albans Kleidung zu sehen. Als würden sich zwei parallele Dimensionen überschneiden.

Es dauert ein paar Sekunden, seinen Gesichtsausdruck zu entschlüsseln. Er sieht Alban an, als wäre er ein Baumstumpf, der plötzlich zu sprechen begonnen hat. Die selbstbewussten Bewegungen meines Freundes scheinen die jungen Zwillinge zu faszinieren, aber bei Noah wirkt die Faszination fast schon widerwillig.

»Hey, Tinky-Winky, kannst du hier helfen, anstatt nur herumzustehen und zu glotzen?« Pi wirft ihrem Bruder den Schäler etwas plumper zu als nötig.

Noah fängt ihn, kurz bevor er ihn im Gesicht trifft. Einen Moment sieht er wütend aus, bevor er sich an ihr vorbeidrängt und ihre Arbeit übernimmt.

Pi grinst mir hinter seinem Rücken zu, schnappt sich das Tablett mit dem Geschirr und verschwindet im Wohnzimmer.

»Wo habt ihr eine Schüssel dafür?«, fragt Noah.

»Im Schrank oben rechts von dir«, antwortet Alban und holt den Aufschnitt aus dem Kühlschrank.

Noah öffnet die Schranktür und nimmt eine weiße Plastikschüssel heraus, stellt sie mit einem Knall vor sich ab und wirft die Möhren hinein.

Ich trete vor und schließe die Schranktür.

»Alban könnte sich stoßen, wenn sie offen stehen.« Ich versuche, meine Worte nicht wie eine Belehrung klingen zu lassen.

»Daran habe ich nicht gedacht«, sagt Noah steif. Er schielt in Albans Richtung, wendet sich aber schnell wieder den Möhren zu, als Alban sich umdreht. Es wirkt, als könnte er ihn immer noch nicht direkt ansehen.

»Ich gehe mal kurz ins Bad«, sagt Alban. »Nehmt ihr die Brötchen raus, wenn es klingelt?«

»Ja.« Ich will gerade den Aufschnitt nehmen, als Linus zum Leben erwacht und sich die durchsichtigen Packungen schnappt.

»Ich muss noch …« Er starrt konzentriert auf den Boden, während er aus der Küche geht. Ich kann die Zahnräder hinter seinen zusammengezogenen Augenbrauen fast knirschen hören.

Ich greife nach der Schüssel mit den Möhren, aber Noah hat sie schon genommen. Er folgt den anderen nicht gleich, sondern bleibt mit abwesendem Blick stehen und starrt an mir vorbei.

»Und ich dachte schon, es würde das beschissenste Schuljahr aller Zeiten auf der beschissensten Schule der Welt werden«, sagt er, hauptsächlich zu sich selbst. Sein rechter Daumen fährt über den Rand des weißen Plastiks, mehrmals, langsam und hypnotisierend.

Ich sehe wieder den fliegenden weißen Fußball vor mir. War Adriana schon immer anders? Gab es schon immer ein Zeichen, das ich nur nicht erkannt habe?

Es ist nicht der Gedanke, dass der Superstar der Schule noch weitere Superkräfte haben könnte, der mich am meisten nervös macht. Es ist die Erkenntnis, dass ich es erst entdeckt habe, als die Zwillinge in die Schule kamen. Und nach meinem Traum von …

Ich sehe Noah aus dem Augenwinkel an. Die Lederschnur an seinem Hals ist verschwunden. Der Prismenanhänger muss bei Karl geblieben sein.

Was hat es mit dem Prisma auf sich?

Der Timer unterbricht meine Spekulationen mit einem durchdringenden Piepton und lässt mich zusammenzucken.

Noah schüttelt die Trance ab und verlässt die Küche mit den Karotten, während ich die Brötchen aus dem Ofen fische. Die Hitze lässt mein Gesicht unangenehm kribbeln.

Ein Gedanke kommt mir in den Sinn. Was, wenn Adriana nicht die Einzige ist, die … etwas kann? Was, wenn es einen Grund dafür gibt, dass ich diese Träume hatte? Ich schaue zur Tür, die ins Wohnzimmer führt. Von dort kommen keine Stimmen oder Schritte, das einzige Geräusch ist das rauschende Wasser aus dem Badezimmer.

Ich schließe die Ofentür und stelle den Korb mit den Brötchen auf die andere Seite der Spüle. Mein Blick fällt auf das Brotmesser, das Alban bereitgelegt hat.

Nein, zu gefährlich.

Ich sehe mich nach etwas anderem um.

Das hellrote Spültuch, das über dem Wasserhahn hängt, fällt mir ins Auge. Es ist leicht und weich und absolut harmlos.

Noch ein Blick zur Tür, um mich zu vergewissern, dass ich allein bin.

Dann schaue ich auf das Spültuch und nehme all meine Willenskraft zusammen. Ich stelle mir vor, wie sich eine rohe pulsierende Kraft von meinem Körper über den Küchentisch in den synthetischen hellroten Stoff bewegt.

Flieg, befehle ich im Stillen.

Es passiert absolut nichts.

FLIEG! Ich versuche, mehr Leidenschaft in den Befehl zu legen. Meine Zunge formt das Wort hinter meinen zusammengebissenen Zähnen, während ich langsam eine Hand zum Wasserhahn führe. Mein Arm zittert vor Konzentration und ich spanne den ganzen Körper an.

FLIEG! Ich bewege meine Lippen lautlos, aber das Wort hallt in meinem Kopf nach. Ich mache mit der ausgestreckten Hand eine Geste nach oben, um das Tuch zur Mitarbeit zu bewegen.

Die Türschwelle knarrt hinter mir. Ich drehe mich um und in meinem Kopf wird das *FLIEG* zu einem widerhallenden, lautlosen *FUCK*.

Noah schaut von mir zu dem völlig reglosen Spültuch und wieder zu mir. Er macht zuerst große Augen und kneift sie dann zusammen.

Mein Mund beginnt vor schierer Panik loszuplappern.

»Ich … ich habe mich gerade gefragt, ob wir nicht zuerst den Tisch abwischen sollten«, stammle ich. »Ich meine, bevor wir … Aber jetzt steht ja schon alles drauf, also … ähm … ich nehme stattdessen einfach ein bisschen Wasser mit.«

Ich öffne die Schranktür über der Spüle und greife mir einen Krug, den ich so schnell mit Wasser fülle, dass es auf mein Oberteil spritzt. Mein ganzes Gesicht pocht so heftig vor Hitze, dass es sich anfühlt, als hätte ich meinen Kopf in den Ofen gesteckt.

Ohne Noah anzusehen, husche ich an ihm vorbei ins Wohnzimmer. Ich verschütte Wasser auf den Boden, tu aber so, als wäre nichts passiert.

25

Niemand sagt ein Wort, als wir uns zum Essen an den Wohnzimmertisch setzen. Nur das Geräusch von knackenden Möhren füllt den Raum.

Ich setze mich auf Sandras Fußhocker und konzentriere mich auf ein kleines Loch im Bezug, um Noah nicht ansehen zu müssen. Seine Blicke folgen jeder einzelnen meiner Bewegungen, so wie sie auch Adriana im Sportunterricht gefolgt sind. Entweder muss er mich für durchgeknallt halten oder glauben, dass ich wie sie etwas Mystisches kann. Ich kaue schweigend weiter, starre auf den Hocker und hoffe, dass Noah die Klappe hält.

Alban war im Bad und sitzt jetzt mit feuchten Haaren neben Linus auf dem Sofa, er trägt Jeans und ein dunkelgraues Oberteil.

Pi sitzt in Sandras Sessel und Noah neben Alban auf der Armlehne des Sofas. Es sind selten mehr als vier Personen in dem kleinen Raum, weshalb es an Sitzgelegenheiten mangelt.

»Noah, gibst du mir bitte die Butter?«, fragt Pi.

Noah antwortet nicht, also traue ich mich aufzuschauen. Er hat den Blick von mir abgewandt und sieht interessiert Alban dabei zu, wie er Wasser in ein Glas gießt.

Alban legt den Schnabel der Kanne auf den Rand des Glases und hält eine Fingerspitze hinein, um zu spüren, wann es voll genug ist. Als er mit dem Einschenken fertig ist, vergewissert er sich, dass auf dem Tisch Platz ist, bevor er den Krug abstellt.

»Noah? Hallo!« Pi hebt die Stimme und er zuckt zusammen.

»Was?«, fragt er irritiert.

»Die Butter!« Pi nickt mit dem Kopf in Richtung der Butterdose und trommelt mit den Fingern auf dem Sessel herum.

Noah verdreht die Augen, steht halb von der Armlehne auf und reicht die Butter und das darin steckende Messer quer über den Tisch.

Als Pi den Teller entgegennimmt, rutscht das Buttermesser herunter und landet auf dem Teppich zwischen ihnen.

»Ach verdammt, Pi!« Noah schüttelt den Kopf.

»Das war genauso deine Schuld!«, knurrt sie. »Habt ihr irgendwo Papiertücher, Linus?«

»Neben der Spüle liegt eine Küchenrolle«, sagt er und will vom Sofa aufstehen, aber Pi kommt ihm zuvor.

»Lass, ich gehe schon.« Sie verschwindet in der Küche und kommt mit der Küchenrolle und dem hellroten Spültuch zurück. Ihre Schulter streift den Tisch, als sie sich bückt, um die Butter vom Teppich zu wischen, und das Wasser in unseren Gläsern schwappt hin und her.

»Pass doch auf«, sagt Noah. »Mach nicht alles kaputt.«

»Klappe.« Pi reibt mit dem Küchenpapier wütend über die fettige Stelle und hinterlässt weiße Papierreste auf der fusseligen Oberfläche. Sie versucht es stattdessen mit dem Spültuch, aber nach ein paar Sekunden gibt sie einen genervten Laut von sich und steht auf. »Ich brauche mehr Wasser.« Sie geht wieder in Richtung Küche und Noah murmelt etwas, das ich nicht verstehe.

Pi dreht sich um und sieht ihn wütend an.

»Du kannst den Scheiß gern selbst wegmachen!«, sagt sie und wirft den Lappen nach ihm.

Das Nächste, was passiert, ist so absurd, dass ich nicht reagieren kann.

Die Kugel aus feuchtem, hellrotem Spültuch wird zu einem gelblichen Streifen in der Luft.

Alban verpasst Noah einen kräftigen Stoß, der ihn aus dem Gleichgewicht bringt und ihn von der Armlehne des Sofas rutschen lässt. Er schlägt mit der Schulter auf den Boden auf, während das Geschirrtuch über dem Sofakissen, an das er sich gelehnt hatte, gegen die Wand prallt. Das Tuch landet irgendwo hinter Alban auf dem Sofa.

Noahs Augen sind vor Wut zusammengekniffen, aber er schafft es nicht einmal, den Mund zu öffnen, bevor Alban aufspringt und anfängt, fieberhaft an seinem Oberteil zu zerren.

Linus steht mit einem Ruck auf und entgeht mit Müh und Not dem Ellbogen seines großen Bruders.

Alban dreht sich zu mir, während er mit seinem Shirt kämpft. Gelbes Feuer züngelt über den grauen Stoff auf seinem Rücken.

Albans Oberteil steht in Flammen.

Ich bin von dem Hocker aufgesprungen, ohne es zu bemerken, aber im Moment kann ich ohnehin keinen klaren Gedanken fassen. Alles geschieht viel zu schnell und gleichzeitig viel zu langsam.

Innerhalb weniger Sekunden steht Albans gesamter Rücken in Flammen. Er beugt sich vor und greift sich in den Nacken, um sich das Shirt über den Kopf und die Schulterblätter auszuziehen.

Noah springt über die Armlehne, um ihm zuvorzukommen. Er packt Alban an den Oberarmen, dreht ihn um und drückt ihn rücklings aufs Sofa.

Linus stolpert von ihnen weg und Alban landet auf dem Rücken, während Noah sich über ihn beugt.

»Lass mich los!« Alban versucht, auf die Beine zu kommen, und packt Noahs Handgelenke, um ihn abzuwehren.

»Halt still!«, sagt Noah und hält ihn fest.

Eine Flamme lodert entlang Albans Rippen auf und Noah dreht ihn blitzschnell auf die Seite, während er ihn weiter in die Sitzkissen drückt. Die Flammen werden erstickt. Stattdessen steigen kleine Rauchsäulen auf.

»Der Boden brennt!«, keucht Linus.

In dem Tumult ist das Geschirrtuch links vom Sofa auf den Boden gefallen und der Teppich hat Feuer gefangen, das sich schnell durch die Kunstfasern frisst.

»Ich hole den Feuerlöscher!«, sagt Linus und springt aus dem Wohnzimmer.

Pi steht einen Augenblick regungslos da. Das Feuer auf dem Teppich hat einen goldenen Schimmer, der über ihr Gesicht tanzt. Dann erwacht sie wieder zum Leben, schnappt sich eine Steppdecke und wirft sie auf das Feuer.

Die Flammen verschwinden, als sie auf die Decke tritt, und der Raum füllt sich mit dickem, schwarzem Rauch, der nach Plastik riecht und in den Schleimhäuten brennt.

Ich renne zu den Fenstern und reiße eins nach dem anderen auf. Meine Kehle ist rau und ich huste mit Tränen in den Augen.

Ein Rauchmelder irgendwo in der Wohnung warnt uns davor, dass es womöglich irgendwo brennt.

Pi tritt ein letztes Mal auf den Teppich. Noah packt Albans Handgelenke und zieht ihn auf die Beine.

»Runter mit dem Shirt«, befiehlt er und greift an den Rand des dunkel geschwitzten Stoffes. »Heb die Arme hoch!«

Albans Gesicht zuckt, als er gehorcht, und ein weiteres Mal, als Noah ihm die Reste des Oberteils über den Kopf zieht.

»Dreh dich um.« Noah wirbelt ihn herum. »Fuck«, sagt er mit zusammengebissenen Zähnen.

Ich sehe große dunkelrote Wunden auf der linken Seite von Albans Rücken, bevor ich wegschaue. Linus steht mit einem

Feuerlöscher in der Hand und angsterfülltem Blick in der Tür zum Flur.

»Sofort Wasser drauf. Geh ins Bad!« Noah packt Alban am Ellbogen und führt ihn resolut zur Tür. »Ruft einen Krankenwagen«, sagt er. »Das sieht nach Verbrennungen zweiten Grades aus.«

Im Nu fühlt es sich an wie Déjà-vu von Karls Observatorium.

Mit zitternden Händen nehme ich Albans Handy vom Wohnzimmertisch. Ich schalte die Sprachsteuerung mit drei Klicks auf den Home-Button aus. Tränen drängen sich durch die Welle von Adrenalin, die immer noch durch meinen Körper pulsiert.

»Was ist passiert?« Pi starrt auf die schwarzen Spuren, die Albans Oberkörper auf dem Sofa hinterlassen hat.

Aus dem Badezimmer ertönt ein gedämpfter Schmerzensschrei.

»Ruf du an.« Ich werfe Linus das Handy zu, der es gerade so schafft, den Feuerlöscher fallen zu lassen und es zu fangen. »Ich gehe da rein.«

»Okay.« Linus' Stimme zittert. Er hat bereits die Notrufnummer in Albans Handy eingegeben.

Im Bad empfängt mich Brandgeruch. Alban steht in der Dusche, noch immer in seiner Jeans. Er lässt den Kopf hängen und presst die geballten Fäuste an die Wandfliesen.

Noah duscht seinen nackten Rücken mit der Handbrause ab. Seine Knöchel heben sich weiß von der glänzenden Oberfläche ab. Der Thermostat ist auf fünfzehn Grad eingestellt.

Alban zittert unkontrolliert, und seine Zähne klappern, obwohl er sie so fest zusammenpresst, dass seine Kiefermuskeln deutlich zu erkennen sind.

»Wie geht es dir?«, frage ich vorsichtig.

»Fabelhaft.« Selbst Albans Stimme zittert. »Ich hatte schon

Sonnenbrand, der schlimmer war.« Er versucht es mit einem dünnen Lachen, aber weder Noah noch ich stimmen ein.

Die knallroten Blasen bilden ein unangenehmes Muster um sein linkes Schulterblatt. Ich spüre Übelkeit an meinem Gaumenzäpfchen, sie jagt mir einen Schauer bis zum Steißbein. Ich konzentriere mich schnell auf den Duschschlauch, der zwischen den beiden hin- und herschwingt.

»Habt ihr den Rettungsdienst gerufen?«, fragt Noah.

»Linus ist dabei«, sage ich.

Noah fährt damit fort, Albans verbrannte Haut abzuspülen, wobei er darauf achtet, den Wasserstrahl nicht direkt auf die Wunden zu richten.

Albans Atmung wird immer unregelmäßiger.

»Hey«, sage ich leise. Ich lege die Hand auf eine seiner gegen die Wand gepressten Fäuste. Meine Finger gleiten an seiner Handfläche hinauf und lösen den verkrampften Griff. »Versuch, dich zu entspannen«, flüstere ich. »Wenn du dich verkrampfst, tut es nur noch mehr weh.« Als meine Mutter Emma zu Hause entbunden hat, waren es diese Worte gewesen, die ihre Hebamme immer wieder predigte.

Alban drückt meine Hand und lehnt die Stirn an die Fliesen. Dann atmet er tief durch die zusammengebissenen Zähne ein und langsam und zitternd wieder aus.

»Was ist passiert?«, fragt er. »Woher kam das Feuer?«

»Ich weiß es nicht. Pi hat ein Spültuch nach Noah geworfen. Und dann … dann ist es in Flammen aufgegangen.«

»Was?« Alban dreht mir das Gesicht zu.

»Das Tuch hat Feuer gefangen, als sie es warf«, sage ich. »Und das hat dein Oberteil und den Teppich in Brand gesteckt.«

Alban schweigt lange.

Dann stößt er eine Mischung aus Schnauben und Lachen aus.

»Fuck.«
Ich habe ihn noch nie fluchen hören.
Aber ich bin ganz seiner Meinung.
Fuck.

26

Der Sekundenzeiger auf der großen Uhr im Wartezimmer der Notaufnahme bewegt sich nicht so ruckartig wie viele andere. Er gleitet über die Zahlen in einer leisen gleichmäßigen Bewegung.

Ich starrte einige Minuten lang auf den schmalen roten Zeiger, bevor mir auffällt, dass es im ganzen Wartesaal völlig still ist. Keine unruhigen Schritte. Kein ungeduldiges Seufzen. Nicht einmal die klischeehaft tickende Uhr.

Pi und Noah sitzen sich gegenüber. Pi hat die Beine hochgezogen und die Arme um die Knie geschlungen. Ihre Wangenpiercings bohren sich ab und an tiefer in die Haut, als würde sie von innen an ihnen kauen.

Noah ist zu einer steinernen Säule mit verschränkten Armen erstarrt. Das lilafarbene Shirt lugt unter dem schwarzen Leder an seiner Hüfte hervor.

Linus hat Alban in den Behandlungsraum begleitet, wo sein Bruder einen Verband bekommen soll.

Ich schaue wieder zu Pi. Etwas spiegelt das Licht auf ihrer Wange, aber es ist kein Piercing. Eine Träne läuft ihr die Wange hinunter.

»Es sah bestimmt schlimmer aus, als es ist«, sage ich in einem Versuch, sowohl sie als auch mich selbst zu beruhigen.

Noah schaut zu mir. Uns trennen ein paar Stühle.

»Sei dir da mal nicht so sicher.« Sein Blick bohrt sich in

meine Augen. »Was auch immer das Tuch zum Brennen gebracht hat, es war ganz schön effektiv.«

Ich weiß nicht, ob Noah denkt, ich hätte etwas mit dem Spültuch angestellt, aber ich will ihm kein Schuldbekenntnis liefern, indem ich anfange, mich zu verteidigen.

»Warum hast du ihn nicht das Shirt ausziehen lassen, als er es versucht hat?«, frage ich stattdessen. »Dann hätte er jetzt keine Verbrennungen am Rücken!«

Noah sieht wieder weg.

»Vielleicht nicht. Aber dann wäre das Feuer bestimmt auf seine Haare übergegangen. Und auf sein Gesicht.«

Pi kneift die Augen zusammen. Die Träne auf ihrer Wange gleitet unter ihr Kinn und bleibt einen Moment zitternd dort hängen, bevor sie auf ihren Arm tropft.

Ich konzentriere mich wieder auf den wandernden Sekundenzeiger und unterdrücke die Wut. Hier geht es weder um mich noch um Noah.

Zum Glück ist es wieder Majken, die Albans Wunden behandelt. Ich weiß, dass sie vorsichtig ist. Überhaupt bin ich froh, dass ausgerechnet sie sich um uns kümmert. Dass sie uns nicht wie Idioten behandelt, wie unvorsichtige Teenager, die mit Feuerwerkskörpern oder Flammenwerfern gespielt haben. Sie hat uns die Geschichte abgekauft, dass Alban rücklings auf einen Tisch mit Teelichtern gefallen ist. Obwohl weder auf seiner Haut noch auf seiner Hose Spuren von Wachs zu erkennen waren.

»Emilie!« Sandra stürmt in ihrem weiß-grün karierten Kittel aus dem Pflegeheim ins Wartezimmer. Sie ist kreidebleich und läuft an den Zwillingen vorbei, ohne sie anzusehen. »Wo ist er?«

»Er bekommt gerade einen Verband. Linus ist bei ihm. Sie müssten gleich fertig sein«, sage ich. »Aber ich bin mir sicher, dass du auch reindarfst.«

»Nein, ich warte besser.« Sandra schaut auf die Milchglastür, die den Warteraum von den kleinen Behandlungsräumen trennt. »Es ist in Ordnung, dass Linus bei ihm ist. Ich will es nicht noch schlimmer für sie machen.«

Als Linus sich vor ein paar Jahren am Arm verletzt hatte, saß Alban bei ihm, während er genäht wurde. Ihre Mutter wartete so lange aufgelöst im Gang.

Obwohl Sandra viel Krankheit und Leid im Pflegeheim zu sehen bekommt, kann sie kaum damit umgehen, wenn ihren Söhnen etwas zustößt. Sie hat mir mal erzählt, dass es seit dem Tod ihres Mannes und Albans Hirnhautentzündung noch viel schlimmer geworden ist. Vielleicht gibt es eine Obergrenze dafür, wie viel Leid man bei seinen liebsten Menschen ertragen kann, ohne selbst daran zu zerbrechen.

»Was ist denn passiert?«, fragt sie. »Linus hat am Telefon gesagt, dass es zu Hause gebrannt hat?«

»Ja, Alban ist an ein paar Kerzen gekommen …« Meine Stimme erstirbt und ich weiche ihrem Blick aus. Die Erklärung mit den Teelichtern war Noahs Idee gewesen und ich konnte ihm vor Majken nicht widersprechen. Aber er kann ja nicht wissen, dass Sandra nie Kerzen benutzt, weil sie glaubt, dass sie den Atemwegen schaden.

»Kerzen?« Sandra runzelt die Stirn. »Woher hattet ihr die?«

»Äh …« Ich schaue Noah an.

»Ich habe sie mitgebracht.« Er steht auf. »Es war meine Schuld.«

Sandra schaut skeptisch drein. Es wirkt nicht sehr wahrscheinlich, dass ein Typ wie Noah Kerzen mit sich herumträgt, um spontan für Gemütlichkeit zu sorgen.

»Hat dir niemand gesagt, dass bei uns zu Hause keine Kerzen angezündet werden?« Sie sieht mich mit diesem Ich-bin-nicht-sauer-sondern-enttäuscht-Blick an, der mehr wehtut als ein direkter Anschiss.

Noah merkt schnell, dass er sich auf dünnem Eis bewegt. Aber wenn er seine Geschichte ändert, müssen wir erklären, warum wir gelogen haben. Es kommt mir fast so vor, als könnte ich das nicht vorhandene Ticken des Sekundenzeigers hören.

»Die anderen haben nicht bemerkt, dass ich die Kerzen angezündet habe. Sie waren in der Küche, während ich den Tisch im Wohnzimmer gedeckt habe.« Er bringt die Lüge schnell und unbeschwert rüber und schaut Sandra offen in die Augen.

»Das sind Noah und seine Schwester Pi. Sie sind neu in meiner Klasse«, sage ich schnell. »Und Noah ist es zu verdanken, dass nicht noch mehr schiefgegangen ist. Er hat schneller reagiert als wir anderen.«

Sandra sieht ihn mit zusammengekniffenen Augen an.

»Und was ist genau passiert?«

In der Brusttasche ihres Kittels steckt ein orangefarbener Kugelschreiber. Karottenfarben. Ich sehe die offene Tür des Küchenschranks vor mir, und mir kommt eine Idee.

»Noah hatte seine Tasche neben dem Couchtisch abgestellt. Er ist den Umgang mit Blinden nicht gewohnt.«

Noah kapiert schnell, worauf ich hinauswill.

»Alban ist über die Tasche gestolpert und rückwärts auf dem Couchtisch mit den Kerzen gelandet.« Er schaut sie sehr ernst an. »Total unglücklich.« Ich kann hören, dass er seine letzten Worte ehrlich meint, trotz all der Lügen, die sie enthalten.

Sandra seufzt und schließt für einen Moment die Augen. Als sie sie wieder öffnet, sieht sie müde aus.

»Ja, das klingt wirklich unglücklich. Und wenn du nicht wusstest …« Sie seufzt erneut und sieht Noah an, als könne sie nicht entscheiden, ob sie ihn ausschimpfen oder ihm danken soll. Sie will gerade etwas sagen, als sich eine nachdenkliche Falte zwischen ihren Brauen bildet. »Du … erinnerst mich an jemanden von früher.« Ihr Blick gleitet von Noah zu Pi, die sie mit geröteten Augen ansieht. »Ihr beide. Wie heißt eure Mutter?«

»Celia«, sagt Noah. Er setzt sich wieder hin und legt einen Arm über die Lehne des Stuhls neben ihm. »Warum?«

»Celia?« Sandra sieht erschrocken aus. »Wirklich?«

»Na ja, so hat sie nicht immer geheißen.« Pi scheint etwas aufzuleben, seitdem sich das Gespräch nicht mehr um Verbrennungen dreht. »Ich habe mal eine alte Ausweiskopie gefunden, auf dem ›Ruth Cæcilie‹ stand. Sie hat mir erzählt, dass sie ihren Namen in Celia geändert hat, weil das internationaler klingt.«

»Ruth Cæcilie? Dann *ist* sie es tatsächlich.« Sandra sieht nervös aus. »Sie nannte sich schon so, als wir noch Kinder waren. Sie hat immer davon gesprochen, wie sehr sie sich darauf freut, endlich alt genug zu sein, um ihn offiziell zu ändern.«

»Woher kennen Sie sich?«, fragt Pi.

»Wir waren in der Schule in derselben Klasse. Wir waren beste Freundinnen.« Sandra sieht Noah und Pi an, als würden sie sie an etwas erinnern, das sie lieber vergessen würde. Ob sie im Bösen auseinandergegangen sind?

»Sie hat nie von Ihnen gesprochen«, sagt Pi. »Aber sie spricht im Allgemeinen nicht viel über ihre Kindheit. Ich weiß nicht einmal, warum sie hierher zurückkommen wollte.«

»Also wohnt ihr jetzt hier?« Sandra versucht, entspannt zu klingen, aber es gelingt ihr nicht. »Und ihr geht mit Emilie in eine Klasse?«

Pi nickt und schenkt mir ein kleines Lächeln.

»Ist Cæcilie … ähm … eure Mutter denn jetzt verheiratet?«, fragt Sandra. Ihr Blick flackert zwischen Noah und Pi hin und her und sie spielt nervös mit dem orangefarbenen Kugelschreiber in ihrer Brusttasche. Sie muss wirklich schlechte Erinnerungen an ihre alte Freundin aus Kindertagen haben.

»Sie *war* verheiratet.« Pi wirft Noah einen Blick zu, aber er starrt verkrampft auf den Boden. »Unsere Eltern haben sich vor Kurzem scheiden lassen. Das war einer der Gründe für unseren Umzug.«

»Oh. Ich verstehe.« Sandra schaut noch unbehaglicher drein. Vielleicht hat sie das Gefühl, zu schnüffeln. Vielleicht aufgrund der Tatsache, dass plötzlich mitten in einer Notaufnahme eine Leiche aus dem Keller ihrer Vergangenheit geholt wurde.

Die Glastür öffnet sich und sie dreht sich schnell zu Majken um, die zu uns ins Wartezimmer kommt.

»Sie müssen Albans Mutter sein.« Majken streicht sich das graue Haar glatt und streckt die Hand aus.

»Ja. Wie geht es ihm?«, fragt Sandra.

»Er hat ein paar Schmerzmittel bekommen, also geht es gerade einigermaßen. Es waren hauptsächlich Verbrennungen ersten Grades.« Majken lächelt.

Sandra versucht zaghaft, zurückzulächeln.

»Ihr könnt jetzt gerne mitkommen.« Majken öffnet die Glastür und sieht uns erwartungsvoll an.

Ich zögere, weil ich nicht sicher bin, ob wir Sandra lieber zuerst gehen lassen sollten, aber Majken macht eine ruckartige Kopfbewegung in Richtung des Gangs.

»Er hat nach euch gefragt.«

27

Alban liegt bäuchlings auf derselben Liege, auf der ich gestern gesessen habe. Der Gestank der Desinfektionsseife von dem kleinen Schwamm hängt noch in der Luft.

Er hat die Augen geschlossen und die Stirn liegt auf seinen vor ihm gekreuzten Unterarmen. Der größte Teil seines Oberkörpers ist weiß bandagiert. Kleine, ungleichmäßige rote Flecken drängen sich auf seinem linken Schulterblatt.

Linus sitzt am Kopfende der Liege. Beim Geräusch unserer Schritte drehen beide Brüder sich zur Tür und die Bewegung lässt Alban das Gesicht vor Schmerz verziehen.

»Oh, mein Schatz!« Sandra setzt sich auf den Rand des Bettes und nimmt sein Gesicht in die Hände. Eine Träne tropft ihm ins Haar, als sie seinen Kopf küsst.

»Mama, ich lebe noch«, sagt er verlegen und Sandra zieht schnell die Hände zurück.

»Die Verbände müssen jeden zweiten Tag hier in der Notaufnahme gewechselt werden«, sagt Majken. »Es sei denn …« Sie mustert Sandras Kittel. »Sind Sie selbst Pflegerin?«

Sandra nickt.

»Kennen Sie sich mit Verbrennungen aus?«

»Ja. Ich kümmere mich im Pflegeheim unter anderem um die Wundversorgung.«

»Gut«, sagt Majken. »Wir können die Verbände natürlich hier wechseln, aber für Alban wäre es sicher besser, wenn ihm die Autofahrt hierher erspart bleibt. Er braucht in der nächsten Zeit so viel Ruhe wie möglich. Sie können Verbandszeug für einige Tage bekommen.« Majken lächelt Sandra an. »Schaffen Sie das?«

Sandra holt tief Luft.

»Natürlich.«

»Dann kommen Sie mit. Ich suche Ihnen heraus, was Sie brauchen, und gebe Ihnen eine Anleitung.« Majken führt Sandra aus dem Zimmer.

Albans Rückenverband zieht unsere Blicke an wie ein großer weißer Magnet.

Noah räuspert sich.

»Kommst du klar, Alban?«

»Man kann so einiges aushalten, wenn der beste Freund Morphium heißt«, sagt Alban. »Ein Hoch auf die moderne Medizin.«

Linus lächelt zögerlich, wird aber schnell ernst, als er bemerkt, dass Pis Augen gerötet sind.

»Noah?«, sagt Alban.

»Ja?« Noah sieht ganz erschrocken aus.

»Danke für …« Alban schließt die Augen, als würde es ihn Schmerzen bereiten, Noah gegenüber Dankbarkeit zu zeigen. »Danke, dass du so schnell reagiert hast.«

»Es tut mir leid«, flüstert Pi, bevor Noah etwas sagen kann. »Es ist meine Schuld. Ich wusste nicht, dass das Tuch …« Ihre Unterlippe bebt.

»Was ist eigentlich passiert?«, fragt Noah. »Hast du das Tuch in Zündmittel getränkt?« Er sieht mich an, nicht Pi.

»Nein, ich habe nichts gemacht«, sage ich mit tränenerstickter Stimme.

»Irgendetwas muss es zum Brennen gebracht haben.« Noah hält meinem Blick fest stand. »Irgendeine Idee, was das gewesen sein könnte?«

»Nein«, sage ich laut. Die Wut schwillt wieder in meiner Brust an.

»Hmm …« Linus sieht zu Boden und geht die Möglichkeiten durch. »Also, Petroleum kann sich entzünden. Und Terpentin sicher auch. Aber ich weiß nicht, wie so etwas auf eines unserer Spültücher gekommen sein könnte. Ich glaube nicht, dass wir solche Chemikalien zu Hause haben. Mama benutzt nur Öko-Reinigungsmittel.«

»Tja, dann ist das Rätsel ja gelöst.« Noah gestikuliert mit den Armen. »Das Tuch hat sich ganz ohne Grund selbst entzündet. *Nichts* hat es zum Brennen gebracht.« Er starrt mich mit eisig blaugrünem Blick an. »*Niemand* hat irgendetwas mit dem Tuch gemacht, bis Pi es geworfen hat.«

»Ich weiß nicht, was du denkst«, sage ich. »Aber ich habe nichts gemacht!«

»Was hast du dann in der Küche angestellt?«, fragt er. Linus und Pi schauen erst Noah und dann mich an. Alban runzelt die Stirn.

»Wenn du es genau wissen willst: Ich habe versucht, das Gleiche zu tun wie Adriana, aber ohne Erfolg.« Meine Wangen werden heiß. »Wie hätte ich das Tuch zum Brennen bringen sollen? Ich habe es doch gar nicht angefasst!«

»Aha.« Der Sarkasmus mildert den Klang von Noahs Stimme. »Na klar, dann hast du bestimmt nichts gemacht. Weil man ja zwingend etwas *berühren* muss, um …« Er unterbricht sich und schaut seine Schwester an, als würde er sie zum ersten Mal sehen.

»Was?«, fragt sie. Noah dreht den Kopf und schaut sich im Raum um. Sein Blick fällt auf eine offene Tüte Wattepads, die auf dem Tisch neben Alban liegt. Er nimmt sich eines und reicht es Pi.

»Halt mal«, sagt er.

»Warum?«

»Nimm.«

»Nein, ich will nicht!«

»Es ist nur fucking *Watte*, okay? Da passiert nichts.« Noah tritt näher an sie heran, das Wattepad immer noch ausgestreckt in der Hand.

»Was soll ich tun?« Pi sieht ihn ungläubig an.

»Ich erkläre es dir nachher, versprochen. Komm schon!«

Pi nimmt das Wattepad langsam.

»Was jetzt?«, fragt sie, während sie den weißen Bausch in den Händen knetet.

»Schwachkopf«, sagt Noah.

»Was?« Sie sieht ihn mit großen Augen an.

»Hässliche verklemmte Pissnelke!« Ungerührt wirft Noah seiner Schwester Beleidigungen an den Kopf.

Ich vergesse sogar zu atmen, so schockiert bin ich. Linus und Alban sehen wie gelähmt aus.

Pi steigen wieder Tränen in die Augen und ihre Wangen sind rot vor Wut.

»Schlampe«, sagt Noah mit Nachdruck.

»Fick dich!« Pi wirft das Wattepad nach ihm.

»Pass auf!«, ruft Alban, obwohl die Bewegung kein Geräusch macht.

Das Wattepad ist zu leicht, als dass es sich wirklich werfen ließe. Es schwebt so langsam auf Noah zu, dass ich deutlich sehe, wie es aufflammt und in der Luft zu einem winzigen Feuerball wird.

Noah springt zur Seite und das brennende Pad landet auf dem Boden. Er tritt das Feuer schnell aus.

»Shit!«, keucht Pi. »Was zum Teufel machst du da?«

Noah starrt sie an.

»Das warst *wirklich* du«, sagt er.

Von dem geschwärzten Klumpen auf dem Boden breitet sich ein Brandgeruch im Raum aus.

»Was ist hier los?«, fragt Alban unruhig.

Alle Augen richten sich auf ihn.

»Vielleicht solltest *du* darauf als Erster antworten«, sagt Noah.

»Wie meinst du das?«

»Pi hat gerade einen Wattebausch zum Brennen gebracht. Sie muss es also auch gewesen sein, die das Spültuch entzündet hat.« Noah wendet den Blick nicht von Albans Gesicht ab. »Aber ich will gern wissen, warum du beide Male so reagiert hast, als hättest du es *gesehen*?«

Alban sagt nichts.

»Warum hast du mich geschubst?«, fragt Noah. »Als wir auf dem Sofa saßen?«

Alban vergräbt sein Gesicht in der Liege und stößt einen langen, schweren Seufzer aus.

»Ich weiß es nicht.« Er klingt unglaublich müde. »Es war, als … als könnte ich spüren, was passiert. Ich habe es so deutlich erlebt, dass ich nicht einen Moment daran gezweifelt habe. Ich konnte spüren, wie etwas durch die Luft fliegt, und dann habe ich verbrannte Haare gerochen und dich aufschreien hören. Wie … ein umgekehrtes Echo. Etwas, das noch passieren würde. Ich war mir sicher, dass du getroffen wirst, wenn ich nichts tue. Und deswegen … habe ich dich geschubst.«

»Du konntest es spüren?«, fragt Noah. »Es also vorhersehen?«

»Vorher*sehen* ist vielleicht etwas übertrieben«, sagt Alban trocken. Er hebt den Kopf leicht an. »Ich hatte keine Art von *Vision*, falls du das meinst. Ich konnte es nur … spüren. Alle meine anderen Sinne haben reagiert, als wäre es real. Mein Körper hat wie von selbst reagiert, wie ein Reflex.«

Ein kalter Schauer läuft mir über den Rücken und die Arme, während er spricht.

»Du bist also einfach deinem … *Gefühl* gefolgt und hast mich von der Couch geworfen?«, fasst Noah zusammen.

»Ich sage ja, es war wie ein Reflex. Ich hatte keine Zeit, darüber nachzudenken.«

»Nein. *Natürlich* nicht.« Trotz der Absurdität der ganzen Situation schwingt ein Hauch von Freude in Noahs Stimme mit.

Mein Gehirn kann das alles nicht verarbeiten.

Telekinese, flammende Hände und Hellseherei. Seltsame Träume und ein mysteriöser Prismenanhänger.

Einer nach dem anderen werden alle um mich herum in eine Welt gesogen, wo Vernunft und Naturgesetze außer Kraft gesetzt sind.

Pi stellt die Frage, die zwischen den Trümmern meiner alten Realität an der Oberfläche treibt.

»Was passiert mit uns?«, flüstert sie.

»Muss passen.« Noah spielt nachdenklich mit seinem fingerlosen Handschuh, der ein großes dunkles Loch in der Handfläche durch das Feuer von Albans Oberteil hat. Der Verband darunter ist schmuddelig und verdreht, ein graues Etwas unter schwarzer Wolle.

Beim Anblick des Verbandes sehe ich plötzlich einen Zusammenhang.

Ich starre Linus an und mein Gesicht muss ganz verzerrt sein, denn er zuckt zusammen.

»Was?«, fragt er erschrocken.

»Du kannst nicht auch irgendetwas Merkwürdiges, oder? Etwas, das du uns nicht erzählt hast?«

»Nein?« Sein Blick flackert zwischen uns hin und her, als erwarte er, aller Verbrechen der Welt beschuldigt zu werden. »Nichts, wovon ich wüsste?«

»All diese seltsamen Dinge … die haben etwas mit dem Instrument in Karls Haus zu tun!«, sage ich.

»Warum glaubst du das?«, fragt Alban.

»Das kann doch kein Zufall sein! Bis jetzt sind fünf von uns … betroffen. Fünf von den sechs, die von dem Instrument Verbrennungen erlitten haben.«

»Betroffen?« Noah sieht mich an. »Was meinst du?«

Ich winde mich unter seinem durchdringenden Blick.

»Ich glaube, ich kann möglicherweise auch … etwas.«

»Wirklich?« Linus' Augen werden groß. »Was?«

Ich zögere. Jetzt oder nie.

»Ich … ich habe von Noah geträumt, bevor er und Pi in die Schule gekommen sind.« Das klingt so falsch, dass ich schnell weiterspreche, obwohl die Fortsetzung noch verrückter klingt. »Ich habe auch von seinem gläsernen Anhänger und Karls Observatorium geträumt und von dem Meteorstrom und dem Umzugskarton.«

»Du wusstest also, was passieren würde?«, fragt Linus. »Als wir dorthin gefahren sind?«

»Nein«, räume ich ein. »Der Traum handelte nicht von der Situation, nur von dem Ort und den Gegenständen, die dort waren, und … ähm … von Noah.«

Ich bin froh, dass Adriana nicht hier ist und die Zeichnung erwähnt. Ich kann nicht beweisen, dass sie entstanden ist, *bevor* wir uns kennengelernt haben.

»Ich wusste es.« Noah zeigt auf mich. »Ich wusste, dass du etwas verheimlichst!«

»Du meinst also, das Instrument hat uns …« Alban bringt es nicht über sich, den Satz zu beenden.

»Übernatürliche Fähigkeiten gegeben«, vervollständigt Noah den Satz. »Aber wenn du das alles geträumt hast, bevor wir in die Schule kamen, dann war das nicht die Schuld von diesem Dingsbums, Emilie.«

»Ich habe nicht gesagt, dass es das Instrument *alleine* war, aber ich bin mir sicher, dass es eine Rolle spielt. Es kann doch kein Zufall sein, dass fünf von uns auf diese Weise miteinander verbunden sind.«

Noah mustert mich.

»Fünf?«, fragt er.

Ich nicke.

»Ja.«

»Adriana kann Dinge bewegen.« Noah streckt seinen Daumen aus. »Pi kann Dinge in Brand setzen.« Er streckt auch seinen Zeigefinger aus und formt ein L. »Und du und Alban, ihr könnt anscheinend Dinge vorhersagen.« Er wackelt mit zwei weiteren Fingern. »Vier … *Fähigkeiten*. Vier Leute.«

»Es ist nicht sicher, dass fünf von uns *Fähigkeiten* haben. Aber selbst wenn du keine besitzt, hast du trotzdem etwas mit alldem zu tun, Noah. Vielleicht sogar mehr als wir anderen. Du warst bei Karl in Besitz des Glasanhängers.«

»Aber …«, setzt Noah an.

Die Tür geht auf und Majken und Sandra kommen mit kleinen Verpackungen voller Verbandsmaterial zurück. Sie bleiben stehen, als sie uns sehen. Bestimmt sehen wir aus wie ein Rudel Rehe im Scheinwerferlicht eines Lastwagens.

»Wonach riecht es denn hier?«, fragt Sandra. Ihr Blick fällt auf das verkohlte Wattepad auf dem Boden. »Was habt ihr gemacht?«

»Ich habe den anderen nur gezeigt, wie man Feuer austritt«, sagt Noah schnell. »Damit sie es beim nächsten Mal wissen.«

»Hast du einfach etwas angezündet?«, fragt Sandra ungläubig.

Sie muss ihn wirklich für einen Pyromanen halten.

»Ich würde es zu schätzen wissen, wenn du deine kleinen Feuerlöschkurse in Zukunft *draußen* abhältst.« Majken sieht ihn streng an, aber zum Glück flippt sie nicht aus. »Verstanden?«

Noah nickt.

Majken lächelt Sandra an.

»Die Toiletten sind übrigens am Ende des Ganges um die Ecke. Folgen Sie einfach den Schildern.«

»Gut. Danke.« Sandra legt das Verbandsmaterial auf einen Stuhl und geht langsam wieder zur Tür, den Blick immer noch auf Noah gerichtet.

Majken schaut uns ernst an, als die Tür hinter ihr ins Schloss fällt.

»Und können wir uns bitte darauf einigen, dass ihr von nun an etwas besser auf euch aufpasst? Ich will nicht, dass ihr meine Stammkunden werdet.«

Ich würde ihr ja wirklich gerne alles Mögliche versprechen. Liebend gerne. Aber aus irgendeinem Grund glaube ich, dass das hier erst der Anfang ist.

Was auch immer ›das hier‹ sein mag.

28

»Ich glaube, der Teppich ist hinüber«, sagt Pi und verzieht das Gesicht beim Anblick des schwarzen Flecks neben dem Couchtisch.

Die Zwillinge, Linus und ich sind in die Wohnung zurückgekehrt, um ein bisschen aufzuräumen, bevor Sandra und Alban nach Hause kommen. Sie werden genug mit Rezepten und Verbandstechniken zu tun haben.

Wir haben unsere Jacken anbehalten. Die Fenster sind geöffnet, ein Versuch, den Brandgeruch vom Schrecken am Nachmittag loszuwerden.

Ich erschaudere, als ich den Rußfleck an der Wand sehe, wo das Spültuch gelandet ist.

Linus stopft die geblümte Steppdecke und die Reste von Albans grauem Oberteil in einen Müllsack.

»Mama redet eh immer davon, dass man von Teppichen eine Hausstaub-Allergie bekommt. Ich bin mir sicher, dass sie froh ist, ihn loszuwerden.« Er schaut auf das Sofa, in die meisten Polster haben sich schwarz umrandete Löcher gefressen. »Und sie will auch schon lange ein neues Sofa.«

Pi versucht zu lächeln. Sie ist immer ruhiger geworden, seit wir die Notaufnahme verlassen haben. Sie traut sich kaum noch, etwas anzufassen, und verschränkt die Arme vor der Brust, als könnten sie sich plötzlich selbst entzünden.

So würde ich wohl auch reagieren, wenn ich wüsste, dass ich

gefährlich für meine Umgebung sein könnte, ohne das Wie zu kennen.

Noah schaut mit kritischem Blick zum Couchtisch.

»Sollen wir ihn ein bisschen anfackeln?«

»Was?«, frage ich.

»Sollen wir es so aussehen lassen, als würde die Geschichte mit den Kerzen stimmen? Theoretisch hätten wir das Wachs entfernen können … aber müssten dann nicht auch ein paar schwarze Flecken zu erkennen sein?«

Linus macht einen Knoten in die Plastiktüte.

»Ich glaube, das ist nicht nötig. *So* viele Krimis sieht Mama sich auch nicht an.«

Noah steht immer noch vor dem Tisch.

»Wir müssen mehr über dieses Ding erfahren«, sagt er.

»Was hast du vor?«, frage ich. »Zu Karl nach Hause zu gehen und ihm zu sagen, dass wir zaubern können, seit wir ihn das letzte Mal gesehen haben … und glaubst du, dass er uns dann begeistert helfen und herausfinden wird, warum?«

»So in der Art.«

»Warum sollte er uns glauben?«

»Weil wir es ihm vorführen.« Noah sieht seine Schwester an, die heftig den Kopf schüttelt.

»Nein«, sagt sie mit Nachdruck. »Das kannst du nicht verlangen.«

»Wir müssen ihm aber irgendetwas zeigen«, sagt Noah ungeduldig. »Alban kann nirgendwo hin und Emilies Fähigkeit funktioniert offensichtlich nur, wenn sie schläft. Und falls Linus und ich irgendetwas Besonderes können, haben wir es noch nicht entdeckt.«

»Was ist mit Adriana?«, fragt Pi.

»Wir könnten wirklich zuerst versuchen, Adriana zu erreichen«, sagt Noah. »Ihre Fähigkeit ist am einfachsten und sichersten zu zeigen. Falls sie es schafft, sie zu kontrollieren.«

»Und falls wir sie dazu überreden können«, füge ich hinzu.

»Das sehen wir dann.« Noah geht in den Flur und zieht sich seine Armeestiefel an. »Kommt ihr?«, ruft er.

»Aber … wollen wir nicht warten, bis Sandra und Alban nach Hause kommen?«, frage ich.

»Warum?« Noah macht einen Knoten in seine Schnürsenkel und steht auf. »Wir können hier nichts mehr tun und ich will Antworten. Sofort.«

Adriana wohnt im teuersten Villenviertel der Stadt, fußläufig von Linus' und Albans Zuhause.

Die Hausnummer, zu der uns Google Maps führt, gehört zu einem Herrenhaus mit gepflegtem Vorgarten. Es ist längst dunkel, aber im Licht der Straßenlaternen leuchten die Wände so weiß wie die Schneelandschaft, die ausgebreitet über den schwarzen Dachziegeln liegt.

In der Einfahrt steht kein Auto und alle Fenster sind leer und schwarz. Ein kleiner Lichtstreifen oben unter dem Dach verrät aber, dass ein Rollo nicht ganz geschlossen ist. Als wir an der Tür klingeln, verschwindet der Lichtstreifen augenblicklich. Wir klingeln noch einmal, aber niemand macht auf.

Ich versuche, sie von Noahs Handy aus anzurufen, lande aber nur auf der Mailbox.

»Und jetzt?«, flüstert Linus.

Noah legt den Kopf zurück und schaut zum Fenster, wo eben noch das Licht brannte.

»Ist das da oben ihr Zimmer?«, fragt er.

»Keine Ahnung«, sage ich.

»Hm«, macht Noah. Er streicht nachdenklich mit dem Daumen über seine Piercings in der Unterlippe, während er das Haus betrachtet.

»Aber sie hat keine Geschwister und wohnt nur zusammen mit ihrer Mutter«, sage ich. »In der Einfahrt steht kein Auto.

Wenn Licht brennt, ist sie wahrscheinlich zu Hause. Das *muss* ihr Zimmer sein.«

»Nice one.« Noah nickt mir anerkennend zu und geht dann zielstrebig von der Haustür zu einem Regenrohr. Er umfasst das eisbedeckte Metall und rüttelt ein paarmal daran, um die Stabilität zu prüfen, und zieht sich daran hoch.

»Was machst du da?«, frage ich scharf.

»Adriana besuchen«, sagt Noah und klettert das Regenrohr weiter hinauf.

»Du kannst doch nicht einfach an ihrem Haus hochklettern!«, zische ich. Er befindet sich bereits mehrere Meter über dem Boden.

Pi verdreht die Augen, als wären solche halsbrecherischen Stunts für ihren Bruder ganz alltäglich.

»Show-off«, murmelt sie.

Linus schüttelt nur ungläubig den Kopf, als er beobachtet, wie sich Noahs Silhouette weiter nach oben bewegt.

Noah tut, als würde er keinen von uns hören. Er klemmt die Knie um das Rohr und sorgt so für Halt, während er sich unter gedämpftem Stöhnen Stück für Stück nach oben zieht. Seine Brandwunden müssen schmerzen, aber er macht unbeirrt weiter.

In weniger als einer Minute ist er am Fenster angekommen. Er kann die Scheibe mit einem Arm erreichen, wenn er sich zur Seite lehnt.

»Adriana?«, flüstert Noah.

Nichts passiert.

»Adriana?« Diesmal ruft er etwas lauter und klopft mit den Fingerspitzen ans Fenster.

Die Dunkelheit hinter dem Glas löst sich auf, als das Rollo hochgezogen wird. Adrianas Gesicht erscheint im schwachen Licht der Straßenlaterne.

Sie kann Noah nicht sehen und wir anderen stehen im

Schatten unter dem kleinen Vordach neben der Eingangstür.

Ohne Vorwarnung stößt sie das Fenster weit auf. Es trifft Noah am Arm und schleudert ihn gegen das Regenrohr, woraufhin er den Halt verliert. Mein Herz setzt ein paar Schläge aus.

»Noah!« Pi sprintet los, obwohl sie keine Chance hat, ihn aufzufangen.

Noahs Arme rudern durch die Luft, seine Hände suchen nach Halt. Eine Hand streift das Regenrohr und seine Finger greifen kurz danach, aber er kann sich nicht halten.

Ich höre das Geräusch von Stoff, der zerreißt, und Metall, das gegen Klinkersteine schrammt.

Noah landet mit dem Rücken zuerst in einem Schneehaufen, der in einer Wolke um ihn herum aufwirbelt. Über uns höre ich Adrianas leisen Schrei, aber ich habe nur Augen für die reglose Gestalt vor mir.

Pi kniet bereits neben Noah, als ich mich durch die Schneewehen gekämpft habe. Seine Augen sind weit aufgerissen, aber das beruhigt mich nicht.

»Noah! Sag was!« Pi greift nach seiner Jacke.

Ein schwacher Laut dringt aus seinem offenen Mund und seine Augen werden noch größer.

»Er kann nicht atmen!« Ich ziehe den Reißverschluss von Noahs Jacke mit einem Ruck auf und lockere seinen schwarzen Schal.

Noah schnappt in kurzen, ungleichmäßigen Zügen nach Luft, als hätte er den weltgrößten Bauchklatscher hingelegt. Er versucht, ein paar Worte zu formen, aber es kommen nur ein paar heisere stotternde Laute heraus.

Die Haustür fliegt mit einem Knall auf.

»Was um *alles in der Welt* macht ihr hier?«, ruft Adriana und stürmt in Morgenmantel und Nachthemd auf uns zu.

Noah schüttelt den Kopf und will sich aufsetzen, aber Pi legt ihm die Hand auf die Brust.

»Nein, du bleibst liegen! Wir müssen etwas mit dir besprechen«, sagt sie über ihre Schulter zu Adriana.

»Ihr müsst … *was*?« Adrianas Stimme zittert vor Angst.

»Geht schon … muss nur … sitzen«, keucht Noah und schiebt die Hand seiner Schwester weg.

Er stöhnt, als er sich aufsetzt. Der Verband an seiner rechten Hand ist halb abgegangen und der Schnee unter ihm hat rote Flecken, aber das scheint er noch nicht bemerkt zu haben.

»Was hast du auf dem *Dach* gemacht?«, fragt Adriana.

»Du hast die Tür nicht geöffnet und du gehst nicht ans Telefon!«, sage ich, als wäre das ein Grund, um am Regenrohr ihres Hauses hinaufzuklettern.

»Mein Handy wurde mir in der Schule gestohlen.« Sie verschränkt die Arme. »Ich *fasse* es nicht, dass ihr …«

Noah hat seine Lunge wieder so weit unter Kontrolle, dass er sie unterbrechen kann.

»Wir müssen darüber reden, was heute auf dem Schulhof passiert ist«, sagt er atemlos.

»Warum?« Adriana sieht uns feindselig an.

»Hast du gesehen, was du getan hast?«, frage ich. »Kurz bevor Noah und Jonathan sich geprügelt haben?«

»Ich habe die ganze Zeit Schneebälle an den Kopf bekommen. Ich habe nicht wahnsinnig viel *gesehen*.«

»Wir aber«, sagt Linus. »Du hast den Schneeball dazu gebracht, die Richtung zu ändern, sodass er stattdessen Jonathan getroffen hat.«

Adriana ballt die Fäuste.

»Na? Und was noch?«

»Du verstehst das nicht … er hat nicht nur die *Richtung* geändert. Er hat dich gar nicht getroffen«, sage ich. »Du hast ihn abgewehrt, ohne ihn zu berühren.«

»Soll das ein Witz sein?«, fragt Adriana und sieht uns nacheinander an. »Wenn ja, dann ist er wirklich schwach.«

»Nein, das ist kein Witz«, sagt Pi. »Wir anderen können auch … seltsame Dinge tun. Das haben wir erst heute herausgefunden.«

»Einige von uns«, korrigiert Linus.

»Klar.« Adriana wendet sich zum Gehen.

»Adriana, es stimmt«, sage ich, frustriert darüber, dass ich ihre Reaktion verstehe. Wir klingen wie die alte Frau auf der Straße vor ein paar Tagen. Vollkommen gaga.

»Okay«, knurrt sie und wendet sich uns zu. »Und was könnt ihr?«

»Ich kann offenbar Dinge in Brand setzen«, sagt Pi. »Ich weiß nur nicht, wie.«

»Emilie und Alban können in die Zukunft sehen«, fährt Linus fort. »Und Noah besitzt dieses seltsame Schmuckstück, das in Karls Instrument passt.«

»Wir befürchten, dass das Instrument uns besondere Fähigkeiten verliehen hat«, erkläre ich. »Deswegen wollen wir noch einmal mit Karl reden.«

»Wir haben gehofft, dass du mitkommst und ihn davon überzeugst, dass wir recht haben«, sagt Pi. Sie klingt nicht, als wäre sie selbst davon überzeugt.

Adriana sieht uns nur an. Dann macht sie auf dem Absatz kehrt und marschiert zurück ins Haus. Ein wenig Schnee fällt vom Vordach, als sie die Haustür hinter sich zuknallt.

»Das ist ja mal fucking fantastisch gelaufen«, schnauft Noah und lässt sich zurück in den entstellten Schnee-Engel fallen, den sein Körper durch den Sturz hinterlassen hat.

29

Bevor wir den Bus zu Karl nehmen, leihe ich mir Linus' Handy, um zu Hause anzurufen. Mein eigenes habe ich den ganzen Tag in der Hosentasche mit mir herumgetragen, aber es weigert sich immer noch, ein Lebenszeichen von sich zu geben; weshalb es genauso gut zu Hause auf dem Küchentisch liegen könnte. Oder im Mülleimer.

Ich erzähle irgendetwas von Hausaufgaben bei Linus und Alban und bekomme grünes Licht, bei ihnen übernachten zu dürfen. So haben wir den ganzen Abend Zeit, um Karl zu überreden, dass er uns hilft.

Als wir durch den Schnee zu seinem Haus stapfen, sehen wir nur in einem Fenster Licht brennen. Dort angekommen, spähen wir durchs Fenster in ein kleines Wohnzimmer. Das Licht ist bläulich und kommt von einem riesigen alten Computerbildschirm. Karls Haarschopf ist darüber gerade noch so zu erkennen.

Das übrige Haus liegt im Dunkeln, aber das Licht des Vollmonds auf der Schneelandschaft offenbart mehr als beim letzten Mal. Das Observatorium entpuppt sich als Anbau aus Holz an dem alten Backsteinhaus. Wir folgen unseren eigenen Spuren von gestern zur Haustür.

»Okay«, sage ich. »Also, wir sagen nicht gleich was von unseren Fähigkeiten. Wir bitten ihn nur darum, ihm Fragen zum Universum stellen zu dürfen.«

Linus, Pi und Noah nicken.

Wenn Karl immer noch Angst haben sollte, wegen der Verbrennungen Probleme mit der Polizei zu bekommen, wäre es zu riskant, sofort über das Instrument zu sprechen. Wir würden nur riskieren, dass er komplett dichtmacht. Aber es sollte nicht allzu schwierig sein, Zugang zu ihm zu finden, wenn wir unsere Rollen als superinteressierte Volksschüler gut spielen.

Linus geht die Stufen hinauf und klingelt an der Tür. Wir haben uns darauf geeinigt, dass er das Reden übernimmt, da er zweifellos derjenige von uns ist, der die schlausten Fragen über den Weltraum stellen kann. Mit etwas Glück wird Karl so sehr in seiner Rolle als wissendes Orakel aufgehen, dass wir anderen das Instrument suchen und das Gespräch ›zufällig‹ darauf lenken können, ohne dass es so aussieht, als wollten wir ihn auf Schmerzensgeld verklagen.

Die Türklingel ist gedämpft aus dem Inneren des Hauses zu hören.

Ich starre auf einen roten, unnatürlich runden Granitstein, der auf der untersten Stufe im Zement eingegossen ist. Es fühlt sich an, als wäre es eine Ewigkeit her, dass wir zuletzt hier waren. Als wären zu viele Dinge in der Zwischenzeit aus den Fugen geraten.

Aus dem Flur sind Schritte zu hören. Eine Außenlampe geht über unseren Köpfen an, und die Tür öffnet sich.

»Was wollt ihr?«, fragt Karl. Er wirkt nervös. Offenbar macht er sich Sorgen, dass Adrianas Mutter uns mit ihrem Gerede über Anzeigen und Misshandlungen angesteckt hat.

»Sie haben noch meine Kette«, sagt Noah.

»Ach ja!« Karl wirkt total erleichtert. »Einen Moment, ich hole sie.« Er löst sich vom Türrahmen und dreht sich um.

»Nein, warten Sie!«, sagt Linus schnell.

Karl zögert.

»Wir haben uns gefragt, ob … ob Sie uns nicht bei etwas helfen könnten?«

Wieder huscht ein schreckhafter Ausdruck über Karls Gesicht.

»Wobei?«

»Wir müssen in der Schule eine Projektaufgabe über das Universum schreiben, und wir dachten, Sie wüssten viel über … ja, das Universum eben. Und dass Sie uns vielleicht ein paar Fragen beantworten könnten?«

Karl wirkt nicht begeistert von der Aussicht, Nachhilfelehrer zu spielen.

»Ich weiß nicht …«

»Es ist nur … gestern haben Sie uns etwas wirklich Interessantes über die Leoniden erzählt. Unsere Lehrer sagen immer, dass man sich an die genaueste Quelle halten sollte, wenn man etwas lernen will. Und wir kennen niemanden, der so viel weiß wie Sie.«

Karl wirkt ein wenig geschmeichelt.

Linus spielt seinen Trumpf aus.

»Es wird bestimmt nicht lange dauern, und dann gehen wir auch wieder.«

Karl verlagert sein Gewicht von einem Fuß auf den anderen.

»Äh … na gut«, sagt er und öffnet die Tür vollständig.

Die gestrige Nervosität hallt in mir nach, als ich wieder über die Schwelle trete. Ich erwarte, dass wir hoch zum Observatorium gehen, aber stattdessen führt Karl uns durch eine Tür in das Wohnzimmer, schaltet die Deckenlampe ein und der blaue Schein des Computerbildschirms wird von dem schwachen gelben Licht verschluckt.

Karls Wohnzimmer grenzt direkt an eine offene Küche, und im Übergang zeigt sich eine abrupte Trennlinie zwischen einer schimmelgrünen Tapete mit großem Blumenmuster und currygelben Sechzigerjahre-Kacheln. Es ist schwer zu erkennen, ob es auch zwei verschiedene Böden gibt. Der Raum ist wie eine Erweiterung der chaotischen Landschaften im Observatorium. Bücher, Zettel und große Sternkarten liegen überall herum: auf dem Sofa, neben der Spüle, auf dem Fernseher und in unterschiedlich großen Stapeln auf dem Boden.

Dazwischen hängt ein süßlicher, schwammiger Geruch. Es scheint eine Menge Müll zwischen all dem Papier zu liegen.

»Ja, es ist ein bisschen unordentlich. Ich habe nicht oft Gäste«, sagt Karl verlegen und führt uns zu einem Tisch mitten im Wohnzimmer.

Wir folgen ihm vorsichtig. Es knistert und knackt unter unseren Füßen und ich bin froh, dass ich meine Schuhe anbehalten habe.

Das Regal an der einen Wand verschwindet fast hinter Pappkartons, Papier und der grauen Staubschicht, die durch unsere Bewegungen aufgewirbelt wird. An einigen Stellen im Raum stehen verschnörkelte Atommodelle aus Plastik, ähnlich denen, die wir im Physik- und Chemieunterricht gebaut haben.

Wir gehen hinüber zu einem Tisch, der früher einmal ein Esstisch gewesen sein könnte, jetzt aber mit haufenweise wackeligen Papierstapeln bedeckt ist. In der Mitte thront der Computer. Auf dem riesigen Bildschirm liegt ebenfalls Papier. Ungeöffnete Briefumschläge stapeln sich mit kaffeebefleckten Zeitungen und Druckerpapier voller Gleichungen. Kleine Kaugummiklumpen kleben wie bleiche Blutegel an den Papierskulpturen und leere Konservendosen, Colaflaschen und Chipstüten sind überall verstreut. Die Tastatur ist voller Krümel und klebriger Flecken. Aufgestapelte Tassen und Gläser mit Resten von Wasser und Kaffee stehen zwischen schmutzigen Tellern. Ein Schimmelfleck von der Größe einer Fünf-Kronen-Münze schwimmt in einer der Tassen herum, und aus einer umgekippten leeren Dose Makrelen in Tomatensoße, aus der rotes Öl über einen Mahnbrief vom Finanzamt gelaufen ist, schaut noch eine Gabel heraus.

Ich verstehe allmählich, woher der Geruch kommt.

Ein rotes Blinken unter der Decke erregt meine Aufmerksamkeit. Obwohl Wohnzimmer und Küche zusammen kaum größer als fünfzig Quadratmeter sind, hängen hier mindestens zehn verschiedene Arten von Rauchmeldern unter der Decke verteilt. Mit so viel Papier in einem Raum wäre ich wahrscheinlich auch nervös, was offenes Feuer anbelangt.

Der Staub kitzelt mich in der Nase und mein Hals fühlt sich an, als wäre er mit Velours ausgekleidet. Ich niese viermal hintereinander und wirble dabei jede Menge Staub auf. Dann ziehe ich die Nase hoch, um sie frei zu bekommen, aber das löst nur einen Hustenanfall aus.

»Wollt ihr etwas trinken?«, fragt Karl, völlig überfordert mit seiner unerwarteten Rolle als Gastgeber. »Ich hätte … Wasser. Und vielleicht Kaffee. Wenn ich den letzten nicht aufgebraucht habe.«

Ich nicke, immer noch hustend.

»Wasser, bitte«, krächze ich.

Karl steigt über die Stapel in die Küche und kommt mit einem Becher Wasser zurück.

Ich trinke ihn gierig in einem Zug aus, um das trockene Gefühl wegzuspülen. Der erdige Nachgeschmack lässt mich bereuen, dass ich nicht vorher in den Becher geschaut habe. Ich verziehe das Gesicht, aber zum Glück bemerkt Karl es nicht.

»Und ihr?«, fragt er die anderen.

»Wasser? Oder Kaffee? Ich habe sogar noch welchen.«

Den Zwillingen und Linus ist mein Gesichtsausdruck nicht entgangen.

»Nein danke«, sagen sie im Chor.

»Ja, ich glaube, ich mache mir selbst noch einen Kaffee, bevor wir loslegen«, sagt Karl und stapft wieder zurück in die

Küche. »Setzt euch einfach. Es sollten genug Stühle da sein«, ruft er aus dem Hintergrund.

Ich schaue auf die schiefen Haufen rund um den Tisch, aus den meisten schauen unten Beine oder Rollen heraus. Wir schaffen uns vorsichtig Platz, um uns setzen zu können.

Karl kommt mit einem Becher voll heißem Wasser und einer Dose löslichem Kaffee zurück. Er räumt eine kleine Ecke der Tischplatte frei, die mit einem karierten Wachstuch bedeckt zu sein scheint, und fängt an, Kaffeepulver in die dampfende Tasse zu schaufeln.

»Was wollt ihr denn wissen?«

Linus grinst wie ein Fünfjähriger, der in einem Süßwarenladen losgelassen wurde.

»Wissen Sie etwas über das Higgs-Boson?«, fragt er aufgeregt.

»Ein bisschen«, sagt Karl bescheiden. Sein Löffel bewegt sich wie ein Pendel zwischen Becher und Kaffeedose hin und her. Erst als das Gebräu so schwarz ist, dass man es fast schneiden kann, fängt er an, darin herumzurühren.

Linus stürzt sich in eine langwierige Befragung, in der Wörter wie ›B-Quarks‹ und ›Skalare‹ und ›Teilchenbeschleuniger‹ fallen, also klinke ich mich aus dem Gespräch aus und fange an, den Raum diskret nach dem uns bekannten Umzugskarton abzusuchen. Aber keine der Kisten auf dem Boden oder dem wackeligen Regal sieht so aus wie jene, die ich suche. Entweder zu klein, zu ramponiert oder zu vollgekritzelt.

Ich überlege gerade, ob wir uns unauffällig ins Observatorium schleichen können, als mein Blick auf die fleckige Ledertasche fällt.

Sie liegt auf einem vergilbten Mikrowellenherd in der Küche, halb verdeckt von einer leeren Verpackung irgendeines Fertiggerichts.

»Ich hole mir noch etwas Wasser«, sage ich und gehe in die

Küche. Überall stapelt sich schmutziges Geschirr und ein großer Suppentopf steht zum Einweichen in der Spüle. In dem fettigen Wasser schwimmen Essensreste, die aussehen wie das letzte Stadium einer Fleischsoße.

Karls Herd ist das Einzige, was auf dieser Etage einigermaßen neu wirkt. Obwohl sich der Küchentisch unter Tellerstapeln, mathematischen Berechnungen und Verpackungen von Fertiggerichten biegt, ist das Glaskeramik-Kochfeld sauber und komplett freigeräumt. Über Karl lässt sich so einiges sagen, aber das Wort ›Herdliebhaber‹ wäre wohl nicht das Erste, was mir zu ihm eingefallen wäre.

Der Riemen der Tasche hängt seitlich an der Mikrowelle herunter. Vorsichtig hebe ich die leere Verpackung an, in der irgendwann einmal Hackbällchen in Curry waren. Das braune Leder ist flach, was mich beunruhigt, und als ich den Karton noch ein wenig weiter anhebe, sehe ich, dass die Tasche leer ist.

»Sag mal, wühlst du immer in den Sachen anderer Leute herum?« Karls empörte Stimme bringt mich dazu, meine Hand so schnell zurückzuziehen, dass sowohl die Tasche als auch die Verpackung zu Boden fallen.

»Nein, nein, ich wollte nur … Ich habe mich nur gefragt, woher unsere Wunden kommen.« Mir steigt die Hitze in die Wangen, als ich die Sachen aufgebe und sie zurück auf die Mikrowelle lege.

»Haben Sie ihn sich seit gestern eigentlich mal genauer angesehen? Also, den Kompass Ihres Vaters?« Noah nutzt die Gelegenheit, um das Gesprächsthema zu wechseln.

»Ja, habe ich«, sagt Karl wachsam, als würde er damit rechnen, wegen illegalen Waffenbesitzes verhaftet zu werden, wenn er zu viel sagt.

»Haben Sie herausgefunden, wie er funktioniert?«, fragt Linus.

»Nein. Aber vielleicht habt ihr recht damit, dass sich mit den Zahlen eine Art Code einstellen lässt.«

»Was für ein Code?« Noah versucht, desinteressiert zu wirken, aber seine Stimme klingt angespannt.

»Ich weiß es nicht.« Karl steht auf und geht um den Tisch herum zum Computer. Er zieht seinen Bürostuhl hervor und nimmt etwas von der Sitzfläche.

Beim Anblick des Instruments dreht sich mir der Magen um, und ich balle unwillkürlich die Hände, auf das Schlimmste gefasst. Aber diesmal gibt es kein Summen und keinen plötzlichen Lichtblitz. Das mattgoldene Ding liegt still und unbeweglich in Karls Hand.

Er greift in seine Tasche und holt das Prisma heraus. Widerwillig reicht er es Noah.

»Hier. Ich glaube, dein Anhänger hat ihn aktiviert, aber ich habe mich nicht getraut, es zu überprüfen.« Er legt das Instrument auf den Tisch neben die Kaffeetasse.

Ich gehe langsam zurück zu den anderen und wir lehnen uns alle über den Kompass.

»Ich kann mir nicht erklären, wie er funktioniert«, fährt Karl fort. »Es gibt kein Batteriefach, und es ist zu riskant, ihn auseinanderzuschrauben, wenn er euch so zurichten konnte.« Er nickt in Richtung meiner verbundenen Hände.

»Warum glauben Sie, dass es eine Karte ist?«, frage ich.

»Vielleicht ist sie nur Dekoration?«, schlägt Karl vor. »Zumindest lässt sie sich nicht verändern, genau wie die Zahlen auf den Scheiben.«

Er dreht an den gerillten Metallbändern am Rand des Instruments und die Scheiben auf der Oberfläche kratzen mit einem quietschenden Geräusch wie von Rost aneinander.

»Wenn es ein Code ist, den man einstellen kann, dann muss er ziemlich kompliziert sein«, sagt Linus. »Da ist Platz für insgesamt zehn Zahlen. Zweistellige Zahlen auf der einen Hälfte, einstellige auf der anderen.«

Im hellen Licht erkenne ich, dass jede Scheibe Zahlen von 0 bis 9 aufweist. Fünf von ihnen bestehen aus einer kleinen Scheibe, die auf einer etwas größeren befestigt ist, sodass man eine zweistellige Zahlenkombination einstellen kann.

»Ein Code-Kompass? Das klingt wirklich cool«, sagt Noah.

»Da steckt bestimmt irgendeine Logik dahinter.« Linus erforscht das Instrument weiter. »Vielleicht ist es ein Chiffriergerät. Ihr wisst schon, wie die Enigma-Maschine, die von den Deutschen im Zweiten Weltkrieg benutzt wurde, um Codes zu verschlüsseln und zu knacken.«

»Oder vielleicht ist es ein Hightech-Mini-Safe!«, schlägt Pi vor. »Vielleicht ist da etwas wahnsinnig Wertvolles drin, das man nur herausholen kann, wenn man den richtigen Code eingibt!«

»Und Sie haben es seit gestern wirklich nicht geschafft, irgendetwas damit zu machen?« Noah sieht Karl an, der den Kopf schüttelt.

»Leider nicht.« Er schaut mit einer Mischung aus Ehrfurcht und Sehnsucht auf Noahs Hand, die sich um das Glasprisma krampft.

»Sie haben also keine Ahnung, was gestern passiert ist?«, frage ich.

»Nein«, sagt Karl. »Wenn ich gewusst hätte, dass das Ding gefährlich ist, hätte ich euch nie daran herumspielen lassen. Ich dachte einfach, es wäre so ein verrücktes Ding, das bei meinem Vater herumlag. Er hat allen möglichen seltsamen Krimskrams gesammelt.«

»Können wir ihn uns ausleihen?«, fragt Noah.

Karl sieht ihn überrascht an.

»Warum?«

»Um ihn uns genauer anzusehen.«

Karl schließt seine Hände um das Instrument und drückt es an seine Brust, als hätte er Angst, dass wir es stehlen könnten.

»Nein«, sagt er.

»Nein?« Noah runzelt die Stirn.

»Nein«, wiederholt Karl, diesmal bestimmter. »Erstens ist es zu riskant. Ich will nicht dafür verantwortlich sein, dass ihr euch wieder verletzt. Und zweitens verleihe ich meine Sachen nicht gerne an Leute, die ich nicht kenne. Faktisch verleihe ich meine Sachen prinzipiell nicht.«

Karl geht in die Küche und nimmt die Ledertasche von der Mikrowelle. Noah gibt ein frustiertes Stöhnen von sich, als das Instrument in der Tasche verschwindet. Karl legt sie auf den Küchentisch und dreht sich um.

»Habt ihr noch Fragen?« Er klingt abweisend.

Linus dreht sich zu uns um, aber niemand sagt etwas.

»Nein.« Er sieht verloren aus. »Haben wir nicht.«

»Na dann, viel Glück mit euren Aufgaben.« Karl verschränkt die Arme vor der Brust. »Findet ihr alleine raus?«

30

»*God damm it*, Noah!« Pi geht auf ihren Bruder los, als Karls Schritte hinter der geschlossenen Haustür verklungen sind. »Warum musstest du auch fragen, ob wir ihn *ausleihen* können? Wir haben doch schon darüber gesprochen!«

Noah tritt wütend gegen einen Schneehaufen auf der obersten Stufe.

»Ich konnte ja nicht ahnen, dass er komplett dichtmacht!«

»Warum bist du immer so irre ungeduldig?«

»Und warum bist du so eine verdammte Besserwisserin?« Noah springt die Treppe hinunter und stapft durch unsere Spuren zurück zum Weg. Nach ein paar Metern bleibt er stehen. Als er sich umdreht, kann ich sogar aus der Entfernung im silbernen Mondlicht den unbeugsamen Ausdruck auf seinem Gesicht erkennen.

»Du musst ihm das mit dem Feuer zeigen«, sagt er zu seiner Schwester. »Wir müssen ihn davon überzeugen, dass dieses Ding mehr kann, als den Leuten Stromstöße zu verpassen.«

»Nein.« Pi schüttelt energisch den Kopf. »Ich habe doch gesagt, dass ich das nicht will. Ich kann es überhaupt nicht kontrollieren. Es ist zu gefährlich!«

»In der Notaufnahme ist nichts passiert, oder? Wenn wir es vorhersehen, können wir Vorsichtsmaßnahmen ergreifen.«

Ich sehe Karls vollgestopftes Wohnzimmer vor mir. Überall liegen Kartons, Müll, Papier und Bücher herum.

»Ich glaube nicht, dass es sicher ist, in Karls Haus etwas anzuzünden, egal wie gut wir achtgeben«, wende ich ein.

»Dann machen wir es draußen!« Noah kommt wieder auf uns zu. »Das Wichtigste ist, dass er es sieht!«

»Ich will nicht«, sagt Pi. »Du kannst mich nicht dazu zwingen.«

Noah sieht sie überlegen an.

»Kann ich anscheinend doch. Ich muss dich nur bis aufs Blut reizen.«

Pi versteift sich und ihre Fäuste ballen sich an der Seite ihrer Oberschenkel. Sie sieht aus, als wollte sie ihn anschreien, aber dann löst sie ihre verkrampften Hände und atmet langsam aus.

»Netter Versuch«, sagt sie mit erzwungener Ruhe.

Noah schüttelt den Kopf und marschiert wieder in Richtung Straße davon. Das leise Knirschen des Schnees unter seinen Sohlen ist das einzige Geräusch, das zu hören ist.

Pi geht die Stufen hinunter und Linus und ich folgen ihr. Plötzlich bleibt sie so abrupt stehen, dass ich sie anrempele.

»*Hey!* Das habe ich gehört, du Arsch!«, sagt sie laut.

Noah dreht sich um.

»Was hast du gehört?«, knurrt er.

»Dass du mich einen verdammten Loser genannt hast!«

»Was?« Die Wut in Noahs Gesicht weicht Ungläubigkeit. »Das habe ich nicht gesagt!«

»Du musst nicht den Unschuldigen spielen, okay? Du hast ja nicht gerade geflüstert!«

Noah starrt sie an und dann Linus und mich, die ein paar Schritte hinter ihr stehen.

»Habt ihr das auch gehört?«, fragt er.

Ich schüttle den Kopf.

»Nein«, sagt Linus.

Pi dreht sich auf halber Treppe mit misstrauischem Blick zu uns um.

»Wie könnt ihr das nicht gehört haben, er hat doch fast *geschrien*!«

Über ihre Schulter sehe ich, wie Noah total baff blinzelt. Dann bewegt er die Lippen. Obwohl er keinen Ton von sich gibt, formt er seine Worte gegen seine Schwester so deutlich, dass ich das ›*Fuck you*‹ lesen kann.

Pi dreht sich um und zeigt auf ihn.

»Hör jetzt auf!«

Noah legt den Kopf zur Seite. Diesmal bewegt sich sein Mund nicht, aber Pi faucht ihn an, als hätte er ihr eine Tracht Prügel verpasst.

»Du kleiner …« Sie springt in den Schnee und rennt auf ihn zu.

Noah bleibt stehen und sieht sie näher kommen.

Pi hebt die Hand, um zuzuschlagen, aber die Brandwunden lassen sie offenbar im letzten Moment ihre Meinung ändern. Stattdessen tritt sie nach ihm. Der Kick kommt schnell und karatemäßig, aber Noah fängt ihren Fuß ab und dreht ihn nach oben, woraufhin sie rücklings im Schnee landet.

Ich erwarte in diesem Moment, dass Noah sich in einen beherzten Bruder-Schwester-Kampf stürzen wird, aber er steht nur da, während sie keuchend aufsteht und ihm einen weiteren Schlag verpasst.

»Pi, stopp!« Noah duckt sich und weicht ihrem schwingenden Arm aus.

Als Pi erneut ausholt, greift er nach ihrem Handgelenk. Sie versucht, ihn mit dem anderen Arm zu erreichen, aber der endet in dem gleichen schraubstockähnlichen Griff.

»Lass mich los!« Pi ist rot angelaufen und ihr Gesicht so verzerrt, dass ich befürchte, dass sie ihn gleich in Brand setzt.

Die Arme der Zwillinge kreuzen sich voreinander.

»Pi«, sagt Noah und versucht, ihr in die Augen zu sehen.

»Lass mich los, du Arsch!«

»Pi, sieh mich an.«

»Aaargh!« Pi versucht mit größter Mühe, sich loszureißen, aber Noah ist stärker als sie. Sie kämpft in alle Richtungen, während der Schnee um sie herum aufwirbelt.

»Sieh mich jetzt an!« Mit einer schnellen Bewegung lässt Noah ihre Handgelenke los und packt ihr Gesicht mit beiden Händen. Pi ist so überrascht, dass sie vergisst, Widerstand zu leisten. Ihre Blicke verhaken sich einige Sekunden ineinander.

Dann befreit sie sich aus seinem Griff.

»Was machst du da?«, fragt sie erschrocken.

»Hast du das gehört?«

Pi hebt langsam die Hand und legt einen Finger auf seine Lippen.

»Mach das noch mal.« Ihre Stimme ist so leise, dass ich sie kaum hören kann.

Noah tut nichts. Aber Pi schnappt nach Luft und stolpert einige Schritte zurück, weg von ihm.

»Wie hast du das gemacht?«

Linus und ich treten zögernd näher.

»Was macht ihr da?«, frage ich.

Pi starrt ihren Bruder an.

»Noah kann … ich kann seine Stimme in meinem Kopf hören … auch wenn er nichts sagt.«

»Was?« Linus sieht sprachlos aus. »Wie?«

Noah betrachtet Pi mit konzentriertem Blick und ihr Gesicht verzieht sich zu einer leidenden Grimasse.

»Nein, Noah … hör auf. Please«, flüstert sie, ohne ihn anzusehen. Sie hält sich den Kopf mit beiden Händen und presst die Lippen fest aufeinander.

Noah versteift sich.

»Du kannst es auch!«

»Was?«

»Ich kann dich hören. Aber deine Lippen haben sich nicht

bewegt. Du hast ›*Stopp, stopp, stopp, stopp, stopp*‹ gesagt. Oder zumindest gedacht.«

Pi nimmt ihre Hände weg und sieht ihn verloren an.

»Oder?«, fragt er.

Sie nickt.

»Aber wie können wir …«

»Versuch es noch einmal«, sagt Noah. »Denk an etwas. Sag etwas, aber ohne es laut auszusprechen. *Denk es.* Wenn ich etwas höre, versuche ich, dir zu antworten.« Er macht einen Schritt auf sie zu, aber sie weicht zurück und hält den Abstand zwischen ihnen.

»Okay!« Das Wort ist hart und spitz, eine Waffe, die ihn daran hindern soll, noch näher zu kommen. Sie hält die Luft an und konzentriert sich auf ihn, ohne auf mich oder Linus zu achten.

Die Muskeln um Noahs Augen zucken kurz wie bei einem kleinen Tic, als hätte er an einen elektrischen Zaun gefasst oder wäre dumm auf einen Stein getreten.

Pi lässt mit einem Stöhnen die angehaltene Luft aus ihrer Lunge und sie bricht den Blickkontakt ab.

»So«, murmelt sie.

»Du hast ›*Hallo*‹ gedacht. Das war ziemlich deutlich«, sagt Noah überrascht. Pi weicht nicht zurück, als er auf sie zutritt. »Hast du auch meine Antwort gehört?«, fragt er.

»Ja«, sagt sie, immer noch in den Schnee starrend. »Du … du hast auch ›*Hallo*‹ gedacht.«

Mir schwirrt der Kopf, als mir klar wird, dass meine beiden Klassenkameraden die Gedanken des jeweils anderen lesen können.

Was, wenn sie auch meine lesen können?

Ich muss ein Geräusch von mir gegeben haben, denn Noah sieht mich scharf an.

»Was?«, fragt er.

Wortlose Gedanken schießen mir durch den Kopf. Sein Lächeln in der Biostunde, der Geruch seines Deos, die dünne Lederschnur um seinen Hals. Der zerfledderte Zeichenblock mit dem Bild von ihm. Schwarzes Holzkohlehaar und blaugrüne Augen, die die Buntstifte niemals richtig einfangen könnten.

Nein! Ich darf nicht an ihn denken!

Wenn Noah meine Gedanken lesen kann, gibt es viel zu viel, was er nicht wissen darf. Viel zu viel, was ich dann nicht mehr verstecken kann. Wie eine dieser großen orangefarbenen Bojen sprudelt es aus meinem Unterbewusstsein an die Oberfläche des Meeres meiner Erinnerungen. Linus hat einmal gesagt, dass man, wenn man *nicht* an einen rosafarbenen Elefanten denken soll, *ausschließlich* an einen rosafarbenen Elefanten denken kann. Und jetzt steht der Elefant da und starrt mich mit erwartungsvoll gespitzten Lippen an … als könnte er *wirklich* alles hören, was in meinem Kopf vor sich geht.

Jetzt bin ich an der Reihe, von Noah zurückzuweichen.

»Kannst du … kannst du mich auch hören?«, frage ich.

Er hebt die rechte Hand und legt zwei Finger an seine Schläfe. So wie Professor Xavier in den ›X-Men‹-Filmen, wenn er Telepathie einsetzt. Entweder hat Noah den Film schon ein paarmal gesehen, oder es ist einfach so, dass man den Drang nach dieser Geste verspürt, wenn man in die Gehirne anderer Menschen eindringt.

Ich kneife die Augen zusammen, weil ich nicht weiß, was mich erwartet. Werde ich seine Stimme in meinem Kopf hören? Oder kann er die Gedanken aus mir heraussaugen, ohne dass ich es merke? Ich versuche verzweifelt, an etwas Neutrales und Harmloses zu denken. Ein Bleistift. Ich denke an einen Bleistift. Ich stelle mir seine schlanke achteckige Form und die grauschwarze Spitze vor.

»Ich kann nicht direkt etwas hören«, sagt Noah.

Ich öffne die Augen wieder, das Wort ›direkt‹ weckt mein Misstrauen.

»Versuche, direkt an mich gerichtet zu denken. ›Hallo, Noah‹ oder so etwas.« Er hält die Finger immer noch wie eine Antenne an seinen Kopf.

Ich halte den Atem an, während ich die zwei Wörter ohne einen Laut hinten im Rachen forme. Noahs konzentrierter Gesichtsausdruck verändert sich nicht.

Es ist so still in meinem Kopf, dass man den Gedanken an eine Stecknadel, die zu Boden fällt, hören könnte.

»Funktioniert es?«, fragt Linus angespannt.

»Nein.« Noah lässt die Finger sinken. »Ich habe versucht, mit Emilie zu reden, so wie ich es mit Pi gemacht habe. Aber Emilie kann meine Gedanken offenbar nicht hören. Und ich ihre auch nicht.«

Noah sieht ein wenig frustriert aus, aber durch meine Adern pulsiert die Erleichterung im Takt meines schnellen Herzschlags.

Nachdem wir es eine halbe Stunde lang auf der schneebedeckten Straße vor Karls Haus getestet haben, glauben wir, das System vielleicht verstanden zu haben.

Nur Noah und Pi können telepathisch miteinander kommunizieren. Und auch nur, wenn sie sich direkt aneinander wenden. Sie können nicht einfach im Gehirn des jeweils anderen herumwühlen. Das scheint beide zu erleichtern.

Sie behaupten, dass es sowohl mit Worten als auch mit Bildern funktioniere, und sie müssen sich dafür nicht gegenüberstehen. Selbst mit ein paar Hundert Metern Abstand in der silbrigen Dunkelheit kamen ihre besonderen mentalen Signale deutlich an.

Einmal schlichen sich die Zwillinge von außen an Karls Wohnzimmer heran und versuchten, durch das Fenster einige seiner Gedanken zu erwischen, aber ohne Erfolg. Bei Linus funktionierte es auch nicht.

Entweder haben Karl, Linus und ich also wirklich dicke Hirnschalen, oder bei Noah und Pi wurde im Oberstübchen eine spezielle Zwillingsversion von Skype installiert.

»Hör mal«, sagt Noah. Die Aufregung lässt seinen Körper beben. »Sind wir uns einig, dass wir das Ganze steuern können?«

»Ich … ich weiß nicht, ob wir das können«, sagt Pi. »Wir haben es nur an fünf Leuten getestet und nur über eine kurze Zeit, also …«

»Es ist nicht gefährlich«, unterbricht Noah sie. »Es wurde doch niemand verletzt, oder?«

»Nein, aber …«

»Gut. Ich habe eine Idee.«

»Was denn?«, fragt Pi misstrauisch.

»Wir gehen rein und überzeugen Karl, dass er uns noch mal dieses Ding anschauen lässt. Er muss uns glauben, wenn wir ihm das Gedankenlesen vorführen!«

»Aber …«, sagt Pi.

»Es kann doch nichts passieren, okay? Und wir *müssen* mehr erfahren. Was, wenn das hier nur der Anfang ist?« Noah tippt sich an die Schläfe.

Linus scheint der Gedanke zu erschrecken. Er ist bislang der Einzige, der keine Anzeichen von irgendetwas Abnormalem gezeigt hat, aber er hat Brandwunden wie wir. Was, wenn sich plötzlich Gräben in der Erde auftun, weil er geniest hat?

Und Pi scheint sogar zwei Fähigkeiten zu besitzen. Sowohl die mit dem Feuer als auch telepathische Kräfte, die sie mit ihrem Bruder teilt. Was, wenn wir anderen auch noch mehr als eine Sache können? Was, wenn der Wahnsinn keine Grenzen kennt?

Ich seufze und sowohl Linus als auch die Zwillinge drehen sich zu mir um.

»Noah hat recht.« Ich verziehe das Gesicht, als ich die Worte laut ausspreche.

»Habe ich?« Er schaut skeptisch drein.

»Mit uns passieren seltsame Dinge, seit wir diese Brandverletzungen bekommen haben«, sage ich. »Wir müssen wissen, was wir zu tun haben, und Karl ist der Einzige, der uns helfen kann.«

»Aber er will nicht«, sagt Linus. »Er hat uns vorhin rausgeworfen.«

»Wir müssen ihn überreden, uns zuzuhören«, sage ich. »Wir können nicht einfach zu Hause rumsitzen und darauf warten, dass die Antworten auftauchen. Oder mehr von diesen … Fähigkeiten. Es ist zu gefährlich.«

»Wie willst du ihn überreden?«, fragt Linus. »Pi und Noah können Karls Gedanken nicht lesen. Und sie könnten vorher abgesprochen haben, worüber sie telepathisch reden. Karl geht schon davon aus, dass wir die Website manipuliert haben, also wird er nur glauben, dass wir ihn für dumm verkaufen, wenn uns nichts wirklich Überzeugendes einfällt.«

Noah schaut gedankenversunken auf seine verschränkten Unterarme.

»Ich habe eine Idee«, sagt er.

»Wenn ein Regenrohr Teil deines Plans sein sollte, bist du überstimmt«, sage ich.

»Und die Geschichte mit den Schulaufgaben wird er uns auch nicht mehr abkaufen«, fügt Linus hinzu.

»Ich setze definitiv nichts in Brand«, sagt Pi.

»Das wird nicht nötig sein.« Noah nickt langsam vor sich hin. »Nicht, wenn es klappt.«

31

»Was wollt ihr denn noch?« Die Verärgerung in Karls Stimme hat eine feindselige Note, als er uns die Tür erneut öffnet.

»Wir wollen mit Ihnen über diesen Code-Kompass reden«, sagt Noah.

»Ich habe euch gesagt, dass ich ihn nicht verleihe.«

»Das wissen wir ja schon, aber wir müssen ihn bitte noch einmal sehen.«

»Ihr *müsst* ganz sicher nicht …«, beginnt Karl, aber Noah unterbricht ihn.

»Seit gestern Abend passiert etwas Seltsames mit uns. Seit wir uns diese Verletzungen zugezogen haben. Und Sie müssen uns helfen, herauszufinden, warum.«

»Etwas Seltsames?« Karls Gesichtsausdruck ist immer noch abweisend, aber seine Stimme klingt zögerlich.

Ich atme tief durch.

Okay, Emilie. Jetzt ist es so weit.

»Ja«, sage ich. »Wir können plötzlich … Dinge tun. Wir haben einige Fähigkeiten, die wir vorher nicht hatten.«

»Was für Fähigkeiten?« Karls Augen verengen sich zu kleinen Schlitzen und seine Fingerspitzen klammern sich fest an den Türrahmen.

»Meine Schwester und ich können Telepathie anwenden«, sagt Noah.

Es klingt so albern, als er es laut ausspricht. Ich hoffe, er erwähnt keine der anderen Fähigkeiten. Die klingen noch wahnwitziger.

»Wir haben überlegt, wie wir es Ihnen beweisen können«, fährt Noah schnell fort. »Und wenn ich jetzt in den Garten gehe, während Sie und Pi …«

»Du willst mir also weismachen, dass ihr meine Gedanken lesen könnt?« Karl wirkt nicht verängstigt, also hat er entweder nichts zu verbergen oder er glaubt Noah nicht. Leider eher Letzteres.

»Nein, wir können nur die Gedanken des jeweils anderen lesen.«

»Verstehe. Und wie genau wollt ihr das beweisen?«

»Wie ich schon sagte, ich würde in den Garten gehen, während Sie mit …«

»In den Garten?«, fragt Karl. »Verstehe. Damit ihr euch nicht hören könnt. Also *kann* es ja nur Telepathie sein, wie?«

»Wir können Ihnen gerne zeigen, dass wir kein Abhörgerät mitgebracht haben.« Die Frustration in Noahs Stimme ist deutlich zu vernehmen. »Sie dürfen gerne unsere Taschen durchsuchen.«

»Das klingt natürlich verlockend«, sagt Karl.

»Geben Sie uns eine Chance«, sage ich. »Wir versprechen, dass wir Sie nicht mehr besuchen, wenn Sie uns nicht glauben.«

»Ein gutes Angebot«, sagt Karl. »Aber kann ich mich darauf verlassen?«

»Hundertprozentig«, sagt Noah und streckt die Hand aus. »Abgemacht?«

Noah bekommt einen Notizblock und einen Kugelschreiber, um das Gespräch zwischen Pi und Karl mitzuschreiben. Bevor er nach draußen geht, wühlt Karl eher pseudomäßig in den Jackentaschen der Zwillinge herum und deponiert ihre ausgeschalteten Handys im Flur.

Ich stehe am Wohnzimmerfenster und behalte Noah im Auge. Er lässt sich im Lichtschein aus dem Wohnzimmer unter einem krummen blattlosen Baum nieder, legt den Block auf die Knie und pustet in die Hände, um seine Finger zu wärmen. Dann klickt er auf den Kugelschreiber und reckt den Daumen in die Höhe.

Karl und Pi sitzen sich gegenüber und legen die Hände auf die Tischplatte. Sie versuchen beide entspannt zu wirken, was mich an ein Vorstellungsgespräch erinnert, auf das keiner von beiden Lust hat. Linus steht neben dem Tisch und versucht, sich unsichtbar zu machen.

»Noah ist so weit«, sage ich.

»Ja«, sagt Pi, als wüsste sie das schon. Wahrscheinlich tut sie das auch.

Sie sieht Karl an.

»Äh … ich muss Sie etwas fragen, was wir vorher nicht wissen konnten.«

»Aha«, sagt er.

»Irgendwelche Vorschläge?«

»Das ist eure Idee.« Karl klingt genervt.

»Ähm, ja. Also … wie lautete die Hausnummer Ihres Elternhauses?«

»Drei.«

»Okay.« Pi hält kurz inne, während sie sich darauf konzentriert, eine mentale Nachricht in den Garten zu schicken. Dann wendet sie sich wieder Karl zu. »Wie … äh … wie hieß Ihr Hund? Der auf dem Bild.«

»Laika. Sie war halb Labrador und halb Golden Retriever.« Die Erinnerung entlockt ihm ein schwaches Lächeln.

»Gut.« Pi macht wieder eine kurze Pause, bevor sie weitere Fragen stellt.

Karl beantwortet sie alle, und langsam öffnet er sich, als wäre es für ihn fast therapeutisch, über sich selbst zu sprechen.

Immer mehr Details tauchen in seinen Erzählungen auf, ohne dass Pi sie ihm entlocken muss.

Karl sitzt da und kritzelt Schnörkel auf ein Stück Druckerpapier mit Berechnungen, während er spricht. Er scheint sich nicht darauf zu konzentrieren, was seine Hand tut, denn es sind nur zufällige Muster. Kreise, Linien und Quadrate übereinander. Wenn ich selbst Schnörkel male, werden die Muster schnell zu Augen und Lippen und Blumen und Schmetterlingen.

Die Fragerunde läuft eigentlich ganz gut, bis Pi eine unsichtbare Grenze überschreitet.

»Sie haben gesagt, dass Sie das Code-Dingbums von Ihrem Vater haben, richtig?«

»Ja.« Karls Stimme verhärtet sich und seine Körperhaltung wird steifer.

Pi scheint die Veränderung nicht bemerkt zu haben, denn sie redet ungerührt weiter.

»Haben Sie es nach seinem Tod geerbt?«

»Ich will nicht über meinen Vater reden«, erklärt Karl scharf.

Pi zuckt zusammen.

»O-okay.«

»Jetzt solltet ihr aber auch genug wissen, um mich wirklich zu *überzeugen.*« Durch das unglückliche Thema hat Karls Stimme eine unüberhörbare Feindseligkeit angenommen.

Ich beeile mich, Noah ein Zeichen zu geben, dass er zurückkommen soll.

Seine Wangen und Hände sind von der Kälte gerötet, als er das Zimmer wieder betritt, und es fällt ihm schwer, seine Jacke auszuziehen, weil seine Finger zu steif sind, um den Reißverschluss richtig zu greifen. Nach ein paar Versuchen gibt er auf.

»Wollt ihr sehen, was ich habe?«, fragt er und hält den Notizblock hoch. Oben auf der ersten Seite steht die Zahl 3, und ich habe allmählich die Hoffnung, dass der Plan vielleicht doch aufgeht.

Linus beugt sich vor, während Pi den Block nimmt und laut vorliest. Noah hat für die einzelnen Themen nur Stichwörter aufgeschrieben.

Hund. Laika. Lab + Golden R, steht unter der Hausnummer.

»Ja, es war zu kalt, um ein ganzes Referat zu schreiben«, sagt er und reibt sich die Finger kräftig an den Oberschenkeln, um den Blutkreislauf wieder anzuregen.

»Alles gut«, sagt Pi konzentriert und liest weiter.

Während wir uns stichpunktartig durch Karls Kindheit bewegen … die Farbe seines ersten Fahrrads (blau), der Name seiner Schulzahnärztin (Susanne) und sein Lieblingsessen (Fleischbällchen in Currysoße) … sieht er immer verbissener aus.

Als Pi die letzte Antwort vorliest, schauen wir vier ihn erwartungsvoll an. Er schüttelt heftig den Kopf.

»Das kann nicht sein«, sagt er. »Ich glaube euch nicht.«

»Was? Noahs Antworten sind alle richtig!«, sage ich.

»Das ist einfach lächerlich.« Karl lehnt sich in seinem Stuhl zurück und sieht uns an, als hätten wir ein Verbrechen begangen. »Es gibt keine Telepathie. Ihr hattet doch nur Glück und habt richtig geraten. Labrador-Retriever-Mischlinge sind nichts Seltenes, und …«

»Aber wie viele von ihnen heißen Laika?«, fragt Linus.

»Ich bin Astrophysiker. Ich forsche im Weltraum. *Wirklich* schwer zu erraten, dass mein Hund nach dem ersten Lebewesen benannt war, das die Erde umkreist hat«, sagt Karl. »Und was die anderen Fragen angeht: Jungenfahrräder sind meistens blau. In den 1960er-Jahren hießen Tausende Frauen Susanne. Und Fleischbällchen in Currysoße? Viel zu offensichtlich«, sagt er und deutet auf die Verpackung auf der Mikrowelle.

Ich würde am liebsten losschreien aufgrund seiner engstirnigen wissenschaftlichen Logik.

Noah wirkt überraschend ruhig. Er nimmt Pi den Block aus der Hand und wirft ihn mit der grauen Papprückseite nach oben direkt vor Karl auf den Tisch:

»Und wie erklären Sie sich das hier?« Karl schaut säuerlich auf die wirren Linien. Es sieht nach gar nichts aus, nur nach einem großen Durcheinander.

»Haben Sie das schon einmal gesehen?«, fragt Noah.

Karl will schon verneinen, aber dann fällt sein Blick auf das Druckerpapier mit seinen eigenen Kritzeleien.

Die Muster auf der grauen Pappe und dem weißen Papier sehen genau gleich aus. Obwohl Noahs Linien ungleichmäßiger sind als Karls, besteht kein Zweifel, dass sie gleich sind. Noah und Pi tauschen einen verständigen Blick aus, als würden sie sich gegenseitig ein stummes High Five geben.

Karl blinzelt ein paarmal.

»Ich hätte eure Taschen sorgfältiger durchsuchen sollen. Ihr müsst irgendwo eine Kamera versteckt haben!«

»Wovon reden Sie da?«, ruft Pi. »Im Ernst? Wo hätte ich denn eine Kamera verstecken sollen?« Sie zieht ihr Oberteil herunter, sodass ihr roter Spitzen-BH zum Vorschein kommt. »Hier?«

»Äh …« Karl sieht peinlich berührt auf den Tisch.

»Oder hier?« Pi klingt jetzt wütend. Sie lockert das Zopfgummi um ihre Dreadlocks, beugt sich über den Tisch und zerzaust mit beiden Händen ihr Haar. »Oder hey … vielleicht habe ich ja so eine Art geheime Kontaktlinsen, die sowohl Bild *als auch* Ton aufnehmen können?« Sie beugt sich weiter zu Karl vor, sodass sich ihr nun tiefes Dekolleté direkt vor seinem Gesicht befindet. »Möchten Sie das aus Sicherheitsgründen auch überprüfen?« Eines ihrer Augen wölbt sich unangenehm hervor, als sie die Augenlider mit einer zornigen Bewegung nach hinten zieht.

Karl traut sich nicht, sie anzusehen, sondern starrt konzentriert auf die beiden Zeichnungen, die auf dem Tisch vor ihm liegen.

»Pi«, sagt Noah, aber sie ignoriert ihn.

»Und hat Noah vielleicht mit einem kleinen Fernseher draußen auf dem Rasen gesessen und einfach nur alles abgemalt?« Pi schlägt mit der rechten Handfläche schwungvoll auf das Druckerpapier und Karls Blick flackert kurz hin zu ihrem Gesicht, das unter den Sommersprossen rote Flecken bekommen hat.

»So sind wir nämlich! Schwachsinnige Teenager, die zu viel Zeit mit dem Versuch verbringen, die Leute von unseren telepathischen Fähigkeiten zu überzeugen!« Ihre Stimme wird mit jedem Wort lauter.

»Pi«, wiederholt Noah und legt ihr die Hand auf die Schulter. Sie schüttelt sie ab und starrt weiter auf Karl. Der sitzt zusammengekauert auf seinem Stuhl und starrt zu Boden, als hätte er Angst, dass sie anfängt zu strippen, wenn er ihr erneut in die Augen sieht.

»Was für eine verdammte *Zeitverschwendung*!« Pi ballt die Hand auf dem Tisch zur Faust und das Druckerpapier in ihrer Handfläche kräuselt sich mit einem knisternden Geräusch.

In diesem Moment züngelt Feuer in ihrer Faust.

Sie stößt einen Schrei aus und reißt sich den brennenden Verband von der Hand, der auf dem Esstisch landet und sogleich einen Haufen Notizen und eine große Sternkarte in Brand setzt. Die Flammen beginnen blitzschnell, sich durch das Chaos zu fressen.

Karl springt so schnell auf, dass sein Stuhl umkippt. Er stolpert nach hinten und landet mit einem knirschenden Geräusch auf dem Hintern.

Noah sieht sich nach etwas um, womit er das Feuer ersticken kann, aber da ist nichts. Nur noch mehr Papier.

»Wasser!« Linus dreht sich um und läuft in die Küche.

»Nein!«, ruft Noah ihm hinterher. »Kein Wasser! Du musst … fuck!« Er fummelt an dem Reißverschluss seiner Jacke herum, aber seine Finger sind noch immer starr vor Kälte.

Ich renne zu ihm und greife nach dem Reißverschluss. Ziehe so hart daran, dass ich fast den kleinen Schiebergriff abreiße.

Noah fängt an, sich aus der Jacke zu schälen, aber das geht nicht schnell genug. Ich packe ihn an der Schulter und drehe ihn um, sodass er mit dem Rücken zu mir steht, und ziehe ihm mit einer schnellen Bewegung die Jacke aus.

Einer von Noahs schwarzen Fäustlingen landet auf dem Boden, während ich die Jacke über die Flammen werfe, die im Nu zu einem kleinen Mittsommernachtsfeuer angewachsen sind. Dann schlage ich darauf ein, um das Feuer zu ersticken. Hebe die Lederjacke wieder an und werfe sie auf eine andere Stelle, bis die orangefarbene Glut auf der Tischplatte zu Rauch und kleinen glühenden Papierfetzen wird, die zwischen uns herumwirbeln.

Linus kommt mit dem großen Suppentopf aus der Spüle aus der Küche gerannt. Wasser spritzt auf den Boden. Als er den Inhalt des Topfes über den letzten Stapel brennender Karten schüttet, wird aus dem Rauch dichter feuchter Qualm.

Der Rauchmelder über dem Esstisch beginnt zu piepen. Und noch einer. Und noch einer. Bald schrillen alle Melder im Wohnzimmer im Chor, der sich mit dem Rauch auf die verschiedenen Räume ausbreitet. Es klingt, als wären mindestens hundert dieser Dinger im ganzen Haus verteilt.

»Was zum …?«

Karl hat sich wieder aufgerappelt und steigt über seinen umgestürzten Stuhl. Dem merkwürdigen Winkel der Stuhllehne nach zu urteilen, ist sie abgebrochen.

»Was zum *Teufel* macht ihr hier?«

Ich knete Noahs Lederjacke in den Händen und schnappe

nach Luft. Noah sieht fassungslos von mir auf das Chaos vor Karl.

Die meisten Papiere auf dem Tisch sind zu verkohlten, zerknüllten Häuflein geworden. Das Wasser aus dem Topf hat alles in eine fettige Masse mit Essensresten verwandelt. Asche und ein einzelnes gelbes Maiskorn liegen auf der Computertastatur, die in einer Wasserpfütze steht.

»Das war … Entschuldigung! Das war keine Absicht!«, sagt Pi verzweifelt. Sie ballt die Fäuste vor der Brust und geht rückwärts aus der Tür in den Flur.

»Wir können das erklären«, sagt Noah.

»RAAAUS! RAUS AUS MEINEM HAUS!« Karl schreit so laut, dass seine Stimme überschnappt. Er fuchtelt mit den Armen, als würde er gleich das Gleichgewicht verlieren.

»Wir …«, setze ich an, aber Karl gibt einen tierischen zornigen Laut von sich und stolpert auf uns zu.

»SOFOOOORT!«, brüllt er.

Wir drehen uns alle vier um und flüchten hinaus in den Novemberabend.

32

Wir schaffen es bis ganz hinunter zur Straße, bevor wir wieder stehen bleiben.

Unsere Stirnen glänzen im Mondlicht, nachdem wir durch kniehohen Schnee gerannt sind, aber die Zwillinge sind nicht so außer Atem wie Linus und ich.

»Es tut mir leid … das mit … dem Topf«, keucht Linus und stützt die Hände auf die Knie. »Ich … hätte nicht …«

Ich reiche Noah seine verschwitzte, nach Rauch stinkende Jacke. Mein Herz klopft noch immer vom Laufen und meine Arme schmerzen von der Aktion mit der schweren Lederjacke. Das Geräusch der vielen Rauchmelder sitzt wie ein Tinnitus in meinem Hinterkopf und lässt alle meine Gedanken zu Asche zerfallen.

»Gut, dass du so schnell geschaltet hast, Emilie.« Noah nimmt die Jacke mit einem grimmigen Gesichtsausdruck entgegen. »Das hätte übel enden können.«

Pi lässt sich in eine Schneewehe fallen und legt die Stirn stöhnend gegen ihre Knie.

Daraufhin dreht sich ihr Bruder zu ihr um.

»Das war unsere einzige Chance, Pi! Und du hast alles versaut!« Noah wirft seine Jacke in eine andere Schneewehe.

»Es *war* schon alles versaut!«, sagt sie. »Er war so verbohrt, dass es egal war, was wir gesagt haben!« Sie erhebt sich aus dem Schneehaufen und steht auf Augenhöhe mit Noah. »Außerdem hast du doch selbst vorgeschlagen, dass ich ihm meine Fähigkeiten zeige!«

»Ich habe nicht vorgeschlagen, dass du sein halbes Wohnzimmer abfackelst!« Noah sieht so wütend aus, dass ich ihm zutraue, wieder eine Prügelei vom Zaun zu brechen.

Pi will etwas erwidern, aber ich stelle mich zwischen die beiden.

»Hört sofort auf!«, sage ich laut.

Die Zwillinge versteifen sich. Ich schaue sie an und dann zu Linus, der immer noch außer Atem ist.

»Es gibt keinen Grund, sich deswegen zu verkrachen.« Meine Stimme und mein Körper zittern und die Angst hat mich immer noch im Griff. »Heute ist zu viel passiert und keiner von uns kann noch klar denken. Und wir können nichts tun, um Karls Meinung zu ändern. Deshalb schlage ich vor, dass wir nach Hause gehen, schlafen und uns morgen wieder treffen.«

»Was ist mit Alban und Adriana?«, fragt Linus. »Sollten wir ihnen nicht sagen …«

»Wir beide erzählen Alban alles, wenn wir nach Hause kommen«, sage ich. »Und an Adriana kommen wir heute Abend nicht mehr ran. Lasst uns morgen darüber reden, alle zusammen, und uns überlegen, was wir tun sollen.« Ich hoffe, das klingt vernünftig genug, um die Diskussion zu beenden.

Noah schüttelt den Kopf und geht ein paar Schritte, um seine Jacke aufzuheben, wobei er etwas murmelt, das sich wie ›*Whatever*‹ anhört.

Ein dunkler Tropfen fällt in den Schnee, als er sich bückt. Er schaut auf seine Hand, an der kein Fäustling mehr ist, nachdem ich ihm die Jacke heruntergerissen habe. Der Verband ist schon seit Adrianas Regenrinne zerrissen und im Mondlicht sieht das Blut aus seiner Wunde schwarz aus.

Er wischt sich die Hand an der Hose ab und versucht, den kaputten Verband so zu richten, dass er die Handfläche wieder bedeckt. Als ihm das nicht gelingt, reißt er ihn mit einer wütenden Bewegung komplett ab.

»Au, verflucht …«, zischt er und ballt die nackte Hand zur Faust.

»Was ist los?«, frage ich.

»Ich habe den Schorf abgerissen«, sagt er mit zusammengebissenen Zähnen. »*Fuck!*« Seine Hand glänzt dunkel und feucht von frischem Blut.

Übelkeit breitet sich in meinem Magen aus und es kribbelt unter meinen eigenen Verbänden.

Plötzlich wird Noahs leidender Gesichtsausdruck zu ehrlichem Erstaunen. Er dreht die Hand in Richtung Mond, aber das Licht ist anscheinend zu schwach, um etwas zu sehen. Dann holt er sein Handy heraus und schaltet die Taschenlampe ein, um die neue Wunde zu untersuchen.

»Das kann doch nicht wahr sein«, flüstert er.

»Was?«, frage ich und gehe näher heran. Linus und Pi bemerken seinen Tonfall und folgen mir.

»Halt mal«, sagt Noah und reicht mir das Handy. Er zieht seinen zweiten Fäustling aus und löst den Verband an der anderen Hand.

»Was machst du da?«, fragt Pi. Noah antwortet nicht, sondern beginnt, den Verband mit schnellen Bewegungen abzuwickeln. Die klebrige Innenseite mit dem getrockneten Blut landet auf der Spitze meines Stiefels, und ich sehe schnell wieder zu Noah.

Er berührt die Handfläche mit den Fingerspitzen der anderen Hand. Sein Zeigefinger gleitet am Rand der unebenen Wunde entlang. Dann presst er die Lippen zusammen und zieht abrupt die Hand zurück.

Ich kann Magensäure in meiner Kehle schmecken, als mir klar wird, dass er sich soeben den Wundschorf abgerissen hat.

Diesmal blitzt der Schmerz nur flüchtig in seinem Gesicht auf und er flucht nicht.

»Leuchte auf meine Hände.« Etwas in seiner Stimme lässt mich die Übelkeit vergessen, als ich den Lichtstrahl des Handys auf eine der Handflächen richte.

Meine Augen brauchen ein paar Sekunden, bis sie etwas anderes als blendendes Weiß sehen. Ich ändere den Winkel des Lichts, sodass ich seine Wunden sehen kann. Oder das, was Wunden *sein sollten*. Aber da sind nur große glänzende Flächen auf seiner Haut.

Noah hat sich offensichtlich unnatürlich schnell geheilt. Aber das ist es nicht, was ein heftiges Ziehen in meinem Magen verursacht.

Es ist die Form der Narben.

Noahs Handflächen sind mit zwei gleichseitigen Dreiecken bedeckt, mit verschnörkelten Verzierungen an den Rändern. Mit dem exakt gleichen Muster wie das Glasprisma, das er in seiner Tasche mit sich trägt.

33

»Glaubst du, Noah macht etwas Dummes?«, fragt Linus. Wir stehen vor seiner Haustür und er nestelt nervös an seinem Schlüsselbund herum.

Der Anblick der dreieckigen Narben hatte Noah komplett umdenken lassen. Nur mit Mühe und Not konnten wir ihn davon abhalten, den kleinen Weg wieder hinaufzulaufen und an Karls Tür zu klopfen.

»Ich hoffe, er hat sich unter Kontrolle«, sage ich. Aber ich bin mir nicht sicher, ob die Hoffnung ausreicht, schließlich reden wir von Noah; ihm wird problemlos etwas Dummes einfallen. Ich habe noch nie jemanden getroffen, der sich so wenig Gedanken über die Konsequenzen seines impulsiven Handelns macht.

Linus findet den Haustürschlüssel und dreht ihn zwischen seinen behandschuhten Fingern.

»Was, wenn er noch einmal zu Karl geht, um mit ihm zu reden, ohne uns Bescheid zu sagen?«

»Das wird er nicht«, sage ich bestimmt. »Ich weigere mich zu glauben, dass er *so* dämlich ist.«

Linus wirkt nicht überzeugt.

Ich nehme ihm den Schlüssel aus der Hand und stecke ihn ins Schloss, um ihm zu signalisieren, dass ich nicht mehr darüber reden will.

Es muss doch wohl eine Grenze geben, wie viele schwachsinnige, unüberlegte Handlungen Noah an einem einzigen Tag begehen kann?

Sandra füllt sich gerade ein Glas Wasser an der Küchenspüle, als wir die Wohnung betreten.

»Da seid ihr ja.« Sie wirft uns einen flüchtigen Blick zu, bevor sie eine Handvoll Tabletten aus drei verschiedenen Blistern drückt.

»Wow, willst du hier drinnen eine Sauna eröffnen?«, stöhnt Linus und kämpft sich aus seiner Winterkleidung heraus.

»Ich habe die Heizung hochgedreht, damit Alban heute Abend kein Oberteil tragen muss«, sagt Sandra, greift nach dem Glas Wasser und macht sich auf den Weg zu Albans Zimmer. »Ich hoffe, der Vortrag war gut«, sagt sie mit einem schwachen Lächeln, bleibt aber nicht stehen, um unsere Antworten abzuwarten.

Dem Zettel zufolge, den Linus auf dem Küchentisch hinterlassen hat, bevor wir mit den Zwillingen losgezogen sind, waren wir den ganzen Abend bei einem Vortrag.

»Wie geht es ihm?«, fragt Linus, als wir Sandra folgen.

»Seit wir zu Hause sind, geht es ihm schlechter. Ich frage mich langsam, ob er überhaupt schon hätte entlassen werden sollen«, sagt Sandra unglücklich.

»Aber Majken hat doch gesagt, dass es nicht so schlimm ist, wie es aussieht«, erwidere ich.

»Ich weiß«, sagt Sandra. »Wahrscheinlich wirken nur die Tabletten nicht mehr. Ich hoffe, dass ihm die hier die Schmerzen wenigstens über die Nacht nehmen.« Sie klackert mit den Tabletten in ihrer Hand. »Wenn es schlimmer wird, fahren wir morgen noch einmal ins Krankenhaus.«

Wir erreichen Albans Tür und ich drücke sie vorsichtig auf.

Der sterile Geruch aus der Notaufnahme, den ich immer mit völliger Sicherheit verbunden habe, ist im Raum zu vernehmen.

Meine Kehle schnürt sich zusammen, als ich Alban bäuchlings auf dem Bett liegen sehe, die Augen geschlossen und das Haar auf der Stirn schweißnass. Sein Oberkörper ist nackt, abgesehen von den großen Verbänden auf seinem Rücken, und er hat die Bettdecke nur bis zum Bund seiner Pyjamahose gezogen. Sein Kinn ruht auf einem Handrücken und sein Kiefer bewegt sich, als würde er mit den Zähnen knirschen.

»Hier sind die Tabletten, Schatz«, sagt Sandra leise und stellt sie auf den Nachttisch neben das Glas. »Ein paar Schmerzmittel und eine Schlaftablette, damit du dich ausruhen kannst.«

»Danke«, sagt Alban matt. Er stöhnt, als sie ihm hilft, sich aufzusetzen, und als sie den gequälten Laut hört, sieht Sandra fast so schmerzerfüllt aus wie er.

Alban ist blasser geworden, seit ich ihn in der Notaufnahme gesehen habe, und seine Haut ist mit einem dünnen Schweißfilm bedeckt.

»Emilie und Linus sind von dem Vortrag zurück«, sagt Sandra und drückt ihm das Wasserglas in die Hand.

»Vortrag?« Alban runzelt die Stirn.

»Ja, du weißt schon … zu dem du auch mitwolltest. Bei diesem Karl«, sagt Linus schnell.

»Ah. Ja dann«, sagt Alban.

Wir haben uns inzwischen in so viele Notlügen verstrickt, dass sie zu etwas Großem, Grauem und Klebrigem verschmolzen sind, und ich habe keine Ahnung, wie ich da wieder herauskommen soll.

Alban nimmt alle Pillen auf einmal in den Mund. Es scheint ihm wehzutun, den Kopf in den Nacken zu legen.

»Vergiss nicht, das Glas leer zu trinken«, sagt Sandra, während sie es ihm an die Lippen setzt. »Man braucht viel Flüssigkeit, wenn man sich verbrannt hat.«

Alban gehorcht, und sie hilft ihm, sich wieder auf den Bauch zu legen.

»Brauchst du noch was?«

»Nein danke, Mama. Ich komme schon klar.« Er unternimmt einen tapferen Versuch, zu lächeln.

Sandra küsst ihn auf die Stirn.

»Dann gehe ich jetzt ins Bett«, sagt sie entschuldigend. »Ich hatte drei Tage lang Nachtdienst und habe nicht geschlafen, seit …«

»Mama, alles in Ordnung. Geh und ruh dich aus. Mir geht es gut«, wiederholt Alban und zwingt sich, noch mehr Überzeugungskraft in sein Lächeln zu legen.

»Ich passe auf ihn auf«, füge ich hinzu.

Sie sieht mich an.

»Es ist wahrscheinlich keine gute Idee, wenn ihr euch heute Nacht das Bett teilt, Emilie, aber wir haben eine Luftmatratze im Schrank draußen im Flur.«

»Natürlich. Die hole ich mir gleich«, sage ich.

»Ruft mich, wenn etwas sein sollte, ja? Egal was.«

»Machen wir, Mama«, sagt Alban. »Schlaf gut.«

Sandra verschwindet widerwillig im Flur.

»Also, gute Nacht, ihr drei«, sagt sie und zieht die Tür hinter sich zu.

Alban legt den Kopf wieder ab und schließt die Augen.

»Ein Vortrag bei Karl, ja?«, sagt er. »Das klingt, als hätte ich etwas verpasst.«

»Darüber reden wir morgen.« Ich schiele auf die dunklen Ränder unter seinen geschlossenen Augen und den großen Verband auf seinem Rücken. »Das kann wirklich warten.«

»Ich hole die Luftmatratze«, sagt Linus und verschwindet ebenfalls im Flur.

Ich trau mich nicht, mich auf Albans Bett zu setzen, weil ich ihn nicht versehentlich anstoßen will, und knie mich stattdessen an sein Kopfende.

Ich streiche mit dem Finger sanft über seinen Unterarm,

und einer seiner Mundwinkel zuckt nach oben. Seine Hand gleitet über das Laken zu mir. Ich drücke sie kaum spürbar, um sicherzugehen, dass seine Handflächen nicht auch noch wehtun. Alban erwidert den Druck.

»Ist es sehr schlimm?«, frage ich.

»Ich dachte, ich hätte die Verbrennungen nach gestern besser im Griff«, sagt er. »Dass ich mit dem Schmerz umgehen könnte und so. Die Hände haben mir am nächsten Tag schon nicht mehr allzu wehgetan, aber das hier ist ganz anders, als sich die Handflächen zu verbrennen.« Er versucht zu lachen, aber es scheint zu sehr wehzutun. »Ich hoffe nur, mein Rücken heilt auch so schnell.«

Ich starre auf unsere ineinander verschlungenen Hände. Mir fällt auf, dass sich etwas verändert hat. Heute Morgen unter der Dusche hat es noch wehgetan, und die Sportstunde war auch kein Vergnügen, aber wenn man bedenkt, wie groß die Wunden waren, war es nicht weiter schlimm. Ich habe bis jetzt noch nicht einmal darüber nachgedacht.

Offensichtlich sind nicht nur Noahs Wunden unnatürlich schnell verheilt.

»Woran denkst du?«, fragt Alban.

»An nichts«, sage ich.

»Nichts, was bei Karl passiert ist?«

Ich verziehe das Gesicht.

»Das ist eine wirklich lange Geschichte.«

Alban drückt erneut meine Hand.

»Dann ist es ja gut, dass ich nicht weglaufen kann.«

Ich erzähle ihm alles. Die neuen Fähigkeiten, Adrianas Skepsis und Karls Wutausbruch. Die seltsamen Wunden unter Noahs Verband.

Linus kommt mit einer gestreiften, spröden Luftmatratze zurück und ergänzt meine Zusammenfassung der abendlichen

Ereignisse. Er ist nicht so gut darin wie ich, Noahs Verärgerungen herunterzuspielen.

Alban sagt nichts. Er liegt nur mit offenen Augen und gerunzelter Stirn da und hört zu. Als wir von den dreieckigen Narben erzählen, berührt er seinen eigenen Verband an der Hand.

»Wir haben abgesprochen, morgen darüber zu reden«, beende ich unseren Bericht. »Wir alle. Hoffentlich.«

»Das klingt vernünftig«, sagt Alban widerstrebend. Seine Augenlider sind schwer geworden, obwohl er versucht, gegen das Schlafmittel anzukämpfen, das Sandra ihm vorhin gegeben hat. »Vielleicht ergibt das Ganze mehr Sinn, wenn man eine Nacht drüber geschlafen hat.«

Das gleiche Argument habe ich auch schon gegenüber den anderen vorgebracht, aber ich glaube nicht wirklich daran.

Merkwürdige Ereignisse kann man nicht wegschlafen.

Das Gegenteil ist der Fall.

34

Ich träume wieder von Karls Haus. Träume davon, vor der verschlossenen Haustür zu stehen, eine dünne Membran aus Holz und Lack zwischen mir und all dem, was ich gern wissen will.

Das Haus ist dunkel und der Mond steht tief am Horizont.

Als ich nach unten schaue, sehe ich nicht meine eigenen Hände. Ich erkenne den abgeplatzten schwarzen Lack, und die Lederjacke knarzt, als ich die Arme bewege.

Noah hat in den letzten Tagen so viel Zeit in meinem Gehirn verbracht, dass es offensichtlich begonnen hat, wie er zu denken. Dass es anfängt … er zu sein.

Meine Beine, die mir nicht gehören, laufen los. Die Armeestiefel sind überraschend lautlos auf den schneebedeckten Steinstufen.

Es fühlt sich nicht so an, als hätte ich die Kontrolle über den fremden Körper. Ich spüre, wie sich meine Glieder bewegen, aber ich erinnere mich nicht daran, dass ich sie darum gebeten habe.

Schon gar nicht habe ich eine Hand darum gebeten, nach der Türklinke zu greifen und sie sanft herunterzudrücken.

Und schon gar nicht habe ich meinen Körper darum gebeten, in Karls dunklen Flur zu huschen, als sich die Tür öffnet.

Obwohl mein Unterbewusstsein weiß, dass es nur ein Traum ist, schreien alle meine Instinkte auf. Ich versuche, den Willen zu unterdrücken, der meinen Körper weiter in die Dunkelheit treibt, hin zum Wohnzimmer. Aber es fühlt sich an, als wäre ich in einem kleinen, engen Raum gefangen, der von schalldichtem Glas umgeben ist.

Noahs Körper führt mich zum Esstisch mit den verkohlten, feuchten Überresten unseres letzten Besuchs. Er ist vorsichtig und vermeidet alles, was Lärm machen könnte.

Wie spät ist es? Ist Karl ins Bett gegangen, da alle Lichter ausgeschaltet sind? Und was wird er mit Noah machen, wenn er ihn entdeckt?

Ich hyperventiliere gedanklich, aber die Luft strömt ruhig und kontrolliert in Noahs Lunge und wieder heraus.

Unser Blick fällt auf die braune Tasche auf dem Küchentisch. Mich überkommt der überwältigende Drang, sie an mich zu nehmen, aber ich weiß, dass sie mir nicht gehört. Wenn mein Verstand hier ein Wörtchen mitzureden hätte, würde ich mich auf Noahs Absatz umdrehen und weit, weit weglaufen.

Stattdessen schließen sich Noahs Hände um die Tasche, und seine Aufregung ist fast stärker als meine Angst, entdeckt zu werden.

Aber nur für den Bruchteil einer Sekunde.

Beim Geräusch knarrender Dielen und dem Klicken eines Lichtschalters im Flur ergreift mich Panik, ein lautloser Schreck hinter Noahs Stirn. Unser gemeinsamer Körper taucht schnell unter den Esstisch.

Karl betritt den Raum. Er trägt dieselbe Kleidung wie bei unserem Besuch und es sieht so aus, als wäre er gerade wach geworden. Seine Augen blinzeln gegen das Licht im Flur. Ich will mich schon freuen, dass er das Licht im Wohnzimmer nicht eingeschaltet hat, als er zielstrebig zum Computer geht und sich auf den Bürostuhl setzt.

Trotz des Adrenalins in seinem Körper versucht Noah, so langsam und leise wie möglich zu atmen. Er hockt auf allen vieren, angespannt wie eine Sprungfeder, das Gesicht nur wenige Zentimeter von Karls Knie entfernt. Wenn Karl die Beine ausstreckt, wird er uns berühren.

Noahs Hand umklammert den Griff der Tasche, während Karls Finger über die Tastatur klappern.

Karl schiebt sich auf dem Stuhl nach vorne, sodass Noah gezwun-

gen ist, jäh zurückzuweichen. Ein Stück Papier unter seinem Fuß knistert leise, und wir halten beide den Atem an, aber das Knarren des Bürostuhls scheint das Geräusch überdeckt zu haben.

Karl tippt weiter und kurz darauf beginnt er, auch mit der Maus zu klicken. Es klingt, als würde sie nur langsam reagieren, weil er sie schnell hin und her bewegt und dabei immer fester und fester klickt. Er flucht wütend und knallt die Maus auf den Tisch.

Durch die Bewegung rutscht ein Stapel Papiere zu Boden. Sie lagen auf einer Ecke des Tisches, den Linus nicht mit dem Inhalt des Topfs erwischt hat, daher sind sie trocken und unbeschädigt und gleiten mühelos unter den Tisch. Eine Seite landet auf Noahs Hand.

Karl erhebt sich von seinem Bürostuhl. Wie in Zeitlupe sehe ich, dass er sich auf Hände und Füße niederlässt, um die verirrten Notizen aufzusammeln. Er hat Noah noch nicht bemerkt, aber es ist nur eine Frage der Zeit, wann es so weit ist.

Noahs Körper spannt sich an, als Karl nach einer Seite unter dem Bürostuhl greift.

Im selben Moment ertönt ein lautes, schrilles Läuten in dem mondbeschienenen Raum. Ein Ruck fährt durch Karl, und er schaut desorientiert auf den Flur hinaus.

Das Geräusch ertönt ein weiteres Mal und dauert einige Sekunden an.

Die Türklingel.

Karl erhebt sich zögerlich. Es läutet dreimal und er eilt mit einem verärgerten Gesichtsausdruck aus dem Zimmer.

Das schrille Läuten hält an, als hätte die Person auf der anderen Seite der Haustür beschlossen, die Türklingel zu testen.

Noah schaut sich schnell um und erblickt das große Fenster zum Garten. Er kriecht unter dem Esstisch hervor und springt darauf zu, ohne Zeit zu verlieren. Das Klingeln von der Tür übertönt alles andere. Die Ledertasche stößt gegen sein Schienbein und ich spüre einen scharfen Schmerz, als wäre es mein eigenes Bein.

Karl öffnet die Tür und sagt etwas mit wütender Stimme.

Wir sind fast am Fenster. Nur noch ein paar Schritte …

Dann rutscht Noah auf einer Sternkarte aus und der Boden rast auf mich zu.

Ich kann das Klingeln immer noch hören, als ich die Augen aufschlage.

Albans Hand hängt von seinem Bett herunter, direkt über meinem Gesicht. Ich höre an seiner Atmung, dass er tief schläft.

Der Traum beunruhigt mich. Nicht nur, weil ich immer noch das flaue Gefühl im Magen spüre, das aufkam, als Noah das Gleichgewicht verlor. Sondern auch, weil sich gezeigt hat, dass einige meiner Träume etwas zu nah an der Realität sind.

Könnte er wirklich dumm genug sein, Karl aufzusuchen und das Instrument zu stehlen?

Ich ziehe die Oberlippe ein und kaue darauf herum, während ich hinaus zur Straßenlaterne starre. Der Mond ist nirgends zu sehen, obwohl das Licht im Zimmer darauf hindeutet, dass er aufgegangen sein muss.

Wenn Noah so dumm sein sollte, ist er dann schon dort? Oder kann ich ihn aufhalten?

Ich taste nach meiner Jeans, die ich zusammengefaltet neben der Luftmatratze auf den Boden gelegt habe. Mein Handy steckt immer noch in der Gesäßtasche, obwohl es nicht funktioniert. Ich spreche ein stilles Gebet und halte den Einschaltknopf gedrückt. Aber das Handy bleibt schwarz und tot in meiner verschwitzten Handfläche.

Ich erhebe mich vorsichtig, um Alban nicht zu wecken. Er bewegt sich nicht, als ich langsam über den Nachttisch greife und sein Handy nehme.

Als ich anschließend im Bad stehe, dämmert es mir, dass ich Noahs Nummer gar nicht habe. Während die Energiesparlampe über dem quadratischen Spiegel immer heller wird, kommt es mir auch immer schwachsinniger vor, ihn mitten in der Nacht anzurufen, weil ich geträumt habe, dass er ein Idiot ist.

Bestimmt sind doch nicht *alle* meine Träume Vorahnungen oder so etwas? Und selbst wenn es Vorahnungen *wären*, warum sollte das mein Problem sein?

Ich greife nach der Klinke der Badezimmertür und schalte das Handy ein, um zu sehen, wie spät es ist. Ich lege meinen Finger über den Lautsprecher, damit das Vorlesen der Uhrzeit niemanden aufweckt.

04.56 Uhr steht mit großen Ziffern auf dem beleuchteten Display.

Und plötzlich tauchen weitere Zahlen auf. Eine Telefonnummer.

Das Handy vibriert in meiner Hand und ich lasse es vor Schreck beinahe fallen. Die mechanische Frauenstimme fängt an, die Nummer vorzulesen. Sonst sagt sie etwas wie *›Mama ruft an‹*, wenn die Nummer in Albans Telefonbuch eingespeichert ist.

Aber dies ist eine unbekannte Nummer.

Ich starre mit hämmerndem Herzen auf das Handy. Bevor ich mich entscheiden kann, ob ich den Anruf annehmen oder wegdrücken soll, hört es auf zu klingeln und die geheimnisvolle fremde Nummer wird als unbeantwortetes Gespräch angezeigt. Ich bin immer noch wie versteinert, als es ein paar Sekunden später erneut klingelt.

Diesmal gehe ich ran.

»Hallo?«, krächze ich.

»Emilie?« Noah klingt außer Atem. »Bist du zu Hause bei Alban und Linus?«

»Was? Ja, bin ich … aber warum rufst du *jetzt* an? Es ist kurz vor fünf!«

»Emilie, es ist sehr, sehr wichtig, dass du mir bei etwas hilfst«, sagt er.

»Wobei?«

»Du musst zu Karls Haus kommen und an der Tür klingeln.«

»Warum?« Das Unbehagen kriecht in Form einer eiskalten Gänsehaut unter mein T-Shirt.

»Ich habe ein … äh … kleines Problem. Ich erkläre es dir später. Wenn du …«

»Bist du bei Karl, um sein Instrument zu klauen?« Ich versuche, leise zu sprechen, um die anderen nicht zu wecken, obwohl ich am liebsten schreien würde.

»Ich wollte es mir nur ausleihen, aber …«

»*Verdammt*, Noah! Was machst du da?« Es ist schwer, zu schreien, wenn man flüstert. Meine Stimme klingt wie die von Gollum.

»Emilie, ich kann dir das alles später erklären«, sagt er eindringlich. »Hör zu, Linus hat doch bestimmt ein Fahrrad, das du dir nehmen kannst. Es ist wirklich wichtig, dass du schnell dorthin kommst, okay?«

»Und was denkst du, was ich Karl sagen soll?«

»Dir fällt bestimmt etwas ein. Du kannst dir nicht im Traum vorstellen, wie sehr du mir damit den Arsch retten würdest!«

Doch, genau das kann ich. Und genau deshalb bleibt mir keine Wahl. Ich kann nicht noch mehr Traumwarnungen ignorieren.

»Gut!« Ich verfluche sowohl mich als auch Noah. »Ich hoffe wirklich, dass du die weltbeste Erklärung auf Lager hast!«

35

Ich bin so wütend, als ich auf Linus' Fahrrad losfahre, dass ich nicht mal Zeit habe zu frieren, obwohl ich unter der Jacke nur eine Schlafanzugshose und ein dünnes T-Shirt trage.

Warum hat Noah nicht einfach Pi angerufen?

Ich kann vor mir sehen, wie sie vor Wut ihr Bett in Brand setzt, weil ihr Bruder kurz davor ist, auf frischer Tat bei einem Einbruch erwischt zu werden.

Vielleicht war es sehr schlau, nicht sie anzurufen.

Aber warum Alban? Mit seinen Brandwunden am Rücken kann er nirgendwo hin, was sollte *er* also ausrichten?

Vielleicht wollte Noah wirklich *mich* erreichen. Er wusste ja, dass ich bei Alban und Linus schlafen würde. Wann habe ich mich von der Versagerin zu der Person gemausert, die er mitten in der Nacht um Hilfe bittet?

Das Fahrrad rutscht auf einem Stück festgefahrenem, glattem Schnee weg und ich kippe beinahe um. Im letzten Moment finde ich Halt und schicke ein paar Flüche in Noahs Richtung.

Auf jemanden wie mich, der immer doppelt und dreifach auf Nummer sicher geht, wirkt das hier schon fast wie eine Parodie auf alles Unüberlegte und Kopflose.

Was soll ich Karl überhaupt sagen?

Ich schaffe es bis zu dem kleinen Weg, der zu seinem Haus führt. Obwohl der Streuwagen die Landstraße geräumt hat, liegt der Schnee hier immer noch kniehoch. Noahs Mountainbike liegt in einer Schneewehe am Wegesrand.

Ich lasse Linus' Fahrrad in denselben Schneehaufen fallen und kämpfe mich zu Fuß weiter, während ich mir eine gute Ausrede überlege, weshalb ich Karl zu dieser Uhrzeit aufsuche. Als ich mich dem Haus nähere, ist mir noch keine gute Idee gekommen.

Ich kann das blaue Licht des Computerbildschirms im Wohnzimmer erkennen und Karls Silhouette, die mir den Rücken zuwendet. Als ich mich dem Fenster nähere, sehe ich, wie die Maus mit hektischen Bewegungen über das Mousepad rutscht. Es hilft offensichtlich nicht, denn Karl knallt sie mit Nachdruck auf die Unterlage.

Der Papierstapel in einer Ecke des Tisches rutscht auf den Boden. Einige Seiten gleiten unter den Tisch und mein Puls verdoppelt sich schlagartig, als ich sehe, wie sich ein Schatten dort regt.

Das hier passiert wirklich.

Karl kriecht auf dem Boden herum, um seine Zettel aufzusammeln, und ich renne zur Haustür.

Mein Gehirn arbeitet auf Hochtouren, während ich die Treppe hinauflaufe und mich zum schwarzen Knopf neben der Tür stürze.

Was mache ich eigentlich hier?

Mein Zeigefinger lässt die Klingel für ein paar Sekunden los und drückt dann wieder kräftig drauf.

Obwohl es von mir aus gesehen hinter der Tür klingelt, wirkt es noch schriller als vorhin im Traum. Zum dritten Mal presse ich den Finger auf den schwarzen Knopf, bis mein Kopf zu platzen droht. Schnelle Schritte erklingen im Flur und die Tür fliegt auf.

»Was?«, sagt Karl wütend.

Mein Wortschatz erstirbt. Ich starre ihn an, während mein

Finger den unerträglichen Heulton weiter am Leben erhält.

»Hör doch auf!«, schreit Karl und ich reiße die Hand zurück. Die plötzliche Stille ist ein Dröhnen in den Ohren.

Leider hat mich mein Traum nicht darauf vorbereitet, was auf der anderen Seite der Tür passiert. Ich könnte jetzt gut einen Souffleur gebrauchen.

Wie lange Noah wohl braucht, um sich wieder aufzurappeln und aus dem Fenster zu klettern?

»Was machst du hier?«, fragt Karl.

Ich öffne den Mund, aber ich weiß nicht, was ich antworten soll.

»Ähm …«, sage ich und gehe unwillkürlich einen Schritt rückwärts.

»Habe ich nicht gesagt, dass ihr verschwinden sollt?«

Seltsamerweise flippt er nicht aus, weil die Uhrzeit so absurd ist. Vielleicht weiß er gar nicht, wie spät es ist. Ich möchte nicht so lange hierbleiben, bis er es herausfindet.

»Ich wollte … ich glaube, ich habe vielleicht meine Jacke bei Ihnen vergessen«, sage ich. Noch während ich das sage, fällt mir auf, dass ich dieselbe Jacke trage wie vor ein paar Stunden. Ich hoffe, das Mondlicht und Karls Gedächtnis sind schwach genug, um mich nicht zu entlarven.

»Ich habe deine Jacke nicht. Ich habe den schmuddeligen Handschuh dieses Jungen weggeworfen, aber ich habe keine einzige Jacke gesehen!«

Mich zieht es weiter zur Treppe hinter mir, und Karl sieht aus, als wäre er drauf und dran, mir zu folgen. Eine Bewegung am Rande meines Blickfeldes lässt mich den Kopf in Richtung der Hausecke drehen, die am weitesten entfernt liegt.

Ich glaube, dass ich Schritte auf dem Schnee höre, und der Schatten der blattlosen Hecke wird für einen kurzen Augenblick tiefer. Ich kneife die Augen zusammen, aber das Mondlicht breitet sich erneut wie eine unbewegliche, silbrige Decke auf dem schneebedeckten Hof aus.

Karl reckt den Hals, um meinem Blick zu folgen.

»Okay!«, sage ich schnell. »Dann habe ich sie wohl … äh … im Bus liegen lassen. Entschuldigen Sie die Störung!«

Karl sieht mich misstrauisch an und wirft einen weiteren Blick über den Hof.

Ich drehe mich um und haste zur Straße. Es fühlt sich an, als würde Karls Blick meinen Nacken bei jedem Schritt durchbohren. Er flucht leise, bevor die Haustür zuknallt.

Ich schaue mich um und werde mir bewusst, dass ich mich mitten in der Nacht alleine auf einem wie ausgestorbenen Weg befinde. Meine Angst vor der Dunkelheit hat sich nach dem unheimlichen Traum mit den alles verschlingenden Schatten nicht gerade verringert.

War das überhaupt Noah, den ich an der Hecke gesehen habe?

Hinter mir ertönt ein Knirschen, das Geräusch von Schritten. Die Gänsehaut kriecht unter meiner Pyjamahose aufwärts und ich laufe schneller, obwohl es mir im tiefen Schnee schwerfällt.

»Emilie?« Das heisere Flüstern kommt mir wohlbekannt vor, aber ich möchte trotzdem vor Schreck laut aufschreien.

»Noah?« Mein Herz schlägt mir bis zum Zäpfchen.

Noah holt mich ein.

»Was machst du hier?«, fragt er atemlos.

»Was ich hier *mache*?« Ich stehe abrupt auf. »Willst du mich verarschen?«

»Äh … nein?« Er richtet seinen schwarzen Rucksack, den er sich über eine Schulter geworfen hat.

»Was machst *du* hier?«, frage ich scharf.

Noah schielt nervös in Richtung Haus, während er an den Schulterriemen des Rucksacks herumnestelt.

»Hast du es genommen?«, frage ich.

»Was?«

»Hör auf mit dem Blödsinn! Hast du Karls Instrument genommen?«

Sein Schweigen ist Antwort genug.

»Bist du völlig verrückt?«, stottere ich.

»Woher weißt du, dass ich …«

»Weil ich gesehen habe, wie du es genommen hast, Noah!«

»Du hast es *gesehen*? Hast du durchs Fenster geguckt, oder was?«

»Nein! Oder … das heißt … ja! Aber nur, weil ich wusste, dass du hier draußen bist!«

»Woher wusstest du das?«

»Ich … habe davon geträumt.« Laut ausgesprochen klingt es unfassbar albern. Kein Grund, den Exorzismus-artigen Twist zu erwähnen, dass ich dabei sogar in seinem Körper gesteckt habe.

»Du bist also hierhergekommen, weil du … geträumt hast, dass ich hier bin?«, fragt er.

»Nein, ich bin hierhergekommen, weil du mich darum *gebeten* hast!«

»Was? Wann?«

Wenn das ein Witz sein soll, stellt er gleich einen Weltrekord in jämmerlichem Humor auf.

»Als du mich vorhin angerufen hast!«

»Ich habe dich nicht angerufen!«

»Nein, ich weiß«, sage ich verbissen. »Du hast Albans Handy angerufen. Aber ich war es, die …«

»Ich habe keinen von euch angerufen!«

»Doch, hast du«, sage ich.

Noah starrt mich an.

»Nein. Mein Akku ist leer. Schau doch.« Er holt sein Handy aus der Hosentasche und drückt darauf, aber es reagiert nicht. »Ich habe niemanden angerufen. Weder dich noch Alban.«

»Aber du *warst* es«, sage ich. Mit einem Mal kommen mir Zweifel.

Noah sieht immer noch völlig verwirrt aus.

»Wusstest du nicht, dass ich komme?«, frage ich.

Er schüttelt den Kopf.

»Ich war überrascht, dass jemand Karl so spät besucht. Oder so früh, je nachdem. Ich habe erst draußen gemerkt, dass du es warst.«

»Also … hast du nicht angerufen?«

»Nein!«

»Jemand, der genau wie du klang, hat mich gebeten, hierherzukommen und zu klingeln. Oder … warte mal …« Ich versuche, mich an das Telefongespräch zu erinnern. »Er sagte, es sei wichtig, dass ich *dorthin* komme. Nicht *hierher*. Wenn du es gewesen wärst, hättest du doch gesagt, dass du *hier* draußen bist, oder?«

»Vielleicht?«

»Man würde nie *dorthin* zu einem Ort sagen, an dem man selbst gerade ist«, sage ich und werde mir der Sache immer sicherer. »Aber wenn *du* nicht angerufen hast, wer dann?«

»Warum sollte jemand anrufen und so tun, als wäre er ich?«, fragt Noah. »Wann war das?«

»Um kurz vor fünf.«

»Ich bin um Viertel vor fünf von zu Hause losgefahren und mein Handy war tot. Ich habe es erst gemerkt, als ich schon unterwegs war.«

»Woher wusste der Anrufer dann, dass du Hilfe brauchst?«

»Du hast also geträumt, dass ich hier draußen bin?« Er sieht mich nachdenklich an.

»Ja?«

»Wie viel hast du genau geträumt?«

»Wie *viel* ich geträumt habe?«

»Was war das Letzte, das du gesehen hast, bevor du aufgewacht bist?«

»Du bist im Wohnzimmer gestürzt, nachdem es an der Tür geklingelt hat. Karl war auf dem Weg in den Flur und du bist zum Fenster gelaufen, aber auf einer Karte ausgerutscht.«

Noah nickt. Ich weiß nicht, ob er beeindruckt oder erschrocken ist. Oder beides.

»Ich bin hingefallen, das stimmt. Aber was ist danach passiert? Nachdem du aufgewacht bist?«

»Ich habe mich gefragt, ob es nur ein normaler Traum war. Dann hast du auf Albans Handy angerufen und um Hilfe gebeten. Und alles, was du gesagt hast … die Art, wie du es gesagt hast … ich war mir einfach sicher, dass der Traum wieder eine Vorwarnung war. Dass er bald wahr werden würde und dass ich hierhergehen musste, weil der Traum mir schon erzählt hatte, dass …«

»Und es ist undenkbar, dass alles ein Traum war?«

»Wie meinst du das?«

»Vielleicht hast du auch den Anruf nur geträumt? Manchmal denke ich, ich wache auf und gehe zur Schule, aber irgendwann wache ich noch einmal auf. Weil ich vorher nur *geträumt* habe, dass ich aufgewacht bin.«

Ich weiß, was er meint. Solche Träume kenne ich. Das klingt nach einer naheliegenden und logischen Erklärung. Aber … wann wäre ich denn dann aufgewacht? Als ich mir die Jacke angezogen habe? Oder beim Radfahren?

Vielleicht träume ich ja immer noch?

Mich in den Arm zu kneifen, um zu prüfen, ob ich wach bin, hat mich noch nie vor einem Albtraum gerettet. Und es hilft auch jetzt nicht, obwohl meine eiskalten Finger schmerzen, mit denen ich mich in den Oberarm unter der Jacke zwicke.

Der Anruf fühlte sich so … echt an.

Meine anderen Träume haben sich auch real angefühlt, und in den letzten Tagen war ich wirklich keine Expertin darin, zu unterscheiden, was Fantasie und was Realität war.

Vielleicht war das Ganze wirklich nur ein langer Traum?

Ich sehe Noah an und versuche, ihn mir wieder als eine Art Fata Morgana vorzustellen. Er dreht eine seiner Hände langsam, sodass sich das Mondlicht auf der bereits vernarbten Haut seiner Handfläche spiegelt. Als hätte er selbst Zweifel daran, dass all das hier wirklich ist. Die Augen, die das prismenförmige Muster begutachten, sehen aber echt aus, auch wenn sie im Mondlicht unnatürlich silbern glänzen.

Das hier muss der längste Fieberwahn der Welt sein.

Ich kneife mich noch einmal in den Arm, aber der Junge vor mir bleibt so greifbar wie der Schmerz.

»Ich bin mir im Moment bei gar nichts sicher«, sage ich. »Vielleicht habe ich es nur geträumt.« Ich muss auf Albans Handy nachsehen, wenn ich zurückkomme, aber das will ich eigentlich nicht. Weil ich nicht glaube, dass es wirklich einen Anruf gab.

Noah zieht an den Schulterriemen seines schwarzen Rucksacks und mir fällt wieder ein, wobei ich ihm geholfen habe.

»Ist dir eigentlich klar, dass ich mich damit des Diebstahls mitschuldig gemacht habe?«

»Erstens ist es kein Diebstahl«, sagt Noah schnell. »Ich wollte es mir die ganze Zeit über eigentlich nur anschauen. Aber als Karl plötzlich aufgetaucht ist, habe ich mich versteckt und die Tasche mitgenommen. Und ich konnte sie nicht einfach unter dem Esstisch liegen lassen.«

Ich will widersprechen, aber er kommt mir zuvor.

»Und zweitens bist du nicht mitschuldig. Wenn er etwas merkt, bevor ich es zurückgelegt habe, werde ich sagen, dass du nichts damit zu tun hattest.«

»Das wird er dir nicht abkaufen«, sage ich. »Er hat dich nicht gesehen, aber *mich* sehr wohl. Wenn er merkt, dass das Instrument weg ist, wird er sofort davon ausgehen, dass es ein Teil des Plans war, dass ich ihn durch mein Klingeln ablenke.«

Noah öffnet den Mund und schließt ihn wieder.

»Und was meinst du mit *›bevor ich es zurückgelegt habe‹*? Hast du vor, noch einmal bei ihm einzubrechen?«, frage ich.

»Ich bin nicht eingebrochen, die Haustür war unverschlossen! Und ich kann es ihm nicht einfach von Angesicht zu Angesicht zurückgeben, oder? Dann weiß er, dass es weg war. Wenn ich Glück habe, ist er so zerstreut, dass er es nicht vor morgen Abend vermisst.«

»Wenn *wir* Glück haben«, stelle ich klar. »Ist es dir eigentlich *völlig* unmöglich, etwas zu durchdenken, bevor du etwas tust oder sagst?«

»Es war nicht mein Plan, es mitzunehmen!«, sagt er. »Und du solltest dich auch nicht einmischen. Ich habe dich nicht gebeten, hierherzukommen!«

Ich drehe mich ruckartig um und stapfe in Richtung Landstraße. Ich könnte in die Luft springen. Dass Noah nicht nachgedacht hat, ist eine Sache, aber wie bin *ich* hier gelandet?

Noah schließt zu mir auf. Er schaut sich die ganze Zeit über die Schulter, als würde er erwarten, dass Karl jeden Moment mit blutunterlaufenen Augen und einem Brotmesser in der Hand auf uns zustürmt.

»Emilie, ich …«

»Warum hast du deinen Rucksack dabei, wenn du nicht vorhattest, das Instrument zu klauen?«

Noah wirft den Rucksack nach vorne und öffnet im Gehen den Reißverschluss.

»Weil ich Fotos davon machen wollte«, sagt er und zieht eine schwarze Tasche hervor, die groß genug für eine Spiegelreflexkamera ist. »Die hier hat eine Funktion, die ich an meiner Handykamera bei Dunkelheit nicht habe, und ich wollte sichergehen, dass die Auflösung gut genug ist.«

Im Rucksack ist eine weitere Tasche, etwa von der Größe der Kameratasche. Die Metallschnalle an der Vorderseite schimmert matt, als das Mondlicht darauf fällt.

Beim Anblick der Ledertasche erinnere ich mich an Karls Gesicht, als er nach der Sache mit dem Feuer hinter uns herbrüllte. Ich gehe in die Knie und schaue zurück auf den Weg, ebenso nervös wie Noah.

Er hat recht. Wir können das Instrument jetzt nicht einfach wieder abliefern. Und außerdem muss ich schon so lange weg sein, dass Alban, Linus oder Sandra bald aufwachen und sich fragen werden, wo ich bin.

Wir erreichen die Landstraße. Ich schaufle Linus' Fahrrad aus der Schneewehe heraus und strample los.

Noah nimmt das Mountainbike und folgt mir. Wir nähern uns dem Ort, ohne ein weiteres Wort zu wechseln. Er kann bestimmt sehr viel schneller fahren, bleibt aber die ganze Zeit hinter mir.

Der Wind ist eisig und meine etwas zu spärliche Kleidung rächt sich allmählich. Meine Zähne beginnen zu klappern und nach ein paar Minuten zittere ich so sehr, dass das Fahrrad bedrohlich zu schwanken beginnt.

»Emilie, warte mal«, sagt Noah.

Ich halte an und er kommt neben mir zum Stehen. Er steigt vom Fahrrad, zieht seine Lederjacke aus und reicht sie mir.

»Du-du w-w-wirst doch s-s-selber f-f-frieren«, klappere ich und nehme sie nicht an.

»Nein«, sagt er entschlossen, obwohl er selbst nur ein Shirt und einen Schal trägt. Er hält mir die Jacke vor die Nase.

Ich strecke zögernd den Arm aus und er hilft mir, sie noch über meine eigene zu ziehen. Unter dem Leder ist seine Körperwärme deutlich zu spüren und ich bin kurz davor, behaglich zu seufzen. Die Ärmel sind etwas zu lang, aber das ist nur gut, da sie meine Hände bedecken.

Noah zieht mir den Reißverschluss bis unters Kinn.

»Besser?«, fragt er.

Ich nicke.

Die Jacke riecht nach Rauch, seit sie als Feuerlöschdecke benutzt wurde, aber ich kann trotzdem sein Deodorant wahrnehmen. Den Schmetterlingen im Bauch ist glücklicherweise so kalt, dass sie sich davon nicht aufscheuchen lassen.

36

In keinem der Fenster brennt Licht, als wir vor Albans und Linus' Wohnung stehen. Obwohl die Zwillinge in einem Viertel am anderen Ende der Stadt wohnen, hat Noah darauf bestanden, mich den ganzen Weg zu begleiten, damit ich das letzte Stück nicht ohne Jacke fahren muss.

Ich schiebe Linus' Fahrrad in den Schuppen, vor Kälte zitternd, und schließe mit meinem Ersatzschlüssel hinter mir ab.

Noah steht da und reibt sich mit schnellen Bewegungen über die Arme, als ich mich umdrehe.

»W-w-willst du d-deine J-j-jacke nicht w-w-wiederhaben?«, frage ich leise, weil ich Angst habe, dass unsere Stimmen jemanden wecken könnten. Ich versuche, den Reißverschluss zu öffnen, aber meine Finger sind völlig leblos. Meine Fäustlinge liegen immer noch auf dem Heizkörper oben in der Wohnung.

»Doch. Alban und Linus würden sicher Fragen stellen, wenn sie sie bei dir entdecken.« Noah kommt ein paar Schritte näher, um mir zu helfen.

Seine Finger wollen auch nicht gehorchen und nach einem kurzen Kampf haben wir den Reißverschluss nur halb geöffnet.

»Shit, wie ätzend.« Noah beginnt leise zu lachen. Das Lachen bricht stoßweise aus ihm heraus, weil er friert. Er schüttelt die Hände und reibt sie aneinander.

Ich forme die Hände zu einer Schale und puste Luft hinein,

aber mein Atem fühlt sich nur an wie ein leichter Luftzug auf der eiskalten Haut.

»Hey, warte mal. Ich habe eine Idee.« Noah geht in die Knie.

Mir schießt die Hitze in die tauben Wangen, als er mich an den Hüften packt und sich nach vorne zieht, sodass sein Gesicht direkt vor meiner Brust schwebt.

»Nicht bewegen«, sagt er leise und nimmt den Schiebergriff des Reißverschlusses zwischen die Zähne.

Äh, was?

Noah lässt die Hände von meinen Hüften zu meinem Bauch gleiten. Er legt sie auf beide Seiten des Reißverschlusses, um das Leder glatt zu halten, während er sich näher zu mir beugt.

Okay, das sind jetzt verschiedene Variationen der Peinlichkeit.

Ich spanne meinen Körper unter seinem Druck an, um nicht nach hinten zu kippen, und bete, dass uns niemand sieht. Ich weiß nicht, was ich mit meinen Händen machen soll, also falte ich sie vor meiner Brust. Ich stoße einen leichten Seufzer aus, als die beiden Hälften des Reißverschlusses auseinanderklaffen und Noah wieder aufsteht.

Wir stehen einen Augenblick da und sehen uns an.

»Ähm«, sage ich. »Danke.«

»Gerne«, sagt Noah. »Auf ein nächstes Mal.«

»Lieber nicht«, sage ich. »Es sei denn, ich träume noch mal von dir.« Ich versuche zu lachen, aber meine Zähne klappern so sehr, dass es sich anhört, als würde ich nur dastehen und grunzen.

Noah sieht mich seltsam an.

Das Peinlichkeitsbarometer sprengt die Skala.

Wenn das ein Teil des Traums ist, wäre ich echt sauer, wenn ich genau jetzt aufwachen würde.

Er hilft mir, die Jacke auszuziehen, und zieht sie sich mühsam selbst an. Die Kälte überwältigt mich wie eine Flut aus

Slush-Eis, das durch meine Nachtwäsche gesaugt wird, und meine Zähne klappern wieder los.

»Geh schnell rein«, flüstert Noah und schwingt sich auf sein Mountainbike. »Aber erzähl es den anderen nicht, ja?«

»D-das kannst du ihnen m-morgen selbst erzählen. Also heute. Später.«

»Aber …«

»N-nein. Ich lüge nicht für d-dich. Entweder du sagst es ihnen selbst oder ich t-tue es.«

Noah seufzt.

»Wir reden in der Schule darüber, okay?«

Bevor ich eine Antwort bekomme, verschwindet er die Straße hinunter. Ich eile zur Haustür. Das Einzige, woran ich jetzt denken kann, sind die pochend heißen Heizkörper, die auf der anderen Seite warten.

Der Ersatzschlüssel rutscht mir immer wieder aus den steif gefrorenen Fingern und verschwindet in meinem Schlüsselbund. Ich könnte vor Frust heulen. Ich will einfach nur ins Warme, schlafen und mich aufwärmen und versuchen zu vergessen, dass ich überhaupt weggegangen bin.

Die Klinke vor mir wird heruntergedrückt und ich stoße einen erschrockenen Schrei aus, als die Tür mit einem Ruck geöffnet wird.

Linus schaut mich mit zusammengekniffenen Augen aus dem Treppenhaus an.

»Was machst du denn?« Er spricht nicht laut, aber sein harter Tonfall überrascht mich.

»Äh … gar nichts.«

»Du bist einfach verschwunden. Als ich mal musste, habe ich Albans Handy am Waschbecken gefunden. Und als ich es in sein Zimmer gebracht habe, warst du weg. Auch deine Jacke und deine Stiefel waren weg und du hattest keine Nachricht hinterlassen.«

Wie konnte ich nur so dumm sein, das Handy liegen zu lassen?

»Tut mir leid, Linus, ich wollte dich nicht wecken …«

»Und du hast mein Fahrrad genommen, ohne zu fragen?«

»Also, normalerweise …« Dann fällt mir ein, dass er mich und Noah gesehen haben könnte. Ich werde rot bei dem Gedanken, was er sonst vielleicht noch gesehen hat. »Ich … ich wollte dich nicht aufwecken«, murmle ich.

»Was hast du mit Noah zusammen gemacht?«

»Ich habe nichts *mit Noah zusammen* gemacht.« Ich dränge ich mich an ihm vorbei und gehe die Treppe hinauf.

Er folgt mir nicht.

In der Wohnung ziehe ich meine Stiefel aus und stelle sie in einer Ecke des Flurs ab, bevor ich auf Albans Zimmer zusteuere. Ich behalte meine Jacke an, weil ich den Reißverschluss nicht aufbekomme und nicht noch mehr Wärme verlieren will.

Alban liegt fast so da, wie ich ihn zurückgelassen habe, aber er hat sein Gesicht zur Wand gedreht. Das müssen ziemlich wirksamen Tabletten sein, die Sandra ihm gegeben hat.

Ich wickle mich in meine Decke ein und rolle mich auf der Luftmatratze zu einer Kugel zusammen. Die Luft im Raum ist dicht und schwer und Sauna-ähnlich, aber obwohl sich die Hitze wie eine glühende Schicht über meine Atemwege legt, ist mir äußerlich trotzdem noch kalt.

Nach ein paar Minuten höre ich, wie Linus zurückkommt. Er geht mit fast lautlosen Schritten an Albans Zimmer vorbei, schließt aber seine Tür fester, als er es sonst tut.

Gut. Wenn er wütend sein will, soll er wütend sein.

Albans Radiowecker zeigt, dass es kurz nach sechs ist. Ich muss in zwei Stunden aufstehen. Es scheint mir eine verlockende Idee zu sein, einfach zu schwänzen, aber ich muss Noah im Auge behalten und weitere wahnsinnige Einfälle verhindern.

Ich versuche, mich zusammenzureißen, aufzustehen und den Wecker auf Albans Handy zu stellen.

Mir fallen die Augen zu. Nur noch fünf Minuten unter der Bettdecke. Dann mache ich das.

Nur noch … fünf Minuten …

37

Ich wache mit einem Keuchen auf.

Nicht, weil ich etwas Unangenehmes geträumt habe, sondern weil ich sofort merke, dass ich verschlafen habe. Es ist viel zu hell im Zimmer. Als ich auf den Radiowecker schaue, ist es kurz vor zehn.

»SCHEISSE!« Ich stehe so schnell auf, dass ich über die Bettdecke stolpere und mit einem Knall zur Seite kippe, der Tote wecken könnte.

»Guten Morgen?«, ertönt Albans Stimme aus dem Bett, aufgeschreckt durch meine plötzliche Aktivität. Er liegt immer noch auf dem Bauch, aber er kann sich heute auf die Ellbogen stützen. Er stoppt ein Lied auf seinem Handy und nimmt einen Kopfhörer aus dem Ohr. »Alles in Ordnung?«, fragt er.

»Ja, ja«, stöhne ich vom Boden und versuche, den stechenden Schmerz in meiner Schulter zu ignorieren, den die Begegnung mit dem Schreibtischstuhl verursacht hat. Ich stehe benommen auf und will mir den Schlafanzug ausziehen, als mir aufgeht, dass ich immer noch meine Jacke anhabe. Zum Glück muss ich Alban mein seltsames Outfit nicht erklären.

Ich schwitze stark unter den Lagen Stoff bei der drückenden Hitze im Zimmer, aber ich habe keine Zeit mehr, zu duschen. Ich schnappe mir mein Deo aus dem Regal über dem Schreibtisch, rolle mir großzügig über die Achseln und verfluche mich dafür, dass ich kein Ersatzoberteil dabeihabe.

Wenn ich mich beeile, schaffe ich es noch in die Schule, bevor in zehn Minuten die Mathestunde anfängt.

»Was machst du da?«, fragt Alban, als ich wie ein Elefant mit Hangover durch den Raum irre und mit hektischen Bewegungen mein Mäppchen und meine Schulbücher zusammenkratze.

»Ich komme zu spät!« Ich pfeffere meine Sachen in die Schultasche und fummele ungeschickt am Reißverschluss herum.

»Nein, tust du nicht. Linus hat eben angerufen und gesagt, dass du erst um elf Uhr losmusst, weil deine ersten Stunden ausfallen. Er hat gesagt, ich soll dich schlafen lassen.«

Ich höre auf, am Reißverschluss zu zerren.

Sollte ich wirklich so viel Glück haben?

Aber dann fällt mir ein, dass Linus immer noch sauer sein könnte. Und er weiß, wie sehr ich es hasse, zu spät zu kommen.

»Das ist bestimmt gelogen.« Beinahe klemme ich mir den Finger im Reißverschluss, als ich ihn das letzte Stück aufziehe. Ich könnte unseren Stundenplan online auf Stundenausfälle checken, aber dazu müsste ich erst Albans Computer hochfahren. Und dann würde ich *noch* später kommen, wenn die Ausfälle nur erfunden sein sollten.

»Wie kommst du darauf, dass es gelogen ist?« Alban runzelt die Stirn. Er hat auch den anderen Kopfhörer aus dem Ohr genommen.

»Ich habe mich mit Linus gestritten«, sage ich kurz angebunden, während ich mich im Zimmer nach Dingen umschaue, die ich vergessen haben könnte.

»Gestritten? Wann?« Alban sieht noch verwirrter aus.

»Erkläre ich dir später, okay? Ich will wirklich nicht zu spät kommen, wenn wir diesen Janus haben. Er freut sich bestimmt schon total darauf, mich an die Tafel zu schicken.« Ich gehe zur Tür, während mir die Schultasche von der Schulter baumelt.

Als ich nach der Klinke greife, öffnet sich die Tür und Sandra steht auf der anderen Seite.

»Alles in Ordnung hier?« Sie hat ein Handtuch um sich geschlungen und nasse Haare, als wäre sie gerade erst aus der Dusche gesprungen.

»Ich war es, die umgekippt ist«, sage ich und schaue auf die Uhr. Eine Minute vorbei. »Nichts passiert.«

Sie sieht Alban an und wirkt sofort entspannter.

»Hast du gut geschlafen, Schatz?«

Er nickt.

»Überraschend gut sogar. Es tut nicht mehr so weh wie gestern.«

Er bewegt seine Schultern unter dem Verband. Etwas, das ihn gestern noch vor Schmerzen hätte aufstöhnen lassen, aber heute nur seine Augen leicht zum Zucken bringt.

»Das freut mich.« Sandra lächelt. »Und du, Emilie? Hast du auch …«

»Gut. Ich habe gut geschlafen, bin aber wirklich spät dran.« Ich erwidere Sandras Lächeln nicht besonders überzeugend und quetsche mich an ihr vorbei. Ich schnappe mir meine Zahnbürste aus dem Becher im Bad und fange an, mir die Zähne zu putzen, während ich mir mit der anderen Hand schon die Stiefel anziehe.

»Ich komme später wieder, Alban«, rufe ich, den Mund noch voller Zahnpasta, und stürme die Treppe hinunter.

Jonathan steht im Fahrradschuppen und raucht, als ich über den Schulhof renne. Er steht mit dem Rücken zu mir, sodass er mich erst bemerkt, als ich auf dem Schnee ausrutsche und einen Fluch nicht unterdrücken kann. Ausnahmsweise bin ich mal schneller als er und befinde mich bereits hinter der schweren Eingangstür in Sicherheit, als ein Schneeball die Scheibe trifft. Ich haste weiter, ohne mich umzusehen. Hoffentlich saugt Jonathan lieber das letzte bisschen Leben aus seiner Kippe, als mir zu folgen.

Aber wenn Jonathan hier ist, fällt immerhin der Unterricht nicht aus. Ich *wusste* es.

Einige von Linus' Klassenkameraden hocken in einer Ecke der Schule und lesen in einem Deutschbuch, das ich selbst noch aus der achten Klasse kenne.

Auf dem Weg zum Unterricht komme ich an der Kantine vorbei und sehe Linus. Er sitzt an unserem Tisch und ist in sein Deutschbuch vertieft, sodass er mich nicht bemerkt, obwohl ich auf dem Weg zu ihm ziemlich laut auftrete.

»Ich hoffe, du bist jetzt zufrieden«, flüstere ich ihm in den gebeugten Nacken.

Linus wirbelt herum und sieht mich erschrocken an.

»Was?«

»Hätte ich gewusst, dass du dich so wegen des Fahrrads aufregst, hätte ich das deiner Mutter genommen«, sage ich. Ich drehe mich um und gehe weiter, bevor er antworten kann. Ich will wirklich nicht zu spät zur Mathestunde kommen, obwohl ich große Lust dazu hätte, Linus noch eine Weile anzuschreien.

Die Garderobe vor unserem Klassenzimmer ist fast leer, nur ein einziger roter Kapuzenpulli mit gelbem Aufdruck auf dem Rücken ist dort zu sehen, wo es am Vormittag normalerweise von Daunenjacken, riesigen Schals und künstlichen Pelzkragen wimmelt.

Mir wird innerlich kalt. Ist etwa heute die Exkursion angesetzt? Vielleicht hätte ich doch lieber Albans Computer einschalten sollen.

Im Klassenzimmer brennt kein Licht und die Stühle stehen noch unter den Tischen.

Oder hat Linus doch die Wahrheit gesagt?

Ich schaue zur Tafel, an der in gleichmäßigen Buchstaben etwas geschrieben steht. Ich trete näher heran und lese, was da steht.

Mathe fällt wg. einer Notfallsitzung des Lehrpersonals aus.
Nächste Unterrichtsstunde beginnt um 11 Uhr.
MfG Janus

»Was? Jonathans Stimme hinter mir stinkt nach Tabakrauch. »Wo sind die anderen?«

»Ich … ähm … die erste Stunde fällt aus«, sage ich. »Anscheinend.«

»Verdammt, Mann. Ich hätte noch eine ganze Stunde länger schlafen können! Jonathan starrt mich wütend an, als wäre das Ganze eine Verschwörung gegen ihn, die ich angezettelt habe.

Als Jonathan den Klassenraum verlässt, stößt er beinahe mit Linus zusammen, der gerade aus der Kantine kommt.

»Pass doch auf, Arschgesicht«, sagt Jonathan.

Für einen Moment sieht Linus so verbissen aus, dass ich Angst habe, er könnte etwas erwidern, aber Jonathan geht weiter, ohne ihn eines Blickes zu würdigen.

Linus dreht sich zu mir um.

»Was ist los mit dir?«

»Die Sache mit den Ausfällen … das war nicht nur etwas, was du erfunden hast«, sage ich. Plötzlich komme ich mir unglaublich dumm vor.

Linus kneift die Augen zusammen. »Erfunden? Warum sollte ich das tun?«

»Weil du … äh … sauer warst?«

»*Du* bist sauer, Emilie! Du hast dich die ganze Woche über so seltsam benommen!« Linus schüttelt den Kopf. »Du willst nicht nach Hause gehen und Computer spielen, und du bleibst die ganze Nacht weg, ohne jemandem etwas zu sagen!«

»Linus, ich habe dir doch gesagt, dass ich nicht …«

»Dass du mich nicht wecken wolltest? Na ja, es war wirklich cool, selbst zu bemerken, dass du weg bist. Nach allem, was passiert ist, habe ich mir wirklich schlimme Dinge ausgemalt, bis du wieder aufgetaucht bist.«

»Es tut mir leid«, sage ich, ohne ihn anzusehen. »Ich habe nicht nachgedacht.« Es ärgert mich, dass ich wie Noah klinge, der Meister des unüberlegten Handelns.

Linus verschränkt die Arme vor der Brust.

»Was habt ihr wirklich gemacht? Hat es etwas mit diesem Instrument zu tun?«

»Instrument?«, frage ich.

Hat Noah schon mit den anderen geredet?

»Was bei Karl passiert ist, ist das Einzige, was uns mit den Zwillingen verbindet.« Linus sieht mich mit durchdringendem Blick an. »Es sei denn, da ist noch was, das du mir verschweigst.«

Wie viel hat er in dieser Nacht wirklich gesehen?

»Was meinst du?«, frage ich.

»Ich weiß es nicht!« Linus fuchtelt mit den Armen. Er hält sein Deutschbuch in einer Hand und seine beiden Verbände sind gräulich mit dunklen Flecken von geschmolzenem Schnee. »Du erwartest von uns anderen, dass wir dir alles erzählen, aber du selbst erzählst nichts!«

»Ich erwarte nicht …«

»Nach der Sache mit der Watte in der Notaufnahme hast du mich gefragt, ob ich etwas Seltsames kann, wovon ich dir noch nicht erzählt habe. Fast so, als würdest du erwarten, dass ich es vor dir geheim halte. Aber du hast *selbst* etwas verschwiegen! Du hattest die Warnungen vor dem Observatorium, ohne auch nur ein Wort zu sagen. Auch danach nicht. Und als ich dich gestern gefragt habe, ob etwas nicht stimmt …«

»Ganz ehrlich, Linus! Hättest du es geglaubt?«, frage ich. »Hättest du geglaubt, dass ich in die Zukunft sehen kann, wenn du nicht gesehen hättest, was die anderen können? Das mit den Schneebällen und dem Feuer, und Alban, der Menschen retten kann, und Noah und Pi, die Telepathie können?«

Linus sieht mich verletzt an.

»Nein«, sagt er. »Ich hätte es nicht geglaubt. Aber ich kenne dich gut genug, um zu wissen, dass du nicht einfach irgendwas erfindest. Ich hätte dir geholfen, eine logische Erklärung zu finden, wenn du mit mir geredet hättest.«

»Es war nicht so, dass ich nicht mit dir hätte reden wollen, Linus. Aber ich hatte Angst, dass … dass ich verrückt werde.«

»Verrückt oder nicht. Ich habe dir immer geholfen. Ist das nicht der Sinn einer Freundschaft?«

Ich atme schwer aus.

»Es tut mir leid«, sage ich. »Dass ich nichts gesagt habe. Es waren einfach ein paar wirklich merkwürdige Tage.«

»Hör zu …« Linus schaut zu Boden. »Ich weiß, dass du Alban immer nähergestanden hast. Ich weiß, dass ihr … über andere Dinge redet, als wir beide. Aber …« Er knibbelt am Einband des Deutschbuchs herum. »Na ja … du kannst immer …« Er lässt den Kopf hängen und räuspert sich, bevor er weiter zum Boden spricht. »Ich will, dass du weißt …«

»Kommst du mit zurück, Jakobsen?« Ein paar Jungen aus Linus' Klasse kommen mit Deutschbüchern, Notizblöcken und Mäppchen in den Händen auf uns zu.

Linus schaut auf seine binäre Armbanduhr. Sie hat kleine rote Dioden, die je nach Uhrzeit in verschiedenen Mustern aufleuchten.

»Äh … ja.« Er dreht sich um und folgt ihnen.

»Ich komme später wieder zu euch«, sage ich. Linus dreht sich um und schenkt mir ein Lächeln, das seine Augen nicht erreicht.

»Wir sehen uns dann.«

Einer der Jungs aus seiner Klasse pfeift und die anderen fangen an zu lachen.

Linus murmelt irgendetwas und wendet sich wieder von mir ab. Seine Ohrläppchen leuchten rot, als er am anderen Ende des Gangs um die Ecke biegt. Ich verdrehe die Augen, während das Lachen seiner Klassenkameraden lauter wird.

In der Schule gehen viele Gerüchte über die Freundschaft zwischen Linus, Alban und mir um. Es ist verrückt, dass das nach so vielen Jahren immer noch ein Gesprächsthema ist. Die Leute sollen glauben, was sie wollen. Ich kenne die beiden, seit ich sechs Jahre alt war, und der Gedanke, sie zu küssen, fühlt sich völlig falsch an. Vor allem, was Linus angeht, der sich für mich mehr wie ein kleiner Bruder anfühlt als Markus und Oliver zu Hause.

Linus und ich sind Freunde, sonst nichts. So war es immer und so wird es auch bleiben.

Aber nur, wenn ich nicht in noch mehr Fettnäpfchen trete.

38

Ich habe keine Lust, alleine in der Klasse zu sitzen und auf die anderen zu warten, also gehe ich in die Bibliothek.

Frau Holm, unsere Bibliothekarin, ist einen Kopf kleiner als ich und mindestens siebzig Jahre älter. Sie ist die Einzige in der Schule, die immer noch darauf besteht, mit ihrem Nachnamen angesprochen zu werden. Es gibt mir ein tief verwurzeltes Gefühl der Sicherheit, sie auf ihrer Tastatur herumklappern zu hören, während ich auf einem der Sofas sitze und zeichne.

Ich habe meine Stiefel ausgezogen und die Beine hochgelegt, bereit, mich ganz in die eine Stunde des ununterbrochenen Zeichnens zu vertiefen, bevor ich erneut mit Noah konfrontiert werde.

Der Bleistift schwebt zögerlich über dem weißen Papier. Meine Hand scheint heute keine Elfenmädchen oder Amazonen zeichnen zu wollen. Ich habe gerade genug vom Übernatürlichen. Die schwarze Spitze beginnt sich in sanften Bögen zu bewegen und kurz darauf ist der Umriss einer Waldmaus zu erkennen. Sie hat große Augen, runde Ohren und hält eine Haselnuss zwischen den Vorderpfoten.

Ich zeichne locker, leicht und schnell. Das Fell schraffiere ich hellgrau und die Augen zeichne ich in funkelndem Schwarz mit hellen Highlights. Der Schwanz verläuft in einem Halbkreis um die Hinterbeine und ist zu lang, um realistisch zu sein, aber ich will ihn auch nicht wieder ausradieren. Ich genieße es einfach, den Stift wie von selbst wandern zu lassen und etwas Lebendiges zu Papier zu bringen.

Als ich fertig bin, bin ich sehr zufrieden. Es ist zwar nur eine schnelle Skizze, aber es ist Leben in den dunklen Augen und die Schatten auf dem geschwungenen Körper geben dem Bild eine gute Tiefe. Ich füge meine übliche Signatur entlang des Schwanzes der Maus hinzu, ein großes, geschwungenes *E*, gefolgt von einem wellenförmigen Schnörkel mit zwei Punkten darüber.

Ich schlage ein neues Blatt meines Zeichenblocks auf. Wenn ich mich ranhalte, schaffe ich vor der Dänischstunde noch eine weitere Zeichnung. Ich setze die Spitze meines Bleistifts auf das leere Blatt und krame in den Ecken meines Gehirns nach weiteren Inspirationen.

Ein erschrockener Schrei lässt mich so heftig zusammenzucken, dass ich einen langen, krakeligen Strich über das Papier ziehe. Mit klopfendem Herzen schaue ich mich um, davon überzeugt, dass jetzt alle meine Albträume wahr werden.

Frau Holm ist von ihrem Schreibtisch aufgesprungen und hinter dem Stuhl in Deckung gegangen.

»Weg da! Kommst du wohl raus!« Sie fuchtelt wild mit der Hand, die sich nicht an der Lehne des Bürostuhls festkrallt, in Richtung von etwas auf dem Boden vor dem Schreibtisch. Ihr Gesichtsausdruck lässt mich das Schlimmste befürchten.

Ich recke den Hals, um zu erkennen, worauf sie zeigt.

Eine kleine graue Maus schaut mich mit schwarzen Perlenaugen an. Der Umriss ihrer runden Ohren kommt mir wohlbekannt vor. Eine Waldmaus.

Die Maus schnuppert an der Luft und dreht Frau Holm den Kopf zu.

»Mach sie weg!«, keucht sie und drückt sich an das Regal hinter ihr.

Ich habe keine Angst vor Mäusen, aber ich kann mich trotzdem nicht bewegen, sondern nur auf die Haselnuss zwischen den Pfoten der Maus starren. Und auf den Schwanz, der im Verhältnis zu ihrem kleinen Körper viel zu lang ist.

Die Maus gibt ein piepsendes Geräusch von sich, lässt die Nuss auf den Boden fallen und flüchtet unter das Sofa, auf dem ich sitze. Frau Holm schreit laut auf. Sie rennt um den Schreibtisch herum zur Tür.

»Ich hole den Hausmeister«, sagt sie und verschwindet auf dem Gang.

Ich starre auf den Zeichenblock in meinem Schoß. Die Umrisse der Skizze scheinen schwach auf dem Blatt hervorgehoben, das ich gerade umgeschlagen habe. Ich möchte unbedingt zurückblättern und die Zeichnung noch einmal ansehen, aber ich habe Angst, dass das Papier zu viel Lärm macht und die Maus unter dem Sofa aufschreckt.

Nein. Das kann nicht sein.

Obwohl ich den Atem anhalte und mein Gehör bis zum Äußersten strapaziere, sind in der Bibliothek keine anderen Geräusche zu hören als das leise Summen von Frau Holms Computer. Kein Rascheln oder Fiepen unter mir.

Ich lege den Block hin und strecke die Beine aus, unendlich langsam, während ich den Fußboden und die Fußleisten um mich herum im Auge behalte, um sicherzugehen, dass die Maus nicht wegläuft. Leise gleite ich vom Sofa und gehe in die Knie.

Die Maus ist vor den Holzleisten nur schemenhaft zu erkennen, aber ich bemerke den schnellen Atem der zitternden Silhouette. Ich hebe den Kopf leicht an, um den Zeichenblock auf dem Sofa sehen zu können.

Der lebendige Doppelgänger meiner gezeichneten Maus beginnt, an der Fußleiste zu kratzen.

Das *kann* nicht sein!

Mit einer schnellen Bewegung greife ich nach dem Block und reiße die Zeichnung heraus. Ich zerknülle das Papier, um es von mir wegzuschleudern, aber im selben Moment stößt die Maus unter dem Sofa einen Schrei aus, der mir eine Gänsehaut auf den Armen verpasst.

Mir stockt der Atem, während ich das Papier in der Hand knete.

Ich krümme mich. Einmal, zweimal.

Meine Hände zittern, als ich das Papierknäuel auf den Block lege und noch einmal unter das Sofa schaue.

Die Maus ist tot, sie liegt mit offenen, leeren Augen auf dem Rücken, die kleine Brust bewegt sich nicht. Ihr Körper ist verdreht und ihre Beine stehen in einem unnatürlichen Winkel ab, als wären sie gebrochen. Ein Tropfen Blut rinnt ihr aus einem Ohr.

Ich stehe so abrupt auf, dass ich mit der Schulter gegen den niedrigen Tisch stoße. Ich schnappe mir meine Tasche, mein Notizbuch und mein Federmäppchen, greife nach meinen Stiefeln und renne aus der Bibliothek.

39

Ich stoße mit Noah zusammen, als ich draußen auf dem Gang um die Ecke biege. Durch den Aufprall stolpere ich nach hinten und lasse fallen, was ich in den Händen halte. Der Zeichenblock rutscht über den Boden und landet vor Pis Füßen. Bleistifte und Farben aus dem offenen Mäppchen kullern in alle Richtungen.

Noah hält mich fest, bevor ich völlig das Gleichgewicht verliere.

»Nanu?«, sagt er, sofort auf der Hut.

Pi schaut mit großen, verängstigten Augen an mir vorbei, als würde gleich mein Verfolger um die Ecke biegen.

»Emilie, was ist los?« Noah packt mich fester an den Oberarmen.

»Ich glaube, dass ich …« Meine Stimme ist dünn und viel zu hell. »Ich habe gerade in der Bibliothek eine Maus gezeichnet. Und sie getötet.«

»Was?« Er lässt mich los, sieht aber immer noch angespannt aus.

»Ich glaube, ich habe … ich kann … es war nicht … ich wollte nur …«

»Ganz ruhig, Emilie«, sagt Noah. »Von vorne.«

Ich lasse mich zu Boden sinken und schließe die Augen.

»Ich saß in der Bibliothek und habe eine Maus gezeichnet«, murmle ich. »Dann ist sie lebendig geworden. Aber als ich das

Papier zerknüllt habe, habe ich sie getötet. Sie liegt da unter dem Sofa.«

»Wo?«, fragt Noah.

»In der Bibliothek.« Ich schlage die Augen wieder auf.

Er ist schon auf dem Weg in die Richtung, aus der ich gekommen bin.

Pi und ich sehen uns gegenseitig an und dann auf meine Zeichenutensilien, die auf dem Boden verstreut liegen. Pi schaufelt die Sachen zusammen und wirft sie in meine Tasche, und ich hebe meine Stiefel wieder auf, bevor wir Noah folgen.

Weder Frau Holm noch der Hausmeister sind in der Bibliothek aufgetaucht, als wir durch die Tür treten und Noah vor dem abgenutzten Sofa knien sehen.

Als er sich aufrichtet, hat er eine tote Waldmaus in der Hand. Er hält ihren Schwanz zwischen Daumen und Zeigefinger, und ihre gebrochenen Gliedmaßen baumeln schlaff von ihrem kleinen Körper. Sie blutet aus Ohren, Nase und Mund, wie ich jetzt sehe. Ich drehe mich weg, weil mein Magen rebelliert.

»Was ist passiert?«, fragt Noah.

Ich schaue ihn an, nicht die Maus zwischen uns.

»Ich habe eine Waldmaus mit einer Nuss gezeichnet und plötzlich war da eine Maus, die genau aussah wie auf meinem Bild. Ich habe mich so erschrocken, dass ich das Papier zerknüllt habe. Und so … ist sie gestorben.«

Pi nimmt die zerknitterte Zeichnung vom Sofa und streicht sie auf dem niedrigen Tisch glatt.

Auch wenn die Maus in Noahs Händen schwer in Mitleidenschaft gezogen ist und ich die Zeichnung zerknüllt und damit verunstaltet habe, ähneln sie sich auf unheimliche Weise.

»Die Nuss liegt dort«, sage ich mit zittriger Stimme und zeige auf den Boden.

Noah hebt die Nuss auf und legt sie auf den Tisch neben die

Skizze. Ein tiefer Riss zeigt sich an derselben Stelle der braunen Schale, wie eine der Falten auf meinem Bild. Noah mustert die Maus, aus der Blut auf den Boden tropft.

»Wirf sie raus«, sagt Pi.

Noah nickt und öffnet ein Fenster, um die Maus hinauszuwerfen. Zum Glück kann ich nicht sehen, wo sie landet. Er schließt das Fenster und bleibt einen Moment stehen, um zu lauschen.

»Ist sonst noch jemand hier?«, fragt er und sieht sich um.

»Nein«, sage ich. »Die Bibliothekarin ist abgehauen, um den Hausmeister zu holen, und sie war außer mir die Einzige hier.«

Noah tritt wieder an unseren Tisch und schaut auf den Zeichenblock, dessen Ecke aus meiner offenen Tasche herausragt.

»Zeichne etwas anderes.«

Ich drücke die Tasche und die Stiefel an mich.

»Nein«, flüstere ich.

Noah verdreht die Augen und Pi wirft ihm einen strengen Blick zu.

»Warum nicht?«, fragt er. »Wir müssen herausfinden, ob das eine neue Fähigkeit ist!«

»Ich habe sie *getötet*, Noah! Ich habe ein Lebewesen getötet, einfach indem ich ein Stück Papier zerknüllt habe!« Es wird mir erst vollends bewusst, als ich es laut ausspreche, und meine Hände beben. Ich presse die Sachen fester an meine Brust, um die Kontrolle wiederzuerlangen.

»Bist du sicher, dass sie noch gelebt hat?«, fragt Pi. Sie schaut zum Fenster.

»Natürlich bin ich mir sicher! Ich habe gesehen, wie sie sich bewegt und geatmet hat, und ich habe … die Geräusche gehört, die sie von sich gegeben hat.« Der Todesschrei der Maus klingt immer noch in meinen Trommelfellen nach.

»Du sagst, du hast sie gezeichnet«, sagt Noah. »Und sie ist gestorben, als du das Papier zerknüllt hast. Ja?«

Ich nicke bestätigend.

»Was würde passieren, wenn du die Zeichnung ausradierst?«, fragt er. »Würde sie verschwinden? Also, die lebendige Maus?«

»Die nicht mehr wirklich lebendig ist«, fügt Pi hinzu.

»Das … das weiß ich nicht«, stottere ich. »Darüber habe ich noch nicht nachgedacht.«

»Versuch es«, sagt Noah. »Sie ist schon tot. Mehr kann nicht passieren.« Er greift nach dem Skizzenblock. Ich lasse meine Tasche aber nicht los, sodass er ihn mit Gewalt befreien muss. »Hast du einen Radiergummi?«

Ich suche widerstrebend in meiner Tasche und finde meinen Lieblingsradiergummi, einen weißen Klotz, mehrere Zentimeter dick und so lang wie mein Mittelfinger.

»Will das nicht einer von euch machen?«, sage ich und es ist mir egal, wie armselig ich klinge. Ich biete ihnen den Radiergummi an.

»Nein«, sagt Noah bestimmt. »Es ist wichtig, dass *du* es versuchst.«

Ich stelle meine Tasche und meine Stiefel ab und gehe vor dem Tisch in die Hocke. Dann setze ich die Spitze des Radiergummis wie eine Softballpistole an die Stirn der Maus und beginne zu radieren.

Mit langen, zähen Bewegungen verwandelt sich die Waldmaus auf dem Papier in grau-weiße, mit Bleistiftstaub vermischte Gummifussel, die sich über den Tisch verteilen. Obwohl die Maus tot ist, halte ich das Papier fest zwischen den Fingern meiner linken Hand, um keine weiteren Falten zu verursachen.

Pi und Noah folgen meinen Bewegungen mit konzentrierten Mienen.

Kurz darauf ist von der Zeichnung mit der Maus nur noch eine schwache, farblose Kontur übrig geblieben. Ein Echo vom Druck der Bleistiftspitze, das auch der Radiergummi nicht entfernen kann. Ich puste die Gummifusseln auf den Boden, sodass das Papier völlig leer ist.

Wir schauen alle drei zum Fenster. Pi geht hin und öffnet es.

»Sie ist weg.« Sie lehnt sich hinaus, um in die Schneewehen zu spähen.

Ich stelle mich neben sie und schaue nach unten. Ein paar kleine rote Flecken und eine fast unsichtbare Vertiefung im Schnee sind die einzigen Anzeichen, dass die Maus jemals existiert hat.

»Cool«, sagt Noah, als ich mich umdrehe.

Es fällt mir schwer, seine Begeisterung zu teilen. Obwohl ich davon geträumt habe, dass meine Zeichnungen lebendig werden, so wie damals, als ich noch klein war und meine Mutter mir die Geschichte ›Otto ist ein Nashorn‹ vorlas. Denn die Geschichte von Otto endet glücklich, mit einem gelben Nashorn, das auf dem Weg zu den Fittihuli-Inseln dem Horizont entgegensegelt. Sie endet nicht damit, dass das Nashorn verstümmelt und getötet und in eine Schneewehe geworfen wird, nur um dann spurlos zu verschwinden.

»Zeichne etwas anderes«, sagt Noah. »Wenn du es nur ausradieren willst, um …«

»Nein.« Ich gehe zum Sofa und stecke den Zeichenblock und den Radiergummi zurück in die Tasche, schließe den Reißverschluss und knie mich hin, um meine Stiefel anzuziehen, ohne die Zwillinge anzusehen.

»Warum nicht?«, fragt Noah von oben.

Ich ziehe die Schnürsenkel so fest zu, dass mir die Finger wehtun.

»Weil ich nicht will.«

»Wovor hast du Angst?«

»Warum muss es immer darum gehen, Angst zu haben oder nicht?« Ich stehe ruckartig auf, nehme die Tasche und werfe sie mir auf den Rücken. »Ich habe keine Angst.«

»Wo ist dann das Problem?«, fragt er.

»Das Problem ist, dass du uns immer zu Dingen zwingst, die wir nicht tun wollen. Ich habe es satt, dass es immer um dich gehen muss!«

Noah blinzelt und Pi starrt mich an. Ohne ein weiteres Wort verlasse ich mit stolpernden Schritten die Bibliothek.

Er glaubt, ich hätte Angst, aber das liegt daran, dass er nichts versteht.

Ich habe Angst vor der Dunkelheit und vor Schlangen und vor der Höhe und davor, lächerlich gemacht zu werden, und vor tausend anderen Dingen, aber ich habe keine *Angst* davor, etwas zu zeichnen, das lebendig werden könnte.

Ich bin *entsetzt*.

Ich spüre ein panisches, alles verzehrendes Entsetzen vor dem Abgrund, der sich unter meinen Füßen aufgetan hat, da jetzt alle Gedanken, die ich mit meinem Stift zum Leben erwecke, plötzlich in die reale Welt einfallen können. Alle meine Träume und alle meine Albträume. Alles, was zu schwierig oder zu schmerzhaft ist, um es in Worte zu fassen, und nur in Bildern erscheinen kann. Bilder jedoch, die nie dafür gedacht waren, dass andere sie zu Gesicht bekommen.

Meine Füße bewegen sich automatisch und führen mich durch die Gänge der Schule, ohne dass ich bewusst entschieden habe, wohin ich gehe. Ich muss in Bewegung bleiben, wenn die Angst mich nicht einholen soll.

Ich wage es nicht mehr, etwas zu zeichnen. Nie wieder.

Sind es nur meine eigenen fiktiven Figuren, die lebendig werden können? Tiere und Menschen und seltsame Kreaturen, die ich selbst erfunden habe? Oder können auch Porträts von realen Menschen lebendig werden? Habe ich, ohne es zu merken, eine Zombie-Armee aus Doppelgängern erschaffen?

Ich erschaudere bei dem Gedanken, dass alle Zeichnungen in meinem Skizzenbuch auf einmal real werden könnten. Die

Porträts meiner Familie. Von Noah, Alban und Linus. Von Fremden, von den Nacktmodellen aus dem Croquis-Kurs, den ich diesen Sommer besucht habe. Von alten Damen im Bus oder Kindern im Park oder Tieren im Zoo.

Zeichnungen von mir selbst. Kann ich mein eigenes Porträt ausradieren und mich selbst verschwinden lassen? Kann ich eine reale Person löschen, indem ich sie male und die Zeichnung wieder ausradiere? Kann ich sicher sein, dass es immer die gezeichnete Version der Realität sein wird, die beim Ausradieren verschwindet?

In meinen Skizzenbüchern befinden sich Hunderte … *Tausende* von Zeichnungen. Werden sie in der richtigen Größe oder in der Größe, in der ich sie gezeichnet habe, zum Leben erwachen? Obwohl die Vorstellung nackter Miniaturmenschen, die auf meinem Schreibtisch herumtanzen, unterhaltsam sein könnte, wird mir bei dem Gedanken eiskalt.

Aber … meine Skizzen der letzten Abende sind nicht zum Leben erwacht, obwohl ich sie auf demselben Block gezeichnet habe wie das Bild der Maus.

Ich bleibe stehen, reiße mir die Tasche vom Rücken und ziehe meinen Block heraus. Meine älteren Zeichnungen zeigen flatternde Schmetterlinge, schöne Frauen und exotische Vögel mit Schwanzfedern, die aus Jugendstil-Schnörkeln gemacht sind, aber nichts davon ist zusammen mit der Waldmaus in der Bibliothek aufgetaucht.

Wenn meine Fähigkeit durch die mysteriösen Verbrennungen entstanden ist, wirkt sie sich vielleicht nur auf die Zeichnungen aus, die ich *danach* angefertigt habe.

Ich spüre, wie Hoffnung in meiner Brust aufkeimt, als ich das Skizzenbuch durchblättere und mir die Daten neben meinen Signaturen ansehe. Alle liegen vor unserem ersten Besuch bei Karl vorgestern Abend. Jetzt, wo ich darüber nachdenke, habe ich seit dem Abend nicht mehr im Unterricht auf meinen

Zetteln herumgekritzelt, entweder weil ich zu sehr mit Noah beschäftigt war oder weil mir der Kopf zu explodieren drohte.

Vielleicht sind die Zeichnungen woanders aufgetaucht? Aber wo sollte ich dann nach ihnen suchen?

Wäre es möglich, dass die Zeichnungen dort zum Leben erwachen, wo sie entstanden sind? Also in den meisten Fällen in meinem Zimmer, nahe dem Bett oder Schreibtisch.

Ich stelle mir vor, wie meine Mutter die Zimmertür öffnet, um Wäsche in den Schrank zu räumen ... und plötzlich von Angesicht zu Angesicht all jenen Gefühlen gegenübersteht, die ich in den vergangenen Jahren gezeichnet habe.

Dieser Gedanke zwingt mich dazu, den Weg zum Hauptausgang einzuschlagen.

40

Die Busfahrt nach Hause dauert viel zu lange. Das umsichtige Abbremsen des Fahrers vor jeder spiegelglatten Kurve ist die reinste Folter, aber ich beiße die Zähne zusammen und kralle mich am Sitz vor mir fest, während ich durch die Windschutzscheibe nach draußen starre.

Es ist das zweite Mal in dieser Woche, dass ich schwänze, aber in dem donnernden Gedankenwirrwarr ist kein Platz für schlechtes Gewissen.

Stell dir vor, du zeichnest einen Tiger, der jemanden auffrisst. Oder eine Atombombe. Oder etwas noch sehr viel Schlimmeres.

Was ist, wenn ich die Welt mit meinen Zeichnungen verändere? Aber nicht auf die gute Weise? Was ist, wenn ich diesen einen Schmetterling zeichne, der mit einem einzigen Flügelschlag einen Orkan auf der anderen Seite der Erde auslöst? Was, wenn es nur eine Frage der Zeit ist, bis etwas Schreckliches passiert, woran ich schuld bin?

Vielleicht muss ich schreiben, anstatt zu zeichnen. Aber was, wenn die Buchstaben lebendig werden? Wenn alles, was ich mit einem Stift zu Papier bringe, lebendig wird? Wenn das, was ich schreibe, wahr wird? Oder wenn die Buchstaben vom Papier kriechen und etwas Schreckliches tun? Wenn meine Liebsten in stummen Dehnungs-H's und verhärteten Auslauten zu ersticken drohen?

Meine Fantasie läuft auf Hochtouren, während der Bus durch die verschneite Landschaft kriecht.

›*Übernatürliche Fähigkeiten*‹ hatte Noah es in der Notaufnahme genannt. Angesichts seiner Faszination für gezeichnete Superhelden ist er bestimmt glücklich, etwas Außergewöhnliches zu können.

Aber ich bin nicht Noah. Ich war immer ganz zufrieden damit, nirgendwo herauszustechen. Und jetzt habe ich Superkräfte bekommen und weiß nicht einmal, wie *super* sie wirklich sind.

Könnte ich alles zeichnen? Einen neuen Mond zum Beispiel? Ein Paralleluniversum? Könnte ich meine eigenen Kinder zeichnen, um sie nicht zur Welt bringen zu müssen?

Ich drücke die Stirn fest gegen die kalte Seitenscheibe und schließe die Augen, um mir selbst zu entfliehen, doch ich bin im Netz meiner eigenen Gedanken gefangen. Steuere ich, was meine Zeichnungen tun, oder kann ich ihnen nur Leben einhauchen? Selbst wenn ich ein Bild mit den besten Absichten zeichne, könnte es doch sein, dass es Amok läuft, sobald der letzte Schnörkel auf das Papier gebracht ist.

Die Stimme des Busfahrers schreckt mich auf.

»Musst du hier nicht raus?«

Ich öffne die Augen und sehe, dass wir am Skovvej stehen.

»Ja … danke!« Ich steige schnell aus und renne den ganzen Weg bis nach Hause.

Die Fenster sind dunkel. Mama muss einkaufen sein.

So ein Glück.

Filou kommt mir laut bellend und aufgeregt mit dem Schwanz wedelnd entgegengesprungen, als ich in den Flur stürze. Er versucht, mir über das Gesicht zu lecken, aber ich ziehe nur meine Stiefel aus und laufe dann durch die Küche zur Treppe, die in den ersten Stock führt.

Filou bleibt fiepend hinter mir auf der Treppe, enttäuscht,

dass ich ihn nicht beachte und offensichtlich spürend, dass etwas nicht stimmt.

»Pst, Filou. Geh runter und mach Platz«, flüstere ich. Als er nicht reagiert, wiederhole ich meinen Befehl lauter. »Runter! Platz!«

Er wirft mir einen verletzten Blick zu und schleicht mit zwischen den Hinterbeinen eingeklemmtem Schwanz die Treppe hinunter. Ich versuche, die Luft anzuhalten, um eventuelle seltsame Geräusche im Haus zu hören.

Es ist völlig still.

Die Maus in der Bibliothek hat Geräusche von sich gegeben. Meine Zeichnungen sind nicht stumm. Ich müsste es also hören, wenn Tausende von ihnen in meinem Zimmer eine wilde Party feiern würden.

Trotz dieser unanfechtbaren Logik bekomme ich kaum Luft, als ich vor der Tür mit dem selbst gezeichneten Namensschild stehe. Die Schmetterlinge um den kunstvollen Schriftzug *EMILIE* bewegen sich nicht, und ich spüre nur Papier, als ich mit den Fingerspitzen darüberstreiche. Trotzdem beruhigt mich das nicht. Die Zeichnung der Maus hatte sich auch nicht verändert, nachdem das Tier auf dem Boden aufgetaucht war.

Ich starre auf die Klinke und überlege, Filou wieder zu mir zu holen. Aber was sollte er schon gegen meine inneren Dämonen ausrichten?

Ich drücke die Klinke hinunter und stoße die Tür fest auf. Sie schlägt mit einem Knall gegen die Wand, und ich bleibe auf der Türschwelle, geduckt und bereit, um mein Leben zu kämpfen.

Elrond und Galadriel schrecken auf und flattern lärmend in ihrem Käfig herum, aber abgesehen davon gibt es keine anderen Bewegungen.

Ich richte mich auf und trete vorsichtig ins Zimmer. Als

nichts passiert, mache ich einen weiteren Schritt. Dann springe ich zum Schreibtisch und ziehe die unterste Schublade auf.

Noah lächelt mich von der letzten Seite des Skizzenblocks an, ein spöttisches Lächeln, das mich meine Panik fast bereuen lässt.

Ich lasse den Blick durch das Zimmer schweifen. Meine alten Zeichenblöcke stehen bunt aufgereiht in den Regalen über der Tür und dem Schreibtisch oder liegen gestapelt neben meinem Bett. Es sind schwarze und rote Notizbücher, farbenfrohe Spiralblöcke, Hefte mit selbst gemalten Collagen auf dem Einband. Ich habe sie nie gezählt, aber es müssen mindestens fünfzig sein.

Die Tür war geschlossen und mein Fenster war seit August nur selten offen, weil immer Fliegen im Fensterrahmen überwintern. Selbst wenn die Zeichnungen in einem Größenverhältnis von eins zu eins lebendig würden, könnten sie sich kaum alle hier drin verstecken.

Und hätte sich Filou nicht noch verrückter aufgeführt, wenn in unserem ganzen Haus der Bär gesteppt hätte, kurz bevor ich nach Hause kam?

Ich sehe wieder auf das Bild von Noah. Ich habe nur seinen Kopf, die Schultern und den oberen Teil seiner Brust gezeichnet. Ich frage mich, was passieren würde, wenn diese Zeichnung zum Leben erwachen würde. Würde er automatisch einen Unterkörper, Arme und Beine bekommen, oder wäre er nur ein sprechender Kopf? Ich erschaudere bei dem Gedanken und klappe den Zeichenblock schnell wieder zu.

Mein Schreibtischstuhl knarrt, als ich mich darauffallen lasse. Ein offenes Paket Papier liegt neben meinem Drucker in der Ecke des Schreibtisches. Das Papier ruft mich mit einem lautlosen, sirenenartigen Gesang und meine rechte Hand greift automatisch nach dem Becher mit Bleistiften.

Ich wähle einen Kohlestift und drehe ihn zwischen Daumen und Zeigefinger. Das achteckige Holz fühlt sich anders an als sonst. Härter, gefährlicher, fast wie eine Waffe. Wie Leben und Tod und viel zu viele Möglichkeiten.

Es ist einer meiner Schattierungsstifte und die Spitze ist abgerundet und an der Seite leicht abgeflacht, um große, dunkle Flächen entstehen zu lassen.

Ich schaue wieder auf das Papier.

Sind es wirklich nur meine neuen Zeichnungen, die lebendig werden? Die ich seit den Verletzungen an den Händen gezeichnet habe? Oder war ich gar nicht verantwortlich für das Auftauchen der Maus?

Es gibt nur eine Möglichkeit, das herauszufinden. Auch wenn ich es hasse, dass es Noahs Idee war.

Ich nehme ein Blatt Papier aus der geöffneten Packung und lege es vor mich.

Ich kenne den Leistungsdruck, wenn ich ein besonders schwieriges Bild zeichne oder richtig teures Papier verwende. Die große, unberührte Leere des Papiers kann manchmal so einschüchternd wirken, dass man irgendwo einen Strich setzen muss, um richtig mit dem Zeichnen anfangen zu können.

Genauso geht es mir jetzt. Nur tausendmal schlimmer.

Mit jeder Sekunde, die verstreicht, ohne dass ich den Stift hebe, wird das Druckerpapier größer und weißer. Die Unendlichkeit, eingefasst in vier Ecken. Ich schließe die Augen und setze die Spitze des Stifts auf das Papier. Meine Hand bewegt sich mit einem Ruck und ich öffne die Augen wieder. Eine schwarze gerade Linie, ein paar Zentimeter lang, hat das Weiß zerstört.

So. Jetzt kann ich loslegen.

Es fühlt sich vertraut und fremd zugleich an. Auf dieselbe Art, wie Alban mich dazu bringt, auf die Geräusche meiner Zeichenutensilien zu hören … und dennoch überhaupt nicht.

Die Geräusche waren schließlich immer da, ich habe sie nur nie beachtet.

Das hier ist neu. Unbekanntes Terrain. Die kleinste Linie kann alles werden. Eine Maus, ein Elefant, ein schwarzes Loch, eine andere Welt. Der Anfang von allem. Oder das Ende.

Ich habe keine Lust, wieder eine Maus zu zeichnen. Es muss etwas Kleineres sein, etwas Einfacheres.

Etwas, das nicht schreien kann.

Das Bild einer Ameise erscheint vor meinem geistigen Auge und ich beginne, den langen Körper und die dünnen Beine zu skizzieren. Erst als ich das achte Bein gezeichnet habe, fällt mir ein, dass nur Spinnen so viele haben. Ich weiß nicht mehr, ob Ameisen lange oder kurze Fühler haben, also zeichne ich sicherheitshalber ein paar lange. Ich schraffiere den Hinterleib schwarz und male ein wenig über die Linien, weil meine Hände zittern.

Als ich fertig bin, starre ich die Ameise an. Ich erwarte, dass sie jeden Moment anfängt, über das Papier zu krabbeln, aber sie bewegt sich nicht.

Ich stehe auf und durchsuche den Raum. Schlage die Bettdecke zurück, schaue in alle Fächer meiner Schultasche, durchsuche die Schreibtischschubladen, inspiziere die Fensterbank und die Regale. Als ich die Falten eines meiner Hosenbeine ausschüttle, nachdem ich mit zusammengekniffenen Augen an den Fußleisten entlanggekrochen bin, glaube ich mehr und mehr, völlig durchzudrehen.

Ich setze mich wieder auf den Schreibtischstuhl und schaue mir die Ameise an, die sich immer noch nicht regt.

Natürlich bewegt sie sich nicht!

Der Schwanz der Maus war bestimmt gar nicht so lang, wenn ich jetzt darüber nachdenke. Außerdem wirkt es nicht *so* abwegig, dass in einer Bibliothek eine Maus auftaucht. Ich meine … die Umzugskartons auf dem Dachboden mit den alten Taschenbüchern meiner Mutter sind bei den Mäusen sehr beliebt. Und könnte nicht eine Katze die tote Maus im Schnee mitgenommen hat?

Die deformierte Ameise ist immer noch so unbeweglich und zweidimensional wie zu Anfang, aber die zitternde Unruhe will mir nicht aus dem Körper weichen. Meine Rationalität hat mich in letzter Zeit zu oft im Stich gelassen.

Und die Maus ist gestorben, als ich das Papier zusammengeknüllt habe. Genau in dem Moment. Soll ich mit Linus darüber reden? Ich will nicht ausgelacht werden, aber er hat mir eben erst gesagt, dass er mir auf jeden Fall glauben will. Was soll ich ihm sagen? Dass meine Zeichnungen *vielleicht* lebendig werden, aber nur manchmal?

Meine rechte Hand greift automatisch zum Stift. Ich kann am besten nachdenken, wenn ich zeichne.

Ich werfe einen letzten Blick auf die Ameise. Dann schüttele ich den Kopf, um meine Gedanken zu ordnen, und signiere die Zeichnung mit einer schnellen Bewegung. Es ist ein wenig wie eine Zwangshandlung, alles zu unterschreiben, was ich zeichne. Sogar grobe Entwürfe. Ich habe mehrere Jahre damit verbracht, meine Signatur zu perfektionieren, sodass sie lässig und künstlerisch aussieht.

Ich starre auf die schiefen Fühler, ohne sie zu sehen. Ich muss zurück in die Schule und Linus suchen. Er kann mir bestimmt helfen …

Eine Bewegung auf der Tischplatte weckt meine Aufmerksamkeit.

Ich schnappe nach Luft und schrecke auf dem Schreibtischstuhl zurück, als ich die Ameise sehe. Sie trippelt langsam auf das Druckerpapier zu. Als sie sich bewegt, wird deutlich, dass ihre Fühler zu lang sind. Sie kann kaum den Kopf heben. Das zusätzliche Beinpaar scheint sie aber nicht zu stören.

Die Ameise erreicht den Rand des Papiers und krabbelt über

ihren eigenen gezeichneten Zwilling. Ein Teil des glänzenden schwarzen Panzers auf ihrem Hinterkörper scheint halb abgerissen, da er absteht. Die abgerissenen Teile befinden sich genau an den Stellen, wo ich beim Schraffieren über die Linien gemalt habe, und sie hinterlassen kleine schwarze Punkte auf dem Hinterleib der Ameise.

Mit angehaltenem Atem sehe ich zu, wie sie mit hängendem Kopf und den riesigen Fühlern auf dem Papier herumtaumelt, offensichtlich ohne einen Schimmer, dass sie sich auf dem Schlüssel ihrer Existenz bewegt.

Sie schafft es fast bis zur Tischkante, als ich mir einen Radiergummi aus meinem Stiftehalter schnappe und zu radieren beginne. Ihre Vorderbeine sind das Erste, was sich in Gummiflocken verwandelt. Die Ameise stolpert und fällt mit dem Kopf voraus über die Kante. Sie hat bereits ihre sechs verbliebenen Beine verloren, als sie auf dem Boden aufschlägt, und ihre Fühler, ihr Kopf und ihr Körper verschwinden kurz darauf in einer verschwommenen Bewegung.

Meine Hände zittern. Ich habe gerade einer behinderten Ameise die Beine wegradiert. Ich bin ein Monster, das seine eigene Schöpfung tötet. Dr. Frankenstein mit Bleistift.

Auch wenn Insekten nicht schreien können, empfinden sie doch bestimmt Schmerz?

Die Übelkeit steigt so schnell in mir auf, dass ich gerade noch den Papierkorb unter dem Schreibtisch hervorziehen kann, bevor ich mich übergebe.

41

Ich platze in den Flur von Albans und Linus' Wohnung – und schlage die Tür, als ich sie weit aufreiße, beinahe gegen Alban.

»Wow!« Er taumelt zur Seite und hält sich an der Wand fest, um das Gleichgewicht wiederzufinden.

»Wieso bist du auf?«, frage ich erschrocken.

»Mir geht es besser, also ist Mama zur Arbeit gegangen. Und dann habe ich jemanden auf der Treppe randalieren hören. Was machst du hier? Hattest du nicht nur in den ersten Stunden frei?«

»Doch«, sage ich und schließe die Tür hinter mir. »Aber ich war danach nicht mehr im Unterricht.«

»Warum nicht?« In seiner Stimme liegt kein Vorwurf, nur Sorge.

Mein Selbstmitleid trifft mich mit hundertachtzig Stundenkilometern mitten im Flur, und die Verwirrung des Morgens bricht in einer unzusammenhängenden Kaskade aus Wörtern, Rotz und Tränen aus mir heraus.

Als ich fertig bin, sitze ich mit Schluckauf auf dem Boden zwischen den Winterstiefeln, während Alban mir mit dem Daumen über den Handrücken streichelt. Er hat nichts kommentiert, nur klärende Fragen gestellt.

»Ich werfe alle meine Bleistifte weg«, schniefe ich. »Und alle Buntstifte und Kohlestifte und Marker und Tuschestifte. Alles, womit man zeichnen kann.« Die Vorstellung, Zeichenutensilien im Wert von mehreren Tausend Kronen im Müllcontainer zu entsorgen, lässt es wieder in meinen Tränenkanälen kribbeln.

Albans Daumen wandert über die Sehnen meines rechten Handrückens. Er sitzt angelehnt an der gegenüberliegenden Wand des kleinen Flures.

»Glaubst du, es wird dir helfen, alles aufzugeben?«, fragt er.

»Ja? Wenn ich nicht zeichne, werden keine Bilder lebendig … Wenn ich nicht zeichne, richte ich keinen Schaden an.«

»Bist du sicher?«

Ich schließe die Augen und versuche, mich auf das trockene Brennen hinter meinen Augenlidern zu konzentrieren.

»Das hoffe ich«, flüstere ich.

»Kannst du von einem Tag auf den anderen mit dem Zeichnen aufhören?«

Ich öffne die Augen und sehe ihn an. Stelle mir vor, dass ihm etwas passiert, weil ich eine unvorsichtige Bewegung mit dem Bleistift mache.

»Ja.« Ich hoffe, meine Stimme klingt entschlossen, obwohl sie vor Kummer ganz rau ist.

Alban drückt meine Hand. Ich schaue auf den Kohlestaub unter meinen Fingernägeln und den verblassten schwarzen Strich am Ende des Zeigefingers, der von einem Permanentmarker stammt. Und auf seine Fingerspitzen, die kurz geschnittenen Nägel und die Hornhaut an den Fingerspitzen vom Gitarrenspiel.

Alban ist es auch gewohnt, seine Gefühle wortlos auszudrücken. Aber er setzt damit nicht das Leben anderer aufs Spiel.

»Ich *darf* nicht mehr zeichnen«, sage ich.

»Warum nicht?«

»Weil ich es nicht kontrollieren kann. Weil ich nicht weiß, wie es sich auswirkt. Weil ich nicht weiß, ob es irgendwelche Grenzen gibt. Weil das alles zu gefährlich ist!«

»Aber hast du nicht gesagt, dass die Dinge verschwunden sind, nachdem du sie wegradiert hast?«

»Ja?«

»Und hast du nicht gesagt, dass die Ameise erst aufgetaucht ist, als du die Zeichnung signiert hast?«

»Ähm … ja?«

»Dann kannst du es kontrollieren. Zumindest einen Teil davon. Was immer du zeichnest, kannst du wieder wegradieren. Was du machst, kannst du wieder rückgängig machen. Ist das nicht ein ziemlich beruhigender Gedanke?« Alban lächelt mich vorsichtig an.

»Aber was, wenn ich es nicht kontrollieren kann? Was, wenn das Ding, das ich zeichne, etwas tut, bevor ich die Zeichnung wegradiere?«

»Du musst ja nicht gleich einen fleischfressenden Dinosaurier zeichnen. Du kannst mit kleinen, harmlosen Zeichnungen anfangen, bis du es besser im Griff hast. Oder sie nicht mehr unterschreiben, wenn es wirklich das sein sollte, was das Ganze auslöst. Was sie lebendig macht.«

»Ich will nicht damit herumexperimentieren.« Ich ziehe die Hand zurück. Warum sind er und Noah so erpicht darauf, unsere Fähigkeiten zu testen?

»Aber du musst die Grenzen kennen, um dich mit einem Bleistift in der Hand wieder sicher fühlen zu können.«

»Und was, wenn ich nie wieder einen Bleistift in die Hand *nehme*?«, sage ich trotzig. Ich stehe auf und gehe ins Wohnzimmer, zum Fenster. Der unberührte Schnee auf dem Dach eines Autos, das am Bordstein parkt, erinnert mich an ein leeres Blatt Papier.

»Du kannst nicht davor weglaufen«, ertönt seine Stimme hinter mir. »Du musst der Tatsache ins Gesicht sehen, dass sich in den letzten Tagen sehr viel verändert hat.«

Ich drehe mich um. Alban steht in der Tür zum Wohnzimmer. Ich möchte ihn anschreien oder mich auf den Boden legen und heulen. Aber ich weiß nicht, wo ich anfangen soll.

»Keiner von uns kann davor weglaufen«, sagt er leise.

»Aber du kannst wenigstens verhindern, dass Menschen dabei zu Schaden kommen. Ich könnte genau das Gegenteil bewirken!«

Bis heute Morgen hatte ich geglaubt, dass Telekinese oder die Fähigkeit, Feuer zu erzeugen, die merkwürdigsten und gefährlichsten Gaben wären, die unser Besuch bei Karl hervorgebracht hat. Doch dann habe ich entdeckt, dass ich mit Grafit und Gummi alles erschaffen und zerstören kann. Ich kneife die Augen zusammen.

»Warum können eigentlich nur wir drei Mädchen … so etwas?«, frage ich.

»Wie meinst du das?«

»Deine Fähigkeiten können niemanden verletzen, die Telepathie der Zwillinge auch nicht. Und Linus könnte zwar eine Fähigkeit haben, aber er hat noch niemanden umgebracht. Aber das, was Pi, Adriana und ich können … das ist anders. Das ist *gefährlich*. Vor allem, wenn wir es nicht kontrollieren können.«

»Aber wie willst du lernen, es zu kontrollieren, wenn du es nicht versuchst?« Alban setzt sich auf das Sofa, das mit Decken bedeckt ist, um die beschädigten Stellen zu verbergen. Obwohl seine Sommerbräune fast ganz verschwunden ist, besitzt seine Haut unter den weißen Verbänden immer noch einen goldenen Glanz. Eine dunkelbraune Haarsträhne fällt ihm in die Augen, die die gleiche Farbe haben wie der schneeverhangene Himmel draußen. Trotz der Pyjamahose und dem riesigen Verband sieht er aus wie aus einem Werbeprospekt. Es nervt, dass er so perfekt sein und immer so beschissen recht haben muss.

»Gut. Gehen wir mal davon aus, dass meine Unterschrift

es auslöst.« Ich seufze und setze mich ihm gegenüber auf das Sofa. »Was, wenn ich schlafwandle und anfange, meine Zeichnungen zu signieren?«

»Hast du das schon einmal gemacht?«

»Nein, aber wäre das nicht theoretisch möglich?«

»Noch einmal … niemand sagt, dass du den gesamten Jurassic Park oder den Löwenkäfig aus dem Zoo zeichnen musst. Du kannst dich für den Anfang mit harmlosen Zeichnungen begnügen. Ich bezweifle, dass eine Ameise großen Schaden anrichten kann. Nicht einmal, wenn sie acht Beine hat.«

»Hey!« Ich schnippe ihm gegen das Knie und sein Gesicht zuckt. »Hat das wehgetan?«, frage ich.

»Nicht wirklich«, sagt er und reibt sich die Kniescheibe. »Ich gewöhne mich gerade nur an das Gefühl, etwas im Voraus zu spüren. Es hat sich ein bisschen so angefühlt, als hättest du mich zweimal gezwickt, aber das erste Mal war nur eine Warnung, es hat sich nicht genauso angefühlt. Ich erkenne langsam ein Muster. Was eine Vorahnung ist und was real.«

»Tut mir leid«, murmle ich.

»Schon gut. Es hat nicht wirklich wehgetan.«

»Nein, ich meine … es tut mir leid, dass ich nur an mich denke. Ich habe völlig vergessen, dass du dich auch auf all das Neue einstellen musst. Auch wenn deine Fähigkeit irgendwie cooler ist als meine.«

»Das wird sich noch zeigen«, sagt er. »Bis jetzt habe ich es geschafft, mir eine riesige Verbrennung zuzuziehen, und du hast mich angestupst. Das finde ich nicht besonders cool.«

»Hast du keine Vorwarnung bekommen, dass du dich selbst verletzen würdest, als du Noah vom Sofa gestoßen hast?«, frage ich.

»Doch«, sagt er. »Aber die Warnung bezüglich Noah kam zuerst. Und ich konnte nicht schnell genug auf beides reagieren. Als ich aufstand, hat mein Oberteil bereits gebrannt.

Wahrscheinlich muss ich auch superschnelle Reflexe entwickeln, wenn ich die Welt retten will.« Er klingt traurig.

»Als du vorhin der Tür ausgewichen bist … hast du gespürt, dass sie dich hätte treffen können?«

»Ja. Aber ich wäre fast gestürzt, weil ich das Gleichgewicht verloren habe. Wenn ich einer Gefahr ausweiche, ist das offensichtlich keine Garantie dafür, auch der nächsten zu entgehen.«

»War das mit Noah auf dem Sofa, als du es das erste Mal bemerkt hast?«, frage ich.

»Nein. Das war in der Notaufnahme, als ich Linus von der automatischen Tür zurückgezogen habe. Ich konnte das Geräusch hören, kurz bevor du gerufen hast … und dann habe ich die Tür wieder gehört. Aber ich habe mir zuerst einfach eingeredet, dass ich müde war und der Schmerz in meinen Händen mich Dinge hören ließ.« Alban schüttelt den Kopf. »Doch am Tag nach unserem Besuch bei Karl fing es mit den seltsamen Eindrücken an. Besonders schlimm wurde es morgens im Dänischunterricht. Ich habe Stimmen gehört und hatte die ganze Zeit das Gefühl, als würde ich gleich hinfallen oder einen Ball an den Kopf bekommen. Es fühlte sich so echt an, dass ich immer wieder keuchen oder zucken musste. Die anderen aus der Klasse müssen mich für völlig wahnsinnig gehalten haben.«

»Am Vormittag?«, wiederhole ich. »Da hatten wir Sport. Und ich habe *wirklich* einen Ball an den Kopf bekommen und bin mit Noah zusammengekracht. Er hat auch versucht, Adriana mit dem Ball zu treffen. Absichtlich. Vielleicht bist du davor gewarnt worden?«

»Möglich. Ich kann mich nicht wirklich an die Details erinnern. Es war so überwältigend. Ich musste mitten in der Dänischstunde nach Hause gehen, weil ich einen heftigen Migräneanfall bekam. Aber zu Hause war es vorbei. Ich erinnere mich an ein Wirrwarr aus Sinneseindrücken und Stimmen. Vieles davon klang nach dir.«

»Also warst du zu Hause, während wir in der Schule waren? Du musst also nicht in der Nähe der Personen sein, zu denen du Warnungen bekommst?«

»Offenbar nicht. Ich bin mir sogar ziemlich sicher, dass mein Gespür für Jonathans Hinterhalt mit den Schneebällen auch eine Vorwarnung war.«

»Wirklich?«

»Beim Lauftraining am Nachmittag hatte ich das Gefühl, dass er vor der Schule auf euch wartet. Ich habe Linus angerufen und behauptet, ich hätte ihn in einer Freistunde darüber reden hören, um nicht wie ein Kontrollfreak zu wirken. Aber die Warnungen hörten nicht auf, nachdem ich aufgelegt hatte. Ich habe versucht, vor ihnen wegzulaufen, laute Musik zu hören, an alles andere zu denken. Aber es war, als ob ich die Schneebälle *hören* konnte. Und *spüren*, wie sie mich treffen.«

Er schneidet eine Grimasse und ich erschaudere bei dem Gedanken, wie sich das anfühlen muss.

»Ich hatte gerade beschlossen, Linus noch einmal anzurufen, als ich plötzlich eine Faust auf mich zufliegen sah«, fährt Alban fort. »Ich war so überrumpelt, dass ich auf dem Laufband gestolpert und mit dem Kopf auf das Display geknallt bin.« Er legt eine Hand an seinen Kiefer, als könnte er den Aufprall immer noch spüren.

»Oh verdammt, Alban!«, rufe ich. »Dann *hast* du dich also verletzt. Warum hast du nichts gesagt?«

»Ich konnte nicht. Es war einfach zu seltsam«, murmelt er.

»Woher kommen sie? All die Fähigkeiten?«

»Vielleicht von dem Instrument. Wie du es selbst in der Notaufnahme vermutet hast.«

»Aber … *warum*? Warum ausgerechnet wir? Warum diese

Fähigkeiten? Warum kann ich gezeichnete Dinge lebendig werden lassen, und warum kannst du vorhersehen, wie Noah verprügelt wird …« Mir kommt ein Gedanke. »Hast du irgendetwas gespürt, als Noah von Adrianas Regenrohr gefallen ist?«

Alban schließt die Augen, um sich zu erinnern. Ein alter Reflex aus der Zeit, als er noch sehen konnte.

»Vielleicht?«, sagt er und öffnet die Augen wieder. »Ich bin im Laufe der Nacht mehrmals aufgewacht, weil ich sehr seltsame Träume hatte. Meine Hoffnung war, dass die Halluzinationen nur von den Schlaftabletten und Schmerzen kamen. Aber einiges davon könnten auch Warnungen gewesen sein.« Er fährt sich mit der verbundenen Hand über das Gesicht. »Ich fühle mich, als wäre ich Teil der größten Freakshow der Welt«, sagt er seufzend.

»Da sind wir schon zwei.« Ich atme heftig aus. »Was hat Noah gestern gesagt?«

Alban dreht seinen Kopf zu mir.

»Was?«

»Als wir über Adrianas Telekinese gesprochen haben. Ach ja … ›*fucking weird*‹. Das sind wir wirklich, oder?«

Ich kann mir ein Grinsen nicht verkneifen und auch Albans Mundwinkel bewegen sich nach oben.

»Ich fasse es nicht, dass Noah mal bei etwas recht behält.«

»Kannst du eigentlich nur Dinge zeichnen, die lebendig werden?«, fragt Alban.

Wir sitzen gegenüber voneinander im Schneidersitz auf seinem Bett. Normalerweise würde ich zeichnen und Alban Gitarre spielen, oder wir würden uns etwas vorlesen. ›Normalerweise‹ fühlt sich sehr weit weg an.

»Bisher habe ich nur eine Maus und eine Ameise gezeichnet«, sage ich.

»Aber was, wenn du versuchen würdest, etwas anderes zu zeichnen? Zum Beispiel etwas zu essen?«

Ich schaue auf das Knäckebrot und den halben Apfel auf dem Nachttisch. Die Neugierde packt mich und verdrängt die Angst ein wenig. Ich frage mich, ob man von einer meiner Zeichnungen satt werden kann.

Alban dreht sich zum Teller hin, als könnte er meinen Blick spüren.

»Du könntest eine Scheibe Knäckebrot zeichnen. Die ist ja normalerweise nicht lebendig. Also kann es auch nicht gefährlich sein.«

»Genau. *Normalerweise* ist sie nicht lebendig. Aber es würde mich nicht überraschen, wenn ich so eine Armee von Zombie-Knäckebroten herbeibeschwöre.«

»Mach es«, sagt er.

»Was?«

»Versuche, ein Knäckebrot zu zeichnen. Kein Zombie-Knäckebrot, sondern ein ganz normales, wie das da.« Er nickt zum Nachttisch. »Dabei kann doch nichts passieren, oder?«

»Versprichst du, dass du es nicht isst?«, frage ich.

»Ganz ruhig. Auch wenn Linus sagt, dass du fantastisch zeichnest, würde ich es nicht wagen, das Risiko einzugehen. Jedenfalls noch nicht.« Er greift nach dem Teller und stellt ihn auf die Decke zwischen uns. »Und wenn du es sofort wegradierst, entsteht kein Schaden, aber du lernst vielleicht mehr über deine Fähigkeit. Zumindest fühlt es sich nicht wie ein vorsätzlicher Mord an, ein Stück Knäckebrot wegzuradieren.«

»Okay.« Ich stehe auf, gehe zu seinem Schreibtisch und nehme einen Stift aus meinem Ersatz-Zeichenbecher und den kleinen Zeichenblock, der immer danebenliegt.

»Nur eine einzige Scheibe?«, frage ich, als ich mich wieder vor ihm hinsetze.

Alban nickt.

»Ja.«

Ich schaue mir das Knäckebrot lange an, um mir die Details einzuprägen, dann male ich ein längliches Viereck auf das Papier. Während sich der Stift bewegt, stelle ich mir die harte Oberfläche mit kleinen Löchern, Mehl, Gewürzen und Sesamkörnern vor. Ich spüre fast den staubigen, leicht salzigen Geschmack und die Krümel auf der Zunge.

Alban ist ganz still, während die Zeichnung Formen annimmt. Mein Herz schlägt hart und schnell, als ich die beiden Punkte auf das geschwungene *Emilie* setze.

Ich sehe nicht, wie es auftaucht, aber als ich schließlich den Blick vom Block abwende, liegt auf dem Kissen neben meinem Oberschenkel eine Scheibe Knäckebrot.

Ich stoße einen Schrei aus und Alban sitzt mit steifer Haltung an meiner Seite.

»Hat es geklappt?«, fragt er.

»Ja«, flüstere ich. Vorsichtig nehme ich das Knäckebrot zwischen zwei Finger und betrachte es. Ein paar Sesamkörner krümeln mir auf die Hose, als ich fester zudrücke und die frisch gebackene Knusprigkeit des dreidimensionalen Brotes prüfe.

Alban streckt eine Hand mit der Handfläche nach oben aus und ich lege die neugeborene Scheibe mitten auf seinen Verband. Er untersucht sie mit den Fingern der anderen Hand, bevor er sich nach vorne beugt und daran schnuppert.

»Es fühlt sich echt an«, sagt er. »Ich kann Mehl und so weiter spüren, so wie es sein sollte. Aber es riecht nach nichts.«

Ich gehe näher heran und atme tief durch die Nase ein. Das Einzige, was ich rieche, ist ein schwacher Hauch der Seife aus der Notfallstation und meine eigene verschwitzte Kleidung. Ich nehme eines der Sesamkörner, die auf meinem Oberschenkel gelandet sind, und zerdrücke es zwischen den Fingernägeln.

Aber meine Fingerspitzen riechen danach nicht im Geringsten nach Sesam.

»Komisch.« Ich nehme das echte Knäckebrot vom Teller und rieche daran. Paprika, Sesam und ein Geruch nach Mehl. Ich reiche es Alban, damit er einen Vergleich hat.

»Ja, das ist definitiv was anderes.« Er bekommt Mehl in die Nase und niest. »Woran hast du beim Zeichnen gedacht? Hast du dir vorgestellt, wie Knäckebrot riecht?«

»Äh … nein?« Mir wird klar, dass ich so sehr mit Form und Oberfläche des Knäckebrots beschäftigt war, dass ich nicht über den Geruch nachgedacht habe.

»Vielleicht muss man sich beim Zeichnen all seiner Sinne bewusst sein, damit das Ergebnis stimmt?«

»Kann sein.« Ich nehme ihm das gezeichnete Knäckebrot aus der Hand. Es fühlt sich beängstigend an … richtig beängstigend. Ich würde es am liebsten wieder wegradieren, obwohl es weder schreit, noch beißt oder nach irgendetwas riecht. Ich stehe auf, um einen Radiergummi zu suchen.

»Aber eigentlich sind wir noch glimpflich davongekommen«, sagt Alban.

»Wie meinst du das?« Ich drehe mich zu ihm um, während er von dem echten Knäckebrot abbeißt.

»Wenn man bedenkt, dass du mal ein Blech Kekse dermaßen verbrannt hast, dass das Treppenhaus mehrere Tage lang nach Rauch stank … ist ein Knäckebrot ohne Geruch doch eigentlich gar nicht so schlecht?«

»Sei nicht so streng!« Diesmal schafft er es, meinem Schnippen auszuweichen, indem er das Knie mit einem Ruck zur Seite zieht, aber die schnelle Bewegung rächt sich mit einem Hustenanfall, als er Krümel vom Knäckebrot verschluckt.

Er gibt seltsame Geräusche von sich und wird ganz rot im Gesicht.

Ich bekomme einen Schreck. Habe ich mich mit den Knäckebroten vertan? Ist es meine Zeichnung, an der er erstickt? Ich will ihm auf den Rücken klopfen, aber im letzten Moment fallen mir seine Verbrennungen ein.

»Nein, Alban! Spuck es aus!«, rufe ich fieberhaft.

Aber dann merke ich, dass er zwischen den Hustenanfällen lacht. So sehr, dass er fast keine Luft mehr bekommt.

»Beruhige dich, Emilie«, keucht er, während ihm die Lachtränen über die Wangen laufen. »Ich habe nur einen Krümel in den Hals bekommen. Ich sterbe nicht!« Er versucht zu lächeln, aber das endet nur in einem erneuten Husten.

Ich greife gleichzeitig mit Alban nach dem Glas Wasser auf dem Nachttisch. Das Glas kippt um und das Wasser läuft ihm in den Schoß. Er schreit auf, immer noch nach vorne gebeugt in einem rasselnden Röcheln zwischen Lachen und Weinen.

Der Wasserfleck sieht aus, als hätte er sich in die Hose gemacht. Aus irgendeinem Grund muss ich bei dem Anblick ebenfalls hysterisch loslachen. Vor allem vor Erleichterung.

Wir lachen und lachen und Alban hustet, und dann geht die Tür zu seinem Zimmer auf. Noah, Pi und Linus stehen in der Tür und starren uns an, als wären wir geisteskrank.

»Was macht ihr da?«, fragt Linus.

»Ich habe gerade ein geruchloses Knäckebrot gezeichnet«, sage ich und kichere.

Alban lacht auch, aber das Schweigen der anderen ruiniert den Spaß sehr schnell. Noah schließt die Tür hinter sich und sieht Alban an.

»Okay«, sagt er langsam. »Als ich deinen Rücken das letzte Mal gesehen habe, hattest du riesige Brandwunden. Wie viel Morphium hat man dir zum Frühstück gegeben?«

Alban räuspert sich.

»Es geht mir schon besser.« Er setzt sich wieder aufs Bett und legt sich sein Kopfkissen in den Schoß, um den nassen Fleck zu verbergen.

»Aha.« Noah klingt nicht überzeugt und sieht mich an. »Und als ich dich das letzte Mal gesehen habe, wärst du wegen einer Zeichnung vor Schreck beinahe gestorben. Und jetzt lachst du dich darüber tot?«

»Was ist passiert, seit wir in der Bibliothek gesprochen haben?«, fragt Pi.

Ich wische mir die Lachtränen weg und bin plötzlich verlegen.

»Ich habe nur … äh … ein bisschen ausprobiert.«

»Ausprobiert?« Noah hebt eine Augenbraue. »Ich dachte, du hättest gesagt …«

»Aber dann habe ich es mir anders überlegt.« Ich starre ihn trotzig an und versuche, Linus' durchdringendem Blick auszuweichen.

Das wird schwierig, als Linus vor mich tritt.

»Noah und Pi sind in der Mittagspause zu mir gekommen und haben mir erzählt, was passiert ist. Sie sagten, du wärst nach der Sache mit der Maus nicht mehr im Unterricht erschienen, und ich konnte dich nicht erreichen. Also haben wir dich hier vermutet.« Er wirft den Zwillingen einen widerwilligen Seitenblick zu. Es passt ihm offensichtlich nicht, dass meine neuen Klassenkameraden in Rekordzeit zu einem Teil unseres Lebens geworden sind.

»Du traust dich also doch noch zu zeichnen?« Noah trägt seinen schwarzen Rucksack, aber ich kann nicht erkennen, ob das Instrument darin ist. Sein Blick fällt auf das falsche Knäckebrot, das ich in der Hand halte.

Sollte er darauf bestehen, es zu essen, nur um zu sehen, was passiert? Was wird mit seinen inneren Organen passieren, wenn ich die Zeichnung wegradiere oder das Papier zerknülle? Wie lange braucht gezeichnetes Essen, um Magen und Darm zu durchlaufen?

Ich lege das Knäckebrot auf Albans Schreibtisch. Dabei werfe ich einen Blick auf Albans Handy, das neben seinem Laptop liegt. Es erinnert mich an meinen letzten Traum und den mysteriösen Anruf.

»Darf ich mir dein Smartphone ausleihen, Alban?«, frage ich. »Ich muss mal was nachsehen.«

»Ja, natürlich«, sagt Alban.

»Was musst du nachsehen?«, fragt Noah.

Langsam nehme ich das Handy in die Hand und schalte die Sprachsynthese aus. Ein nicht beantworteter Anruf steht ganz oben in der Liste. Mein Herz schlägt schneller. Das muss nichts bedeuten. Im Gegensatz zu mir hat Alban einige Freunde, die ihn anrufen könnten. Mitglieder des Schülerrates, Klassenkameraden oder seine Freunde aus der Jugendgruppe des Blindenverbandes.

Mein Herz schaltet auf ein unangenehmes Pochen um, als ich die Uhrzeit des verpassten Anrufs lese.

04:56 Uhr.

Und dieselbe Nummer erscheint als angenommener Anruf ganz oben in der Liste, um 04:57 Uhr.

Ich erkenne die Nummer nicht, aber ich drücke trotzdem auf den Bildschirm, um sie zu wählen. Ich lande direkt auf der Mailbox. Zuerst kommt das übliche Knistern, dann fängt jemand an zu sprechen.

»Hallo, hier ist der Anschluss von Adriana. Ich kann deinen Anruf gerade nicht annehmen …«

»Äh«, sage ich und starre auf das Handy, aus dem die Stimme weiter zu hören ist.

»Okay, was?«

42

»Stimmt was nicht?«, fragt Noah.

»Erinnerst du dich, als ich gesagt habe, du hättest mich angerufen?«, frage ich und schaue immer noch auf das Handy. Es gibt einen gedämpften Signalton von sich, der signalisiert, das man jetzt seine Nachricht aufsagen soll.

Ich drücke den Anruf schnell weg. Adriana hatte behauptet, ihr Handy sei gestohlen worden. Das bedeutet, irgendjemand könnte es jetzt haben. Oder vielleicht auch nicht irgendjemand. Jemand, der wusste, dass Noah bei Karl war und Hilfe brauchte.

Wer auch immer es letztlich ist, es ist nicht Adriana. Und ich habe keine Lust, unserem mysteriösen Verfolger eine Nachricht zu hinterlassen.

»Erinnerst du dich, Noah?«, wiederhole ich.

Noah umklammert den Schulterriemen seines Rucksacks und schielt zu den anderen.

»Waren wir uns nicht einig, dass du das nur geträumt hast?«

»Das habe ich auch geglaubt. Aber hier ist ein unbeantworteter Anruf auf Albans Handy. Und ein *angenommenes* Gespräch. Genau in dem Moment, als ich mit dir gesprochen habe. Oder mit der Person, die ich für dich gehalten habe.«

»Äh … okay?« Noah weicht dem Blick seiner Schwester aus, die ihn mit zusammengekniffenen Augen mustert. Ich bezweifle, dass er ihr schon von seinem kleinen Ausflug erzählt hat.

Er versteht nicht, was der Anruf bedeutet.

Jemand belauscht uns.

»Das war nicht nur ein Traum, Noah«, sage ich. »Jemand hat auf Albans Handy angerufen und er hat sich vollkommen angehört wie du.«

»Aber ich *war* es nicht. Das habe ich dir doch gesagt!«

»Aber *irgendjemand* hat angerufen. Jemand, der wollte, dass es sich wie du *anhört*.«

»Wer zum Teufel sollte das tun?«, fragt Noah.

»Ich weiß es nicht. Aber wer auch immer es war, ist in Besitz von Adrianas Handy.«

»Adrianas Handy? Hat sie nicht gesagt, dass es gestohlen wurde?«, fragt er.

»Ja«, sage ich ungeduldig. »Und jemand hat heute Nacht damit angerufen.«

»Das könnte ja sonst wer sein. Oder Adriana hat ihr Handy wiederbekommen und es selbst getan.«

»Aber es klang genau wie du!«, sage ich laut. »Und das war nicht irgendeine zufällige Person, die irgendeine zufällige Nummer gewählt hat. Dieser Anruf war der Grund, warum ich in der Nacht losgegangen bin!«

Alban erhebt sich vom Bett.

»Immer mit der Ruhe«, sagt er. »Was war das für ein Anruf, Emilie? Und wo warst du heute Nacht?«

Noah grillt mich mit seinem Blick, aber ich starre nur böse zurück.

Er wäre bei Karl entdeckt worden, wenn ich nicht dort gewesen wäre. Dafür sollte er dankbar sein, anstatt mich wie ein Idiot dastehen zu lassen.

»Okay, was ist los?«, fragt Alban, als ich nicht auf seine Frage antworte.

»Ich muss euch etwas zeigen«, sagt Noah.

»Was?« Linus schaut skeptisch.

»Es ist in meinem Spind drüben in der Schule. Kannst du eine Jacke überziehen, Alban?«

»Ich glaube schon«, sagt Alban. »Aber warum sollen wir …«

»Es liegt in deinem Spind?«, rufe ich. »Warum in aller Welt hast du es mit zur *Schule* gebracht?«

»Weil ich heute Morgen etwas entdeckt habe, das ihr sehen müsst. Ich kann es jetzt nicht einfach zurückgeben!«

»Was zurückgeben, Noah?«, fragt Pi.

»Etwas, das ich … ähm … ausgeliehen habe.«

Ich schnaube und er wirft mir einen giftigen Blick zu.

»Und du konntest es nicht mit hierherbringen?«, fragt Alban.

»Nein.« Noah schaut über die Schulter zur geschlossenen Tür. »Hier können wir nicht ungestört reden. Wir müssen warten, bis niemand mehr in der Schule ist, und dann dorthin gehen.«

»Ich traue dir nicht«, sagt Linus mit leiser Stimme.

Noah starrt ihn erstaunt an.

»Seit du in die Schule gekommen bist, dreht sich alles um dich«, fährt Linus fort. »*Deine* Halskette, *deine* schwachsinnigen Ideen, *dein* Anruf. Ich glaube nicht, dass das Zufall ist. Und ich vertraue dir nicht.« Er ist kleiner als Noah und sieht seltsam zerbrechlich aus mit seinen spitzen Schultern unter dem verwaschenen grauen T-Shirt. Aber er steht aufrecht und blinzelt nicht, als Noah einen Schritt auf ihn zugeht.

»Du denkst also, dass sich alles um mich dreht?« Noah sieht aus, als wollte er lächeln, aber in seiner Stimme ist kein Hauch von Spaß zu erkennen. »Dann solltest du auf jeden Fall mit uns in die Schule kommen. Ich bin mir sicher, du wirst *begeistert* sein.«

»Was ist denn da?«, fragt Linus. »Warum kannst du es nicht einfach jetzt sagen?«

Noah schaut auf Albans Radiowecker.

»Es ist halb zwei. Nicht mehr lange und in den unteren Klassen wird es leere Räume geben. Wir treffen uns um zwei Uhr bei den Schließfächern.« Er öffnet die Tür und geht.

»Was ist denn passiert?« Pi starrt mich mit einer Intensität an, als wolle sie mir die Informationen aus dem Schädel bohren.

»Ich … es ist sicher das Beste, wenn Noah das erzählt«, weiche ich aus. »Wenn wir alle zusammen sind.«

Sie wirft mir noch einen zweifelnden Blick zu, bevor sie ihrem Bruder folgt. Ich bin mir sicher, dass sie bis zwei Uhr jede Sekunde damit verbringen wird, ihn mit Fragen zu löchern.

Ich kann Linus nicht in die Augen sehen, nachdem sie gegangen ist. Nach einer kleinen Ewigkeit bricht Alban das Schweigen.

»Ich glaube, ich ziehe mir besser ein T-Shirt und eine trockene Hose an, bevor wir später rüber zur Schule gehen.« Er geht zum Kleiderschrank.

»Wenn *ihr* später zur Schule geht«, sagt Linus.

»Wie meinst du das?«, frage ich.

»Wenn ihr Lust habt, Noah wie zwei Schoßhündchen hinterherzulaufen, bitte, meinetwegen. Ich bleibe hier.« Er geht hinaus in Richtung seines eigenen Zimmers.

»Linus, du musst mitkommen!«, rufe ich ihm hinterher.

»Vergiss es!«, ruft er zurück und knallt seine Zimmertür zu.

»Was ist denn mit euch beiden heute los?«, fragt Alban.

Ich stapfe Linus hinterher und öffne die Tür zu seinem Zimmer. Er sitzt auf seinem Schreibtischstuhl und starrt demonstrativ in ein dickes Buch mit chemischen Formeln.

»Erst nimmst du mein Fahrrad, ohne zu fragen, und jetzt klopfst du nicht mehr an?«, sagt er, ohne aufzusehen. Mit dem Daumen trommelt er in schnellem Rhythmus auf die Schreibtischplatte.

»Du musst mitkommen«, wiederhole ich. »Noah will uns etwas Wichtiges zeigen.«

»Was?« Linus starrt immer noch in das Buch.

»Ich … weiß nicht«, lüge ich. Er wird niemals mitkommen, wenn er erfährt, dass es sich um Diebesgut handelt.

»Woher weißt du, dass es wichtig ist?«

»Kannst du mir nicht einfach vertrauen?«, frage ich.

Linus hebt den Blick und lässt seinen Daumen ruhen.

»So wie du mir vertraust?«

»Hör auf, Linus«, sage ich müde. »Ich habe mich schon entschuldigt.«

»Ich verstehe dich einfach nicht«, sagt Linus. »In einem Moment ist Noah ein Vollidiot und im nächsten ist sein Wort plötzlich Gesetz?«

»Ich habe ihn doch nie einen Vollidioten genannt.« Plötzlich erinnere ich mich an mein Telefongespräch mit Alban, nachdem Noah in der Bibliothek schlecht über mich gesprochen hatte. Ich werfe einen Blick auf die geschlossene Tür und senke meine Stimme. »Was hat Alban gesagt?«

»Er hat nichts gesagt. Aber das ist auch nicht nötig, weil du wirklich keine gute Schauspielerin bist.«

»Was soll das heißen?«

»Warum gibst du nicht einfach zu, dass du in Noah verknallt bist?«

»Was?«, sage ich. »Ich bin nicht in Noah verknallt!« Die Wärme, die mir in diesem Moment in die Wangen steigt, bringt mir leider nicht viele Punkte auf dem Glaubwürdigkeitskonto ein.

Linus knallt sein schweres Formelbuch zusammen und geht zu dem Regal über dem Bett, in dem seine Schul- und Bibliotheksbücher stehen.

»Nachdem wir uns schon so lange kennen, hatte ich geglaubt, du hättest einen besseren Geschmack.«

»Ich will wirklich *nichts* von Noah! Überhaupt nichts!«

»Wenn du es sagst.« Er stellt das Buch in das überfüllte Regal, es schlägt mit einem dumpfen Schlag gegen die Wand, als er es hineinschiebt. »Aber es ist schon lustig, dass du seine hirntoten Ideen immer wieder verteidigst.«

Die Wärme in meinen Wangen fühlt sich jetzt eher wie Wut an.

»Du bist nur sauer, weil ich etwas anderes mache, als mit dir zu zocken«, sage ich wütend. »Aber weißt du was, Linus? Vielleicht liegt es gar nicht an Noah, dass ich nicht mehr mit dir rumhängen will. Vielleicht habe ich dich einfach nur satt!«

Noch bevor ich meinen Satz beendet habe, weiß ich, dass ich eine Grenze überschritten habe. Linus starrt mich mit einem Ausdruck an, den ich noch nie bei ihm gesehen habe.

»Raus hier«, flüstert er.

»Linus, das war nicht …«

»Raus. Sofort.« Seine Stimme ist ruhig, aber ein Muskel zuckt neben seinem Mundwinkel.

»Aber …«

Er geht an mir vorbei und öffnet die Tür.

»Jetzt«, wiederholt er.

Ich verlasse sein Zimmer, und als ich mich umdrehe, schließt er die Tür direkt vor meiner Nase. Die Bewegung ist so ruhig, dass die Tür kaum ein Geräusch macht.

»Linus …«

Klick.

Er hat die Tür abgeschlossen. Er schließt nie ab.

Verdammt, wie kindisch er ist!

Soll ich an die Tür hämmern und eine Szene machen oder zurück in Albans Zimmer gehen und versuchen, alles zu erklären?

Ich schaffe weder das eine noch das andere.

Also gehe ich an Albans Tür vorbei.

»Ich gehe zur Schule«, murmle ich und verschwinde durch den Flur, bevor er antworten kann.

Die Wolken sind dunkelgrau und hängen voller Schnee, als ich über den Schulhof laufe. Der kalte Wind und die Gruppen spielender Kinder drängen meine Tränen zurück.

Ein Schneeball trifft mich am Knie, aber er ist so porös, dass es nicht wehtut. Ich schaue auf und habe Blickkontakt mit einem Jungen aus der zweiten Klasse. Er grinst mich entschuldigend an. Das Lächeln löst sich aber auf, als er meine Miene sieht, und er ergreift hastig die Flucht.

Ich kaue wütend auf meiner Oberlippe herum, während ich mich der Eingangstür nähere. Der Nachgeschmack meiner Worte brennt mir immer noch auf der Zunge.

›Vielleicht habe ich dich einfach nur satt.‹

Warum bin ich so ein Riesenarschloch? Warum muss Linus so krankhaft nervig sein?

Und wo gehe ich überhaupt hin?

Ich will den Zwillingen jetzt nicht über den Weg laufen, aber es ist zu kalt, um draußen zu bleiben.

Ich öffne die Tür zum Schulfoyer.

»Da ist sie!« Eine laute Männerstimme kommt auf mich zu. Sogar mit dem Widerhall kann ich sie erkennen.

Karl und unsere Schulleiterin Gitte nähern sich mir mit schnellen Schritten. Ich bekomme Panik, als hätte ich einen Pfropfen in der Luftröhre. Ich kann nirgendwohin flüchten.

»Da drüben ist sie!« Karl zeigt auf mich.

Gitte fummelt nervös an der Kette ihrer Lesebrille herum.

»Ich habe doch gesagt, dass ich Ihnen nicht helfen kann …«

Karl erreicht mich.

»Hast du ihn gestohlen?«, fragt er.

»Was gestohlen?«

»Mein Code-Kompass ist weg! Jemand hat ihn gestohlen!« Er kneift die Augen zusammen und zeigt auf mich. »Und ich weiß genau, wer es war!«

»Ich … ich weiß nicht, wovon Sie reden«, sage ich. »Ich habe nichts genommen!«

Gitte hebt eine Hand, um sie auf Karls Schulter zu legen, aber er starrt sie mit Mordlust in den Augen an, sodass sie die Hand schnell wieder sinken lässt.

»Herr Christensen, Sie sollten zur Polizei gehen, wenn Sie den Verdacht haben, dass einer meiner Schüler …«

»Es ist nicht nur ein Verdacht, ich bin mir sicher, dass sie es war!«

Ein paar Schüler aus der Mittelstufe huschen mit großen Augen an uns vorbei.

»Und dennoch kann ich nichts für Sie tun«, sagt Gitte, jetzt nicht mehr händeringend. »Ich muss Sie jetzt bitten, das Schulgelände zu verlassen. Sonst sehe ich mich gezwungen, die Polizei zu rufen.«

Die Schulglocke beginnt zu läuten und das durchdringende Gebimmel treibt die verfrorenen Schüler vom Schulhof in unsere Richtung.

Karl wedelt mit dem noch immer ausgestreckten Zeigefinger vor meinem Gesicht.

»Warte nur! Glaub ja nicht, dass du damit durchkommst!« Er marschiert durch die Schülermassen in Richtung Ausgang, bevor ich den Mund aufmachen kann.

Gitte wirft mir einen missbilligenden Blick zu.

»Ich hoffe für dich, dass du damit nichts zu tun hast, Emilie«, sagt sie und macht sich wieder auf den Weg in ihr Büro.

43

Die Gänge werden immer leerer, als ich durch die Schule renne. Ich bete, dass ich keinem meiner Mitschüler oder Lehrer auf dem Weg zum Unterricht begegne.

Der erste Ort, an dem ich nach den Zwillingen suche, sind die Schließfächer. Sie trennen die Räume der jüngeren und älteren Schüler voneinander. Doch bevor ich dort ankomme, biegt Noah um eine Ecke und läuft auf mich zu. Er bleibt abrupt stehen, als er meinen Blick bemerkt.

»Karl hat herausgefunden, dass es weg ist«, sage ich.

»Was?«

Ein paar schnelle Schritte ertönen hinter uns und Pi schließt zu uns auf.

»Karl?«, fragt sie.

»Er war gerade hier … in der Schule! Und er ist sich sicher, dass *ich* es genommen habe!«

»Fuck!« Noah schlägt mit der Seite seiner geballten Faust so fest gegen die Backsteinwand, dass Mörtelstaub auf den Linoleumboden rieselt. »FUCK!«

»Er ist ziemlich sicher auf dem Weg zur Polizei, um mich anzuzeigen. Du musst es zurückgeben!«

Noah atmet langsam ein und aus.

»Fuck«, sagt er wieder.

»Im Ernst, Noah. Was immer du entdeckt hast, du musst es zurückgeben. Sofort!«

»Ich kann nicht.«

»Natürlich kannst du. Du *musst*!«

Noah schließt die Augen. »Ich *kann* nicht«, wiederholt er. »Weil es jemand genommen hat.«

»Was?« Ich merke, wie mir das Blut aus dem Gesicht weicht.

»Jemand hat meinen Spind aufgebrochen. Sowohl die Tasche als auch … das andere … ist weg.« Er weicht dem Blick seiner Schwester aus.

»Das ist doch gelogen«, flüstere ich.

»Was genommen?« Pi sieht von mir zu Noah. »Warum sollte Karl …« Dann macht sie große Augen. »Du hast doch nicht sein Code-Dings gestohlen, oder?«

»Also, erstens …«, beginnt Noah.

»Also, erstens *am Arsch*! Was hast du dir dabei *gedacht*?«

»Ich wusste doch nicht, dass es verschwinden würde, oder?«

»Was denn, Gaylord … vermisst du etwas?«, fragt eine vertraute Stimme.

Jonathan lehnt ein paar Meter entfernt an der Wand, die Hände in den Jackentaschen und mit breitem, selbstgefälligem Grinsen. Noah ballt die Fäuste, als Jonathan sich mit der Schulter von der Wand abstößt und auf uns zugeht.

»Wie ich sehe, hat jemand deinen Spind geschrottet. Wirklich ärgerlich, was?« Er kommt so nah, dass Noah die Mitesser auf seiner Nase zählen könnte.

»Wo ist es?«, fragt Noah. Die Muskeln in seinen Unterarmen zittern.

Pi und ich tauschen nervöse Blicke aus.

»Wo ist was?«, fragt Jonathan unschuldig.

Noah gibt ein leises, knurrendes Geräusch von sich.

»Du weißt sehr genau, was ich meine.«

»Ach, die tuntige Tasche?« Jonathan macht eine abwehrende Handbewegung. »Vielleicht hat dir jemand einen Gefallen getan und sie in den nächstbesten Mülleimer geworfen.«

Noah bewegt sich so schnell, dass Jonathan gerade noch die Hände aus den Taschen bekommt, bevor er mit dem Gesicht gegen die rote Backsteinmauer gedrückt wird, mit beiden Armen fest auf den Rücken gepresst.

»Wo ist sie?«, knurrt Noah in seinem Nacken.

»Lass mich los!«

»Erst wenn du mir sagst, wo du sie versteckt hast!«

Um uns herum liegt ein leises Summen in der Luft. Mir stellen sich die Haare im Nacken und an den Armen auf.

»Glaubst du, ich habe Angst vor dir, du kleiner Scheißer?«, sagt Jonathan mit hochrotem Gesicht.

Noah verstärkt den Griff um seine Unterarme und drückt sie nach oben. Jonathan stöhnt vor Schmerz, fängt aber zu lachen an. Ein lautes, unmelodisches Geräusch mit einem Anflug von Wahnsinn.

»Du hältst dich wohl für verdammt cool!« Einer seiner Eckzähne knirscht gegen die Mauersteine, während er spricht. »Aber dich kriege ich noch!«

Das Summen wird lauter und ich sehe mich um. Keiner der Jungs scheint das Geräusch zu bemerken.

Noah sieht aus, als wollte er Jonathan vor Wut komplett zusammenfalten, aber ein Blick seiner Schwester, vermutlich gefolgt von einer telepathischen Warnung, bringt ihn dazu, es sich anders zu überlegen.

Stattdessen dreht er Jonathans massigen Körper herum, lehnt sich vor und richtet seinen Zeigefinger warnend auf dessen Gesicht.

»Hör zu, du fucking …«, beginnt Noah. Dann ertönt ein lauter, knisternder Knall und er springt zurück und schüttelt die Hand, als hätte er sich verbrannt.

Jonathan stürzt nach vorne und landet mit einem dumpfen Aufprall zu seinen Füßen.

»Aua, verdammt! Was machst du da, du Arschgesicht?« Jonathan steht so schnell auf, dass er fast über seine eigenen Beine stolpert, und starrt Noah mit einer Mischung aus Wut und unfreiwilliger Angst an.

Ein paar Sekunden lang sieht Noah genauso überrascht aus wie wir alle. Dann kneift er die Augen zusammen und zeigt wieder auf Jonathan.

»Nächstes Mal kriegst du deine verfluchte Fresse poliert!«

Jonathan ist so rasend vor Wut, dass ich fast die Rauchschwaden unter seinem gebleichten Haar aufsteigen sehen kann, aber er wagt es nicht, sich Noah noch einmal zu nähern.

Stattdessen ändert er seine Taktik und versucht so zu wirken, als würde er seine kostbare Zeit damit verschwenden, hier zu stehen und mit uns zu reden. Er schnaubt verächtlich und klopft ein imaginäres Staubkorn von seinem Jackenärmel.

»Wenn du mich noch einmal anfasst, sorge ich dafür, dass du nie wieder auch nur einen Schritt machen kannst«, sagt er zu Noah. »Und wenn du wieder mal einen auf schlau machen willst, denk daran, dass ich mehr Freunde in dieser Stadt habe, als du jemals finden wirst. Und keiner davon wird sich auch nur im Geringsten für eine scheiß *Schwuchtel* wie dich interessieren. Die machen dich im Handumdrehen fertig. *Also halt die Fresse.*«

Ich erschaudere bei dem Gedanken, dass Jonathans große Brüder und ihre Kumpel auf Noah losgehen. Ich habe gehört, dass der älteste Bruder im Gefängnis sitzt, weil er jemanden umgebracht hat, und mehrere ihrer Freunde wurden wegen schwerer Körperverletzung verurteilt.

Jemand sollte Noah mal beibringen, dass ›Survival of the fittest‹ nicht bedeutet, Stärke zu zeigen. Manchmal geht es auch nur darum, zu wissen, wann man den Mund halten muss.

»Got it?« Jonathan macht einen Ausfallschritt auf Noah zu, als wollte er ihn schlagen, aber Noah zuckt nicht einmal mit der Wimper. Jonathan zieht die Schultern hoch und versucht, seine überlegene Fassade aufrechtzuerhalten. Er steckt die Hände wieder in die Jackentaschen und entfernt sich provozierend langsam schlendernd den Gang entlang.

Noah knirscht mit den Zähnen und sieht ihm hinterher.

»Tu es nicht«, mahnt Pi mit leiser Stimme.

Ich schaue sie an, aber ihr Blick ist nicht auf Noah gerichtet. Mit konzentriertem Stirnrunzeln blickt sie in ihre offenen Handflächen.

»Tu es nicht«, flüstert sie und kneift die Augen zusammen. Sie spricht mit sich selbst.

»Viel Glück bei der Suche nach der Tuntentasche«, ruft Jonathan und biegt am Ende des Ganges lachend um die Ecke.

Ich habe nie verstanden, warum Leute mit einer derart begrenzten Anzahl an Gehirnzellen homophoben Sprechdurchfall für die Crème de la Crème der Beleidigungen halten.

Es folgt ein halb erstickter Ausbruch und am Rande meines Blickfeldes flackert etwas Gelbes auf. Ich drehe den Kopf in Richtung Pi und sehe, wie Flammen zwischen ihren Fingern auflodern. Sie bemerkt meinen Blick und ballt schnell die Hände, um das Gelb verschwinden zu lassen.

Noah reibt sich die Hand, die eben noch direkt vor Jonathans Gesicht schwebte.

»Was hast du mit ihm gemacht, Noah?«, frage ich. »Was war das für ein Geräusch?«

»Weiß ich nicht.« Er sieht immer noch aus, als wollte er Jonathan hinterherstürmen, um die Backsteinmauer mit ihm zu tapezieren.

»Vielleicht war es deine Fähigkeit, die …«

»Keine Ahnung, verdammt noch mal! Lasst uns einfach das Scheißding finden.«

»Was wolltest du uns zeigen?«, frage ich. »Es hat etwas mit dem Instrument zu tun, oder?«

»Ja. Wie konnte ich nur so blöd sein, es im Spind zu lassen?« Er läuft mit unruhigen Schritten den Gang auf und ab. »Hast du eine Ahnung, was er damit gemacht haben könnte, Emilie?«

Ich schüttle den Kopf.

»Komm, wir folgen ihm.« Noah geht den Flur entlang in die Richtung, in der Jonathan verschwunden ist.

Pi und ich holen ihn an der Eingangstür ein. Jonathan ist verschwunden, aber ich kenne seine Adresse. Die Mietskaserne, in der er mit seinem Vater und seinen Brüdern wohnt, ist nur eine Viertelstunde entfernt.

Ich will gerade vorschlagen, dorthin zu gehen, als ich Janus auf dem Schulhof entdecke. Er kommt aus dem Bibliotheksgebäude und hat sich seinen rostroten Rollkragenpullover bis zur Nase, die von der Kälte ganz gerötet ist, hochgezogen. Über der Schulter trägt er einen Fjällräven-Rucksack, der seine besten Zeiten hinter sich hat, und auf seiner Brust hängt eine braune Ledertasche mit einem langen Riemen, deren Anblick mich aufschrecken lässt.

Janus legt die letzten Meter mit langen, zielstrebigen Schritten zurück und öffnet die Eingangstür. Er hält sie für uns auf, aber wir starren nur auf die Ledertasche. Der Riemen schneidet in Janus' Pullover, das Instrument muss also immer noch in der Tasche sein.

»Hallo, Leute.« Janus' Bart teilt sich durch ein angestrengtes Lächeln knapp über dem Rollkragen.

»Wo haben Sie die Tasche gefunden?« Noahs Augen kleben an dem braunen Leder.

»In der Bibliothek«, sagt Janus. »Sie war bei den Bilderbüchern hinter einem Heizkörper eingeklemmt.«

Mir ist nach lautem Lachen zumute. Obwohl Jonathans IQ etwa im Amöbenstadium bewegt, hätte ich etwas mehr von ihm erwartet.

»Warum fragst du?« Janus tritt durch die Tür und lässt die Kälte draußen.

»Die gehört mir«, sagt Noah, ohne zu zögern.

»Dir?« Janus spitzt die Lippen. Die Bewegung gräbt ein paar lange, dünne Furchen in seine vernarbte Haut.

»Ja, die hat meinem Großvater gehört. Da ist ein alter Kompass drin und ich habe ihn mit in die Schule genommen, um ihn den anderen zu zeigen. Aber jemand hat meinen Spind aufgebrochen und ihn gestohlen.«

»Wirklich?«, sagt Janus langsam. »Warum sollte … *jemand* so etwas tun?«

Noah zuckt mit den Schultern.

»Ja, das ist seltsam, oder? Wer würde so ein altes, nutzloses Ding an sich nehmen?«

Meine Finger zucken vor Ungeduld. Es wird höchste Zeit, das ›alte, nutzlose Ding‹ in Sicherheit zu bringen, bevor es noch mehr Schaden anrichtet. Janus nimmt die Ledertasche von der Schulter, behält sie aber in der Hand.

»Und du hast keine Ahnung, wer es war?«

»Nope«, sagt Noah.

»Du bist ziemlich gut darin, dich mit Leuten anzulegen«, sagt Janus. »Das könnte schlimm enden, wenn du nicht aufpasst.«

»Das ist mein Problem, nicht Ihres.«

»Es kann schnell zu meinem Problem *werden.*« Janus reicht ihm die Ledertasche. »Denk einfach mal darüber nach, ja?«

Noah sieht ihn finster an, schnappt sich die Tasche und öffnet sie. Zum Glück sind keine Kratzer auf dem Instrument zu sehen und alle Scheiben scheinen unbeschädigt zu sein, genau wie das Glas über der Weltkarte.

»Nimm ihn lieber nicht mehr mit in die Schule«, sagt Janus. »Er sollte nicht kaputtgehen.«

Noah verschließt die Schnalle.

»Yeah. Whatever.«

Janus richtet sich auf und kneift seine Augen zu schmalen Schlitzen zusammen. Seine vernarbten Nasenflügel weiten sich. Er öffnet den Mund, um etwas zu sagen, doch dann nimmt er Blickkontakt mit Pi auf. Er macht eine irritierte Grimasse und wirft sich den Rucksack über.

»Wir sehen uns.« Er nickt kurz und geht rasch in Richtung Aula.

44

»Ich fasse es nicht, dass du Karls Kompass gestohlen hast«, sagt Pi, sobald Janus außer Sichtweite ist.

Noah hebt die Hand, um sie zu stoppen. Er sieht müde aus. »Nicht hier.« Er schlägt den Weg ein, den wir gekommen sind.

Wir folgen ihm ohne ein Wort bis zu den Spinden. Ein Loch in der obersten Reihe der Schließfächer gähnt uns entgegen, schwarz und viereckig. Als wir näher kommen, kann ich die frischen, silbernen Kratzer in der grünen Farbe erkennen, wo ein Metallwerkzeug die Scharniere und den Schlossmechanismus auseinandergebrochen hat.

Noah führt uns hinunter zu den Räumen der unteren Klassen, die jetzt im schwindenden Nachmittagslicht dunkel und verlassen daliegen. Die Bewegungsmelder heißen uns willkommen, indem sie die Leuchtstoffröhren mit einem schläfrigen Flackern zum Leben erwecken. Noah schaut sich schnell in alle Richtungen um und stößt die Tür zu einem Klassenraum mit der Schulter auf.

»Wann kommen Alban und Linus?«, fragt er und schließt die Tür hinter uns.

Ich verziehe das Gesicht und schaue auf meine Stiefelspitzen. »Ich weiß es nicht«, sage ich. »Also, vielleicht kommt Alban, aber Linus scheint … nicht interessiert zu sein.«

»Nicht interessiert?« Noah geht zwischen den niedrigen

Tischen hindurch und wirft die Ledertasche auf einen davon. »Kommt er oder nicht?«

»Er … kommt nicht.«

»Warum?« Noahs Stimme klingt hart.

»Ich weiß es nicht«, lüge ich.

Er öffnet die Schnalle seiner Tasche.

»Ihr seid solche Jammerlappen.«

»Was?« Die Wut steigt wie ein Stechen unter meinen Rippen auf.

»Ihr seid Jammerlappen. Du und Linus.«

»Noah«, sagt Pi warnend.

Er wendet sich mir zu, ohne seine Schwester eines Blickes zu würdigen, und hat die Arme über der Brust verschränkt, sodass sich seine Finger in den schwarzen Stoff um seinen Bizeps bohren. Er hat dunkle Schatten unter den Augen, als hätte er nicht geschlafen, und sein Haar ist noch zerzauster als sonst.

»Du und Linus, ihr seid so darauf fixiert, dass sich alles um mich dreht, aber in Wirklichkeit geht es um euch.« Seine Stimme wird zu einem heiseren wütenden Flüstern und er starrt mir direkt ins Kleinhirn. »*Du* bist diejenige, die von allem möglichen Scheiß träumt. *Du* fabulierst von irgendwelchen Anrufen. *Du* tauchst an Orten auf, an denen du nichts zu suchen hast. Und jetzt flippt auch noch Einstein junior aus, weil er überall Verschwörungstheorien wittert. Rafft ihr nicht, dass das alles verdammt noch mal viel *größer* ist als eure klitzekleine Egotripwelt? Ihr könnt nicht einfach zu Hause hocken und darauf hoffen, dass sich alles von selbst regelt!«

»Nein«, sage ich. »Wir sollten lieber mitten in der Nacht bei Leuten einbrechen und ihre Sachen klauen, oder?«

»Du warst doch selbst bei Karl«, knurrt Noah. »Ich habe dich nie darum gebeten, mir zu helfen!«

»Nein, weil du alles allein schaffst, nicht wahr?« Ich hasse mich dafür, meine Tränen der Wut wegblinzeln zu müssen. Ich bin lächerlich schlecht darin, zu streiten, ohne dabei loszuheulen, aber jetzt ignoriere ich meine zitternde Unterlippe und sehe ihm direkt in die Augen. »Du bist nämlich scheißfantastisch und alle anderen sind so megaschwach, dass sie dir immer im Weg sind!«

»Und das sagst ausgerechnet du?«, sagt Noah. »Fräulein Ich-bin-so-schlau-dass-ich-es-nicht-zeigen-muss will mir etwas von Selbstgefälligkeit erzählen?« Er legt den Kopf zurück und lacht, heiser und freudlos. »Du bist wirklich lustig, Emilie.« Er geht zum Tisch zurück und zieht sich den Riemen der Ledertasche über den Kopf, sodass er quer über der Brust liegt. Er schließt die Tasche nicht wieder. Sieht mich nur mit kühlem Blick an. »Aber wahrscheinlich ist es normal, sich selbst für das achte Weltwunder zu halten, wenn man nur mit Leuten befreundet sein will, die einem das bestätigen.«

Die Wut schnürt mir die Kehle zu. Ich beiße mir auf die Lippe, um nicht zu weinen.

»Wenigstens *habe* ich Freunde«, sage ich. »Ich versuche nicht, die ganze Welt davon zu überzeugen, dass ich unbesiegbar bin, indem ich mir ein schwachsinniges Tattoo und jede Menge Piercings stechen lasse und mich mit jedem anlege. Ich versuche nicht, irgendetwas zu beweisen, indem ich die ganze Zeit einen auf cool, geheimnisvoll und scheißgleichgültig mache.«

Noah lächelt spöttisch.

»Vielleicht ist das dein Problem. Dass du gar nichts beweisen willst. Dass du dich damit zufriedengibst, dich hinter deinen beschissenen Freunden und deinen beschissenen Hausaufgaben und deinem beschissenen Leben zu verstecken, während du allen anderen die Schuld dafür gibst, was bei dir schiefläuft.«

Er macht einen Schritt auf mich zu. Und noch einen. Bis er

direkt vor mir steht. Ich rieche Pfefferminz, als er sich nahe an mein Gesicht lehnt.

»Jammerlappen«, flüstert er.

Mein Puls pocht mir in den Schläfen, aber ich kann mich nicht bewegen, kann nicht antworten. Meine Kehle schnürt sich noch weiter zu und die Worte verklumpen mir im Hals.

Noah bleibt vor mir stehen. Sein Gesicht ist ausdruckslos, ohne ein Anzeichen von Schadenfreude oder Wut oder irgendetwas, das auf seine Gefühle hindeuten könnte. Er sieht immer aus, als wäre ihm alles total egal, aber ich weiß, dass das nur eine Maske ist.

Niemandem ist alles egal. Nicht in der Wirklichkeit.

Ich erinnere mich an seinen ausdruckslosen Blick auf das SETI-Buch, als ich ihn fragte, warum sie Australien verlassen hätten. Und an seine demonstrative Nicht-Reaktion in der Notaufnahme, als Pi Sandra erzählte, dass sie nach der Trennung ihrer Eltern mit ihrer Mutter nach Dänemark gezogen seien.

Und war da nicht auch etwas in Australien vorgefallen? Dass Noah mit jemandem aneinandergeraten war, der etwas über ihren Vater gesagt hatte?

Plötzlich erkenne ich den Riss in seiner Maske. Groß und klaffend und lächerlich offensichtlich.

»Es geht um deinen Vater, nicht wahr?«, frage ich. »Bist du seinetwegen so schrecklich wütend und unerträglich?«

»Lass meinen Vater aus dem Spiel.« Die Muskeln von Noahs Kiefer und Unterarmen tanzen den gleichen unheilvollen Tanz unter seiner Haut.

»Warum? Ist er auch so ein Vollidiot wie du? Hat er euch deshalb verlassen?«

Die Veränderung in Noahs Gesicht ist erschreckend. Seine Maske der Passivität bröckelt in Sekundenbruchteilen, und was darunter zum Vorschein kommt, ist so roh und hässlich, dass ich meine Worte sofort bereue. Doch erst als Pi zwischen uns springt, wird mir klar, dass ich wirklich Mist gebaut habe.

Noah schnappt sich einen Stuhl vom Tisch nebenan. Seine Knöchel heben sich weiß von den dicken Metallbeinen ab. Voller Angst flüchte ich zur Tür.

»Noah!« Pi greift nach dem Stuhl, aber er entreißt ihn ihr wieder, ohne den Blick von mir abzuwenden.

»EINEN SCHEISS WEISST DU!«, brüllt er und schleudert den Stuhl quer durch den Raum.

»NOAH!«, schreit Pi. »HÖR AUF!«

Der Stuhl knallt gegen die Tür und kommt mit einem dumpfen Aufprall auf, sodass ich in die Knie gehe und die Hände schützend über dem Kopf zusammenschlage. Ich weiß nicht, ob er absichtlich danebengeworfen hat oder ob er zu wütend ist, um richtig zu zielen, aber ich bleibe nicht, um es herauszufinden, sondern springe ungeschickt über den umgekippten Stuhl und reiße die Tür auf. Ein Stuhlbein hat einen tiefen Kratzer hinterlassen.

Hinter mir höre ich einen weiteren Stuhl, der über eine Tischplatte rumpelt, gemischt mit lauten Rufen. Ich werfe die Tür zu, sperre den Krach im Klassenraum ein und überlege, ob ich die Tür irgendwie blockieren kann. Noah wird mich schnell einholen, wenn er die Verfolgung aufnimmt.

Ich schaue den Korridor hinauf und hinunter, mit donnernder Panik in der Brust, aber ich kann keinen klaren Gedanken fassen. Mein Hirn kann sich nur darauf konzentrieren, möglichst großen Abstand zwischen mich und Noah zu bringen.

Die Geräusche hinter der Tür werden lauter und heftiger, und Pi schreit irgendetwas. Entweder haben die Zwillinge angefangen, sich zu prügeln, oder Noah wirft auf dem Weg zur Tür die Hälfte der Tische um.

Ich renne zurück zu den Schließfächern, ohne mich umzusehen. Ich sollte mich verstecken, anstatt das Offensichtliche zu tun, nämlich auf den Schulhof zu fliehen, aber meine Beine laufen einfach weiter.

Die Tür fliegt hinter mir auf und Noahs wütende Stimme hallt durch den Gang.

»EMILIE!«

Ich beschleunige und komme an den Schließfächern mit dem klaffenden Loch vorbei, biege scharf um eine Ecke hinunter zur Aula und hoffe, jemanden zu finden, der mir hilft. Wenn ich Glück habe, schaffe ich es bis zum Lehrerzimmer oder kann mich in einer Toilette einschließen.

»Emilie!« Dieser Ruf kommt nicht von hinten, sondern von vorne. Der Atem bleibt mir im Hals stecken und ich bleibe so abrupt stehen, dass meine Gummisohlen auf dem Boden quietschen. »Emilie, wo bist du?« Die Person kommt näher. Aber es ist nicht Noah. Die Stimme klingt verängstigt, nicht wahnsinnig vor Wut wie die, die hinter mir herumtobt.

»KOMM HER, EMILIE!«, brüllt Noah.

Ich drehe mich um. Er rennt auf mich zu, seine Schwester ist ihm dicht auf den Fersen.

»NOAH! Hör auf, verdammt noch mal!«, ruft sie.

»Emilie!« Die andere Stimme bringt die Zwillinge dazu, stehen zu bleiben.

Die Eingangstür am Ende des Ganges schlägt mit einem Knall gegen die Wand. Linus' verirrter Blick huscht zwischen uns hin und her, und er versucht, sich einen Überblick über die Situation zu verschaffen. Er trägt keine Jacke und schnappt nach Luft, als wäre er den ganzen Weg von der Wohnung bis hierher gerannt.

Alban muss vorhergesehen haben, dass Noah ausflippen würde, und hat Linus geschickt, um mir zu helfen.

»Was ist los?«, keucht Linus. Er mustert mich vom Scheitel bis zur Sohle und läuft die letzten paar Meter auf mich zu. Die Schnürsenkel seiner Sneakers sind nicht zugebunden und klatschnass. Er legt beide Hände auf meine Schultern. »Alles in Ordnung?«

Ich nicke, werfe dabei aber einen Blick zu Noah.

Linus bemerkt das und sieht die Zwillinge misstrauisch an.

»Was ist los?«, fragt er wieder. »Warum hast du angerufen, Emilie?«

»Ich habe nicht angerufen!«

Linus lässt meine Schultern los.

»Was?«

»Mein Handy ist seit mehreren Tagen tot. Das weißt du doch! Ich dachte, du bist gekommen, weil Alban ...«

»Du hast mich eben angerufen!«, sagt Linus. »Du warst völlig außer dir und hast geweint und gesagt, dass ich mit Alban schnell zur Schule kommen soll, und dann wurde der Anruf unterbrochen. Ich habe dich noch nie so verängstigt erlebt!«

»Bist du dir sicher, dass ich das war?«

»Ich wäre doch gar nicht auf die Idee gekommen, dass es jemand anderes sein könnte, wenn du dich so anhörst!«

»Aber ... ich habe niemanden angerufen!« Ich klinge wie ein irritierendes Echo von Noah.

Linus fährt sich mit der Hand durch das vom Wind zerzauste Haar und starrt uns drei an.

»Mal im Ernst, was würde ich *sonst* hier machen?«

»Ich hätte überhaupt nicht gedacht, dass du kommst«, knurrt Noah.

Linus wirft ihm einen finsteren Blick zu und scheint etwas sagen zu wollen, aber dann dreht er den Kopf mit Nachdruck wieder zu mir.

»Du hast doch nicht ...« Er sieht mich mit gespitzten Lippen an.

»Was?« Ich versuche, meinen pochenden Puls zu beruhigen, damit ich mich selbst denken hören kann.

»Hast du das nur gemacht, um mich hierherzulocken?«

»Was? Nein!«

Ich merke, dass er mir nicht glaubt.

»Alles okay bei euch?« Alban erscheint am Ende des Korridors bei der Aula. Er trägt Jeans und ein taubenblaues T-Shirt, aber keine Jacke, und er hält Frostgram wie eine Waffe in den Händen.

Es muss ein sehr überzeugender Anruf gewesen sein, den ich nicht getätigt habe.

»Falscher Alarm«, sagt Linus grimmig und geht auf seinen Bruder zu.

»Linus!«, rufe ich.

Er geht stur weiter, ohne zu verlangsamen.

Hitze pocht unter meiner Haut im Takt meines Herzschlags, *wuuusch*, *wuuusch*, *wuuusch*, ein Summen in den Ohren. Meine Hände schwitzen unter den Verbänden und ich reibe sie wütend über meine Oberschenkel, um die überschüssige Feuchtigkeit loszuwerden. Die schnellen Bewegungen lassen meine Haut kribbeln und geben mir kurz ein warmes Gefühl unter dem Stoff meiner Jeans.

Ein seltsames Gefühl lässt mich erstarren.

Obwohl ich die Hände nicht bewege, wird die Hitze unter ihnen stärker. Es fühlt sich an, als stünde ich vor einem brühend heißen Heizkörper.

Ich schaue nach unten.

Meine Hände leuchten.

Keuchend richte ich mich auf und halte sie vor mich. Ein starkes violettes Licht bricht von innen durch die dicken Verbände, als würde meine Haut glühen.

Violett. Genau wie im Traum.

Ich wirbele herum und kann einen erschrockenen Laut nicht zurückhalten, als ich Noahs Hände sehe.

»Shit!« Er schüttelt sie heftig, um die türkise Farbe verschwinden zu lassen.

Pi starrt uns und ihre eigenen Hände an. Das tiefblaue Licht dringt durch ihre geballten Fäuste hindurch, als würde sie zwei blaue Flammen umklammern.

Ich entdecke Linus' glühende orangerote Hände im selben Augenblick wie er selbst.

Er schreit auf und schüttelt sie ebenso wie Noah.

Alban hält Frostgram noch immer fest. Grüne Lichtstrahlen schießen zwischen seinen Fingern hervor. Er wendet ihnen ängstlich das Gesicht zu, als könnte auch er die Hitze spüren.

In Sekundenschnelle ist das Licht von unseren Händen so kräftig geworden, dass es unsere Gesichter in Regenbogenfarben erstrahlen lässt.

Ich habe keine Gelegenheit, etwas zu sagen, als ein schriller Schrei mir einen Keil aus Raureif ins Rückenmark treibt.

Der Schrei kommt aus der Aula.

Und er klingt nach Adriana.

45

Ich quetsche mich zwischen Alban und Linus hindurch und stoße die Tür zur Aula mit beiden Händen auf. Das Licht meiner violetten Finger spiegelt sich im Glas und blendet mich.

Wieder der Schrei, diesmal lauter als zuvor.

Adriana steht in der Mitte der Aula und hyperventiliert, während sie ihre leuchtenden Hände immer wieder öffnet und schließt. Das helle gelbliche Licht sieht aus wie Feuer, das sich durch die Pflaster auf ihren Handflächen zu fressen droht. Auf dem Boden liegt ihre Tasche, aus der etwas herausgefallen ist.

Ein Handy. Adrianas leicht wiederzuerkennendes iPhone mit der rosa Hülle. Jenes, das ihr angeblich gestohlen wurde.

Sie schreit zum dritten Mal, ganz von ihrer Panik ergriffen. Die Zwillinge erscheinen neben mir in der offenen Tür.

»Was schreist du denn so?«, ruft Noah.

Adriana schaut auf unsere Hände.

»Ihr tut es auch! *Ihr tut es auch?* Was geht hier vor?«

»Alban, was ist los?« Die Sorge in Linus' Stimme lässt mich umdrehen.

Alban lehnt am Türrahmen und hält sich die Hand über die Augen. Er sieht grau und blass aus, selbst im Schein unserer Hände. Plötzlich krümmt er sich und stöhnt, als hätte er große Schmerzen. Frostgram fällt auf den Boden und rollt davon. Linus und ich packen ihn gleichzeitig. Jeder erwischt einen

Arm, bevor seine Beine unter ihm nachgeben. Alban stützt sich schwer auf mich und stöhnt wieder auf. Ich spüre die Verbände unter seinem T-Shirt wie die Geologie einer Landschaft.

»Geht es dir nicht gut? Sind es die Wunden?«, frage ich und taumle unter seinem Gewicht.

Alban schüttelt den Kopf und versucht, sich aufzurichten.

»Wir müssen hier raus«, krächzt er.

Schnell schaue ich mich in der leeren Aula um.

Die Zwillinge und Adriana haben ihre Aufmerksamkeit auf uns gerichtet.

»Warum?«, frage ich. »Ist es wieder eine Vorahnung?«

»Da … kommt jemand«, stöhnt er. »Sie sind hinter uns her. Wir müssen hier weg. *Argh!*« Er fasst sich an den Kopf und fällt in einer krampfartigen Bewegung nach vorne, die mich und Linus aus dem Gleichgewicht bringt. Wir können ihn nicht mehr halten und er sackt auf Händen und Knien zu Boden.

»Alban?« Linus versucht, seinem großen Bruder wieder auf die Beine zu helfen. Er klingt verängstigt.

»Was ist hier los?«, fragt Noah.

Laufen Albans Fähigkeiten Amok oder gibt es irgendetwas da draußen, das ihn beeinflusst?

Ich sehe mich noch einmal in der Aula um.

Und dann sehe ich es.

Die Schatten um uns herum sind lebendig. Sie krümmen sich im Schein unserer bunten Handflächen, obwohl wir ganz stillstehen.

Sie werden größer und tiefer. Schwarze Flecken, die auf dem Boden, an der Decke und an den Wänden zusammenfließen und die geraden Linien der Aula mit sich in eine lautlose Wäschemangel ziehen.

Die Angst aus dem Albtraum, den ich in Albans Bett hatte, bricht aus meinem Unterbewusstsein hervor.

Eine klebrige, kriechende, lähmende Angst.

»Lauft!«, ruft Alban mit zusammengebissenen Zähnen vom Boden hinauf. »Alle! SOFORT!«

»Wohin?« Noah steht vor uns.

»Die Turnhalle«, keucht Alban und rollt sich zusammen, sodass seine Stirn den Linoleumboden berührt.

Noah beugt sich hinunter und greift unter Albans Achselhöhlen. Dann zieht er ihn auf die Beine und legt sich einen seiner Arme über die Schultern.

»Nimm den anderen Arm, Linus!«, befiehlt er.

Alban kann nicht alleine stehen. Noah lehnt sich zur Seite, um sein Gewicht auszugleichen, während Linus Albans baumelnden Arm nimmt und ihn sich ebenfalls über die Schultern legt.

Meine Atemzüge verklumpen sich mitten in meiner Brust zu einer verfilzten Masse, während Noah, Linus und Alban zur Treppe taumeln, die zur Turnhalle hinunterführt.

Wie sollen wir da unten vor etwas fliehen?

Die gierigen Schatten fressen sich durch die Aula und verschlingen das Licht.

»Kommt!« Ich schiebe Pi in Richtung Treppe. Sie hält Adriana bereits fest im Griff, die sich vor Entsetzen nicht dagegen wehrt.

Ich nehme niedrige Stufen unter meinen Füßen wahr, kann mich aber nur auf den welligen Handlauf unter meinen Fingern konzentrieren. Und auf die Angst, die mit jeder Sekunde stärker wird.

Die Bewegungsmelder des Lichts funktionieren nicht, als wir am Fuß der Treppe ankommen. Nur die Farben unserer Hände pulsieren mit unveränderter Kraft. Vor uns stößt Noah die Doppeltür zur Turnhalle auf, Alban immer noch fest im Griff.

»Nein ... lasst mich in Ruhe!« Alban versucht, sich von Noah und Linus loszureißen. Er dreht und wendet panisch den Kopf, als würde er unsichtbaren Gefahren ausweichen. »Ihr dürft nicht … nein!« Er windet sich aus Linus' Griff, aber Noah hält ihn fest.

»Alban, zur Hölle, ich bin's doch nur! Hör auf!« Noah kämpft, um ihn alleine auf den Beinen zu halten, während wir in die Turnhalle stürmen.

Die undurchdringliche Dunkelheit saugt alle Geräusche auf. Normalerweise würden unsere Schritte in der hohen Halle widerhallen, aber sie sind so leise, als würden wir mit Hausschuhen über einen Filzteppich laufen.

»Da oben ist ein Notausgang!« Ich zeige auf das grün-weiße Schild und Noah wechselt sofort die Richtung. Er umklammert fest Albans Taille und geballte Faust.

Alban stöhnt leise auf, entweder vor Angst oder vor Schmerz von den Verbrennungen am Rücken, aber er hat nicht die Kraft, sich zu befreien. Er lässt den Kopf hängen, als würde er gleich das Bewusstsein verlieren.

Wir erreichen die Tür mit dem Notausgangsschild.

Ich drücke die Klinke hinunter und presse die Schulter gegen die Tür, aber sie bewegt sich nicht. Ich versuche es noch einmal, fester, aber ohne Erfolg.

»Sie ist verschlossen!«

»Geht aus dem Weg! Ich bekomme sie auf!« Noah tritt direkt unter der Klinke gegen die Tür, aber das Geräusch von seinem Stiefel, der auf das Holz trifft, ist nur ein leiser Wumms.

Adriana sagt an Pis Seite etwas. Ihre Stimme klingt so gedämpft, als käme sie vom anderen Ende der Turnhalle.

Als ich auf das grün-weiße Schild starre, fängt es an, sich zu wölben. Die Fluchtpunkte verzerren sich und die gesamte Turnhalle verschwimmt vor meinen Augen. Die Dunkelheit um uns herum verdichtet sich und alle geraden Linien werden zu der Doppeltür hingezogen, durch die wir eben in die Halle gekommen sind.

Die Angst wird zu einem drückenden Schmerz in der Brust, als ich die Gestalten sehe.

Schwarze Silhouetten, dunkler als die Schatten einer sternlosen Nacht, gleiten durch die Türöffnung und ziehen das Nichts mit sich.

Mein Albtraum, der schlimmste von allen, hat mich eingeholt.

Ich öffne den Mund, um zu keuchen oder zu schreien oder um Hilfe zu rufen, doch es dringt kein Laut hervor. Nur der Schein unserer Hände ist noch übrig. Sechs Nuancen des Lichts gegen unendliche Nuancen der pechschwarzen Verdammnis.

Etwas packt meinen Arm.

Ich drehe mein Gesicht in Zeitlupe und kann sehen, wie sich Noahs Lippen vor mir bewegen. Es sieht aus, als würde er schreien, aber ich kann ihn nicht hören.

Er schubst mich nach vorne. Ein eiskalter Wind hüllt uns ein und der Boden scheint plötzlich unter meinen Füßen zu zerbröseln. Sie sinken durch eine spröde Oberfläche und ich rudere mit den Armen, um das Gleichgewicht wiederzufinden.

Meine Hand streift etwas, das vibriert. Ich sehe nach unten und erkenne die Umrisse der Ledertasche, die an Noahs Hüfte baumelt. Die Vibrationen kommen von dort. Sie sind so stark, dass ich sie durch das Leder hindurch spüren kann, aber das Geräusch wird verschluckt, bevor es meine Ohren erreicht.

Das Prisma unter Noahs schwarzem Oberteil leuchtet auf. Fast so stark wie unsere Hände, aber vollkommen weiß.

Die Dunkelheit um uns wird tiefer, die Kälte intensiver.

Alban sackt zusammen.

Ich strecke die Hand nach ihm aus, während Noah durch die unerwartete Bewegung nach vorne gedrückt wird. Das Prisma rutscht aus seinem Halsausschnitt. Mit einem Ruck wird es in die offene Ledertasche gesaugt.

Noah und ich stoßen mit den Köpfen zusammen und aus der Tasche ertönt ein klickendes Geräusch.

Der Schmerz ist schlimmer als je zuvor.

Er lähmt meinen Körper in einem stummen, muskelzitternden Schrei, der mich zerreißen und Licht und Dunkelheit in viele bunte Glasscherben zersplittern lässt.

Dann verschwinde ich.

46

Die Kälte strahlt bis zu meinen Schläfen und meinem Kiefer aus. Ein seltsames Heulen füllt meine Ohren. Leuchtende Figuren tanzen auf der Innenseite meiner Augenlider und ich habe einen metallischen Geschmack im Mund.

Es fühlt sich an, als würde ich liegen, aber das kribbelnde Gefühl macht es schwer, sich dessen sicher zu sein. Ich bewege eine Hand und meine Fingerspitzen streifen etwas Brüchiges und Kaltes. Es knistert, aber es ist kein Schnee. Ich sammle meine zerschlagenen Gedanken einen nach dem anderen ein und bewege die Hand erneut. Worauf ich liege, fühlt sich an wie ein Teppich, und irgendwie doch nicht. Es ist kälter. Eher wie …

Ah, jetzt weiß ich es.

Raureif. Mit Raureif bedecktes Gras.

Wo bin ich? Was ist passiert?

Mein Herz klopft, als wäre ich gerannt, aber ich kann mich nicht erinnern, warum.

Ein heller Lichtglanz bohrt sich in mein Gehirn, als ich meine Augenlider Millimeter für Millimeter auseinanderzwinge und versuche, mich zu fokussieren. Die leuchtenden Figuren bewegen sich noch immer durch mein Blickfeld.

Ich liege mit dem Gesicht nach unten in einer seltsam verdrehten Position, wie in einer auf halbem Weg abgebrochenen Seitenlage. Meine Gelenke fühlen sich steif an und meine Muskeln verkrampfen sich in der Kälte.

Irgendetwas bewegt sich in der Nähe, huscht durch das Gras. Ein gedämpftes Stöhnen ertönt in der Nähe meines Gesichts und unter dem Schwindel und der grenzenlosen Verwirrung regt sich die Angst.

Mühsam drehe ich meinen Kopf und presse die Handflächen auf den Boden, um aufzustehen.

»Aua!« Schmerzen schießen mir durch die Arme. Ich halte eine Hand vor mein Gesicht und schaue sie mit zusammengekniffenen Augen an. Sie ist mit etwas Weißem umwickelt. Einer Art Stoff. Aber in all dem Weiß klafft ein großes Loch, ein Dreieck auf meiner Handfläche, umgeben von ausgefransten schwarz versengten Rändern. Die Haut darunter ist leuchtend rot und glänzt. Eine Wunde?

Ich schließe die Hand und berühre die Stelle mit den Fingerspitzen, doch obwohl die rote Haut so wund ist wie eine frische Brandblase, färbt nichts ab. Ich blute nicht.

Jemand stöhnt erneut und mir schießt ein Schmerz durch die Nackenwirbel, als ich den Kopf in diese Richtung drehe.

Ich blinzle, um das vernebelte Gefühl über meinen Augen und Gedanken verschwinden zu lassen. Versuche verzweifelt, mich zu erinnern.

Etwas Blaues liegt vor mir. Etwas Hellblaues.

Langsam strecke ich die Hand aus, um es zu berühren. Meine Fingerspitzen erkennen das Gefühl von Stoff wieder und plötzlich weiß ich, was das ist. Albans Oberteil.

Dann stürzt alles auf mich ein.

Die leuchtenden Hände, die dunklen Gestalten, die alles verzehrende Angst.

Panik durchdringt den Nebel, als ich mich an unsere Verfolger in der Turnhalle erinnere. Ich hebe den Kopf und schaue mich mit rasendem Herzen um, kann mich aber immer noch nicht richtig konzentrieren. Ich spüre nur, dass es hell ist und sich die Lichtquelle irgendwo über meinem Kopf befindet.

Die Sonne, dem kühlen Gras unter mir nach zu urteilen. Wir müssen irgendwo draußen sein.

Einige dicke senkrechte Linien sind in einiger Entfernung zu erkennen. Laternenpfähle? Bäume? Sie sehen kräftig aus. Die Linien wellen sich nicht, als würde die Welt gleich in Stücke gerissen. Und es ist nicht dunkel und schalldicht, wie in meinem Traum zu Hause bei Alban oder in der Turnhalle.

Keine unmittelbaren Anzeichen von Gefahr. Mein Herzschlag verlangsamt sich etwas.

Das violette Licht ist von meiner Haut verschwunden. Ich greife fester an das blaue Shirt, spüre Muskeln und Knochen unter dem Stoff. Eine Schulter.

»Alban? Geht es dir gut?«, frage ich. Er ist zwischen uns zusammengebrochen. Das ist eines der letzten Dinge, an die ich mich erinnere.

»Was ist passiert?« Noahs Stimme ist noch heiserer als sonst, aber ich kann ihn von dort, wo ich liege, nicht sehen.

Ich ziehe mich näher an Alban heran, der sich immer noch nicht bewegt. Mit Mühe rappele ich mich hoch auf alle viere und muss kurz die Augen schließen, um nicht das Gleichgewicht zu verlieren. Als ich die Augen öffne, sehe ich, dass er halb auf dem Bauch liegt. Ich greife nach seiner Schulter und Hüfte und drehe ihn um. Sein Körper ist wie aus Gummi und seine Haut hat fast die gleiche Farbe wie der Raureif unter uns.

»Alban?« Ich lege eine Hand auf seine Brust und drücke fest zu, auch wenn die roten Flecken in meiner Handfläche schmerzhaft stechen. Sein Herz schlägt hart und schnell unter dem blauen Stoff. Er lebt.

Ich lege die andere Hand an seine Wange. Kurze Bartstoppeln kratzen an meinen Fingerspitzen.

»Alban«, sage ich noch einmal.

»Was machen wir hier?« Adrianas Stimme zittert vor Kälte und Schock. Ihre Arme sind fest um ihren Körper geschlungen. Pi sitzt neben ihr, den Kopf zwischen den Knien.

Noah versucht, auf die Beine zu kommen, aber er gerät ins Wanken und lässt sich auf den Boden fallen.

»Shit, ist mir schwindelig.« Er schließt die Augen und massiert sich den Nasenrücken.

Die Ledertasche hängt immer noch quer über seiner Brust, aber das brummende Geräusch des Instruments ist verschwunden.

Neben mir gibt Linus seltsame Geräusche von sich. Er kniet mit gebeugtem Rücken auf dem Boden, die Finger in das mit Raureif bedeckte Gras gekrallt.

Ich nehme die Hand von Albans Wange und greife nach Linus' Schulter, aber er zieht sich weg von mir, ohne mich anzusehen. Das Geräusch wird zu einem lauten Stöhnen und er versucht aufzustehen, aber der Schwindel lässt es nicht zu. Er schafft es nicht weiter als ein paar Meter, bevor er wieder auf die Knie fällt und sich übergibt.

Albans Brustkorb hebt sich heftig unter meiner Hand und ich schaue ihn erschrocken an. Er holt schnell und geräuschvoll Luft und beginnt, um sich zu schlagen, während er den Kopf von einer Seite zur anderen wirft, die Augen immer noch geschlossen.

»Nein!«, stöhnt er und tritt mit einem Bein aus, das beinahe Adriana trifft. »Nein, nein, nein, nein!« Die Bewegungen werden stärker und er verzieht das Gesicht zu einer Grimasse, die nach Schmerz oder Entsetzen aussieht. Plötzlich spannt sich sein Körper zu einem harten Bogen und er gibt einen tiefen, rasselnden Würgelaut von sich, der mich eiskalt im Magen trifft.

»Was ist los mit ihm?«, keucht Pi. »Hat er Epilepsie?«

»Nein, ich glaube nicht«, sage ich fieberhaft. »Er ist nur …

vielleicht träumt er etwas!« Ich packe ihn an den Schultern und schüttle ihn. »Alban! Alban, wach auf!«

Er schlägt meine Hand weg und kämpft weiter gegen etwas an, das wir anderen nicht sehen können.

»HEY!«, ruft Noah und verpasst ihm eine Ohrfeige. »ALBAN!«

Alban öffnet keuchend die Augen und setzt sich auf.

»Es ist okay«, sage ich und lege eine Hand auf seine Schulter. »Ich bin ja hier. Nichts passiert«, murmle ich.

Alban spannt die Muskeln an, um sich zu wehren, aber dann erreicht ihn meine Stimme und vertreibt die letzten Reste des Albtraums. Er gibt ein verkrampftes Geräusch von sich, fast ein Schluchzen, und presst sein Gesicht an meine Schulter. Seine Haut ist eiskalt. Weder er noch Linus tragen Winterkleidung.

»Hier, nimm meine Jacke«, sage ich und lehne mich zurück, um sie auszuziehen.

»Nein, schon gut«, sagt Alban. Wie auf Kommando fangen seine Zähne an zu klappern, aber er beißt sie zusammen, bis es aufhört.

»Komm schon, Alban, du bist völlig durchgefroren.« Ich öffne den Reißverschluss. »Ich weiß nicht, wo wir sind, aber es ist auf jeden Fall Frostwetter.« Die Kälte dringt nicht so tief in meine Haut ein wie auf dem Schulhof, aber die Temperatur liegt immer noch auf der falschen Seite des Gefrierpunkts für Leute ohne Jacken.

»Das ist wirklich nicht nötig, Emilie.« Alban streckt die Hand aus und folgt dem Geräusch des Reißverschlusses, um mich aufzuhalten.

Noah macht ein spöttisches Geräusch.

»Hört schon auf mit dem Scheiß, ihr beiden.« Er steht auf und wirft die braune Tasche ins gefrorene Gras. Dann reißt er sich seine Lederjacke vom Leib und wirft sie Alban in den Schoß.

Alban protestiert, aber ich ziehe ihm die Jacke über die Schultern und achte dabei darauf, dass ich die Verbände unter dem T-Shirt nicht berühre.

Ich sehe zu Linus, der Gänsehaut auf den Wangen hat.

»Wie geht es dir?«, frage ich.

»Ich komme schon klar.« Er wischt sich mit dem Handrücken über den Mund und wendet den Blick ab.

»Wollen wir uns meine Jacke teilen?«

»Schon gut, ich komme klar.«

Ich verdrehe die Augen und mache den Reißverschluss wieder zu.

»Wo sind wir?« Alban dreht das Gesicht in verschiedene Richtungen, um etwas zu spüren, das ihm Aufschluss gibt. Aber die einzigen Geräusche sind klappernde Zähne und unser vor Kälte bibbernder Atem. Kein Vogelgezwitscher, kein Verkehr, keine Stimmen.

»No fucking idea.« Noah hebt die Ledertasche wieder auf. Er sieht sich um und ich folge seinem Blick.

Die vertikalen Linien sind Bäume. Eichen und Buchen mit kahlen Ästen, dazwischen dunkelgrüne Nadelbäume.

»Wir sind in einem Wald«, sage ich. Das ist offensichtlich für die anderen, aber es ist nicht windig genug, dass Alban die blattlosen Bäume hören könnte.

»Hier liegt kein Schnee«, sagt Alban. Er streicht mit der Hand über die steifen Grasbüschel.

»Nein, nur Raureif.« Ich lege den Kopf in den Nacken. Der Himmel ist klar und blau und die Sonne steht hoch. Ihre Strahlen lassen die Äste glitzern. War es vorhin nicht halb dunkel und völlig bedeckt?

Alban runzelt die Stirn.

»Auf dem Weg zur Schule lag überall tiefer Schnee. Da stimmt doch was nicht.«

»Gut kombiniert, Sherlock«, sagt Noah trocken.

»Klappe, Noah«, sagt Pi fast automatisch. Sie wirkt zu konsterniert, um ihm ernsthaft böse zu sein.

»Wie sind wir hier gelandet?« Noahs Atem bildet weiße Wölkchen, die über seiner schwarz gekleideten Silhouette aufsteigen. Er steht mit dem Rücken zu mir und unter dem Lederband in seinem Nacken kann ich auf seiner Haut eine dünne rote Linie erkennen. Es muss einen ordentlichen Ruck an dem Prisma gegeben haben.

»Ich bin sicher, dass es wieder das Instrument war. Es hat uns ohnmächtig gemacht«, sage ich.

Noah dreht sich um und greift zur Lasche der Ledertasche, um sie zu öffnen. Dann hält er inne und nimmt sich die Schnur ab, an der das Prisma hängt.

»Wir sollten lieber auf Nummer sicher gehen. Halt mal.« Er wirft es Pi zu. »Sie werden offenbar voneinander angezogen, wenn sie zu nah beieinander sind. Steck es in eine Tasche mit Reißverschluss und bleib auf Abstand zu mir.«

Pi gehorcht und Noah öffnet die braune Tasche. Das Instrument ist immer noch still und die Farben, die unsere Hände ausgestrahlt haben, sind verschwunden. Das alles wirkt wie ein weit entfernter, absurder Traum.

»Was ist passiert?«, fragt Alban. »Bevor wir … hier gelandet sind?«

»Unsere Hände haben geleuchtet«, sagt Noah. »Und dann hast du angefangen, unverständlich zu brabbeln.«

»Es war, als würde alles ausströmen und dunkler werden, und alle Geräusche sind verschwunden«, sage ich. »Und dann war da noch … etwas anderes. Etwas Dunkleres. Gestalten, die unten in der Turnhalle auf uns zukamen.«

»Ich dachte, ich hätte Erscheinungen«, sagt Pi.

»Ich war also nicht die Einzige? Ihr habt sie auch gesehen?«

»Ich habe keine Gestalten gesehen«, räumt Pi ein. »Aber es

hat sich angefühlt, als würde die Welt gleichzeitig schmelzen und sich drehen.«

»Ja«, flüstert Adriana und Noah nickt, um die Worte seiner Schwester zu bestätigen.

»Ich habe auch keine Gestalten gesehen«, sagt Linus. »Aber ich hatte ganz klar das Gefühl, dass wir verfolgt werden.«

»Was für Warnungen hast du genau bekommen, Alban?«, frage ich.

Alban zieht Noahs Jacke fest um seinen Oberkörper.

»Ich … weiß nicht. Aber es war nicht wie die anderen Male, als ich eine gefährliche Situation im Voraus hören, fühlen oder riechen konnte. Das hier war ganz anders.« Er schaudert. »Da war … nichts. Keine Geräusche, keine Gerüche, kein Schmerz. Alles verschwand einfach. Und ich war mir sicher, dass auch wir verschwinden würden.«

»Vielleicht hat das Ding uns ausgeknockt, aber es kann doch unmöglich für diese Halluzinationen gesorgt haben.« Noah schließt die Schnalle der Ledertasche wieder. »Es muss etwas anderes gewesen sein … Gas zum Beispiel. Das würde Sinn ergeben. Warum sonst sollte man unter Verfolgungswahn leiden oder glauben, dass die Welt schmilzt?«

»Gas?«, wiederhole ich.

»Ja«, sagt Noah. »Es gibt viele Nervengifte, die so etwas bei Menschen auslösen können. Die das Hirn komplett zerfressen.«

Ich gehe in die Knie. Wer würde so etwas einem Haufen harmloser Teenager antun?

Oder … eigentlich alles andere als harmlos.

Irgendjemand da draußen muss mehr über uns wissen, als wir es selbst tun.

Pi steht auf und hilft Adriana auf die Beine. Sie stützen sich einen Moment gegenseitig, um das Gleichgewicht zu halten. Adrianas Gesicht ist von Tränen verschmiert, sie bringen ihre Wangen in der frostigen Luft zum Dampfen.

Noah hängt sich die Ledertasche quer über die Brust und kramt sein Portemonnaie aus der Gesäßtasche.

»Bankkarte, Krankenversicherung … alles noch da. Mysteriös. Sie haben nichts mitgenommen, als sie uns zurückgelassen haben.«

»Warum sollten sie uns bei der Kälte bewusstlos im Wald liegen lassen?«, frage ich.

»No clue. Aber wahrscheinlich waren es dieselben Freaks, die von vornherein dafür gesorgt haben, dass wir mit dem Ding hier in Kontakt kommen«, sagt Noah und fuchtelt mit der braunen Ledertasche herum. »Oder *derselbe* Freak. Ich bin mir immer sicherer, dass dieser Karl nicht so unschuldig ist, wie er tut.« Er findet sein Handy in der anderen Gesäßtasche. »Ich checke mal bei Google Maps, wo wir sind.« Sein Daumen gleitet über den schwarzen Bildschirm, aber nichts passiert. »Was? Ich habe es gerade erst aufgeladen!« Er klickt auf den Einschaltknopf, immer noch ohne Erfolg. »Shit! Kann es von euch jemand versuchen?«

Adriana sieht sich um.

»Meine … meine Tasche ist weg. Und mein Handy.«

»Wurde dein Handy nicht gestohlen?«, frage ich.

»Ja, vielleicht. Oder ich habe es verloren. Jemand hat es im Sekretariat abgegeben.« Adriana schnieft und trocknet sich mit dem Ärmel das Gesicht.

»Es war also die ganze Nacht im Sekretariat der Schule?« Wenn sich wegen der Kälte meine Nackenhaare nicht ohnehin aufgestellt hätten, wäre es spätestens jetzt passiert.

»Ja, es wurde gestern Nachmittag abgegeben.«

»Von wem?«, frage ich.

»Ist das nicht egal? Jetzt ist es eh weg.«

»Warum würden sie deine Sachen mitnehmen, aber meine nicht?«, fragt Noah.

Adriana setzt sich wieder ins Gras.

»Ich *weiß* es nicht, okay?«, sagt sie, legt die Stirn auf ihre Knie und atmet einmal tief ein.

»Du hast deine Tasche mit dem Handy in der Aula verloren«, sage ich. »Wir wurden erst in der Turnhalle eingeholt, vielleicht liegt deine Tasche also noch in der Schule. Ich glaube nicht, dass es die Leute, die uns gefolgt sind, auf deine Sachen abgesehen hatten.«

»Meins funktioniert auch nicht«, sagt Linus. Er steht da mit seinem Handy in der Hand. »Und meine Uhr ist auch ausgegangen.« Er tippt mit der Fingerspitze auf die Binäruhr, aber die roten Dioden sind aus. »Alban, du hast dein Handy nicht dabei, oder?«

»Nein, leider nicht.«

»Was ist mit deinem?« Noah schaut zu seiner Schwester, die ihr Smartphone bereits hervorgeholt hat.

»Nix«, sagt Pi. »Mausetot.«

»Mist, ist das seltsam.« Noah schaut sich auf der Lichtung um. Pi streckt mir die Hand entgegen. Ich ergreife sie und stehe unsicher auf. Als sich meine Sicht stabilisiert, helfe ich auch Alban vom Boden auf. Er ist immer noch blass, hält sich aber aufrecht.

»Was machen wir jetzt?«, fragt Pi.

»Wir gehen los«, sage ich. »Irgendwann müssen wir ja jemanden finden, der ein Telefon hat.«

»Right.« Noah bewegt sich mit schnellen Schritten auf den Rand der Lichtung zu.

»An deiner Stelle würde ich in die andere Richtung gehen«, sagt Alban. »Gegen den Wind.«

»Und warum?« Noah geht weiter in dieselbe Richtung.

»Weil es nach Rauch riecht. Der Wind muss den Geruch mit sich tragen.« Alban dreht das Gesicht gegen die Brise. »Kein Rauch ohne Feuer. Und wo Feuer ist, sind meistens auch Menschen.«

Noah bleibt stehen und atmet die Luft ein.

Ein schwacher, würziger Rauchgeruch steigt mir in die Nase. Kein giftiger, plastikgesättigter Rauch wie neulich zu Hause bei Alban und Linus, sondern der Geruch eines Lagerfeuers oder eines Holzofens.

Noah starrt Alban wütend an, ändert aber trotzdem die Richtung.

»Smart-Ass«, murmelt er und stapft an uns vorbei.

47

Ich greife Alban am Arm, um ihn zu stützen, falls er stolpert. Er ist noch unsicher auf den Beinen und Frostgram muss noch in der Schule liegen. Während wir gehen, gebe ich ihm immer wieder Hinweise, wo unter uns Äste und Löcher sind.

Linus klappert mit den Zähnen und nach ein paar Minuten wird es so laut, dass ich mich umdrehe.

»Zieh jetzt endlich meine Jacke an, Linus. Wir wechseln uns ab, bis wir zu einem Haus kommen«, sage ich entschlossen und öffne den Reißverschluss.

»Hör auf, ich habe dir gesagt, dass ich deine Jacke nicht brauche«, sagt er und schiebt sich an uns vorbei, ohne mir in die Augen zu sehen.

»Linus!« Ich greife mit tauben Fingern nach seinem Arm. »Sei nicht so stur und zieh sie an. Du frierst doch.«

Die Zwillinge und Adriana bleiben beim Klang meiner lauten Stimme stehen und sehen sich um. Linus' Armmuskeln sind unter meinem Griff hart. Sein Kiefer zittert, weil er versucht, das Zähneklappern zu unterdrücken.

»Kann es dir nicht einfach egal sein? Warst du nicht stinksauer auf mich?« Er fuchtelt mit den Armen und läuft auf die anderen zu.

»Warte hier, ich bin gleich wieder da.« Ich lasse Alban los und laufe Linus hinterher.

Er bleibt stehen, als ich vor ihn trete und die Hände hebe, als würde ich mich ergeben.

»Okay, ich war bescheuert«, sage ich.

Linus sieht mich misstrauisch an.

»Ich habe es nicht so gemeint«, fahre ich fort. »Das, was ich in deinem Zimmer gesagt habe. Ich war nur …« Ich lasse die Hände sinken. »Ich war wirklich wütend. Aber es war nicht deine Schuld. Es war nur … alles auf einmal.«

Linus steht einen Moment lang zähneklappernd mit verbissenem Gesichtsausdruck da. Dann stößt er einen schweren Seufzer aus und schaut auf seine Füße.

»Ich hätte auch nicht …«, murmelt er. »Ich wollte nicht …«

»Hey, was zum Teufel macht ihr da?«, ruft Noah. »Wollt ihr eine UN-Konferenz abhalten, oder was? Es ist ein bisschen zu beschissen *kalt* für Small Talk! Kommt schon!«

Ich verkneife mir einen giftigen Kommentar und ziehe eilig meine Jacke aus. Bevor Linus Einspruch erheben kann, habe ich schon eine seiner Hände in den Ärmel gesteckt.

»Ich habe mich schon aufgewärmt«, lüge ich. »Und wir tauschen dann wieder.« Ich mache ihm die Jacke zu und gehe zurück zu Alban, um ihm meinen Arm anzubieten.

Wir gehen schweigend weiter. Ich will am liebsten loslaufen, um meine steifen Glieder aufzuwärmen, aber ich mache mir Sorgen, dass Alban wieder schwindelig wird. Er kommt aber erstaunlich gut ohne Frostgram klar, und einige Male ändert er die Richtung, um einem Loch oder Gestrüpp auszuweichen, bevor ich ihm Bescheid sagen kann.

Nach gefühlt einigen Kilometern kommen wir an einen Forstweg. Die Bäume auf der einen Seite stehen nicht mehr so dicht, und der Brandgeruch wird hier immer stärker, weshalb wir uns beeilen, diesem Weg zu folgen.

Ich habe gerade meine Jacke wiederbekommen, als wir über einen Hügelkamm marschieren und den freien Himmel vor uns sehen. Der Waldrand. Das Ende unseres Leidens. Hier *muss* es ein Haus in der Nähe geben.

Wir laufen schneller. Als wir den Wald ganz hinter uns gelassen haben, führt die Straße weiter durch eine hügelige Gegend mit hohem, struppigem Gras. Ich seufze erleichtert auf, als ich hinter einem roten Backsteinhaus am Ende der Straße eine Rauchfahne aufsteigen sehe.

»Endlich!« Noah führt uns über den letzten Hügel, während ich mich heißen Fantasien vom größten Kamin der Welt und eimerweise heißem Tee hingebe. Kurze Zeit später stehen wir vor einem schiefen Zaun und einem Gartentor mit einem rostigen Briefkasten in der Mitte. Die Hausnummer auf der Vorderseite des Briefkastens fehlt.

Die Fantasien von dem Kamin werden jäh zunichtegemacht, als mir klar wird, dass der Rauch von einem Reisighaufen kommt. Das Geräusch einer Axt erklingt von der anderen Seite des Hauses.

Baumaterialien liegen überall auf dem Hof und in dem kleinen Garten verstreut. Dachziegel, Bretter und große Pakete mit Dämmstoff, versteckt unter Planen. Mir ist so kalt, dass ich mich freudig in einen Ballen Dämmwolle einrollen würde, um mich aufzuwärmen.

Ein lautes Kläffen ertönt und ich zucke zusammen. Ein großer, heller Hund saust um das Backsteinhaus herum und springt direkt auf uns zu, aus voller Kehle bellend. Adriana schreit erschrocken auf und springt zur Seite, als der Hund durch das Gartentor flitzt, aber er beachtet sie überhaupt nicht. Stattdessen hüpft er übermütig um Linus herum und fiept so, wie Filou es immer tut, wenn er tagsüber alleine war und endlich jemand nach Hause kommt.

Normalerweise wäre Linus außer sich vor Freude über die Gelegenheit, mit einem Hund zu toben, aber er wirkt völlig neben der Spur. Der Hund springt an ihm hoch und versucht, ihm das Gesicht zu lecken. Die Bewegung kommt für Linus so überraschend, dass er rückwärts auf den Schotterweg stürzt, den Hund über sich. Er versucht, die große Liebesbekundung abzuwehren, aber das Tier bekommt einfach nicht genug von ihm.

Ich überlege gerade, ob ich eingreifen soll, falls der Hund anfangen sollte, Linus zu besteigen, als er plötzlich abrupt aufhört und mit einem leisen Fiepen den Kopf zur Seite legt.

Dann sieht er Linus an und legt sich langsam neben ihn.

»Ernsthaft?«, flüstert Linus und setzt sich auf.

Der Hund leckt ihm über die Hand. Linus schaut auf den glänzenden Sabberfleck und wieder zurück zu dem Tier.

»Ich kann … ich glaube, ich kann sie hören.« Seine Augen werden riesengroß.

»Wen hören?«, frage ich. »Den Hund?«

Er nickt.

»Ich … ich kann hören, was sie denkt. Oder … ich kann es auf jeden Fall … verstehen.« Er streckt die Hand aus und krault das goldene Fell am Hals des Hundes. »Ich … ich kann es nicht erklären. Aber ich glaube, sie kann mich auch verstehen.«

»Du kannst also … mit Tieren sprechen?« Noah starrt Linus an, der sich vor unseren Augen in eine Disney-Prinzessin verwandelt hat.

»Ich glaube schon.« Langsam verzieht sich Linus' Gesicht zu einem breiten Grinsen. »Ich kann mit Tieren sprechen!« Er lacht laut auf und umarmt den Hund. Der gibt wieder Laut, gellend und ausgelassen.

Noah schüttelt den Kopf.

»Tiertelepathie. Fuck, wie öde«, murmelt er und stößt das Gartentor auf.

Adriana steht dicht am Zaun und beobachtet Linus und den Hund. Glaubt sie immer noch, dass wir sie verarschen? Der Hund reißt sich von Linus los. Er tanzt fiepend durch das Gartentor und schaut sich dabei nach seinem neuen Lieblingsfreund um.

»Ich glaube, sie will, dass wir mitkommen«, sagt Linus und klopft sich die Steinchen ab.

»Warum?«, fragt Pi. »Und wohin?«

»Keine Ahnung. Ich bin doch noch kein ausgebildeter Tierdolmetscher.« Das Lächeln wirkt, als wäre es auf Linus' Gesicht festgewachsen.

»Aber was, wenn es gefährlich ist?«, frage ich.

Ein unmelodischer Pfiff ertönt auf der anderen Seite des Hauses und die Hündin bellt laut, um ihren Besitzer auf die unerwarteten Gäste aufmerksam zu machen.

Ein Mann biegt um die hintere Ecke des Hauses. Er trägt eine Axt über der Schulter und einen unförmigen braunen Pullover, einen schwarzen Hut und einen Schal, der die untere Hälfte seines Gesichts gegen die Kälte schützt.

»Hör auf mit dem Unsinn, du verrückte Töle«, schimpft er sanftmütig. »Was in aller Welt?« Er grinst, als er uns sieht. »Tag, Leute!«

Wir tauschen besorgte Blicke aus, als er sich zwischen den Baumaterialien zu uns hindurchschlängelt.

»Lange nicht gesehen!«, sagt er. »Habt ihr irgendetwas vergessen?«

Keiner von uns antwortet, aber der Mann bemerkt unser Zögern nicht. Er gluckst nur beim Anblick des Hundes, der sich neben Linus auf den Rücken gelegt hat, um sich den Bauch kraulen zu lassen.

»Laika hat euch bestimmt vermisst«, sagt er und zieht den Schal herunter, um seinen Mund freizulegen.

Mein Magen krampft sich zu einer kleinen, harten Kugel zusammen, als ich sein ganzes Gesicht sehe.

»Karl!«, platze ich heraus.

48

Karl lächelt mich unsicher an, als hätte ich ihm einen komplizierten Witz erzählt, den er nicht ganz versteht. Das grelle Tageslicht lässt sein Gesicht schmaler aussehen, als ich es in Erinnerung habe.

»Nein, Karl ist in …« Seine Augen werden groß und rund, als er meine verbundenen Hände sieht. Er dreht sich abrupt um und schaut zum Haus. »Oh.« Dann wendet er sich uns wieder zu und sein Blick flackert zwischen unseren Verbänden hin und her. »Ihr seid mir noch nie begegnet, oder?«

»Netter Versuch, Sie Freak«, sagt Noah. »Wir *dachten* uns doch, dass Sie dahinterstecken! Was zur Hölle soll das?«

»Nein, Noah … ihr verwechselt mich mit jemand anderem!« Karl lässt die Axt in den Kies fallen. »Jetzt hört mal …«

»Wenn Sie mich noch nie getroffen haben, woher kennen Sie dann meinen Namen?«, fragt Noah.

Karl beißt sich auf die Lippe und sieht uns hilflos an.

»Weil *ich euch* schon getroffen *habe*«, sagt er. »Schon oft. Aber es ist das erste Mal, dass ihr mich trefft.« Er blickt wieder zum Haus, hinauf zum Dach. Das gibt mir das unheimliche Gefühl, beobachtet zu werden.

Noah schnaubt.

»Das war sicher irgendein *nasty shit*, mit dem Sie uns betäubt haben, aber Sie müssen schon mehr auffahren, wenn Sie unsere Erinnerung löschen wollen.«

»Euch betäubt?« Karl sieht bestürzt aus. »Hat euch jemand betäubt?«

»Hören Sie auf, sich dumm zu stellen, Karl!«, ruft Noah.

Laika springt sofort auf, fletscht die Zähne und gibt ein tiefes Knurren von sich, das tief in ihrer Kehle rollt. Linus erhebt sich schnell und Pi legt Noah die Hand auf die Schulter. Karl streichelt nervös die zurückgelegten Ohren des Hundes.

»Mein Sohn heißt Karl. Und ich habe doch gesagt, dass er in …«

»Wie alt ist Ihr Sohn?«, unterbreche ich ihn. Der Mann scheint höchstens in den Vierzigern zu sein. In etwa so alt wie Karl, würde ich schätzen. Sie können unmöglich Vater und Sohn sein.

Der Blick der braunen Augen bohrt sich in meinen.

»Er ist gerade sieben geworden.«

»Sieben?«, wiederhole ich. Karl wirkt nicht wie jemand, der eigene Kinder hat. Aber er scheint exzentrisch genug zu sein, um sie nach sich selbst zu benennen.

»Also heißt Ihr Sohn auch Karl?«, fragt Pi verwirrt.

»Mein Sohn heißt Karl«, sagt Karl langsam und unbehaglich. »Aber ich nicht.«

»Fuck, das reicht jetzt!« Noah rudert mit den Armen und Laika knurrt bedrohlich.

»Ruhig, Mädchen.« Der Mann, der offenbar nicht Karl heißt, packt sie fest am Halsband. »Er tut nichts.«

»Da wäre ich mir nicht so sicher«, zischt Noah.

»Aber ich bin mir sicher«, sagt Nicht-Karl und lächelt schwach. »Ich kenne dich, Noah. Du bist temperamentvoll, aber du würdest niemanden ohne Grund angreifen.« Das Lächeln weicht Unsicherheit. »Äh … also, nicht soweit ich weiß.«

»Ich greife niemanden … was? Wovon reden Sie da?«

»Wenn Sie nicht Karl sind, wer sind Sie dann?«, fragt Alban.

»Du willst seinen Schwachsinn doch wohl nicht mitspielen!« Noah wird jetzt richtig wütend.

»Er klingt nicht wie Karl. Überhaupt nicht«, sagt Alban. »Irgendetwas ist anders.«

»Natürlich ist etwas anders«, sagt Noah. »Wir wurden mit Drogen vollgepumpt und in einem Wald zurückgelassen, und zwar von einem Verrückten, der nicht einmal weiß, wie er heißt!«

»Hast du nicht gehört, was ich gesagt habe?« Alban spricht sehr ruhig. »Er klingt nicht wie Karl. Seid ihr denn davon überzeugt, dass er es ist?«

Ich betrachte das Gesicht des Mannes genauer und bin mir plötzlich gar nicht mehr sicher. Hat Karl wirklich solche Lippen? Und hat er nicht ein Muttermal über der Augenbraue?

»Wenn Sie nicht Karl heißen, wie heißen Sie dann?«, wiederholt Alban. Sein Gesicht sieht entspannt aus, aber seine Finger bohren sich immer noch knapp über dem Ellbogen in meinen Arm. Er ist nicht so aggressiv wie Noah, aber laufend auf der Hut.

Der Mann ... er *muss* Karl sein ... hebt die Axt von den Pflastersteinen auf, wiegt sie einen Moment in der Hand und mustert uns.

»Denkt ihr nicht, dass Albans Fähigkeit euch gewarnt hätte, wenn ich so wahnsinnig wäre, wie ihr glaubt?«, fragt er milde. »Wenn ich euch hiermit zerhacken und im Garten vergraben wollte?«

Adriana sieht prüfend zu Alban und dann wieder zu Karl. Sie hat uns nicht geglaubt, als wir ihr gestern von Albans Fähigkeit erzählt haben, und jetzt glaubt sie es bestimmt auch nicht.

»Woher wissen Sie, was ich kann?« Albans Griff um meinen Arm verstärkt sich noch mehr.

Der Mann wagt es nun endlich, uns vorsichtig anzulächeln.

»Ich weiß sogar eine Menge über euch. Über das, was ihr

könnt. Oder können werdet.« Er sieht Alban an. »Und um deine Frage zu beantworten, ich heiße Josef.«

»Josef?«, sage ich. »Sie sind also Karls Vater? Der tot ist? Na klar doch!«

»Tot?« Der Mann klammert sich an seine Axt.

»Hören Sie schon auf!«, sagt Noah so laut, dass Laika ihn anknurrt. »Ich weiß nicht, was Sie vorhaben, aber ich schwöre, ich werde es herausfinden. Und Sie werden es bereuen, dass Sie uns als Versuchskaninchen ausgewählt haben.« Er legt den Kopf zur Seite und kneift die Augen zusammen. »Wir müssen mal telefonieren, also werden Sie uns jetzt Ihr Telefon ausleihen. Und versuchen Sie ja nichts, sonst haue ich sowohl Sie als auch Ihren dämlichen Köter zu Brei.«

Linus legt Laika beruhigend die Hand auf den Kopf. Ein regelrechtes Wechselbad der Gefühle huscht über das Gesicht des Mannes. Seine Verwirrung wird für einen kurzen Moment von Angst abgelöst, aber dann sieht er einfach nur zutiefst unglücklich aus.

»Ich weiß nicht, was ich sagen soll. Ich wusste, dass es schwierig werden würde, aber ich wusste nicht, dass es das … schon war.« Er schließt die Augen und legt einen Zeigefinger an seine Schläfe. »Nun ja«, sagt er entschlossen und öffnet die Augen wieder. »Ihr dürft gerne mein Telefon benutzen.«

»Gut«, sagt Noah. »Wo ist es?«

»Ihr müsst mit reinkommen. Ich habe kein … *Handy*.« Der Mann spricht das letzte Wort aus, als würde es fremd klingen. »Ich verstehe ja, dass ihr mir noch nicht vertraut. Aber traut ihr Alban so sehr, dass ihr mit reinkommt?«

»Gute Frage.« Noah wendet sich an Alban. »Woher wissen wir, dass deine Fähigkeit funktioniert? Hast du irgendetwas bemerkt, seit wir draußen im Wald aufgewacht sind?«

»Sie funktioniert«, sagt Alban. »Als wir im Wald waren, wurde ich ständig vor den Unebenheiten im Boden gewarnt.«

Noah sieht immer noch nicht überzeugt aus und mustert Alban mit gespitzten Lippen. Plötzlich holt er aus, als wollte er ihm einen Schlag verpassen, aber Alban weicht so schnell aus, dass Noahs Faust an seiner Schulter vorbeisaust.

»Noah!«, sagt Pi verärgert.

Adriana sieht Noah staunend an und rückt ein paar Schritte von ihm ab.

Noah verzieht keine Miene.

»Alles klar.« Er wendet sich wieder an den Mann. »Gehen wir rein. Aber verarschen Sie uns nicht!«

»Ich komme nicht mit!« Adriana verschränkt die Arme.

»Gut«, sagt Noah. »Dann bleib halt hier draußen und frier.«

Sie wirft den Kopf in den Nacken und stapft über die Pflastersteine, um ihre Füße zu wärmen, die in den dünnen, teuren Lederstiefeln sicher durchgefroren sind.

Der Mann führt uns über den Weg zum roten Backsteinhaus. Laika hält sich eng an seinem Bein, während sie Linus sehnsüchtige Blicke zuwirft. Alban und ich nähern uns der Treppe zur Eingangstür.

»Vier Stufen hoch«, sage ich und setze meinen Fuß auf die erste Stufe. Ich schaue hinunter, um mich zu vergewissern, dass Alban mit mir Schritt hält … und bleibe wie angenagelt stehen, sodass ich ihn fast umreiße.

»Was ist?«, fragt er.

Ein kalter Finger des Unbehagens gleitet mir die Wirbelsäule hinauf. Neben meinem Stiefel ist ein roter Granitstein in die Stufe eingelassen. Ich habe das starke Gefühl, ihn schon einmal gesehen zu haben. Vor Karls Haustür. Er ist so perfekt rund, dass er künstlich wirkt.

Ich hebe den Blick und schaue mir die Haustür an. Karls Tür ist massiv und ohne jede Verzierung, abgesehen von dem Briefschlitz, aber in Josefs Tür ist an einer Seite eine mehrfarbige Glasscheibe eingelassen.

Ich schaue mich schnell um.

Karls Grundstück wird von einer Hecke begrenzt, nicht von einem Zaun wie hier. Und Josef hat keinen riesigen Kasten mit Gewächshausdach im Garten. Es fühlt sich hier nicht an wie unser Abend im Observatorium, wo mir alles wie ein riesiges Déjà-vu vorkam.

»Stimmt etwas nicht?«, fragt Alban.

»Nein.« Ich gehe weiter die Treppe hinauf.

Ganz ruhig, Emilie. Es ist nur ein Stein.

Alban sieht skeptisch aus, aber er sagt nichts.

Es knirscht auf dem Kies, als Adriana den Hof überquert und uns die Steintreppe hinauf folgt. Es ist ihr offensichtlich zu kalt, um die Diva zu spielen.

»Ich rufe als Erste an«, sagt sie. »Meine Mutter dreht durch, wenn sie das hört.«

Ich ignoriere sie und greife nach der Eingangstür, die Pi für uns offen hält.

»Und du bist dir sicher, dass er kein Axtmörder ist, Alban?«

»Nein«, antwortet er. »Aber wenn meine Fähigkeit wirklich vor Ärger warnt, bin ich mir fast sicher, dass uns gerade keine Gefahr droht.«

»Beruhigend«, murmle ich und betrete den Flur.

49

Die Wärme, die mir entgegenschlägt, bringt mich vor Erleichterung beinahe zum Heulen. Genau wie die gestreifte Tapete im Flur. Sie ist nicht dieselbe wie die zu Hause bei Karl. Ich werfe einen Blick auf die Axt, die an die Wand neben der Haustür gelehnt wurde, und entspanne mich noch ein wenig mehr.

Bis wir in Josefs Wohnzimmer ankommen.

Auf dem Esstisch steht kein Computer und es ist kein Chaos auf dem Boden und den Möbeln, aber ich bin mir sicher, dass ich nicht zum ersten Mal in dem viereckigen Raum mit den zweifarbigen Wänden stehe. Eine grüne Tapete mit großen hässlichen Blumen, die zur Küche hin in currygelbe Kacheln übergeht.

Ich scanne den Raum mit weit geöffneten Augen. Die Mikrowelle ist verschwunden und der hochmoderne Herd wurde durch einen alten Ofen mit Gaskochfeld ersetzt. Ansonsten stehen die meisten Möbel an der gleichen Stelle wie in Karls Wohnzimmer. Sogar die Vorhänge sind dieselben, obwohl sie nicht ganz so verstaubt sind.

»Haben Sie nicht gesagt, Sie hätten kein Handy?« Linus steht mit dem Rücken zu uns vor dem Esstisch ohne Computer. Er nimmt etwas von der Tischplatte und dreht sich um. »Was ist das dann?« Er hält ein kaputtes Smartphone in der Hand.

Der identitätsgestörte Mann vor uns … Karl, Josef, Jekyll, Hyde … schließt kurz die Augen und gibt einen Laut des Missfallens von sich.

»Eigentlich ist es deins, Linus«, sagt er. »Ich habe es von dir bekommen, weil es nicht mehr funktioniert hat. Aber ich hätte es wohl nicht herumliegen lassen sollen.«

»Wovon reden Sie da?« Linus schüttelt den Kopf. »Ich habe meins doch hier.« Er nimmt sein Handy aus der Tasche und hält beide vor sich. »Auf meinem ist ein Aufkleber, der aber nicht auf dem …« Seine Stimme bricht, als er die Handys nebeneinander sieht.

Sie haben die gleiche graue Farbe und auf der Rückseite ist bei beiden ein halb abgeknibbelter *I♥SCIENCE*-Aufkleber zu sehen. Die Displays sind genau an der gleichen Stelle in der unteren rechten Ecke kaputt.

Keines der Handys reagiert, als Linus versucht, sie einzuschalten. Mit jeder Minute, die vergeht, wird es abgefahrener.

»Wer *sind* Sie eigentlich?«, frage ich Nicht-Karl. »Und was haben Sie vor?«

Der Mann schließt die Tür zum Flur und sieht mich mit einem seltsam mitfühlenden Blick an.

»Ich habe versprochen, dass ihr euch mein Telefon ausleihen dürft.« Er geht zu einem Ding, das aussieht wie ein altmodischer Filmprojektor auf einem hohen Stapel Kisten. »Aber das macht keinen Unterschied. Weil ihr nicht zu Hause anrufen könnt.«

»Was?« Beim Klang von Noahs knallharter Stimme legt Laika die Ohren wieder an. »Und warum nicht?«

Der Mann zögert. Er schaut auf seine Hände, die leicht zittern.

»Weil … weil ihr noch nicht geboren seid«, sagt er.

Von allen hirnverbrannten Aussagen, die er hätte machen können, ist das hier die absurdeste.

»Schaut auf den Kalender.« Er deutet auf einen großen Abreißkalender, der im Übergang zwischen der Blumentapete im Wohnzimmer und den Küchenfliesen hängt.

Ich kneife die Augen zusammen, um das Datum lesen zu können.

16. November

»Heute ist der 17. November«, sage ich. »Was ist so ungewöhnlich daran, dass Sie vergessen haben, ein Blatt abzureißen?«

»Sieh dir die Jahreszahl an«, sagt er.

Die Zahlen sind so klein, dass ich näher an den Kalender herantreten muss.

»1969?«, schnaube ich. »Halten Sie uns für Idioten?«

»Nein«, sagt der Mann ernst. »Ich weiß, dass ihr keine seid.«

Bevor irgendjemand reagieren kann, streckt er die Hand aus und schaltet das Gerät neben sich ein. Es gibt ein lautes, klickendes Surren von sich und Lichtstrahlen treffen auf die grüne Wand hinter uns.

Eine körnige Schwarz-Weiß-Bewegtbild-Aufnahme einer Rasenfläche erscheint auf der Wand. Ab und zu tauchen ein paar nackte Zehen mit dunklem Nagellack vor der Linse auf. Die Person mit der Kamera filmt den Boden und ihre eigenen Füße.

»*Jetzt nimmt es auf! Jetzt nimmt es auf!*«, quiekt eine Mädchenstimme.

Die Kamera fängt einen Fuß ein und gleitet langsam ein Bein hinauf, das zu haarig aussieht, um der Kamerafrau zu gehören. Schienbein, Kniescheibe, Oberschenkel, Boxershorts, nackter Bauch, nackte Brust, Hals, Gesicht.

Die schlummernden Schmetterlinge in meinem Magen reagieren sofort auf die hellen Augen und das schiefe Lächeln.

»Hi, Noah«, ruft die Mädchenstimme übermütig kichernd.

Noah winkt in die Kamera.

»Hi … alle zusammen.« Er bricht in Gelächter aus. Das Lachen entlockt seiner Stimme lustige schrille Laute, aber das scheint ihm nichts auszumachen.

Das Mädchen, dessen Stimme beunruhigend stark nach Pi klingt, lacht mit, als wäre irgendetwas daran urkomisch.

Alban hält immer noch meinen Arm. Er steht aufrecht und blass da und hört den beiden viel zu wohlbekannten Stimmen zu, die durch das Lachen und die schlechte Aufnahme verzerrt werden.

Ist das ein geheimes Video mit den Zwillingen auf Drogen?

Ich starre Noah und Pi an, die in der Mitte des Raumes nebeneinanderstehen, mit dem gleichen verblüfften Gesichtsausdruck.

»Okay, okay«, sagt Noah lachend oben an der Wand. *»Wir müssen jetzt ernst sein, das ist* sehr *wichtig!«* Er versucht, verbissen auszusehen, aber das bringt nur noch mehr Stimmen um ihn herum zum Lachen. *»Nein, hört auf, guys.«* Er räuspert sich theatralisch und greift mit beiden Händen nach der Kamera. Dann starrt er mit wässrigen Augen in die Linse: *»Kann gut sein, dass ich ein bisschen voll bin …«*

»Sehr!«, ruft eine Mädchenstimme.

»… ein bisschen voll«, wiederholt Noah ungerührt. *»Aber* glaubt *mir …«* Er unterbricht sich selbst, um ein Kichern zu unterdrücken. *»Dieser Josef ist ein feiner Kerl. Und Karl eigentlich auch. Obwohl er wahnsinnig nervig sein kann. Aber das wisst ihr schon, oder?«* Er lächelt breit und reckt den Daumen nach oben. *»Also, over and out. Ich muss jetzt mal.«*

Das Bild wirbelt herum, als würde die Kamera durch die Luft geschleudert. Dann bleibt das Bild mit einem Ruck stehen.

»Noah, du Idiot, du kannst sie doch nicht einfach werfen!«, ruft Pi.

»Halt die Klappe. Du hast sie doch gefangen, Champ!«, ruft Noah, bereits weit entfernt.

Die Kamera dreht sich noch einmal und zoomt auf ein Gesicht, das von Dreadlocks eingerahmt wird, die auf der körnigen Aufnahme schwarz aussehen. Die Wangenpiercings graben tiefe Löcher in die Haut auf beiden Seiten des breit lächelnden Mundes.

»Hallo!« Pi lacht. *»Damit habt ihr nicht gerechnet, was?«* Sie reißt die Augen auf und drückt ihr Gesicht ganz nah an die Linse, sodass ihre Nase einen schmierigen Fleck auf dem Glas hinterlässt. *»Und wartet nur«*, sagt sie mit gekünstelt tiefer Stimme. *»Es wird noch viiiel schlimmer!«*

Ihre Worte lassen in meinem Magen die Angst wie schwarzen Teer zwischen den flatternden Schmetterlingen aufsteigen. Innerhalb weniger Sekunden sind alle bunten Flügel in einem schweren Klumpen gefangen, der mich fast in die Knie zwingt.

Sind Noah und Pi schon die ganze Zeit ein Teil hiervon gewesen? War es die ganze Zeit geplant, dass wir anderen in einen Hinterhalt gelockt werden sollen … mit ihrer Hilfe?

Aber warum hat Alban uns nicht gewarnt? Und warum tut er jetzt nichts?

Die Zwillinge sehen einander an und dann zu uns. Pi sind vor lauter Angst Tränen in die Augen gestiegen.

»Wir haben nicht … Ich weiß wirklich nicht, woher das kommt!«, platzt Noah heraus, während Pi im Film an der Wand einen weiteren Lachanfall bekommt.

»Oookay. Kein Whiskey mehr für mich.« Veilchenblau-Pi zwinkert mit einem Auge. *»Vielleicht. Aber wir wollen ja auch nichts verschwenden.«* Sie dreht den Kopf zu jemandem an der Seite. *»HEEEY! KOMM HIERHER!«*, brüllt sie.

Es erklingen schnelle Schritte und mehr Gelächter, und die Kamera wackelt wieder.

»Nein! Ich halte die!«, sagt Pi. *»Ich filme!«*

Ein anderes Gesicht drängt sich ins Bild: zerzaustes Haar und schielende Augen, die in der Schwarz-Weiß-Aufnahme grau aussehen.

»Ich paschon draufauf«, lallt Linus. Er versucht zu lächeln, aber seine Gesichtsmuskeln wollen nicht mitspielen, und er bringt nur eine erzwungene Grimasse zustande.

Ich starre den Linus an, der immer noch mit dem Handy in der Hand auf der anderen Seite des Esstisches steht. Sein Gesicht sieht genauso fassungslos aus, wie ich mich fühle.

»Eeeeey«, tönt der volle Linus. *»Iiiiiiich binsoch nuuuuuur.«* Er legt den Kopf zur Seite und starrt ein paar Sekunden lang regungslos in die Linse. *»Ich weißßß ganichsorecht, wassich sag'n soll …«* Er klimpert matt mit den Augen.

»Aber ich weiß was!«, trällert eine schrille Stimme. Adrianas helle Locken dominieren den größten Teil des Bildes, als sie ihren Kopf vor Linus' schiebt. *»Sag doch einfach … BUUUUUHH!«*

Adriana steht wie angewachsen neben mir, ihr fällt alles aus dem Gesicht. *»BUUUUUH! UUUUUUUH! AAAAAAAAAARGH!«*, fährt ihre alkoholisierte Doppelgängerin fort. *»Und? Habt ihr jetzt Angst?«* Sie kichert.

Hackenstramm-Linus gibt ihr einen Schubs mit der Schulter und sie verschwindet von der Wand.

»Aufhör'n! Ich brauch dieannern auch …« Er dreht die Kamera um, um eine weitere Person zu filmen.

Mir bleibt ein frustrierter Schrei in der Kehle stecken, als ich Alban wiedererkenne. Er sitzt aufrecht im Schneidersitz im Gras, eine Kaffeetasse in der Hand.

»Alban, du bist dran!«, ruft Angesäuselt-Adriana.

Albans Finger schließen sich fester um meinen Arm, als sein

Name fällt. Ich sollte ihm sagen, was gerade passiert, aber ich kann nicht ein einziges sinnvolles Wort formulieren.

Alban im Video hebt lächelnd seine Tasse in die Luft.

»Prost«, sagt er und nimmt einen Schluck. Nach seinen kontrollierten Bewegungen zu urteilen, ist in der Tasse etwas eher Harmloses drin.

»Proooooost, Bruderhersss!«, ruft Linus lachend hinter der Kamera. *»Nich' so grannntich!«*

»Ich bin nicht grantig«, sagt Alban. *»Ich bin nur …«* Plötzlich verzieht er das Gesicht. Eine Sekunde später gibt es einen dumpfen Aufprall, als wäre jemand auf den Rasen gefallen.

»Au, verdammt!«, ruft Noah. *»Wer hat da einen Gartenstuhl hingestellt?«*

»Passt auf, dass ihr nichts kaputt macht«, sagt Alban. Er dreht den Kopf in die Richtung, wo Linus mit der Kamera steht.

»Okay«, sagt er ernst. *»Ich weiß, dass es sehr seltsam klingt. Aber er heißt* wirklich *Josef. Und er ist Karls Vater. Und ihr müsst ihm vertrauen, weil er euch helfen kann. Es gibt … Dinge … da draußen, von denen ihr nichts wisst. Gefährliche Dinge. Versteht ihr? Es ist wichtig, dass …«* Ein Schatten fällt über Alban. *»Nein, warte!«*, keucht er und wirft sich zur Seite, gerade als eine Person in einem langen geblümten Sommerkleid ins Bild springt und sich auf die Stelle wirft, an der er gerade noch gesessen hat.

»Kuscheeeeeeln! Gruppenkuscheeeeeeln!«, ruft sie und fuchtelt mit Armen und Beinen. Als niemand reagiert, setzt sie sich hin und verschränkt schmollend die Arme vor der Brust. *»Warum will niemand von euch kuscheln?«*

Der verknotete Teerkloß in meinem Magen saust in Richtung Boden, als ich mich selbst erkenne.

»Worum geht es hier?«, flüstert Alban neben mir. Er drückt meinen Arm so fest, dass es wehtut.

Ich versuche zu schlucken. Wieder und wieder und wieder.

Aber mein Mund ist völlig ausgedörrt, genau wie mein Gehirn.

»Es ist ein Video«, krächze ich. »Ein Video … von uns.«

50

Ich starre weiter auf mein eigenes mürrisches Gesicht. Es füllt den größten Teil der Wand aus, weil der volle Linus es herangezoomt hat.

»Gibbes was, wassu gerne sag'n wills'?«, ertönt seine Stimme hinter der Kamera. Sternhagelvoll-Emilie schielt in die Linse.

»Nein«, spottet sie. *»Ich glaube, ihr seid alle miteinander dumm. Und ich glaube …«*

Sie wird von einer hellen Stimme unterbrochen, die etwas ruft.

»Da kommt jemand!«, sagt Alban, der sich gerade vom Rasen erhoben hat. *»Linus, mach aus!«*

Linus fummelt an der Kamera herum und nach ein paar Sekunden mit verschwommenem Rasen ist die Wand wieder grün geblümt.

Die Stille wirkt ohrenbetäubend nach dem lauten Geplapper der Betrunkenen und dem Surren des Filmprojektors. Alle Worte, die mir im Kopf herumschwirren, zerbröseln in meinem Mund und bleiben auf der Zunge kleben.

»Hört zu … Ich weiß, das ist … schwer zu verdauen«, sagt der Mann, der anscheinend Josef heißt und so gar nicht tot ist. »Aber wir sollten es langsam und ruhig angehen. Ich bin mir sicher, dass ihr jetzt eine Menge wissen wollt. Und ich werde …«

Adriana beginnt hysterisch neben mir zu lachen.

»Sie behaupten also, dass wir … ja was, in der Zeit zurückgereist sind?«

Josef nickt.

»Ja.«

»Ins Jahr 1969?«, fragt Adriana.

»Ja. Aber ihr werdet wieder in eure eigene Zeit zurückkehren«, sagt Josef. »Ich muss euch nur erklären, wie das geht.«

»Okay, toll. Na, dann ist ja alles in bester Ordnung.« Ihr Kichern wird von etwas Schrillem übertönt.

»Sie müssen uns nur erklären, wie das geht? Weil Sie zufälligerweise ein Experte für Zeitreisen sind?«, fragt Noah.

»Ich … nun … nein, kein Experte!« Josef sieht erschrocken aus. »Aber ich habe einen Doktortitel in theoretischer Physik, also weiß ich zum Beispiel einiges über Quantenmechanik und die Theorien zu Wurmlöchern.«

»Zeitreisen?«, krächzt Linus. Er legt die Handys mit zitternden Händen auf den Esstisch. »Wurmlöcher?«

»Ja«, sagt Josef. »Aber ihr dürft nicht glauben, dass ich alle Antworten kenne. Ihr habt vieles selbst herausgefunden, gemeinsam mit Karl. Das habt ihr mir zumindest erzählt.«

»Erzählt? Wann?«, frage ich.

»Wie ich schon draußen sagte … wir sind uns schon begegnet. Aber ihr habt mir nicht viel über unser erstes Treffen verraten. Also … über heute.«

»Warum nicht?« Pi löst ihren Blick von der Wand, wo wir noch vor wenigen Momenten feuchtfröhlich herumgetaumelt sind. Ihre Augen sind immer noch vor Schreck geweitet.

»Je mehr man über die Zukunft weiß, desto schwieriger ist es, damit umzugehen. Ganz zu schweigen davon, was wir riskieren, wenn wir uns am Raum-Zeit-Kontinuum zu schaffen machen, indem ich euch etwas erzähle, was ihr erst sehr viel später erfahren sollt.«

Raum-Zeit-Kontinuum. Hat er das wirklich gesagt?

Eigentlich müsste ich genau jetzt aufwachen, schweißgebadet, und feststellen, dass alles nur ein Traum gewesen ist. Ein langer, seltsamer und verdammt unheimlicher Traum.

Aber mein Körper glaubt nicht, dass ich träume. Die Realität schimmert in diesem Moment so scharf, dass meine Sinne alles stärker wahrnehmen als sonst.

Die stickige Wohnzimmerluft, die nach Staub schmeckt. Die Schmerzen in meinen Fingergelenken, die immer noch steif von der Kälte sind. Die Sonnenstrahlen, die von der Schnalle der Ledertasche reflektiert werden und mich das Licht vermissen lassen. Die beginnenden Kopfschmerzen, die von einem Punkt oberhalb meiner linken Augenbraue ausstrahlen.

»Was genau ist passiert, als ihr gereist seid?«, fragt Josef. »Ihr habt gesagt, ihr wärt … betäubt worden?«

»Wir waren in der Schule«, sagt Noah. »Wir sind in der Turnhalle verfolgt worden, aber wir konnten sie nicht genau erkennen. Wir wissen nicht, wer uns betäubt hat. Aber Sie sind offensichtlich nicht der Einzige, der … das hier kennt.« Er schaut herab auf die Ledertasche an seiner Hüfte, als wäre sie ein blutsaugender Egel.

»Nein. Es gibt noch andere.«

»Wen?«, fragt Noah.

Josef weicht seinem Blick aus.

»Das … kann ich euch jetzt noch nicht sagen.«

»Wie meinen Sie das?«

»Ihr müsst es selbst herausfinden. Zum richtigen Zeitpunkt.«

»Und wer sagt uns, wann der richtige Zeitpunkt ist?«

Noahs Finger verkrampfen sich um den Riemen der Ledertasche.

»Das ist bereits entschieden. Von euch selbst.«

Adriana kichert wieder, ein schriller unharmonischer Ton.

»Hören Sie doch auf mit diesem Hippie-Mist«, raunzt Noah Josef an. »Und reden Sie verdammt noch mal so, dass man Sie versteht!«

Laika knurrt und Josef packt sie am Halsband.

»Ich schließe sie kurz im Schlafzimmer ein.« Er wirft Noah einen vielsagenden Blick zu und führt den Hund auf den Flur hinaus. Ich höre, wie sich eine Tür öffnet und wieder schließt. »Beruhige dich, Laika. Herrchen muss ein bisschen reden. Ich lasse dich gleich wieder raus.«

Laika fiept gedämpft hinter der geschlossenen Tür, aber irgendwann verstummt sie.

»Ich muss erst wissen, wie viel Zeit wir haben«, sagt Josef, als er zurückkommt. »Es scheint so zu sein, dass in einer Stunde, die ihr hier verbringt, auch eine Stunde dort vergeht, wo ihr herkommt. Wann seid ihr hier angekommen?«

»In Ihrem Haus oder im Jahr 1969?«, fragt Linus. Er schüttelt den Kopf, während er das sagt. »Ich kann immer noch nicht … Es ist einfach zu merkwürdig.«

»Im Jahr 1969. Wo seid ihr aufgetaucht?«

»Draußen im Wald«, sage ich. »Und dann sind wir einfach losgelaufen.«

»Vielleicht vor einer halben oder einer Stunde«, fügt Pi hinzu. »Aber das ist schwer zu sagen.«

»Hat euch jemand aus der Schule verschwinden sehen?«, fragt Josef. »Jemand, der Alarm schlagen und dafür sorgen könnte, dass man euch vermisst?«

Ich schüttele den Kopf.

»Das glaube ich nicht. Wir haben jedenfalls niemanden gesehen.«

»Als ich euch auf dem Hof angetroffen habe, hat es nicht so ausgesehen, als wüsstet ihr, dass ihr … ähm … durch die Zeit gereist seid«, sagt Josef. »Wie kann das sein? Was ist passiert, bevor ihr hier gelandet seid?«

»Das müssen *Sie* uns sagen.« Noah öffnet die Schnalle der Ledertasche und holt das Instrument heraus. »Karl sagt, dass dieses Ding früher Ihnen gehört hat. Was *ist* das? Und warum passt mein Glasanhänger aus Australien da rein?«

Josef windet sich.

»Die Sache mit Australien ist … äh … eine längere Geschichte. Aber das Prisma ist eine Art Schlüssel. Für das da.« Er nickt in Richtung des Instruments. »Es bestimmt, wo ihr landet, wenn ihr durch die Zeit reist.«

»Also ist es eine Art … GPS?«, fragt Linus.

»Eine Art was?« Josef legt den Kopf zur Seite.

»Ein … äh … so etwas wie ein Kompass?«

»Ja, so könnte man es nennen«, sagt Josef. »Ein Kompass für die Navigation durch vier Dimensionen.«

Adriana stößt eine Mischung aus Kichern und Schnauben aus.

»Ihr klingt ernsthaft so, als hättet ihr den größten Joint der Welt geraucht. Ich rufe jetzt zu Hause an!« Sie geht zu einem der Fenster, wo ein kleiner Tisch mit einem Telefon steht. Es ist aus braunem Kunststoff und hat einen altmodischen Hörer, der mit einem langen Spiralkabel angeschlossen ist. Adriana legt die Hand auf den Hörer, hält aber inne, als sie die Wählscheibe bemerkt. »Funktioniert das Ding überhaupt?«

»Es funktioniert gut«, sagt Josef. Er sieht betrübt aus. »Du kannst es ja mal ausprobieren.«

Adriana nimmt den Hörer, dreht uns den Rücken zu und beginnt, die Wählscheibe mit dem Zeigefinger zu drehen, eine Zahl pro Drehung.

Josef seufzt.

»Wie sollen wir durch vier Dimensionen navigieren?«, frage ich. »Gibt es nicht nur drei? Höhe, Breite und Länge?«

»Ja, das sind die räumlichen Dimensionen«, sagt Josef.

»Aber die Zeit ist auch eine Dimension. Tatsächlich meinen einige sogar, dass es bis zu elf Dimensionen gibt.«

»Ein Zeitreisekompass!« Linus' Augen leuchten, als er ihn ansieht. »Das ist echt wild!«

»Gibt es noch andere als diesen?«, fragt Noah.

»Ich kann nicht ausschließen, dass es noch andere Zeitreisegeräte gibt, von denen wir nichts wissen«, sagt Josef. »Aber soweit ich weiß, gibt es nur eine Ausführung von diesem hier. Wenn man in eine Zeit reist, wo es den Kompass bereits gibt, sind es theoretisch zwei Exemplare. Eine jüngere und eine ältere Ausgabe am selben Ort.«

Gilt das auch für Menschen? Ich traue mich nicht zu fragen. Der Gedanke, mich selbst zu treffen, klingt einfach zu irrsinnig.

»Woher haben Sie den Zeitreisekompass?«, fragt Alban.

Er hält meinen Arm fest umklammert und eine Furche hat sich zwischen seine Augenbrauen gegraben.

»Die Geschichte habe ich euch schon erzählt«, sagt Josef. »Nun, eine frühere Version von mir hat sie einigen zukünftigen Versionen von euch erzählt. Und es war ziemlich offensichtlich, dass ihr sie noch nicht gehört hattet, also kann ich euch jetzt leider nicht mehr sagen.«

»Aber wann dann?«, fragt Pi.

»Ähm … bald«, weicht Josef aus.

Adriana steht da, den Telefonhörer ans Ohr gepresst. Sie wählt erneut eine Nummer, ohne uns anzusehen.

»Warum haben Sie Linus' Handy?«, fragt Noah. Sein Blick ist auf Linus gerichtet, nicht auf Josef.

»Weil ich ihn gefragt habe, ob ich es haben kann«, sagt Josef. »Die Technik der Zukunft hat mich schon immer interessiert. Laut Linus ist sein Handy in eurer Gegenwart schon ein uraltes Relikt, aber für mich ist es einfach … faszinierend. Ich darf daran herumbasteln, wenn ich verspreche, es niemandem zu zeigen.«

»Lustig, dass ausgerechnet *du* etwas in der Vergangenheit gelassen hast.«

Noah schaut Linus immer noch an. Seine kühle Stimme klingt, als wäre das gar kein lustiger Zufall.

»Wie meinst du das?«, fragt Linus.

Noah antwortet ihm nicht. Stattdessen kratzt er mit einem schwarz lackierten Nagel an der Vertiefung, in der das Prisma in den Kompass eingerastet werden kann. Nach ein paar Versuchen löst sich ein kleiner Deckel.

»Hier«, sagt er tonlos und reicht Linus den Kompass. »Lies mal, was da steht.«

Linus schaut ihn nervös an und nimmt das Instrument.

»Da sind Buchstaben. Aber sie sind sehr klein.« Er hebt den Kompass gegen das Licht, um die Vertiefung besser zu sehen. »Was?«, sagt er. »Nein, oder?« Er sieht Noah verwirrt an. »Wie das?«

»Was ist los?«, fragt Alban.

»Ich weiß nicht. Komm.« Ich ziehe ihn zu den anderen.

Pi und Josef schauen Linus über die Schulter.

»Was steht da?« Ich konzentriere mich auf den Kompass in seiner Hand.

»Mein Name«, sagt er.

»Linus?«, frage ich. »Es gibt sicher viele Leute, die …«

»Da steht auch mein Nachname.«

»Was?« Ich beuge mich vor, um die hauchdünne Gravur in der Vertiefung lesen zu können.

Linus Jakobsen

»Warum sollte dein Name auf einem Zeitreisekompass stehen?«, frage ich.

Linus schüttelt langsam den Kopf.

»Keine Ahnung«, flüstert er.

»Weißt du etwas darüber, Josef?«, fragt Noah.

»Wir versuchen immer noch, das herauszufinden«, antwortet er.

»Wir? Also wir und Sie?« Pi rauft sich die orangeroten Dreadlocks.

»Unter anderem.« Josef weicht ihrem Blick aus und rückt die beiden gehäkelten Tischsets auf dem Esstisch zurecht.

»War es das, worüber du mit uns in der Schule reden wolltest, Noah?«, frage ich. »Linus' Name auf dem Instrument?«

»Ja. Ich habe es heute Morgen entdeckt, als ich nach Hause kam.« Noah schaut zu Linus, der nur Augen für die geheimnisvolle Gravur hat.

»Irgendetwas stimmt mit Ihrem Telefon nicht«, sagt Adriana vom Fenster aus. »Ich komme zu keiner der Nummern durch, die ich anrufe.«

»Ich weiß.« Josef sieht sie mitleidig an. »Wenn ich dich nach Hause fahre, glaubst du mir dann?«

»Ich fahre *nirgendwo* mit Ihnen hin!«

»Was hast du denn vor, wenn alle Telefone tot sind?«, fragt Noah. »Willst du den ganzen Weg zurück ins Dorf latschen?«

Adriana schaut ihn hasserfüllt an, sagt aber nichts.

»Wir machen einen Ausflug«, sagt Josef entschlossen und schnappt sich einen Schlüssel von einem selbst dekorierten Schlüsselbrett neben der Tür. »Ich muss euch etwas zeigen.«

Wir zuckeln über den Feldweg, der von Karls und Josefs Haus wegführt. Er besteht aus breiten Reifenspuren mit einem hohen Mittelstreifen, der gegen den Boden von Josefs cremefarbenem und rostgeplagtem VW-Bulli schabt.

Nachdem Adriana laut über die fehlenden Sicherheitsgurte gemeckert hatte, sind wir alle in den kleinen Bulli mit den abgerundeten Ecken geklettert.

Laika liegt auf dem Boden neben Linus' Sitz und wedelt glückselig mit dem Schwanz.

»Wohin fahren wir?«, fragt Alban, der sich Josefs alte dunkelblaue Winterjacke ausgeliehen hat, die an den Ellbogen fast durchgescheuert ist.

»In die Stadt«, sagt Josef und legt den Gang mit einem metallischen Knarzen ein. »Wir fahren zuerst Adriana nach Hause.«

»Ich wohne im Aurikelvænget Nummer vier.« Adriana bindet sich gerade mit ihrer Jacke am Sitz fest. »Und Sie fahren direkt dorthin!«

»Jawohl«, sagt Josef und biegt am Ende des Feldwegs rechts ab.

Ich grabe die Nägel in den Sitz, als mir auffällt, dass die Bushaltestelle verschwunden ist.

Tief in mir drin hege ich die Hoffnung, dass er nur Theater spielt. Dass wir in eine extreme Episode der *Versteckten Kamera* geraten sind, oder so etwas.

Die Hoffnung schwindet leider, als wir uns der Stadt nähern. Es gibt mehr Bäume entlang der Straße, als sonst hier stehen, aber die Landschaft sieht immer noch unheimlich vertraut aus. Als wir die Stadtgrenze passieren, tun meine Fingerspitzen von dem krampfartigen Festklammern am Sitz weh.

Es fehlen richtig viele Häuser. Das Neubaugebiet in der Nähe des Kindergartens ist nur eine Wiese mit verwelktem Gras, aber die Kirche und das reetgedeckte Haus neben der alten Molkerei sind noch da. Es ist nur nicht mehr alt, sondern frisch gestrichen in einem hellen Blau und mit einem Schild über der Tür, auf dem in geschwungenen Buchstaben *Madsens Milcherzeugnisse* steht.

Der *Brugsen*-Supermarkt ist bereits ein Lebensmittelladen, und die wenigen Autos, die wir sehen, haben die gleichen weichen Konturen wie der VW-Bulli. Die Fußgänger, die sich unter den Minusgraden schütteln, sehen aus wie aus einem alten Fotoalbum meiner Mutter. Schlaghosen, Stiefel mit langem Schaft und Bubikopf-Frisuren.

Die Hoffnung ist fort. Die Erkenntnis schließt sich wie ein eiserner Ring um meine Lungen.

Das hier ist meine Stadt, aber nicht meine Zeit.

Adriana hat den Sicherheitsgurt vergessen und starrt aus dem Fenster auf das, was in vielen Jahren unsere Schule sein wird. Sie wurde 1949 gebaut, deshalb ist noch kein Moos auf dem roten Backstein, und die Buchenhecke vor dem Parkplatz besteht nur aus Schösslingen. Im Gedränge auf dem Schulhof sind keine Daunenjacken oder Schlabberhosen zu sehen, dafür aber jede Menge Anoraks, Norwegerpullis und Latzhosen. Der Zebrastreifen vor der Schule ist noch nicht aufgemalt.

Ich drehe mich auf meinem Sitz um und sehe das Gebäude, in dem Linus und Alban wohnen. Ein Holzskelett, umgeben von Gerüsten, und ein paar hohe Stapel gelber Ziegelsteine verraten mir, dass es gerade gebaut wird.

»Wie wild«, flüstert Linus. »Alles ist anders, aber man kann es erkennen.« Er streckt eine Hand aus und legt sie vorsichtig ans Seitenfenster. Der Ärmel von Karls brauner Herbstjacke, die er mit Mühe zugeknöpft hat, wird bei der Bewegung noch kürzer.

Adriana presst die Lippen fest aufeinander.

Als wir im Zentrum ankommen und in den Aurikelvænget einbiegen, bleibt Josef vor der Nummer vier stehen. Die Erkerfenster sind so, wie ich sie in Erinnerung habe, und das schmiedeeiserne Tor ist dasselbe. Aber die schwarzen Ziegel auf dem Dach der Villa sind matt und breit, nicht schmal und glänzend wie die auf Adrianas Elternhaus. Anstelle der Buchsbäume im Vorgarten finden sich dort eine Menge kunstvoll angelegter Beete mit hohen Setzsteinen.

Adriana sagt kein Wort. Sie blinzelt nicht ein einziges Mal, während sie auf das weiße Haus starrt und starrt und starrt.

Die Haustür öffnet sich und ein kleines Mädchen in Lackschuhen und einer A-förmigen Wolljacke erscheint, gefolgt von einem großen Mann mit Hut.

»Komm, Vati!«, ruft das Mädchen und rennt den Gartenweg hinunter. Ein paar lange, helle Locken schauen unter der Strickmütze hervor.

»Nicht rennen, Amanda.« Der Mann schließt die Tür hinter ihnen ab. »Du weißt doch, wie enttäuscht Mutti sein wird, wenn du die neuen Schuhe zerkratzt.«

Das Mädchen schneidet auf die Worte ihres Vaters hin eine Grimasse, verlangsamt aber dennoch ihre Schritte. Als sie das Tor erreicht, drückt sie ihr Gesicht gegen das schwarz lackierte Metall und erwidert Adrianas Blick. Die kleine finstere Miene ähnelt einer anderen, an die ich mich gut von unseren früheren Klassenfotos erinnere.

Der Vater lächelt höflich und tippt an seinen Hut, um Josef hinter dem Lenkrad zu grüßen. Dann nimmt er seine Tochter an die Hand und spaziert mit ihr über den Bürgersteig davon.

Amanda. Ich habe den Namen erst vor Kurzem gehört. An diesem Abend hat meine Mutter seufzend erzählt, wie dominant Adrianas Mutter am letzten Elternabend gewesen war.

Nach ein paar Schritten dreht sich das Mädchen um und streckt Adriana die Zunge heraus. Die sitzt immer noch steif und stumm neben mir auf dem Sitz, aber die kleine, rosafarbene Zunge weckt sie aus ihrer Trance.

»Ich will jetzt gern nach Hause«, sagt sie mit dünner Stimme.

Ohne ein Wort zu sagen, wendet Josef den VW-Bulli und fährt den Weg zurück, den wir gekommen sind.

51

»Okay, mit den fünf Scheiben links am Prisma stellt man also Sekunden, Minuten, Stunden, Tage und Monate ein?«, fragt Linus.

Wir sind zurück im zweifarbigen Wohnzimmer. Josef steht mit dem Kompass in der Hand da und erklärt uns, wie man ihn bedient.

Adriana ist nach draußen in den Garten gegangen, kreideweiß im Gesicht. Das Einstellen von Zeitreisekompassen übersteigt eindeutig die Grenze dessen, was ihr Gehirn jetzt noch verarbeiten kann.

»Ja, diese fünf Scheiben sind für die Einstellung von Sekunden bis Monaten«, sagt Josef. »Deshalb lassen sich zweistellige Zahlen darauf einstellen. Mit den fünf Scheiben rechts am Prisma legt ihr die Jahreszahl fest.«

»Für die Jahreszahl sind anscheinend nur fünf Ziffern vorgesehen«, sagt Linus.

Ich bin etwas verblüfft, dass er das Wort ›nur‹ benutzt. Als wäre es nicht verrückt genug, überhaupt durch die Zeit zu reisen.

»Können wir in beide Richtungen reisen?«, fragt Pi. »Ich meine, können wir weiter reisen als in unsere Gegenwart?«

»Ja, das könnt ihr. Aber … das solltet ihr nur tun, wenn es wirklich absolut notwendig ist.«

»Sagt wer?«, fragt Noah.

»Ähm … niemand, denke ich. Aber mir selbst würde der Gedanke Angst machen, mein Schicksal zu kennen.«

»Ja, *Ihnen* vielleicht«, sagt Noah. »Aber wenn ich die Gelegenheit bekomme, ein paar Lottozahlen zu erfahren, habe ich keine Angst vor einem kleinen Ausflug in die Zukunft!«

»So einfach ist das nicht, Noah.« Josef lässt die Hände mit dem Kompass ein Stück herabsinken. »Zeitreisen dürfen nicht für persönliche Zwecke verwendet werden.«

Noah schnaubt.

»Sonst werden wir von der Zeitreisepolizei verhaftet, oder was?«

»Nein, aber ihr müsst euch darüber einig sein, wohin ihr wollt. Ihr könnt nicht alleine durch die Zeit reisen.«

»Was? Warum nicht?«

»Ihr müsst alle sechs zusammen sein, um den Kompass zu aktivieren.«

»Ernsthaft? Warum erfindet man denn so eine schwachsinnige Regel?«

»Vielleicht, um zu verhindern, dass Ego-Idioten wie du die Zeit immer wieder durcheinanderbringen?« Pi schüttelt den Kopf und wendet sich wieder Josef zu. »Und was machen wir, wenn wir die Minuten und alles andere eingestellt haben?«

»Wenn der Zeitpunkt festgelegt ist, müsst ihr den Ort einstellen.« Josef zeigt auf die schwarz-weiße Weltkarte unter der Glaskuppel. »Man kann die Karte manipulieren, indem man das Prisma verkehrt herum einsetzt.«

Unwillkürlich trete ich einen Schritt zurück und schließe meine Finger über den Handflächen.

»Sind Sie sich da sicher?«

»Ja, solange die Rückseite des Prismas nach oben zeigt, wird nur die Karte aktiviert. Wer hat es gerade?«

»Ich.« Pi öffnet ihre Jackentasche und holt das dreieckige Stück aus Glas heraus.

»Gut.« Josef hält es zwischen uns hoch. »Der Metallrahmen reicht auf der Rückseite nicht ganz über das Glas. Ihr könnt sie also leicht von der Vorderseite unterscheiden. Und seht mal.« Er legt den Kompass auf den Esstisch, damit er beide Hände für das Prisma frei hat. »Der Rahmen ist nicht ganz fest. Das Glas kann sich darin drehen.«

»Warum?«, fragt Linus, während Josef das Glas und das Metall gegeneinander dreht.

»Damit ihr die Richtung eurer Reise bestimmen könnt. Nach vorn oder zurück.« Josef zeigt auf eine der Ecken des Glasdreiecks, die nun außerhalb des Rahmens liegt. »Schaut euch diese Markierungen hier an.«

Ich beuge mich vor. Auf dem glänzenden Glas sind winzige Erhebungen zu sehen.

»Es ähnelt der Blindenschrift«, sage ich.

»Das ist richtig.« Josef lächelt. »Jede Ecke ist mit Punkten versehen. Ein Punkt bedeutet ›zurück‹, also in die Vergangenheit. Drei Punkte bedeuten ›voran‹, also in die Zukunft. Die Einstellung, die ihr wählt, muss auf die Karte zeigen, wenn ihr das Prisma schließlich einsetzt.«

»Und was bedeuten zwei Punkte?«, frage ich.

»Dazu kommen wir noch. Zuerst müsst ihr lernen, wie man das Ziel einstellt.« Josef nimmt den Kompass vom Tisch und setzt das Prisma umgekehrt ein.

Mein Magen zieht sich zusammen, aber es passiert nichts.

»Die Karte ist ja viel zu klein, um … wow!« Pi unterbricht sich selbst, als Josef auf das Glas tippt. Die Kontinente verschwinden an den Seiten, genau wie beim Zoomen auf Google Maps.

Rasch hat er so weit herangezoomt, dass aus einer schwarzweißen Version von Dänemark ein detaillierter, farbloser Ausschnitt unserer Gegend geworden ist.

»Hier seid ihr jetzt. Das ist mein Haus.« Josef zeigt auf ein kleines Quadrat auf der Karte und zoomt weiter heran. Das Quadrat wird zum Grundriss des Flurs, des Wohnzimmers, der Küche und der anderen Räume des Hauses, in dem wir uns befinden. Die Konturen der verschiedenen Formen wellen sich leicht, als wäre die schwarze Substanz im Inneren der Glaskugeln in ständiger Bewegung.

»Erkennt es keine Menschen und Tiere?«, frage ich. Auf dem mikroskopisch kleinen Wohnzimmerboden im Kompass kann man nur Stühle, Tische und Regale sehen. Nichts verrät, dass sich sechs Leute und ein Hund im Haus befinden.

»Nein, leider nicht«, sagt Josef. »Der Kompass erkennt keine lebenden Organismen. Also dürft ihr nur zu Zielen reisen, an denen ihr mit hundertprozentiger Sicherheit ungestört seid.«

»Warum? Ist es so laut, wenn man durch die Zeit reist?«, frage ich. »Oder ist es für andere gefährlich, wenn sie uns zu nah kommen? Wie viel Sicherheitsabstand brauchen wir?«

»Ich habe euch schon oft reisen sehen und abgesehen von den Lichtern ist es nicht besonders heftig«, sagt Josef. »Es gibt eine Art Sauggeräusch in der Luft, als würden die Geräusche für einen Moment verschwinden, aber wenn man nicht weiß, dass es mit einer Zeitreise zusammenhängt, würde man sich nichts dabei denken.«

»Müssen wir uns an den Händen halten?« Noah schaut skeptisch drein. »Ist das nötig?«

»Sonst funktioniert es nicht«, sagt Josef. »Wenn ihr reist, müsst ihr euch in der Reihenfolge an den Händen halten, in der sich das Licht bricht.«

»Was zur Hölle soll das bedeuten?«, fragt Noah.

»Ihr müsst euch in der Reihenfolge der Farben an den Händen halten«, erklärt Josef. »Wie ein Regenbogen. Violett, Indigo, Blau, Türkis, Grün …«

»… Gelb, Orange, Rot«, fahre ich fort. Die Grundlagen der Farbenlehre haben sich in meine Großhirnrinde eingebrannt.

Aber was ist der logische Zusammenhang zwischen Regenbögen und Zeitreisen?

»Indigo? Was ist das?«, fragt Pi.

»Das bist du«, sagt Josef. »Die Farbe, die deine Hände annehmen. Indigo ist nicht ganz so lila wie Violett und nicht ganz so blau wie … äh … Blau.«

»Ich dachte, Blau wäre einfach nur blau?« Pi sieht auf ihre Finger.

»Das Spektrum ist unendlich«, sagt Josef. »Es gibt mehr Farben als Worte, die sie beschreiben könnten, und die Grenzen zwischen ihnen sind fließend. Aber wir sagen, du bist indigoblau, weil du zwischen Emilie, die violett ist, und Nas… äh … *Noah*, der … äh … türkis ist, stehen musst.« Josef sieht plötzlich nervös aus, als hätte er etwas Falsches gesagt.

»Es gibt also kein gewöhnliches Blau?«, frage ich. »Gehen wir direkt von Indigo zu Türkis über? Das ergibt doch keinen Sinn?«

»Doch, das ergibt durchaus Sinn«, sagt Josef schnell. »Fließende Grenzen, du erinnerst dich. Es ist nicht leicht zu sagen, wo eine Farbe aufhört und wo die nächste anfängt.«

»Wie können Sie sich so sicher sein, dass Pi nicht blau ist?«, frage ich.

»Das … äh … kann ich nicht.« Josef weicht meinem Blick aus. »Aber darüber müsst ihr euch heute keine Gedanken machen. Jede Antwort hat ihre Zeit … und wir haben jetzt nicht mehr so viel davon. Das Wichtigste zuerst, oder?«

»Warum müssen wir uns an den Händen halten?«, fragt Noah. »Hat das etwas mit den Narben zu tun?«

»Ja!« Josef wirkt erleichtert über den Themenwechsel. »Der Kompass erzeugt eine sehr starke Energie, die ohne das Prisma aber nicht aktiviert werden kann. Wenn ihr es richtig in den Kompass einsetzt, kann die Energie ungehindert fließen, und ihr werdet zueinander hingezogen. Die Energie ist so stark, dass sie beim ersten Kontakt die Haut verbrennt.« Er gestikuliert in Richtung unserer verbundenen Hände.

»Was für eine Art von Energie?« Alban legt die Stirn wieder in Falten. »Ist das irgendeine Art von Strom, wenn man bedenkt, dass wir Brandwunden erlitten haben?«

Josef reibt sich das Kinn.

»Ich bin mir nicht sicher. Aber ich arbeite an verschiedenen Theorien. Das ist nur eine Sache, über die wir später reden. Also, später für *euch*«, fügt er verlegen hinzu.

»Ist es gefährlich?«, frage ich.

»Abgesehen davon, dass man sich bei der ersten Aktivierung verbrennt, ist der *Kompass* selbst nicht gefährlich. Nicht, soweit ich weiß.«

»Selbst wenn der Kompass nicht gefährlich ist ... aber die Zeitreisen sind es doch?« Die Falte gräbt sich immer tiefer zwischen Albans Augenbrauen.

Josef schaut auf das Instrument in seinen Händen und steht lange da, ohne etwas zu sagen.

»Also ...« Er räuspert sich. »Auch die *Reisen* sind nicht gefährlich. Sie können ein wenig unangenehm sein ...« Sein Blick flackert zu Linus und Alban, die nebeneinanderstehen, »... aber sie waren bis jetzt nicht gefährlich.« Josefs Daumen tippt auf die Seite des goldenen Metalls. »Wie Alban vorhin im Film gesagt hat, gibt es noch etwas anderes, worüber man sich Sorgen machen muss. Kräfte, die ... euch auslöschen können.«

»Was für Kräfte?« Meine Stimme ist ganz schwach.

»Lass mich mit einer Frage anfangen. Warum seid ihr euch so sicher, dass ihr betäubt wurdet, bevor ihr hierhergekommen seid?«

»Alban hat uns davor gewarnt, dass etwas hinter uns her ist«, antwortet Noah. »Wir fingen an zu halluzinieren und dann war alles weg. Es muss ein Gas oder irgendetwas in der Art gewesen sein.«

»Haben eure Hände von innen heraus geleuchtet?«, fragt Josef. »Und war das Prisma fest im Kompass eingerastet?«

»Ja«, sage ich. »In sechs verschiedenen Farben.«

»Und sind die Geräusche um euch herum verschwunden?« Josef hält meinem Blick fest stand. »Fingen alle geraden Linien an zu verschwimmen? Und wurde es dunkel um euch herum, lange bevor ihr ohnmächtig wurdet?«

»Ja«, flüstere ich. »Was … was bedeutet das?«

»Es bedeutet, dass ihr in Lebensgefahr gewesen seid.«

»Lebensgefahr? Warum?«, fragt Alban.

»Das waren keine Halluzinationen. Es war die Wirklichkeit«, sagt Josef. »Oder besser gesagt, die Wirklichkeit, die auseinandergerissen wurde. Zeit und Raum, die auseinandergezogen wurden. Was euch verfolgt hat, war nicht menschlich.«

»Was war es dann?« Meine Stimme schafft es kaum, an den Zähnen vorbei meinen Mund zu verlassen.

»Wir nennen es Horror Vacui.«

»Also die Angst vor dem leeren Raum?«, frage ich.

»Ja, genau«, sagt Josef. »Denn der Horror Vacui ist genau das. Leerer Raum und Angst.«

Nie hat ein Ausdruck aus der bildenden Kunst so viel Sinn ergeben. Plötzlich sehe ich die alte Frau auf der Straße glasklar vor mir.

›Er kommt! Jetzt ist es so weit! Und das ist eure Schuld!‹

Linus' Augen weiten sich. Ich bin sicher, dass sich der gleiche Videoausschnitt vor seinen Augen abspielt.

›Und er findet euch. Ihr könnt nichts machen! ER FINDET EUCH!‹

Ich zittere und schaue auf meine Hände, die immer noch teilweise mit Verbänden bedeckt sind. Aber außer einer sichtbaren Ader am Daumen ist da kein Anzeichen von Violett zu sehen.

Auch die Zwillinge schauen mit ängstlichen Blicken auf ihre

Hände, und Alban verschränkt die Finger ineinander, als wollte er sich vergewissern, dass sie nicht wärmer sind als sonst.

»Wenn das passiert«, fährt Josef fort, »wenn eure Hände zu glühen beginnen, ohne dass der Kompass aktiviert ist, müsst ihr fliehen. So schnell wie möglich. Aber weglaufen bringt nichts. Die einzige Möglichkeit, dem Horror Vacui zu entkommen, ist eine Reise durch die Zeit.«

»Was *ist* Horror Vacui?« Noah sieht sich in dem kleinen Raum um, als wäre der von lauernden Schatten erfüllt. »Woraus besteht er?«

»Ich weiß es nicht«, gibt Josef zu. »Wir haben keine bessere Bezeichnung dafür gefunden, aufgrund des Gefühls der unbeschreiblichen Angst, die er auslöst. Aber ich konnte noch nicht ermitteln, woraus er genau besteht oder was ihn hervorruft. Ich hoffe, dass Karl euch dabei helfen kann. Die Wissenschaft ist in eurer Zeit weiter fortgeschritten.«

»Aber warum ist Horror Vacui so gefährlich? Was kann er tun?«, fragt Pi. »Außer alles … dunkel und still zu machen?«

»Genau das passiert«, sagt Josef ernst. »Aber das ist ja schon schlimm genug, denn es scheint, als hätte Horror Vacui eine Art Gravitationsfeld, das Massen einsaugt. Licht und Schall und Raum und Zeit. Mit anderen Worten: das Leben.« Er sieht uns nacheinander an. »Versteht ihr, was ich sage?«

»Überhaupt nicht«, sagt Noah. »Aber wir haben kapiert, dass wir den Arsch hochkriegen müssen, wenn unsere Hände zu leuchten beginnen. Got it!« Er versucht, seine übliche Hardcore-Gleichgültigkeitsmaske aufrechtzuerhalten, aber es gelingt ihm nicht ganz.

»Es wäre eine gute Idee, den Kompass jedes Mal auf einen sicheren Zufluchtsort einzustellen, wenn ihr in einer neuen Zeit ankommt«, sagt Josef. »Auch wenn ihr euch in eurer eigenen Zeit aufhaltet. Ihr müsst immer die Möglichkeit haben, schnell zu flüchten. Das bedeutet, dass ihr euch nie zu weit voneinander entfernen dürft. Denkt daran, was ich gesagt habe. Ihr müsst alle sechs zusammen sein, um den Kompass zu aktivieren.«

»Sollen wir jetzt zusammen in eine WG ziehen, oder was?«, fragt Noah.

»Nein, das wohl nicht. Aber längere Reisen alleine sind nicht mehr möglich. Euch dürfen höchstens ein paar Kilometer trennen. Horror Vacui kann sehr plötzlich auftreten. Ohneeinander seid ihr dem Tode geweiht.«

Seine Worte legen eine schwere unsichtbare Fessel um meinen Knöchel. Ich verbringe immer gerne Zeit mit Alban und Linus ... aber physisch an Adriana und die Zwillinge gebunden zu sein? Mich für den Rest meines Lebens vierundzwanzig Stunden am Tag in Noahs Nähe aufhalten zu müssen? Letzteres erscheint mir mittlerweile weit weniger verlockend als noch vor ein paar Tagen.

»Aber ... was machen alle anderen, die keinen Kompass wie wir haben?«, fragt Alban. »Wie kann man entkommen, wenn man nicht in der Zeit reisen kann?«

»Das ... kann man nicht«, sagt Josef leise. »Aber Horror Vacui folgt nur selten gewöhnliche Menschen. Er wird offensichtlich besonders von euch angezogen und ich bin mir recht sicher, dass es etwas mit dem Kompass zu tun hat. Die Energie, die er erzeugt und die er irgendwie auf euch übertragen hat, wirkt vielleicht wie ein Magnet auf Horror Vacui.«

»Shit, wie freaky«, flüstert Pi.

Okay. Also hat meine Erforschung von Karls Umzugskiste nicht nur dazu geführt, dass unser Leben völlig auf den Kopf gestellt wurde und wir in der Zeit herumreisen und seltsame Dinge tun können ... Es hat uns auch einen Schwarm lebensaussaugender dunkler Wesen auf den Hals gehetzt.

Einfach scheißfantastisch, Emilie.

»Das bringt mich zurück zum Prisma und den kleinen Punkten in den Ecken. Ein Punkt für die Vergangenheit, drei Punkte für die Zukunft.« Josef drückt das Prisma aus dem Kompass und dreht das Glas wieder aus dem Metallrahmen heraus. »Die zwei Punkte sind eine Art Kurzeinstellung. Ihr könnt sie benutzen, wenn ihr es aus irgendeinem Grund nicht geschafft habt, den Kompass einzustellen, und Horror Vacui auftaucht.«

»Was passiert, wenn wir die Kurzeinstellung benutzen?« Linus starrt auf die beiden kleinen Erhebungen im Glas.

»Das … das habt ihr mir nicht erzählt. Also würde ich sie nur in äußersten Notfällen benutzen.«

»Aber wir *haben* die Kurzeinstellung schon einmal benutzt?« Ich schaudere bei dem Gedanken, warum das nötig gewesen sein könnte.

»Ich nehme es an, aber ich kenne die Einzelheiten nicht. Vielleicht kann Karl euch dabei helfen, es herauszufinden, wenn ihr zurückreist?«

»Karl ist Astrophysiker. Was weiß er über Zeitreisekompasse?«, frage ich.

»Astrophysiker?« Josef pfeift beeindruckt. »Sieh mal an.«

»Äh … das wussten Sie nicht, oder?« Hitze breitet sich auf meinen kalten Wangen aus.

»Nein, für gewöhnlich verratet ihr nichts über … unsere Zukunft. Aber ihr könnt ja nicht wissen, was ›für gewöhnlich‹ bedeutet.« Josef sieht mich mit traurigen Augen an.

Ich könnte mich dafür ohrfeigen, ihm verraten zu haben, dass er in unserer Gegenwart bereits tot ist. Auch wenn er dann über achtzig Jahre alt wäre, sind wir der Beweis dafür, dass sein Leben ein Ablaufdatum hat.

Er räuspert sich.

»Wenn Karl Astrophysiker ist, ist eure Ausgangslage besser, als ich zu hoffen gewagt habe. Natürlich hängt es davon ab, was sein Spezialgebiet ist, aber alle Astrophysiker wissen etwas über Quantenmechanik. Und die Quantenmechanik ist ein wesentlicher Bestandteil der meisten Theorien über Zeitreisen.«

»Aber warum sollte Karl uns plötzlich helfen?«, fragt Noah. »Wir haben schon versucht, ihn davon zu überzeugen, dass der Kompass etwas mit uns gemacht hat, aber er ist am Ende völlig ausgeflippt, weil Pi …«

»Oooh, darüber brauchen wir jetzt nicht zu reden«, sagt sie schnell.

Josef sieht die Zwillinge merkwürdig an, aber er fragt nicht nach weiteren Details.

»Ich habe sogar schon einen Plan, wie ihr ihn überzeugen könnt«, sagt er. »Oder wie *wir* ihn überzeugen können. Ich habe einiges für euch vorbereitet, muss aber noch alles zusammenpacken. Es ist draußen in meinem Observatorium.«

»Ihrem Observatorium? Das haben Sie doch noch nicht gebaut, oder?«, frage ich.

»Nein, das große Observatorium ist noch nicht fertig, aber ich hoffe, dass es bis zum Sommer klappt.«

Mysteriös. Ich dachte, Karl hätte erwähnt, dass er selbst es gebaut hat. Vielleicht ist Josef so ein Typ, der viele Projekte anfängt, sie aber nie zu Ende bringt?

»Meine aktuelle Sternwarte steht draußen im Garten«, sagt er. »Kommt mit raus und seht sie euch an.«

52

Josef geht voraus in den Flur, dann zur Haustür hinaus und die Steintreppe hinunter. Die Luft fühlt sich unangenehm kalt an, nachdem ich mit meiner Jacke im Wohnzimmer gestanden und geschwitzt habe.

Als wir um die Hausecke biegen, sehe ich einen kleinen Schuppen, gebaut aus dicken, algenbewachsenen Brettern. Er steht in einer Ecke des Gartens, darüber ragt ein riesiger, blattloser Kastanienbaum.

Adriana ist vorausgegangen und steht schon dicht an dem knorrigen Stamm, ohne ihn zu berühren. Wenn ihr Atem nicht weiße Wölkchen vor ihrem Mund bilden würde, könnte sie aus Wachs gegossen sein. Ihr Gesicht ist völlig ausdruckslos, als wäre sie in den Winterschlaf gefallen, und sie reagiert nicht, als wir uns ihr nähern.

»Alles okay, Adriana?« Ich lege ihr sanft die Hand auf die Schulter.

Sie sieht mich mit toten Augen an. Seit wir den Aurikelvænget verlassen haben, hat sie den Mund nicht mehr aufgemacht.

Josef räuspert sich und zeigt auf den Schuppen.

»Ja, das ist also mein Observatorium. Ich habe eine Scheibe in das Dach unseres alten Geräteschuppens eingesetzt, aber die Aussicht mit dem Baum da ist zu schlecht. Sobald der Frost vorbei ist, baue ich das neue.« Er nickt in Richtung der Baumaterialien, die verstreut im Garten liegen. »Natürlich wird es nicht so groß sein. Ein richtiges Observatorium hätte nur eine schmale Öffnung im Dach, damit nicht zu viel störendes Licht einfällt. Aber ich habe meins mit einem Glasdach entworfen, wie ein Gewächshaus. Ich habe immer davon geträumt, mich hinzulegen und die ganze Nacht die Sterne zu betrachten, ohne über das Wetter nachdenken zu müssen.«

»Warum fällen Sie den Baum nicht einfach?« Noah schaut zu den Ästen hinauf.

Josef löst das verrostete Riegelschloss am Sternwarte-Schuppen.

»Ich habe es überlegt, aber jedes Mal, wenn ich mich mit der Axt nähere, kann ich es nicht übers Herz bringen. Der Baum hat etwas Majestätisches an sich. Und Karl ist sich sicher, dass er über uns wacht, wenn wir schlafen. Seit seine Mutter vor drei Jahren starb, hat er viel über so etwas geredet.«

Josef stößt die Tür mit quietschenden Scharnieren auf. Linus, Alban und die Zwillinge folgen ihm in den kleinen Schuppen.

»Willst du mit?« Ich drücke Adrianas Schulter.

Sie antwortet nicht.

»Komm.« Ich versuche zu lächeln, als ich ihre Hand nehme. Als hätte ich sie gerade gefragt, ob sie mit zum Supermarkt gehen will, um Süßigkeiten zu kaufen. Als gäbe es nichts, wovor man Angst haben müsste.

Sie fährt kurz zusammen, als sich unsere kalten Finger berühren, und kurz versteift sich ihr ganzer Körper, als würde sie gleich die Flucht ergreifen wollen. Aber sie wehrt sich nicht, als ich sie langsam zum Schuppen führe.

Es ist ein seltsames Gefühl, sie hinter mir herzuziehen. Normalerweise scheucht *sie* andere herum. Ich versuche, nicht zu sehr darüber nachzudenken, warum sich unsere Rollen vertauscht haben.

Ich halte weiter ihre Hand, als wir uns in die Tür zum Schuppen stellen.

Josef steht zwischen zwei Teleskopen auf dünnbeinigen Stativen und legt etwas in eine Keksdose. Ich stelle mich auf die Zehen, um ihm über die Schulter zu schauen. In der Dose liegt ein kleines Buch, eingewickelt in mehrere Lagen Plastikfolie. Und ein rotes Spielzeugauto aus Metall.

Die Dose steht auf einem kleinen Tisch. Darunter steht eine Reihe von Gasflaschen, und auf der Tischplatte selbst liegen Sternkarten und alte Zeitungen, die knistern, als Josef sich bewegt. Die Schriftart und das Layout sind hier in den Sechzigern dezenter als bei den Zeitungen aus unserer Zeit, und die Bilder sind schwarz-weiß und unscharf. Eines der Bilder füllt fast die gesamte Titelseite und zeigt eine Frau mit blonden Haaren und Hochsteckfrisur. Unter das Gesicht der Frau hat jemand mit Kugelschreiber einige Notizen gekritzelt, aber aus dieser Entfernung kann ich nicht erkennen, was dort steht. Einiges ähnelt Zahlen. Vielleicht ein paar kryptische Physikformeln.

»Das ist Karls Lieblingsspielzeug«, sagt Josef und tippt mit dem Zeigefinger auf das rote Auto. »Er wird es jetzt auf jeden Fall vermissen, aber ich hoffe, dass ihr ihn damit überzeugen könnt. Das Buch enthält einige Notizen, die er lesen soll.« Josef nimmt eine flache, runde Metallschachtel aus dem Regal und legt sie auf das Buch und das Spielzeugauto.

»Was ist das?«, fragt Pi.

»Eine Schmalfilmrolle mit einem Gruß von mir. Und von euch. Ein seltsamer Gedanke, dass ich gerade dabei bin, meinem erwachsenen Sohn einen Gruß zu schicken. Er ist ja immer noch … mein kleiner Junge.« Josef zögert mit der Keksdose in der Hand. »Und wenn ihr sagt, dass ich …« Er schluckt laut und er will offenbar noch etwas sagen, aber dann schüttelt er den Kopf. »Nein, es ist besser, es nicht zu wissen.«

»Wir wissen es auch nicht«, platzt es aus mir heraus. »Wir wissen nicht, wie Sie sterben. Oder wann. Darüber hat Karl nichts gesagt.«

»Unwissenheit kann ... befreiend sein«, sagt Josef ohne große Überzeugung. Mit mechanischen Bewegungen zerknüllt er einige der alten Zeitungen und legt sie zuoberst in die Keksdose, damit nichts darin herumrutschen kann. Dann drückt er den Deckel auf die Dose und steckt sie in eine große Plastiktüte, die er mit Klebeband und Schnur verschließt. »Es macht nicht glücklich, alles zu wissen, selbst wenn man die Möglichkeit dazu hat. An den Gedanken müsst ihr euch wohl auch gewöhnten.« Er verpackt die Keksdose in weitere Plastiktüten.

Ich beobachte seine emsigen Handbewegungen und stelle mir vor, ich könnte bis zum Tag meines eigenen Todes durch die Zeit reisen. Würde ich wissen wollen, wie lange ich noch zu leben hätte? Würde ich irgendetwas anders machen, wenn ich wüsste, dass ich hundert Jahre alt werde? Oder wenn ich wüsste, dass ich bald sterben muss? Ich erschaudere und schüttle die düsteren Gedanken ab.

»So.« Josef macht einen festen Knoten um die letzte Plastiktüte, er hat fast eine ganze Rolle verbraucht. »Gebt das hier Karl, wenn ihr ihn das nächste Mal seht. Sorgt dafür, dass er sich zuerst den Film ansieht.« Er reicht Noah die plastikverpackte Keksdose. »Je eher, desto besser.«

Noah starrt auf das zerknitterte Etwas, tief in Gedanken.

»Wenn es zu riskant ist, zurück in die Schule zu reisen, weil dort Horror Vacui ist oder whatever – dann können wir doch auch direkt zu Karl und es hinter uns bringen.« Er schaut uns andere an. »Right?«

»Wir können nicht zu Karl, bevor wir besprochen haben, was wir zu ihm sagen«, wendet Alban ein.

»Uns fällt schon etwas ein«, sagt Noah.

»Ja«, sagt Alban. »*Bevor* wir uns auf den Weg machen.«

»Keine Sorge. Wir haben die hier.« Noah klopft auf die Keksdose. »Die können wir ihm gleich mal geben.«

»Wo wohnt Karl denn?«, fragt Josef.

»Hier«, sagt Linus.

»Wirklich? Das tut er?«

Linus nickt.

»Ja, aber er hat nicht erwähnt, dass es sein Elternhaus ist.«

»Generell hat er nicht viel erzählt«, sagt Noah. »Das meiste mussten wir ihm aus der Nase ziehen.«

»Das wird sich ändern. Vertraut mir.« Josef lächelt geheimnisvoll auf den Plastikklumpen in Noahs Händen. »Wenn Karl noch hier wohnt und ihr direkt zu ihm reist, macht das alles einfacher. Wir vergraben die Beweise im Garten, und wenn ihr wieder dort seid, grabt ihr sie einfach wieder aus.«

»Können wir die Dose nicht einfach mitnehmen?«, frage ich.

»Nein, der Schmalfilm überlebt die Zeitreise nicht. Übrigens genauso wenig wie eure Uhren und Telefone. Kommt mit nach draußen ins Licht, dann können wir versuchen, den Kompass auf Karls Adresse einzustellen. Und wir können auch gleich die Dose vergraben.«

Wir verlassen den Schuppen und betreten das frostige Gras. Ich lächle Adriana aufmunternd zu, aber sie sieht mich nur an, als würde sie mich nicht wiedererkennen.

»Hat Karl etwas am Garten verändert?«, fragt Josef.

»Schwer zu sagen«, räume ich ein. »Wir waren immer nur bei ihm, als es dunkel war.«

»Was ist *damit*?« Noah zeigt auf einen krummen Baum. »Ist das nicht der, unter dem ich gesessen habe, als wir die Telepathie ausprobiert haben?«

Ich nicke. Der Baum ist im Jahr 1969 noch kleiner, aber leicht wiederzuerkennen.

»Ja, der steht immer noch da«, sage ich.

»Das wundert mich nicht.« Josef lächelt. »Karl liebt die Apfelsorte Ingrid-Marie. Im August und September wohnt er förmlich hier draußen unter diesem Baum.« Er geht zurück in den Geräteschuppen und kommt mit einem Spaten heraus.

»Geben Sie ihn mir.« Noah nimmt den Spaten und hackt mühsam ein Stück gefrorenen Rasens heraus, das er zur Seite klappt. Mit kräftigen Stichen arbeitet er sich immer weiter in der dunklen Erde vor. Der Schweiß tropft ihm von den schwarzen Haarspitzen, als das Loch schließlich tief genug ist und Josef die Keksdose hineinlegen kann.

Noah schüttet die Erde wieder auf, breitet das quadratische Rasenstück darüber und tritt es fest. Nachdem wir eine Handvoll Zweige und welkes Laub unter den Apfelbaum gestreut haben, ist nicht mehr zu erkennen, dass darunter eine Art Zeitkapsel liegt.

Einen kurzen Moment lang fühlt es sich so an, als hätten wir jemanden begraben.

»Dann heißt es jetzt, ungefähr ein halbes Jahrhundert zu warten«, sagt Josef und lacht nervös.

»Gut, das wäre geschafft.« Noah wirft die Schaufel ins Gras und wischt sich mit der Hand über den verschwitzten Nacken. »Und was machen wir jetzt mit dem Kompass?«

Adriana lässt meine Hand ruckartig los, als würde sie sich plötzlich daran erinnern, wo wir sind … und wie wir wieder nach Hause kommen. Ich schaue sie besorgt an, aber sie kneift die Augen zusammen und bleibt stehen.

Josef nimmt Linus den Kompass ab.

»Also gut.« Er zeigt zum anderen Ende des Gartens. »Die Ecke da drüben kann man von den Fenstern aus nicht sehen. Das wäre ein sicherer Ort, um anzukommen. Es sei denn … hat Karl mittlerweile Nachbarn auf dieser Seite des Hauses?«

»Das … glaube ich nicht.« Ich erinnere mich an die Spaziergänge im Stockfinstern hin zu Karl und wieder zurück. »Da sind nur Felder und Wiesen, genau wie hier.«

»Gut. Ich stelle es so ein, dass ihr ein paar Meter weiter draußen auf dem Feld ankommt.« Josef zeigt wieder auf die schwarz-weiße Karte unter dem gewölbten Glas auf dem Kompass. »Hört gut zu. Wenn ihr das Ziel gefunden habt und sicher seid, dass es genau in der Mitte der Karte liegt, drückt ihr einfach zweimal schnell hintereinander, um die Einstellung festzulegen.« Er macht eine Bewegung und ein schwarzer Kreis erscheint um seine Fingerspitze.

Linus nickt konzentriert mit der Zungenspitze im Mundwinkel. Er ist der Einzige von uns, der ein klein wenig von Josefs Kauderwelsch über Dimensionen und freaky Gravitationsfelder versteht.

»Wenn ihr die Ankunftszeit und das Ziel festgelegt habt, müsst ihr das Prisma mit der Rückseite nach unten in die Aussparung einsetzen. Wie ich euch drinnen gesagt habe, werdet ihr zueinandergezogen, sobald ihr den Kompass aktiviert. Wenn ihr euch an den Händen nehmt und zuerst hinsetzt, wird es nicht so heftig. Dann kann die Energie leichter durch euch hindurchfließen und ihr fallt nicht so weit, wenn ihr an eurem Ziel ankommt.«

»Sie haben gesagt, dass Zeitreisen auch … leuchten?«, frage ich. Bei dem Wort ›Zeitreise‹ bekomme ich eine Gänsehaut, jetzt, wo es mein einziges Ticket nach Hause ist.

»Ja, aber es ist nur ein kurzes Aufblitzen, wenn ihr ankommt. Das Licht ist viel stärker, wenn ihr losreist«, sagt Josef. »Wenn sich die Farben von euren Händen verbinden, wird ein starkes weißes Licht ausgestrahlt.« Er drückt das Prisma heraus und reicht es Pi, bevor er Linus den Kompass gibt, der schon die Tasche in der Hand hält. »Passt auf, dass ihr nicht dagegenstoßt und dadurch die Einstellungen verschiebt. Es ist immer eine gute Idee, die Zahlen und die Karte ein letztes Mal zu überprüfen, bevor ihr den Kompass aktiviert.«

Linus nickt und steckt das Instrument sorgfältig zurück in die Ledertasche, die er sich dann über die Brust hängt. Pi zieht schnell den Reißverschluss der Jackentasche zu, in die sie das Prisma gesteckt hat.

»Die Energie, der wir die Verbrennungen zu verdanken haben … ist es dieselbe Energie, die für unsere … Fähigkeiten verantwortlich ist?«, fragt Alban.

Ich schaue auf meine Handflächen. Der Schorf ist verschwunden und die dreieckige Narbe glänzt rosa unter den verkohlten Rändern des Verbandes. Die Energie der Zeitreise muss sich durch den Stoff gebrannt haben.

»Ich bin mir ziemlich sicher, dass die Energie und eure Fähigkeiten zusammenhängen«, sagt Josef.

»Aber warum genau *diese* Fähigkeiten?«, frage ich. »Warum ausgerechnet wir sechs? Karl war von der Energie des Kompasses nicht betroffen, er hatte keine Brandwunden.«

»Äh … nein.« Josef kratzt sich am Schopf. »Und … dafür gibt es sicher eine logische Erklärung.«

»Aber …?«

»Aber die kenne ich nicht«, räumt er ein. »Noch nicht.«

Ich sehe mich im Garten um, der silbern und unschuldig in der Sonne glitzert. Dieser Moment fühlt sich nicht wie die Vergangenheit an, sondern wie die Gegenwart. Wie die *Realität*.

Mein Kopf kommt gar nicht mehr mit.

Was machen wir hier? Warum sind wir hier? Was hat das zu bedeuten?

Die Website mit den Vortragsterminen war gefälscht. Das deutet darauf hin, dass wir nicht zufällig bei Karl gelandet sind.

Irgendjemand hat versucht, uns dorthin zu locken.

Aber war es Zufall, dass genau *wir* es waren? Hätten es andere sein können? Wäre alles anders gekommen, wenn ich den Umzugskarton im Observatorium nicht geöffnet hätte?

»Und Sie sind sich sicher, dass Karl nichts von alldem weiß?«, frage ich. »Er hat zwar gesagt, dass er nicht wüsste, wie der Kompass funktioniert … aber ist es nicht ein *bisschen* mysteriös, dass er zufällig so eingestellt ist, dass er uns direkt zu seinem Elternhaus führt?«

»Ich kann euch nicht sagen, wie viel Karl weiß, wenn er euch zum ersten Mal in eurer Gegenwart trifft«, sagt Josef. »Vielleicht erzähle ich ihm von euch, wenn er älter wird. Im Moment ist er noch zu klein, um es zu verstehen. Aber es kann auch sein, dass der Kompass voreingestellt war. Ihr seid so oft hierhergereist, dass diese Adresse vielleicht noch eingestellt sein könnte, wenn Karl den Kompass übernimmt.« Ein kleines Lächeln schafft es auf Josefs Gesicht. »Aber es wäre auch nicht ungewöhnlich, wenn Karl den Kompass unbewusst auf die Zahlenkombination 16–11–1969 eingestellt hätte.«

»Warum nicht?«, frage ich.

»Heute ist sein Geburtstag.« Josef lächelt noch breiter. »Und ich habe auch eine Ahnung, warum sich der 16. November dieses Jahres in sein Gedächtnis eingebrannt hat. Er weiß es zwar noch nicht, aber ich habe gespart, um ihm ein gebrauchtes Teleskop zu kaufen, damit er endlich sein eigenes hat. Ich freue mich schon darauf, sein Gesicht zu sehen, wenn er von der Schule nach Hause kommt und es auspackt. Wir weihen es ein, wenn wir heute Abend die Leoniden beobachten. An Karls Geburtstag begrüßen wir immer den Sternengreif.« Josef zwinkert uns verständnisvoll zu.

Es bringt Linus zum Lächeln, als sein selbst kreierter Name für die Leoniden genannt wird.

»Wie oft haben Sie uns eigentlich … schon getroffen?«, frage ich. »Und wann treffen wir Sie zum ersten Mal? Also, das erste Mal für Sie?«

Josef sieht mich mit zusammengepressten Lippen an.

»Lassen Sie mich raten«, sage ich trocken. »Das können Sie uns auch nicht sagen?«

Josef nickt.

»Wie ich schon sagte, über das meiste haben wir bereits gesprochen. Ihr werdet noch viel mehr erfahren. Allerdings nicht heute.«

Noah öffnet den Mund, um zu protestieren, aber Josef hebt einen Zeigefinger.

»Und jetzt müsst ihr besser zurück, bevor sich jemand wundert. Jetzt, im Jahr 1969, dauern die Leoniden noch einen Tag länger an, aber wenn ihr wieder nach Hause kommt, ist es bei euch wahrscheinlich schon wieder vorbei. Der nächste Meteorstrom sind die Geminiden Mitte Dezember. Vielleicht sehen wir uns dann ja.« Er lächelt uns aufmunternd zu.

»Was in aller Welt haben die Meteorschauer mit alldem zu tun?«, fragt Linus.

»Oh … natürlich.« Josef schüttelt den Kopf. »Darüber haben wir ja noch gar nicht gesprochen. Vieles deutet darauf hin, dass ihr nur während eines Meteorstroms reisen könnt.«

»Warum das?« Linus schaut in den Himmel, obwohl es so hell ist, dass man unmöglich Sternschnuppen sehen kann.

»Das weiß ich nicht. Vielleicht eine weitere Frage, die ihr Karl stellen könnt. Er ist jetzt schon ein schlauer kleiner Knirps, deshalb setze ich große Hoffnungen in seine Arbeit als Astrophysiker.« Josef hebt den Spaten auf.

»Was ist, wenn Horror Vacui zwischen zwei Meteorschauern auftaucht? Was machen wir dann?«, fragt Alban.

»Das ist noch nicht vorgekommen. Aus unerfindlichen Gründen. Vielleicht seid ihr sicher in den dazwischenliegenden Zeiträumen.«

»*Vielleicht* …? Ja klasse, das klingt *wirklich* beruhigend«, sagt Noah.

»Okay.« Linus schürzt nachdenklich die Lippen. »Also, wenn Horror Vacui nur auftauchen kann, wenn es viele Sternschnuppen gibt … sollten wir dann nicht wenigstens dafür sorgen, dass wir bei jedem Meteorstrom zusammen sind?«

»Um auf Nummer sicher zu gehen, ja«, sagt Josef.

»Wie oft gibt es Meteorschauer?«, fragt Noah. Er schielt zu Alban, und sein Nasenrücken kräuselt sich, als hätte er etwas Unangenehmes gerochen.

»Das hängt davon ab, wie man einen Meteorstrom definiert«, sagt Josef. »Wir arbeiten daran, eine Untergrenze für die Energiemenge zu finden, die nötig ist, um den Kompass zu aktivieren. Selbst ein kleiner Meteorstrom wie die Ursiden im Dezember mit maximal etwa zwanzig Sternschnuppen pro Stunde kann euch losschicken. Vielleicht reicht schon eine einzige Sternschnuppe zum richtigen Zeitpunkt.«

»Aber …« Noah sieht entsetzt aus. »Dann müssen wir ja immer zusammen sein … *die ganze Zeit!*«

»Es ist unumgänglich, dass ihr euch in der nächsten längeren Zeit oft sehen werdet«, sagt Josef diplomatisch. »Ihr könnt euch schon einmal daran gewöhnen.«

Noah stöhnt auf und seine Schwester wirft ihm einen scharfen Blick zu.

Linus und Alban sehen auch nicht gerade begeistert aus.

Adrianas Augen sind immer noch geschlossen und sie drückt zwei Fingerspitzen gegen ihre Schläfen. Vielleicht versucht sie sich einzureden, dass sie bald aus diesem Albtraum aufwachen wird.

Josef legt Linus eine Hand auf die Schulter.

»Ich weiß, dass ihr Tausende Fragen habt. Aber wenn ihr mit Karl sprechen und zu euren Familien zurückkehren wollt, bevor ihr als vermisst gemeldet werdet, habt ihr noch einiges zu tun.«

»Aber …«, beginne ich.

»Kein ›aber‹, Emilie!« Es ist seltsam, dass Josef meinen Namen kennt, obwohl ich mich noch gar nicht vorgestellt habe. Was weiß er wohl noch über mich? Über uns? »Es ist wichtig, dass niemand Verdacht schöpft. Dass ihr nicht auffallt.« Seine Stimme klingt eindringlich. »Ihr dürft niemandem davon erzählen. Weder von den Zeitreisen noch von euren Fähigkeiten. Unter keinen Umständen. Ihr habt es mit mächtigen Kräften zu tun, und wenn ihr entdeckt werdet, habt ihr mehr zu befürchten als Horror Vacui. Ihr wisst nicht, wem ihr vertrauen könnt. Vergesst das nicht!«

Wir müssen ziemlich erschrocken aussehen, denn Josefs Gesicht bekommt einen etwas milderen Ausdruck.

»Ich verspreche euch, dass wir uns noch oft sehen werden. Wir werden genug Gelegenheiten zum Reden bekommen. Vielleicht sogar schon bald, wenn ihr eure Kräfte während der Geminiden ausprobieren wollt.«

»Sie haben recht. Wir müssen zurück.« Alban tritt unruhig neben mir von einem Bein aufs andere. »Aber ich muss zuerst auf die Toilette. Ich bin mir nicht sicher, ob meine Blase eine erneute Begegnung mit der vierten Dimension verträgt.«

Josef fängt an zu lachen. Ein willkommener Klang in der düsteren Stimmung.

»Die Toilette ist hinter der ersten Tür auf der rechten Seite im Flur«, sagt er.

»Ich bringe dich dorthin.« Ich lasse meinen Handrücken gegen Albans baumeln, damit er mich an der Hand nehmen kann.

»Darf ich noch einen Blick auf Karls Teleskop werfen, bevor wir gehen?«, fragt Linus.

»Na klar. Komm mit ins Observatorium, dann kannst du es dir ansehen.«

»Nerds«, murmelt Noah, folgt aber trotzdem Josef und Linus zum Holzschuppen.

Pi legt die Hand auf Adrianas Unterarm und sagt mit sanfter Stimme etwas zu ihr.

Alban und ich gehen über den knirschenden Rasen zurück zum Haus. Ich führe ihn ins Bad und gebe ihm eine kurze Einweisung, wo sich die Toilettenschüssel, das Waschbecken und das Handtuch befinden. Es steckt kein Schlüssel in der Toilettentür, aber ich verspreche, Wache zu halten. Dann gehe ich in den Flur und ein paar Meter weiter, um ihm etwas Privatsphäre zu gönnen.

Laika schlägt hinter der Schlafzimmertür an, scheint aber schnell zu spüren, dass ich keine Bedrohung darstelle, denn das Bellen hält nicht lange an.

Meine Gedanken schweifen ab, während ich die gestreifte Tapete im Flur betrachte. Hätte mir letzte Woche jemand gesagt, dass Jonathans Gemeinheiten bald das geringste meiner Probleme sein würden, hätte ich es nicht geglaubt. Aber im Angesicht der Dunkelheit, die mir das Leben aussaugen könnte, wirkt Jonathan sowohl harmlos als auch völlig belanglos.

Der Gedanke an die kriechenden Schatten lässt die Angst aus der Turnhalle wieder aufflackern, und einen Moment lang habe ich das Gefühl, als würden alle Geräusche verschwinden.

Ich schüttele panisch den Kopf, um mein Gehör wiederzuerlangen, und bin erleichtert, als ein Bellen aus dem Schlafzimmer die Angstspirale laut und deutlich durchbricht.

Laika kratzt an der Tür. Ihr Gebell wird immer lauter und schwillt zu einem schrillen Kläffen an. Die Angst steigt wieder in mir auf. Was ist los mit ihr?

Ich überlege, ob ich rausgehen und Josef holen soll, als ein rasselndes Geräusch aus der Toilette meine Aufmerksamkeit weckt. Durch das aufgeregte Bellen hindurch höre ich Alban husten. Ich gehe zur Toilettentür und lege ein Ohr an das hellbraune Holz.

»Alban?«

Sein Husten wird schlimmer, als würde er um Luft ringen. Ich öffne die Tür und sehe ihn über das Waschbecken gebeugt stehen. Der Wasserhahn läuft und er umklammert die weiße Keramik mit nassen Fingern.

»Alban, was ist los?«, frage ich erschrocken und eile zu ihm hinüber.

»Nein … Emilie … du darfst nicht …« Alban bekommt wieder einen Hustenanfall und kniet sich hin. »Raus! Du darfst nicht … die Tür!«

Hinter uns höre ich ein Klicken.

Ich drehe mich gerade noch rechtzeitig um und sehe, wie die Klinke der Toilettentür nach oben schnellt, als hätte sie jemand auf der anderen Seite losgelassen.

Ein leises metallisches Geräusch lässt mein Blut zu winzigen Eisflocken kristallisieren.

Ich renne zur Tür und weiß schon, dass sie verschlossen ist, noch bevor ich die Klinke herunterdrücke.

»Nein!«, ächze ich und ramme mit aller Kraft, die ich aufbringen kann, meine Schulter gegen das Holz. »Jemand hat uns eingeschlossen!«

Alban ringt um Luft und greift nach dem Waschbecken. Immer noch hustend rappelt er sich wieder auf die Beine.

»Wir … müssen … raus hier …«, röchelt er. »Wir … müssen … den anderen … helfen …«

»Was? Warum?« Ich verpasse der Tür einen so kräftigen Tritt, dass mir der Schmerz bis ins Steißbein zieht.

Als Antwort auf meine Frage höre ich aus dem Garten ein Geräusch von zersplitterndem Glas.

»Nein!« Alban taumelt auf mich zu und greift nach der Klinke. Er rüttelt verzweifelt daran und schlägt mit der geballten Faust gegen die Tür. »Nein!«, wiederholt er panisch.

Dann schreit irgendjemand los.

53

Der Schrei wird lauter und vermischt sich mit Stimmengewirr draußen vom Garten. Obwohl die Haustür geschlossen ist und Laikas wahnsinniges Bellen und Fiepen das gesamte Haus erfüllt, höre ich, dass sie um Hilfe rufen. Sie rufen nach mir und Alban.

Tränen und Panik schnüren mir die Kehle zu, als ich wieder und wieder auf die Tür eintrete. Alban tastet nach der Klinke und macht dann einen Schritt zurück.

»Geh weg … von der Tür«, keucht er. »Ich versuche … sie aufzutreten …« Er tritt mit voller Wucht gegen die Tür, aber sein Fuß trifft ein paar Zentimeter daneben und knallt hart gegen den Türrahmen. Sein Gesicht verzieht sich vor Schmerz, aber er greift wieder nach der Klinke, um für den nächsten Tritt zu zielen. Diesmal trifft sein Fuß genau das Schlüsselloch.

Die Tür fliegt auf und wir stürzen hinaus auf den Flur. Ich schaue mich verwirrt um, aber es ist niemand in der Nähe. Die Haustür ist angelehnt, obwohl ich mir sicher bin, dass wir sie hinter uns zugemacht haben.

Die entsetzten Stimmen sind auf dieser Seite der Toilettentür deutlicher zu hören und werden von einem hohlen Klopfgeräusch begleitet, als würde jemand …

»Sie wurden im Schuppen eingesperrt!« Ich greife nach Albans Hand und gemeinsam laufen wir zur Haustür. Er ist dunkelrot im Gesicht vor lauter Husten.

Als ich die Tür öffne, sehe ich, wie eine Person in einem roten Hoodie hinter einem Baum in der Einfahrt verschwindet. Die Kapuze ist hochgezogen und das Gesicht verdeckt, aber ich erkenne gelbe Schrift und ein paar gelbe Flecken auf dem Rücken des roten Pullis.

Die Schreie werden lauter.

Ich habe keine Zeit, die geheimnisvolle Person, die bereits den Schotterweg hinunterläuft, zu verfolgen.

Mir hämmert das Herz in der Brust, als ich die Steintreppe hinunterspringe in Richtung Garten. Alban stolpert hinter mir her. Wir biegen um die Ecke des Hauses, während der Kies unter unseren Sohlen knirscht ... und plötzlich dämmert mir, warum Alban hustet.

Dichter schwarzer Rauch steigt vom Schuppen auf, und große orangefarbene Flammen züngeln über das Dach und aus der kleinen Fensteröffnung neben der Tür. Jemand hat das Fenster eingeschlagen und auch aus dem Loch quillt eine dicke Rauchfahne.

»Es brennt! Der Schuppen brennt!«, rufe ich, obwohl ich mir sicher bin, dass sowohl der stechende Rauchgeruch als auch Albans Fähigkeit ihn bereits gewarnt haben.

»Hilfe! Lasst uns raus! HILFE!«

Die Schreie klingen bereits heiser vom Rauch und schrill vor Angst.

Wir laufen zum Schuppen und ich lasse Albans Hand los, um den Riegel zur Seite zu schieben.

Wer zum Teufel hat sie erst eingeschlossen und dann den Schuppen in Brand gesteckt? Wir waren doch nur ein paar Minuten weg!

»Ich komme! Ich bin auf dem Weg!«, rufe ich, aber die Schreie auf der anderen Seite hören nicht auf.

Der Riegel klemmt und ich fange an zu weinen, während ich mit aller Kraft daran zerre.

»Komm schon!«, schreie ich. »KOMM SCHON!« Mit einem Ruck gibt das Schloss nach und ich reiße die Tür auf.

Geschwärzte, hustende Gestalten stürzen auf den gefrorenen Rasen hinaus.

Noahs Hosenbein brennt. Er rollt sich schnell ein paarmal herum, um es zu ersticken, und springt dann auf, um Adriana ins kalte Gras zu stoßen. Ihr Haar hat Feuer gefangen und Noah schlägt darauf ein, um die Flammen zu ersticken.

Pi liegt auf allen vieren und hustet. Lange Speichelfäden hängen von ihren rußigen Lippen.

Alban beugt sich über Linus, der auf den Knien liegt und kotzt und hustet und wieder kotzt.

Josef ist ins Gras direkt vor der Schuppentür gestolpert, hustend und röchelnd.

Ich laufe hinüber und helfe ihm, auf die Beine zu kommen. Er starrt mit weit aufgerissenen Augen auf den Schuppen. Die Flammen greifen schon auf die untersten Äste des Kastanienbaums über.

»Meine Teleskope!«, ruft er. »Karls Geschenk!« Er rennt zurück zum brennenden Schuppen. Rauch quillt aus der Tür, aber er zieht sich den Schal über den Mund und rennt durch die schwarze Wand. Das Feuer lodert jetzt wie wild vor unseren Augen.

»Josef, was tun Sie da?«, rufe ich, als er vom Rauch verschluckt wird.

»Wir müssen ihm helfen!« Linus rappelt sich auf und windet sich aus Albans Arm.

»Nein, Linus, das ist zu gefährlich!« Alban greift nach ihm, aber sein kleiner Bruder hat nur Augen für die Tür, in der Josef verschwunden ist. »Haltet ihn auf! Jemand muss ihn aufhalten!« Albans Stimme ist heiser vom Husten und wird fast von dem Grollen des Feuers übertönt.

Linus schafft es fast bis zum Schuppen, bevor Noah ihn von

hinten anrempelt und er mit einem dumpfen Aufprall auf dem Rasen aufschlägt. Er fällt auf die Tasche mit dem Kompass und schnappt nach Luft, als hätte er einen Schlag in den Magen bekommen. Er versucht dennoch, wieder auf die Beine zu kommen, aber Noah hält seine strampelnden Beine und Arme in einem schraubstockähnlichen Griff fest.

»Josef, kommen Sie da raus!« Pi hat sich neben mir aufgerichtet. Ihre Augen starren rot aus dem schwarzen Gesicht.

Aus dem Inneren des Schuppens ertönt ein Husten und eines der Teleskope wird durch die Tür geschoben. »JOSEF!«, brüllt Noah, ohne Linus loszulassen. »Lassen Sie diese scheiß Fernrohre stehen! KOMMEN SIE DA RAUS!«

Ein lautes, ächzendes Geräusch zieht meinen Blick nach oben.

Das Dach senkt sich etwa einen halben Meter, aber dann stoppt die Bewegung abrupt, als wären die Balken auf eine unsichtbare Barriere gestoßen. Ich habe plötzlich einen Flashback von gestern, als wir Adrianas Fähigkeit entdeckt haben.

Im selben Augenblick schreit jemand hinter mir, das Geräusch wirkt so weit entfernt wie Laikas panisches Kläffen im Haus. Das Knarren und Poltern des Schuppens übertönt alles.

Ist das Adriana, die etwas mit dem Dach anstellt? Ich drehe mich um, aber sie liegt zusammengekrümmt dort, wo Noah ihr brennendes Haar gelöscht hat. Sie presst beide Hände gegen die Ohren und nimmt nichts weiter wahr.

Ich drehe mich wieder um und starre in das Feuer.

»Raus da, raus da, raus da«, flüstere ich.

Josefs Silhouette ist im Rauch zu sehen.

Der Ton des ächzenden Geräuschs ändert sich. Und dann bricht, ohne Vorwarnung, die gesamte Dachkonstruktion in einem Funkenregen zusammen. Eine Welle von Hitze schlägt uns entgegen und lässt mich nach Luft schnappen.

»NEIN!«, ruft Linus vom Gras aus. »JOSEF!«

Laika fängt an, im Haus zu heulen.

Ich glaube in der Ferne Sirenen zu hören, aber das kann nicht stimmen. Es geht alles zu schnell.

Noah lässt Linus los und springt auf. Er starrt in das Flammenmeer, zitternd vor Unentschlossenheit. Dann läuft er ein paar Schritte auf den eingestürzten Schuppen zu, aber ein erschrockener Ausbruch von Alban lässt ihn erstarren.

»Schnell weg!« Alban wirft panisch den Kopf herum und rudert mit den Armen, als wäre die Hitze der Flammen plötzlich unerträglich. »Er fliegt in die Luft!«

Blitzartig erinnere ich mich an die Gasflaschen, die unter dem Tisch im Schuppen stehen.

»Wir müssen ihm helfen!«, ruft Pi und bewegt sich in Richtung des Schuppens. »JOSEF!«

»Nein, Pi!« Noah umfasst ihre Taille mit beiden Händen und zieht sie in die entgegengesetzte Richtung.

»DUCKT EUCH!«, ruft Alban und wirft sich neben Linus.

Aus dem Augenwinkel kann ich sehen, wie Noah seine Schwester loslässt.

Ich beiße mir auf die Zunge, als mein Körper auf der gefrorenen Erde landet und sich nicht mehr regt.

Eine Sekunde später fegt ein brühend heißer Wind über meinen Rücken und ein ohrenbetäubender Knall ertönt.

Der Luftdruck von der Explosion ist so heftig, dass sich mir die Nackenhaare sträuben. Ich spüre, wie mich etwas trifft, vielleicht Teile von verbranntem Holz. Ein schweres Stück landet auf meinem Rücken.

In meinen Ohren klingelt es, als ich mich aufrappele und mir fieberhaft mit den Fingern durchs Haar fahre, damit es kein Feuer fängt.

Vor mir liegt Alban halb auf Linus und schirmt den Kopf seines kleinen Bruders mit den Armen ab. Noah zieht Pi gerade auf die Beine und Adriana hat sich zu einem schluchzenden

Bündel auf dem Rasen zusammengerollt. Ich drehe mich zum Schuppen um.

Er ist fast weg. Das Einzige, was ich durch die Wand aus Rauch erkennen kann, sind die Überreste der vier Eckpfosten.

Josef kann unmöglich überlebt haben.

Die Erkenntnis ist so furchtbar, dass sie eher durch mein Hirn hindurchschießt, als sich dort festzusetzen.

Hinter dem schrillen Heulen und dem vollkommen wahnsinnigen Bellen von Laika höre ich ein immer lauter werdendes Sirenengeräusch. Es ist keine Einbildung. Und es ist mehr als ein Einsatzfahrzeug.

»Wir müssen hier weg!«, schreit Noah. »Man darf uns nicht sehen!« Er lässt Pi los, um Adriana aus dem Gras zu zerren. Dann schubst er sie in Richtung des niedrigen Zauns am hinteren Ende des Gartens. »Wir treffen uns bei den Bäumen auf dem Feld!«

Pi schnieft heftig und greift nach Adrianas Hand. Dann tritt sie gegen ein paar der morschen Bretter, die im Weg liegen, und zieht Adriana mit sich zum Feld hinter Josefs Haus.

Eine Sirene auf der anderen Seite des Hauses verstummt plötzlich.

»He, wer ist da?«, ruft eine Männerstimme vom Hof her.

»Kommt schon!« Noah hält Albans Oberarm fest im Griff.

Pi und Adriana sind bereits vom Rauch verschluckt, der über das Feld zieht.

»Nein!« Linus kämpft sich auf die Beine, ohne den Blick von den brennenden Überresten des Schuppens abzuwenden. »Nein, nein, nein!«

Eine weitere Sirene verstummt auf dem Schotterweg. Noah und Alban sind bereits über den Zaun geklettert.

»Halt, Polizei!«, ruft dieselbe Männerstimme. Auf dem Pflaster vom Hof sind Schritte zu hören.

Meine Hand schießt hervor und greift nach dem Ärmel von

Linus' geliehener Jacke. Ich umklammere den dicken Stoff, während sich meine Beine endlich bewegen. Vorbei an den Flammen, über den Zaun, hinaus auf das Feld hinter dem Haus.

Die Pflugfurchen stellen Fallen für meinen zitternden Beine dar. Ich stürze und knalle mit einem Knie auf einen harten gefrorenen Erdklumpen, aber ich kämpfe mich wieder hoch und zwinge meinen Körper, weiterzulaufen.

Linus stolpert neben mir her und schnappt nach Luft. Die Kompasstasche schlägt in seine Lendengegend, während wir rennen.

Noah und Alban sind nur Silhouetten im dichten Rauch, den der Wind in dieselbe Richtung treibt, in die wir laufen. Hoffentlich reicht das aus, um uns versteckt zu halten.

Hinter uns füllt sich der Garten mit Rufen und Hundegebell. Jemand muss Laika rausgelassen haben. Ich beschleunige meinen Schritt, zerre an Linus' Ärmel und huste mir den Weg durch den Rauch. Meine Augen brennen und Tränen laufen mir über die Wangen.

Außer Atem wird mir schwarz vor den Augen und die Geräusche aus dem Garten verschwinden für einen Moment, als würde ich gleich ohnmächtig werden. Ich zwinge mehr rauchgefüllte Luft in meine Lungen, obwohl das den Husten verschlimmert, und renne orientierungslos weiter.

Wir erreichen die Baumgruppe in der Mitte des Ackers. Ich ziehe Linus mit mir in den Schutz der nackten Stämme und drehe mich um.

Die Rauchsäule aus dem Garten steht schwarz und dicht vor dem strahlend blauen Himmel. Obwohl der Wind kalt ist, habe ich das Gefühl, dass sich die Hitze des Feuers wie eine brennende Schicht auf mein Gesicht gelegt hat.

Der Anblick des Feuerwehrautos und des Polizeiwagens auf der anderen Seite des Hauses treibt mich schnell wieder hinter einen der Baumstämme, damit ich vom Schotterweg aus nicht gesehen werden kann. Die abrupte Bewegung bringt das schwindelerregende taube Gefühl zurück, das ich vom Laufen habe.

»Linus, hol den Kompass raus«, sagt Noah. »Schnell!«

Linus hustet und heult neben mir. Die Ledertasche schlägt im Takt seiner Schluchzer gegen seine Hüfte.

»Ich konnte Laika spüren. Ich konnte es spüren, als ihr klar wurde, dass Josef tot ist.« Die Tränen haben blasse ungleichmäßige Spuren auf seinem verrußten Gesicht gezogen. Er stützt sich mit der Hand an den nächstgelegenen Baumstamm, um nicht das Gleichgewicht zu verlieren.

Noah drängt sich zwischen uns und reißt die Lasche der Ledertasche auf, holt den Kompass heraus und starrt auf die kleinen Scheiben.

»Ist er auf das richtige Datum eingestellt?«, fragt er. »Hat Josef ihn auf das richtige Datum eingestellt?«

Linus presst die Stirn gegen den Baumstamm und versucht, seinen Atem zu beruhigen.

»Ich …« Er schüttelt den Kopf. »Ja. Ja, ich glaube schon.«

»*Glauben* reicht nicht, verdammt noch mal!« Noah beugt sich über den Kompass.

Adriana schaukelt vor und zurück, das Gesicht in den Händen vergraben. Alban steht hinter Noah und ringt nach Luft, und Pi starrt zurück zu Josefs Haus.

»Shit«, sagt Noah. »Du musst draufgefallen sein, Linus. Die Einstellung ist völlig für den Arsch! Die Jahreszahl ist irgendwas mit drei Neunen! Wie ging das noch …« Seine Hände zittern, als er versucht, die Scheiben zu bewegen.

Pi steht an seiner Seite bereit, das Prisma fest in den Händen.

»Warte! Noch nicht.« Noahs Augenbrauen ziehen sich konzentriert zusammen, während die Metallscheiben aneinander schaben. »Fuck! Meine Finger sind zu nichts zu gebrauchen, wenn es so verdammt kalt ist.«

Das Hundegebell aus dem Garten wird lauter.

»*Finde sie, Rufus*«, ruft eine Männerstimme in der Ferne.

Ich schaue zwischen den Baumstämmen hindurch, und mein Herz schlägt einen Salto, als ich einen großen Schäferhund erblicke, der über das gepflügte Feld auf uns zudonnert. Einige Schritte hinter dem Hund nähert sich ein Mann in Polizeiuniform.

»Ein Polizeihund«, rufe ich.

»Oh, *crap*!« Noahs steife Finger drehen härter an den Metallscheiben, aber sie bewegen sich zu langsam. »Tu etwas, Linus!«

»Was?« Linus dreht sich panisch zu den zwei rennenden Gestalten um.

»Das weiß ich doch nicht! Sag dem Hund, er soll sich verpissen!«

»Ich … das kann ich nicht!« Linus' Augen weiten sich. »Ich weiß nicht, wie ich …«

Ein Sonnenstrahl bricht sich in dem Prisma, das Pi bereithält. Mir kommt eine Idee.

»Wir könnten beim Prisma die Kurzeinstellung nehmen, von der Josef gesprochen hat«, sage ich atemlos. »Mit den zwei Punkten, von denen er nicht wusste, was sie bewirken.«

Noah schaut ruckartig auf und seine Finger erstarren.

Das wütende Bellen des Schäferhundes kommt näher. Der Polizist ist noch weit entfernt.

»Aber … wir wissen doch auch nicht, was die Punkte bedeuten!«, wendet Alban ein.

»Das kann ja sein«, sagt Noah. »Aber ich werde mich verdammt noch mal nicht in einem Jahrzehnt zu einer Anhörung schleppen lassen, in dem ich noch nicht einmal geboren wurde.« Er streckt die Hand aus und entreißt seiner Schwester das Prisma, dreht das Glas in dem dreieckigen Metallrahmen und findet die Ecke mit den zwei Punkten. Dann zieht er Linus den Riemen der Ledertasche über den Kopf und hängt sie sich selbst um. »Wir haben keine Zeit für diesen Farbenquatsch. Stellt euch eng zusammen und reicht euch die Hände in der Mitte. Das hier wird nicht angenehm.«

Er springt zu Adriana und ich reiche Alban die Hand.

»Ich zähle jetzt bis drei«, keucht Noah, als wir eng zusammengedrängt zwischen den Baumstämmen stehen. »Und dann setze ich das Prisma ein. Das hat verdammt noch mal zu funktionieren«, murmelt er.

Unsere Hände bilden eine Schale aus verschränkten Fingern zwischen uns. Die Panik lässt mein Blickfeld wackeln und verschwimmen.

»Eins.«

Ich beiße die Zähne so fest zusammen, dass sich meine Kiefermuskeln verkrampfen.

»Zwei.«

Der Schäferhund bricht ein paar Meter entfernt von uns durch das Gestrüpp.

»Drei.«

Noah drückt das kleine dreieckige Stück Glas in die Aussparung.

Der Summlaut setzt rasch ein und ist überwältigend. Er ist überall. Tiefe Vibrationen in der Luft um uns herum, in der Erde unter mir, in meinen Zahnwurzeln und meinem Knochenmark und meinen Muskeln und jeder einzelnen Haarsträhne.

Unsere Hände leuchten so wie in der Schule, aber nur für einen Augenblick. Die plötzliche Wärme in meinen Handflächen breitet sich im Rest meines Körpers aus und ein grelles weißes Licht erscheint vor uns mitten in der Schale aus Händen.

Alban stöhnt auf, und ich spüre einen Druck auf meiner Schulter, als wäre er gegen mich getaumelt.

Ich werde nach vorne geschleudert und meine Handflächen klatschen gegen zwei andere. Das weiße Licht macht es unmöglich, zu erkennen, wem sie gehören.

Ich kneife die Augen zu und die summende Energie ballt sich in meiner Brust zu einer riesigen Kugel zusammen. Mein Körper ist ein großer frei liegender Nerv und jede bebende Sekunde teilt sich in Ewigkeiten auf.

Die Kugel in meiner Brust schwillt an und alles verschwindet in einem Inferno aus Weiß.

54

Ich blinzle. Mein Blickfeld ist dunkelblau und voller tanzender weißer Silhouetten.

Ich liege auf dem Rücken. Meine Handflächen schmerzen und es knistert unter meinen verdrehten Gliedern. Tiefschnee.

»Sind alle okay?«, fragt Noah.

Ein Schwindelgefühl steigt in meinem Magen auf, als ich den Kopf hebe.

Im Mondschein kann ich erkennen, dass unsere Füße in einem unregelmäßigen Kreis zueinanderzeigen, als wären wir alle rückwärts in den Schnee gefallen.

Linus sitzt neben mir mit dem Kopf zwischen den Knien und atmet tief und langsam ein, kurz davor, sich zu übergeben.

Das Adrenalin ist ein Sausen in meinen Ohren und ein Zittern in meinen Muskeln.

Er ist tot. Josef ist tot.

Adriana weint. Pi krabbelt zu ihr und versucht, sie zu beruhigen. Ihre Dreadlocks sind voller großer Ascheflocken.

Noah taumelt zu Alban, der immer noch bewusstlos ist. Seine Arme und Beine zucken und sein Gesicht ist verzerrt.

»Hey!« Noah rüttelt ihn grob an der Schulter.

Albans Augenlider zittern und er wacht schlagartig auf.

»Wo sind wir?«, fragt er heiser.

Noah schaut sich um. Der Ruß des Feuers hat Teile seines Gesichts fast so schwarz gefärbt wie seine Haare.

»Hier liegt Schnee, so wie es auch war, als wir die Schule verlassen haben. Aber das ist nicht Karls Haus.« Er lehnt sich zurück und schaut auf das große kastenförmige Gebäude neben uns. Die Fenster befinden sich mehrere Meter über dem Boden, ganz oben unter dem Dach.

Ein paar Meter weiter sehe ich eine offene Tür. Im Inneren brennt Licht und ich erkenne einen Holzboden und eine Wand mit Sprossen.

»Sieht aus wie eine Turnhalle«, sage ich. »Vielleicht sind wir zurück in der Schule?«

»Aber wir wissen nicht, an welchem Tag«, sagt Noah.

Ich helfe Alban auf die Füße, während Noah das Prisma einsteckt und Linus aufhilft. Die dicke Schneeschicht knirscht unter seinen Stiefeln.

Pi spricht leise mit Adriana, die steif vor sich hinstarrt, als hätte sie gerade erst gemerkt, dass wir ganz woanders sind als noch vor einer Minute.

Linus steht mit gebeugtem Nacken und geschlossenen Augen da und kämpft gegen die Übelkeit an.

Ich lege vorsichtig die Hand zwischen seine Schulterblätter und er sieht mich mit einem blassen Lächeln an. Dann hält er sich die Hand vor den Mund und dreht sich um, um sich in die nächstbeste Schneewehe zu übergeben. Aber sein Magen ist leer, sodass er nur ein paar unangenehme Geräusche von sich gibt und in den Schnee spuckt.

»Zeitreisen vertrage ich offenbar nicht allzu gut«, murmelt er und wischt sich das Gesicht mit dem Ärmel von Karls Jacke ab.

»Was macht ihr hier?«, fragt eine Stimme. »Und warum steht der Notausgang offen?«

Eine stämmige kleine Frau steht in der Tür. Sie hält einen breiten Besen in der einen Hand und an ihrem Gürtel baumelt ein Schlüsselbund.

»Da ist Ilse!«, rufe ich. »Wir haben es geschafft!«

»What?« Noah schielt zu der Frau. »Wer?«

»Die Reinigungskraft unserer Schule«, sage ich.

»Was habt ihr geschafft?« Ilse sieht besorgt aus.

»Ähm … nichts«, sage ich schnell.

»Braucht ihr Hilfe?« Sie kneift die Augen zusammen, und ich hoffe, dass wir weit genug im Schatten stehen, damit sie unsere rußgeschwärzten Gesichter nicht sehen kann.

»Nein«, sage ich und weiche ein paar kleine Schritte zurück, weg von dem Streifen aus Licht, der durch die Türöffnung fällt. »Wir kommen schon klar. Trotzdem danke.«

Ilse wirkt skeptisch, aber dann nickt sie langsam und schließt die Tür.

»Wir sind zurück«, sage ich. »Es hat wirklich geklappt.«

»Wir sind durch den Notausgang geflüchtet, kurz bevor wir ins Jahr 1969 gereist sind«, sagt Noah. »Ich habe die Tür aufgestoßen, aber wir waren kaum draußen im Schnee, als das Prisma in die Tasche gesaugt wurde.«

Schnee. Das erklärt den sich auflösenden Boden und die plötzliche Kälte. Mir war gar nicht bewusst gewesen, dass wir es nach draußen geschafft hatten.

»Aber es war noch nicht dunkel, als wir in der Schule waren«, sage ich. »Es muss derselbe Tag sein, nur etwas später.«

»Wenn Josef uns nicht von der Abkürzung erzählt hätte, wären wir nie und nimmer rechtzeitig entkommen.« Linus steht mit dem Kompass in der Hand da. Seine Stimme ist nicht mehr als ein Flüstern. »Aber wir konnten ihm nicht helfen.«

»Wir haben ihn einfach sterben lassen«, sagt Pi. Sie sieht wie versteinert aus. Über die Rußflecke auf ihren Wangen ziehen sich Schlieren von Tränen.

»Wir hätten nichts tun können«, sagt Noah. »Es wäre Selbstmord gewesen, ihm hinterherzulaufen.«

»Aber wir haben es nicht einmal versucht«, sagt Pi. Ihre Unterlippe zittert.

»Nein, weil *wir* dann auch in die Luft geflogen wären!« Noah nimmt die Tasche mit dem Kompass ab und wirft sie in einen Schneehaufen. »Es war seine eigene verdammte Schuld, okay? Er hätte wirklich nicht zurück in den Schuppen laufen müssen!«

»Noah«, sagt Alban leise.

»Wer zum Teufel ist denn so besessen von einem Teleskop, dass er sich in ein verdammtes *Flammenmeer* stürzt, um das Scheißding zu retten?« Noah verpasst der Schneewehe einen Tritt, während er wütend den Kopf schüttelt. »Das ergibt keinen Sinn!«

»Noah«, sagt Alban.

»WAS?« Noah dreht sich zu ihm um.

»Du hättest nichts tun können.«

»Das sage ich doch die ganze Zeit!«

»Aber du solltest es auch selbst glauben.«

Noah erstarrt einen Augenblick und schnappt nach Luft. Dann lässt er sich schwer in den Schnee fallen und presst die Handwurzeln gegen seine Augen.

»Ich hätte ihn aufhalten sollen, bevor er wieder reingelaufen ist. Ich war nicht schnell genug.« Er lässt die Hände in den Schoß fallen und schüttelt den Kopf. »Fuck«, murmelt er in seine Fäuste.

»Noah, es bringt doch nichts, sich selbst deswegen fertigzumachen«, sagt Alban. »Keiner von uns war … hierauf vorbereitet … *Ich* war der Einzige, der etwas hätte tun können. Wenn ich etwas von dem Feuer geahnt hätte, bevor ich zur Toilette gegangen bin, oder wenn ich die Explosion einige Sekunden früher bemerkt hätte … dann hätten wir vielleicht …«

»Okay, wer macht sich jetzt fertig?« Noah klingt müde. Er schließt für ein paar Sekunden die Augen. Dann holt er so tief

Luft, dass es in seiner Brust rasselt, und steht auf. »Wie auch immer, wir können jetzt nichts mehr ändern. Josef ist tot.«

Josef ist tot.

Ich weiß, was die Worte bedeuten, aber ich habe sie noch nicht begriffen.

Linus hebt die Ledertasche auf, legt den Kompass vorsichtig hinein und hängt sie sich über die Schulter.

»Was ist passiert?«, frage ich. Meine Atemzüge schmecken immer noch schwarz. »Nachdem Alban und ich zum Haus zurückgegangen sind?«

»Adriana und ich standen in der Tür zum Schuppen«, sagt Pi. »Noah und Linus waren schon drin, zusammen mit Josef. Plötzlich hat uns jemand in den Schuppen gestoßen und die Tür zugeschlagen. Ich konnte nicht sehen, wer es war.«

»Dann wurde eine Brandbombe durchs Fenster geworfen«, sagt Noah.

»Eine Brandbombe?«, flüstere ich.

»Ja. So eine Flasche mit einer brennbaren Flüssigkeit und einer angezündeten Lunte. Wenn die Flasche zerbricht, verteilt sich die Flüssigkeit überall und die Lunte setzt sie in Brand. Es war reines Glück, dass sie keinen von uns direkt getroffen hat. Es ging so fucking schnell.«

Ein sichtbarer Schauer durchfährt Adrianas Körper bei seinen Worten. Einige ihrer Korkenzieherlocken sind an den Spitzen versengt und ihr Haar sieht verfilzt aus.

»Hat die Brandbombe auch den Schuppen explodieren lassen?«, fragt Alban.

»Nein, das müssen die Gasflaschen gewesen sein«, sage ich. »Unter dem Tisch im Schuppen stand eine ganze Reihe davon. Das müssen Ersatzflaschen für den Gasherd gewesen sein.«

»Es scheint mehr als nur ein unglücklicher Zufall zu sein, dass jemand ausgerechnet einen Schuppen voller Gasflaschen in Brand setzt.« Alban runzelt die geschwärzte Stirn.

»Genau.« Noah nickt.

»Ich glaube, ich habe gesehen, wer es war«, sage ich.

»Was? Wann?«, fragt Noah.

»Draußen auf dem Hof. Aber ich konnte das Gesicht nicht sehen. Ich weiß nur, dass die Person einen roten Hoodie trug.«

»Das könnte sonst wer gewesen sein«, flüstert Adriana. Sie schlingt die Arme um ihren Oberkörper, als würde sie frieren.

»Hoffentlich nicht sonst wer.« Alban runzelt die Stirn noch stärker. »Das war ein vorsätzlicher Mordversuch. Und irgendwas deutet darauf hin, dass Josef nicht das einzige Ziel war. Wer auch immer die Brandbombe geworfen hat, muss gewusst haben, dass wir auftauchen würden. Oder er hat auf uns gewartet.«

»Aber … warum sollten nur fünf von uns dran glauben? Josef und die anderen?«, frage ich. »Warum hat er gewartet, bis wir auf der Toilette waren?«

»Vielleicht wusste derjenige von meiner Fähigkeit«, sagt Alban. »Vielleicht wurden wir auf der Toilette eingesperrt, damit wir die anderen nicht rechtzeitig warnen konnten.«

Ich sauge lang und langsam Luft durch die Nase ein. Der Frost zwickt an den Rändern meiner Nasenlöcher und lässt mich klarer denken.

Josef hat gesagt, dass wir niemandem erzählen dürfen, wozu wir fähig sind. Weder von die Zeitreise noch von unseren Fähigkeiten. *›Ihr wisst nicht, wem ihr trauen könnt. Vergesst das nicht!‹* Das war eines der letzten Dinge, die er zu uns gesagt hat.

»Was, wenn Josefs Mörder auch ein Zeitreisender ist?«, frage ich. »Was, wenn wir nicht in Sicherheit sind, nur weil wir wieder in unserer eigenen Zeit angekommen sind?«

»Wir müssen Karl davon überzeugen, uns zu helfen«, sagt Noah. »Lasst uns das Kompassding benutzen, dann können wir schneller …«

»Nein!«, sage ich entschlossen. »Wir wissen einfach noch nicht genug darüber!«

»Können wir nicht einfach … ähm … den Bus nehmen?«, schlägt Linus vor.

»Den Bus?«, Noah starrt ihn an. »Wir können durch die fucking *Zeit* reisen und du willst den Bus nehmen?«

»Immerhin besser, als zu laufen«, sagt Alban. »Und der Kompass ist kein Spielzeug, Noah.«

»Okay, okay, *fuck man* … Ich gebe auf! Got it! Lasst uns einfach eine Bushaltestelle suchen.« Noah dreht uns den Rücken zu und geht an der dunklen Schulmauer entlang.

Linus greift nach Albans Arm, um ihm zu folgen.

»Komm schon, Adriana.« Pi zieht die Nase hoch und wischt sich mit dem Handrücken über das Gesicht.

Adriana steht regungslos da und starrt ins Leere. Frische Tränen glänzen auf ihren Wangen, aber ich glaube nicht, dass sie es überhaupt merkt. Sie atmet schnell und flach.

»Adriana?« Pi geht näher heran.

»Ich will nicht«, sagt Adriana. Ihre Stimme klingt dünn und fremd.

»Das verstehe ich ja, aber …«

»Ich will nicht«, wiederholt Adriana. »Ihr könnt mich nicht zwingen.«

»Adriana …« Pi legt einen Arm um ihre Schulter, aber Adriana reißt sich mit einem Ruck los.

»Ihr könnt mich nicht zwingen!« Ihr Atem kommt in kurzen, panischen Stößen. »Ich will das alles nicht mehr!«

»Atme, Adriana.« Langsam strecke ich mich nach ihr aus. Meine Fingerspitzen streifen ihren Ärmel und ich lasse die Hand zu ihrer Schulter hinaufgleiten.

Adriana schüttelt wild den Kopf und hyperventiliert weiter, aber sie schlägt meine Hand nicht weg. Vielleicht hat sie sie auch gar nicht bemerkt.

»Einfach weiteratmen«, sage ich leise. »In den Bauch.«

Adriana schließt die Augen und gibt ein Geräusch von sich, das wie ein Schluchzen klingt. Dann atmet sie lang und langsam und zitternd ein.

»Wir schaffen das, wenn wir uns gegenseitig helfen.« Ich werfe Pi über Adrianas hängenden Kopf einen Blick zu. »Oder?«

Pi wischt sich mit ihren bereits schmutzigen Ärmeln die Tränen und den Ruß aus dem Gesicht.

»Ja«, sagt sie und versucht zu lächeln. »Wenn wir uns gegenseitig helfen.«

Adriana sagt nichts, starrt nur auf ihre Füße. Die leichten Lederstiefel sind mit Ruß und Schnee bedeckt.

»Wir gehen eins nach dem anderen an«, sage ich. »Und jetzt müssen wir als Erstes zu Karl gehen. Okay?« Ich drücke sanft ihre Schulter.

Adriana zieht heftig die Nase hoch. Dann richtet sie sich auf und schaut nach vorne.

»Okay«, murmelt sie.

Es ist total merkwürdig, Karls Haus in der Gegenwart zu sehen, nachdem wir es gerade im Jahr 1969 besucht haben. Der Geräteschuppen und der große Kastanienbaum im Garten sind verschwunden, dafür ist das Observatorium ein unförmiger Schatten im Hintergrund. Wir stehen im Halbkreis um den Apfelbaum, der doppelt so groß geworden ist.

»Was sollen wir zu ihm sagen?«, fragt Linus.

»Josef hat gemeint, es wird schon klappen. Er klang ziemlich zuversichtlich«, sage ich, aber ich habe nicht ganz so viel Vertrauen in den Inhalt der Keksdose wie Josef.

»Warum mussten wir diesen Scheiß unbedingt vergraben?«, knurrt Noah, rot im Gesicht. Er hackt gerade auf die Erde ein, die er 1969 schon einmal umgegraben hat.

Wir stehen bis zu den Knien im Schnee und die Luft sticht wie kleine Nadeln in den Lungen und im Gesicht. Adriana steht neben mir und zittert vor Kälte in ihrer dünnen Jacke. Der Boden muss tiefgefroren sein. Es wird lange dauern, auf die Beweise zu stoßen.

Ich schiele nervös zu den dunklen Fenstern. Obwohl Karls Auto nicht vor dem Haus steht, habe ich das seltsame Gefühl, dass wir beobachtet werden.

Laut der Zeitung, die ich in Karls Briefkasten gefunden habe, ist es der 17. November, und die Jahreszahl stimmt mit unserer Gegenwart überein.

Noah stöhnt vor Anstrengung, während er eine Ladung Schnee nach der anderen über die Schulter wirft. Beim Anblick seiner Bewegungen bekomme ich ein Déjà-vu.

Mir geht zum ersten Mal so richtig auf, dass wir durch die Zeit gereist sind. Zweimal sogar.

Hat jemand bemerkt, dass wir weg waren?

Ich meine … *wirklich* weg?

»Wie sind wir wohl vor der Schule gelandet?«, fragt Linus.

»Von dort sind wir abgereist. Vielleicht wurden die Einstellungen einfach zurückgesetzt?«, überlege ich.

Linus fummelt an der Schnalle der Ledertasche herum. »Vielleicht. Ich kann mir nur noch nicht vorstellen, wie das gehen soll.«

»Das Wichtigste ist, dass es funktioniert hat«, schnaubt Noah. »Solange wir nicht von der vierten Dimension in Streifen gerissen werden, ist es mir scheißegal, *wie* es funktioniert.«

Im selben Moment gibt der Spaten ein anderes, härteres Geräusch von sich.

»Ich glaube, ich hab's!« Noah beginnt, den Boden des Lochs mit neuem Elan auszuheben.

»Da kommt ein Auto!«, sagt Alban laut.

Adriana zuckt neben mir zusammen.

Jetzt höre ich es auch. Das Geräusch eines Automotors bewegt sich langsam auf das Haus zu.

»Beeil dich!« Linus wirft sich neben Noah auf die Knie und kratzt mit den Fingern fieberhaft die Keksdose frei.

Ich folge seinem Beispiel mit heftig pochendem Herzen. Meine Finger sind steif gefroren, aber ich grabe trotzdem in der steinharten Erde.

Wenn Karl uns entdeckt, wird er uns kaum Gelegenheit geben, ihm zu erklären, warum wir Löcher in seinen schneebedeckten Rasen buddeln. Mit viel Mühe gelingt es Noah, die mit Plastiktüten verpackte Dose von der letzten Erdkruste zu befreien.

Durch die Hecke hindurch kann ich jetzt ein paar Autoscheinwerfer erkennen. Das Motorengeräusch kommt näher und ich halte den Atem an.

Dann fährt das Auto an der Hecke vorbei und weiter den Weg entlang.

Ich atme wieder aus. Hätte nicht gedacht, dass außer Karl noch andere Leute hier draußen leben.

»Wir brauchen Licht, um zu sehen, ob die Dinge noch intakt sind«, sagt Noah. »Lasst uns einfach reingehen.«

»Man geht nicht einfach in fremde Häuser, Noah«, sage ich müde. »Das ist Einbruch und faktisch illegal.«

»Ja, ja, Goody Two-Shoes«, sagt Noah. »Aber wir brauchen Licht und unsere Handys sind tot. Und Karl ist auf jeden Fall nicht zu Hause.«

»Noch nicht«, sage ich.

»Dann halten wir Wache«, sagt Noah.

»Gut«, sagt Pi und reißt ihm die Keksdose aus der Hand. »Dann hältst *du* Wache.«

»Warum ich?« Noah versucht, ihr die Dose wieder abzunehmen, aber seine Schwester ist zu schnell.

»Weil wir telepathieren können«, sagt Pi. »So ist es am einfachsten.«

»Dann pass du doch auf!«

»Hey, hast du Mama eigentlich schon von der Ming-Vase erzählt, die du zerdeppert hast?« Pi schürzt nachdenklich die Lippen.

»For the love of fuck«, stöhnt Noah. »Wie oft willst du diese beschissene Vase noch gegen mich verwenden?«

»Oh, ich glaube, daran solltest du dich gewöhnen.« Pi lächelt ihn nett an, bevor sie sich umdreht und in Richtung Haus marschiert.

55

Ich kann mich nicht darauf konzentrieren, in dem Umzugskarton mit den alten Büchern zu wühlen, den ich geöffnet habe. Mein Blick wandert die ganze Zeit zur Tür, die zum Flur führt.

Obwohl Karls Haustür unverschlossen war, muss das nicht bedeuten, dass er Lust auf ungebetene Gäste hat.

»Bist du sicher, dass du Noah hören kannst?«, frage ich.

»Ja, leider.« Pi reißt ein Loch in die nächste Schicht der Plastiktüten um die Keksdose. »Er telepathiert mir etwa alle drei Sekunden *›Kein Auto, alles gut‹*.« Sie steht mit Alban am zugemüllten Esstisch. Der Boden vor ihren Füße ist mit Flocken von getrocknetem, zerbröckeltem Plastik übersät. Sie hat am Haaransatz immer noch Aschereste, obwohl sie versucht hat, sich draußen im Garten das Gesicht mit Schnee zu waschen.

Linus, Adriana und ich suchen in den Regalen und Kisten im Wohnzimmer nach einem Schmalfilmprojektor. Ich hielt es für völlig verrückt, als Linus das vorschlug … wie groß ist denn die Wahrscheinlichkeit, dass Karl so ein altes Ding herumstehen hat? Aber als wir nach und nach die überquellenden Kisten und Regale durchgehen, schwindet meine Skepsis.

Karl hat offenbar *alles* von seinen Eltern aufbewahrt. Ich blättere in einem Frauenmagazin aus dem Jahr 1957 und in Kochbüchern, die so verstaubt sind, dass sie sich schon ein halbes Jahrhundert im Dornröschenschlaf befunden zu haben scheinen.

»Was zum Teufel sollen wir ihm eigentlich sagen?«, murmele ich in einen der Bücherkartons hinein. Ich hoffe wirklich, dass Josef uns noch etwas Besseres als das Spielzeugauto gegeben hat. Und am liebsten etwas, das Karl schnell genug davon überzeugt, dass er nicht …

»Sieh mal!« Linus' Stimme lässt mich aufblicken. »Hat Josef den hier nicht auch benutzt?« Er hebt einen großen schwarzen Apparat aus einer verstaubten Kiste.

»Ich glaube schon.« Ich trete näher heran.

»Ich versuche mal, ihn anzuschließen.« Linus bahnt sich einen Weg durch das Durcheinander und die Kartons.

Ich gehe zu Pi und Alban hinüber, immer noch nervös zur Tür schielend.

Pi zieht die letzte Plastikschicht von der Dose. Zum Glück zeigt diese keine Flecken oder andere Anzeichen dafür, dass der Inhalt durch die vielen Jahre in der Erde Schaden genommen haben könnte.

»Wenn das Ding funktioniert, müssen wir ihm zuallererst den Film zeigen«, sagt Pi und dreht den Deckel von der Dose. Sie nimmt die Schachtel mit der Filmrolle heraus und beginnt, das Plastik abzuknibbeln.

Ich bete, dass es nicht noch ein Vollsuff-Video ist.

»So, der Apparat ist einsatzbereit«, sagt Linus hinter mir. »Glaube ich jedenfalls. Habt ihr den Film?«

Pi hält Linus die runde Schachtel entgegen.

»Kannst du herausfinden, wie er funktioniert?«, frage ich.

Der Projektor steht auf einem Bücherstapel auf dem Esstisch. Mein Mut schwindet, als ich all die kleinen Räder und Knöpfe sehe.

»Hm«, sagt Linus und beugt sich darüber. »Ich dachte, die Spule müsste auf … nein, das ergibt keinen Sinn. Und wo muss der Filmstreifen rein?«

Adriana beobachtet seine zögerlichen Bewegungen. Dann

schüttelt sie den Kopf und nimmt ihm die Filmrolle aus der Hand.

»Hey!«, sagt Linus.

Adriana öffnet die Schachtel, holt die Filmrolle heraus und steckt sie an einer Seite des Projektors fest. Vorsichtig fischt sie das Ende des langen Filmstreifens heraus, um ihn durch ein paar kleine Spulen zu ziehen. Offenbar weiß sie genau, welches Muster der Streifen bilden muss. Dann befestigt sie das Ende an einer leeren Rolle direkt neben der Rolle, die sie gerade eingelegt hat.

»Woher weißt du …«, setzt Pi an.

»Youtube-Tutorials«, sagt Adriana. Ihre Stimme klingt immer noch rau vom Weinen und ihre Finger beben, als sie den Filmstreifen loslässt. »Einschlafprobleme.« Sie drückt auf einen roten Knopf. Die beiden Rollen beginnen zu summen und der Apparat gibt das laute Klicken von sich, das wir aus Josefs Haus kennen.

An der Wand auf der gegenüberliegenden Seite des Raums flackert jetzt ein quadratisches weißes Licht. Es ist dieselbe Wand, an der wir das Video im Jahr 1969 gesehen haben.

Josefs Gesicht erscheint auf der Wand.

»Nimmt es jetzt auf?«, fragt er. Er muss in demselben Raum sitzen, in dem wir uns jetzt befinden, denn die Blumen auf der Tapete hinter ihm sind identisch mit denen an der Wand. Wo sich die Blumen überlappen, gibt es einen ulkigen dreidimensionalen Effekt.

»Ja, wir können loslegen«, sagt Linus' Stimme hinter der Kamera.

Der Linus neben mir versteift sich. Es ist immer merkwürdig, sich selbst auf einem Film zu sehen, aber noch merkwürdiger ist es, wenn der Film noch gar nicht aufgenommen wurde.

Josef fährt sich mit der Hand durch die lockigen Haare und räuspert sich.

»Hallo, Karl«, sagt er und räuspert sich erneut. Eine Weile ist Linus' Atmen das einzige Geräusch auf der Aufnahme. *»Gut.«* Josef setzt sich aufrecht und schaut in die Linse.

»Es funktioniert«, sagt Adriana. »Ich versuche zurückzuspulen.« Sie drückt den roten Knopf und beugt sich über das Gerät.

»Da kommt jemand!«, ruft Pi.

Ein paar Sekunden später fliegt die Haustür auf. Noah stürmt ins Wohnzimmer und knallt die Tür wieder hinter sich zu.

»Ein Auto kommt. Ist der Projektor bereit?« Er spricht direkt mit Adriana. Pi muss ihn auf den neuesten Stand gebracht haben.

Sie nickt.

»Ich schalte jetzt das Licht aus.« Noah schlägt auf den Lichtschalter neben der Tür und taucht das Wohnzimmer in Dunkelheit. »Versteckt euch, so gut es geht!«

»Adriana, du bleibst beim Apparat«, sage ich. »Wenn Karl reinkommt, schaltest du ihn ein, okay?«

»Okay.« Adrianas Stimme klingt weniger selbstsicher in der Dunkelheit.

Ich taste mich zu Alban vor und wir gehen beide hinter dem Esstisch in die Knie. Überall im Wohnzimmer höre ich Rascheln und abgehacktes Atmen.

Ein Motorengeräusch schwillt auf der Straße an und ein paar Autoscheinwerfer werfen einen wandernden Lichtstrahl durch die Wohnzimmerfenster. Der Motor verstummt und die Autotür schlägt zu. Kurz darauf sind Schritte auf der Steintreppe zu hören.

Ich nehme Albans Hand, um meine Nerven zu beruhigen. Was machen wir, wenn Karl reinkommt? Sollen wir den Atem anhalten, bis der Film durchgelaufen ist? Oder sollen wir einfach aufspringen und alle gleichzeitig ›Überraschung‹ rufen?

Was ist überhaupt auf dieser Filmrolle?

Wenn man bedenkt, dass sich das erste Video als Reportage über interdimensionale Alkoholexzesse mit uns in den Hauptrollen herausgestellt hat, erscheint es mir plötzlich etwas riskant, Karl das Video zu zeigen, ohne es vorher selbst gesehen haben.

Josef wusste ja nicht, dass der Tag, an dem er uns die Keksdose geben würde, auch sein Todestag sein würde. Das könnte die Bedeutung dieses Videos völlig verändern.

Die Haustür öffnet sich knarrend und jemand stapft in den dunklen Flur.

Die Tür zum Wohnzimmer wird geöffnet.

Ein leises Klicken ertönt neben mir, als Adriana den roten Knopf drückt.

Im Licht der Aufnahme sehe ich Karl mit runden Augen und weit aufgerissenem Mund erstarren. Seine Hand bewegt sich zum Lichtschalter.

Josefs Gesicht erscheint wieder auf der Wand.

»Hallo Karl. Ich bin's. Ähm … dein Vater.« Die Blumen auf der Tapete tanzen übereinander. Zwei verschiedene Gegenwarten auf derselben Wand. *»Du hast mich lange nicht mehr so jung gesehen, nicht wahr?«* Josef lächelt, aber es kommt nicht wirklich von Herzen.

Karl lässt die Tüte mit Lebensmitteln, die er in der anderen Hand hält, fallen. Eine Konservendose rollt über den Boden und bis zu einem weiteren Stapel Kartons, hinter dem sich Noah versteckt. Karl merkt es nicht. Er taumelt zurück und hält sich mit beiden Händen am Türrahmen fest, um nicht das Gleichgewicht zu verlieren.

»Was ist hier los?« Er sieht aus, als hätte er einen Geist gesehen. Ich erwarte, dass er jeden Moment auf dem Absatz kehrtmacht und aus der Tür stürmt. Oder das Licht einschaltet und schäumend vor Wut durch das Wohnzimmer stürmt.

Aber er bleibt mit starrem Blick und mit am Türrahmen zitternden Händen stehen.

»Karl, ich weiß nicht, wo ich anfangen soll«, sagt Josef.

Ich drücke Albans Hand und seine warmen Finger erwidern den Druck. Es ist schwer, lautlos zu atmen, wenn das Adrenalin durch den Körper peitscht.

»Ich weiß, dass du in letzter Zeit Besuch von einigen jungen Leuten hattest«, fährt Josef fort. *»Genauer gesagt, von sechs jungen Leuten. Vielleicht hast du das Gefühl, ihnen schon einmal begegnet zu sein.«* Josef blickt auf etwas hinter der Kamera, vermutlich Linus, und lächelt schwach, bevor er sich wieder an seinen erwachsenen Sohn wendet. *»Vielleicht denkst du, dass es nicht stimmen kann, weil sie jetzt älter sein müssten als du. So funktioniert die Zeit, nicht wahr? Zumindest die Zeit, wie wir sie kennen.«* Josef blickt zu Boden und spricht weiter. *»Aber die Zeit ist so viel mehr als das, was wir kennen. So viel komplexer.«* Er hebt den Blick wieder und seine dunklen Augen sind sehr ernst. *»So viel gefährlicher, als ich es mir je hätte vorstellen können.«*

Karl stößt tief im Hals ein kehliges Geräusch aus, als würde er ersticken.

»Deshalb sind diese jungen Leute zu dir gekommen, Karl. Weil du ihnen helfen kannst. Sie sind in größerer Gefahr, als ihnen bewusst ist, und sie brauchen deine Hilfe. Ich nehme diese Nachricht auf, um dich davon zu überzeugen, dass sie die Wahrheit sagen.« Linus zoomt Josef näher heran und sein Gesicht verschwimmt für einen Moment, bevor seine Züge wieder scharf werden. *»Karl, ich weiß, dass es … eine große Sache ist. Und ich hoffe, dass ich noch lebe, wenn du diese Aufnahme siehst, damit ich dir versichern kann, dass es kein Geschwafel ist.«*

Karl stößt erneut den halb erstickten Laut aus. Jetzt nur keinen Anfall bekommen. Was sollen wir dann tun?

»Aber niemand lebt ewig.« Josef fährt sich mit der Hand durch das Haar, das an den Schläfen ergraut ist wie bei Karl. *»Wenn*

ich aus irgendeinem Grund … nicht mehr da bin … dann hoffe ich trotzdem, dass du ihnen glaubst. Sie können nirgendwo anders hin, Karl. Sie haben sich diese Situation nicht ausgesucht. Aber du kannst dich dafür entscheiden, ihnen zu helfen, so wie ich es getan habe.«

Meine Beine kribbeln und stechen, weil die Blutzufuhr durch die unbequeme Position unterbrochen ist, aber ich kann mich nicht bewegen.

Josef beugt sich vor und verschwindet aus dem Bild. Die Kamera wackelt einen Moment, bevor Linus den Kompass zwischen Josefs Fingern in den Fokus nimmt.

»Ich nehme an, dass du das hier wiedererkennst«, sagt Josef. *»Es ist ein Instrument, das ihnen dabei hilft … durch die Zeit zu reisen. Eine Art Zeitreisekompass. Es ist wichtig, dass er nicht kaputtgeht. Hoffentlich verstehst du jetzt, warum du nicht … warum ich so böse geworden bin, als du damit herumgespielt hast.«*

Linus schwenkt wieder auf Josefs Gesicht.

»Es tut mir leid, dass ich es dir nicht früher erklärt habe. Ich weiß nicht, wann du das hier siehst, aber ich weiß, dass du dann erwachsen bist.« Josef schüttelt den Kopf. *»Es fällt mir schwer, dich mir als erwachsenen Mann vorzustellen. Jetzt in meiner Gegenwart fehlen dir zwei Schneidezähne und du kommst nicht an die oberen Küchenschränke heran.«* Er lächelt vor sich hin, in Gedanken versunken.

Mir schwirrt der Kopf bei der Vorstellung, wie absurd das hier ist. Ich habe Josef gerade sterben sehen, aber gleichzeitig ist er schon die meiste Zeit von Karls Leben tot.

Langsam kräuseln sich Josefs Mundwinkel nach innen, sodass sein Lächeln zu einer melancholischen Grimasse wird. Seine Stimme ist belegt, als er weiterspricht, und seine Augen glänzen.

»Ich weiß nicht, was passieren wird. Ich will es auch nicht wissen. Aber unabhängig davon … ich hoffe, du bist glücklich, Karl.« Josefs Stimme bricht und er macht eine kreisende Bewegung mit der

Hand, um Linus zu signalisieren, dass er ihn nicht länger filmen soll.

Die Blumentapete wird zu Fliesen und dann Himmel und Gras. Linus filmt aus einem offenen Fenster.

Die Kamera zoomt auf eine Person, die mit leicht gespreizten Beinen und konzentriertem Gesichtsausdruck mitten auf dem Rasen steht. Ihr langes blondes Haar glänzt in der Sonne. Ein Lederfußball schwebt einen halben Meter von ihrem Gesicht entfernt.

»Schieß jetzt, Adriana!«, ruft Noah.

Linus zoomt weg, damit ein größerer Ausschnitt der Wiese zu sehen ist. Alban und Pi stehen in Toren aus jeweils zwei Holzstöcken, die an den entgegengesetzten Enden des Gartens in den Boden gesteckt wurden, und Noah, Adriana und ich befinden uns auf dem etwa zwanzig Meter breiten Spielfeld. Laika steht neben Adriana und bellt erwartungsvoll.

Seit wann spiele ich freiwillig Fußball? Und sehe dabei so fröhlich und unbeschwert aus? Wenn ich es nicht besser wüsste, würde ich glauben, dass meinem zukünftigen Ich Fußball tatsächlich Spaß macht.

Die Kamera fokussiert sich auf Pi, die sich auf einen der Torpfosten stützt. Das Ballspiel muss ihr Temperament an den Rand des Siedepunkts gebracht haben, denn ihr Gesichtsausdruck ist verbissen, als sie auf ihre Faust hinuntersieht.

Zwischen ihren Fingern leuchtet etwas auf.

Oh nein! Horror Vacui!

Ich spüre einen Anflug von Panik, aber Pi scheint sich von den glühenden Händen nicht erschrecken zu lassen.

Sie atmet dort oben an der Wand tief durch und öffnet die Faust. Eine große Flamme springt aus ihrer Handfläche und züngelt einen Augenblick an ihren Fingern. Dann lächelt sie und ballt wieder die Faust. Das Feuer verschwindet so schnell, wie es aufgetaucht ist, ohne eine Spur von Rauch.

Pi keucht hinter dem Stapel Kartons, wo sie sich versteckt hält, aber Karl scheint es nicht zu bemerken. Sein Mund ist so weit geöffnet, dass ich sein Gaumenzäpfchen sehen könnte, wenn er sich leicht in meine Richtung drehen würde.

Linus zoomt wieder weiter weg. Der Ball schwebt vor Adrianas Gesicht. Ohne Vorwarnung schickt sie ihn in einem perfekten Bogen auf Albans Tor zu. Er nimmt direkten Kurs auf sein Gesicht, aber keiner von uns warnt ihn.

Ich verkrampfe mich bei dem Gedanken, wie weh es tun wird, wenn der Ball ihn trifft.

Ohne sich von der Stelle zu bewegen, hebt Alban den Arm und pariert den Ball. Er trifft seinen Unterarm mit einem lauten Aufprall und wird mitten aufs Spielfeld zurückgeschleudert, wo Laika sich sofort auf ihn stürzt.

Linus dreht die Kamera so, dass er selbst im Bild zu sehen ist. Sein Haar ist länger geworden. Er pustet sich eine Strähne aus den Augen und schaut in die Linse.

»Hallo, Karl. Ja, was soll ich sagen? Tut mir leid, dass wir so in Ihr Leben gerauscht sind. Ich würde gerne sagen, dass es keine Absicht war, aber …« Er verzieht das Gesicht. *»Wir werden wohl nicht darum herumkommen, ein paar Diskussionen über die Sache mit dem freien Willen zu führen. Aber … wie auch immer, tut mir leid. Auch wegen des Projektors.«*

Wovon redet er da?

Linus dreht die Kamera wieder in Richtung Rasen. Wir laufen immer noch hintereinander her und jagen dem Ball nach.

»Ich muss euch etwas zeigen.« Linus filmt den Zaun in der hintersten Ecke des Gartens. Zuerst sehe ich nur Bretter und dichtes Gebüsch, aber dann bemerke ich eine Bewegung hinter den Blättern.

»Oder vielmehr … jemanden«, korrigiert sich Linus selbst. *»Und ihr müsst herausfinden, wer das ist. Wir gehen davon aus, dass*

es wichtig ist.« Er zoomt wieder weg, bis der größte Teil des Gartens auf der Wand vor uns zu sehen ist. Dann schreit er so laut, dass ich vor Schreck fast hinfalle. *»Hey! Da versteckt sich jemand im Gebüsch!«*

Die fünf Gestalten auf dem Rasen erstarren und alle richten ihre Aufmerksamkeit auf das Buschwerk weiter hinten.

»Wer denn?«, ruft Adriana.

Einige Sekunden lang herrscht völlige Stille. Dann löst sich eine Person auf der anderen Seite des Zauns aus dem dichten Geäst und rennt über das Feld hinter dem Haus. Es war gepflügt, als wir dort noch vor Kurzem selbst die Flucht ergriffen haben, aber auf dieser Schwarz-Weiß-Aufnahme steht dort hoher Mais.

»HEY! STOPP!«, brüllt Noah.

Die Person rennt weiter, ohne sich umzudrehen.

Wie auf ein geheimes Signal hin rennen die Zwillinge, Adriana und Laika auf die Büsche zu. Sogar meine Doppelgängerin nimmt die Verfolgung auf. Noah springt mit einer fließenden Bewegung über den Zaun. Er hält den Blick fest auf die flüchtende Gestalt gerichtet, während er auf der anderen Seite an den Zaunbrettern entlangläuft.

Unsere zukünftigen Versionen auf dem Rasen müssen schon die ganze Zeit gewusst haben, dass da jemand im Gebüsch war, denn wir haben ja das Video gesehen. Das Fußballspiel war offensichtlich eine Tarnung, um jemanden zu überraschen … Aber wen?

Linus zoomt auf die Person, die sich durch das Maisfeld kämpft, immer weiter weg von der Kamera. Sie hat lange, schnelle Beine. Ich kann das Gesicht nicht sehen, weil die Person die Kapuze ihres dunklen Pullovers über den Kopf gezogen hat. Auf dem Rücken sind drei horizontal angeordnete helle Flecken und eine Aufschrift aus hellen Buchstaben.

Ein tiefes, lähmendes Entsetzen macht sich in meinem Magen breit, als ich das *Rettet Christiania*-Logo erkenne.

Die Freistadt Christiania wurde 1971 gegründet. Das habe ich neulich beim ›Bezzerwizzer‹-Spielen falsch beantwortet. Aber Josef hat 1971 nicht mehr gelebt, also kann die Aufnahme nicht aus dem Jahr sein. Was nur eines bedeuten kann. Wer auch immer da über das Feld rennt, mit vier Menschen und einem Hund auf den Fersen, gehört nicht in das Jahr 1969. Zumindest der Pullover tut es nicht.

Aber es ist nicht der Gedanke an weitere Zeitreisende, der mein Herz einen halsbrecherischen Salto mortale hinter den Rippen schlagen lässt.

Die Person, die vor dem tödlichen Brand davonlief, trug einen roten Hoodie. Auf der Schwarz-Weiß-Aufnahme ist natürlich nicht zu erkennen, welche Farbe der Pullover des Gebüsch-Spanners hat. Aber er hat Flecken und einen Schriftzug auf dem Rücken, genau wie der rote Hoodie, den ich bei Josef gesehen habe.

Linus schwenkt mit der Kamera zurück ins Wohnzimmer und ich stoße einen leisen enttäuschten Laut aus.

Warum das jetzt? Warum sollen wir nicht sehen, wie die Verfolgungsjagd ausgeht?

Josefs Gesicht an der Wand ist völlig verblüfft.

»Sag mal, was ist hier los?«, fragt er.

»Das finden wir schon noch heraus«, sagt Linus schnell. *»Die anderen haben alles unter Kontrolle. Lassen Sie …«* Er räuspert sich. *»Lassen Sie uns das Video beenden.«*

»Halt!«, ruft Noah irgendwo in der Ferne.

»Wollen Sie noch irgendwas sagen, Josef?« Linus' Stimme ist neutral, aber in meinen Ohren klingt er dennoch ein bisschen wie ein Scharfrichter.

Vielleicht ist es Josefs letzte Chance, seinem erwachsenen Sohn etwas zu sagen.

Josef schüttelt den Kopf.

»Ich bin nicht gut darin. Ich schreibe den Rest in das Buch, das ich euch mitgebe.« Er hält ungeschickt einen ausgestreckten Daumen in die Kamera und lächelt. *»Wir sehen uns, Sohnemann.«*

56

Die Aufnahme endet und wird zu einem flimmernden weißen Viereck.

Ich sehe Karl mit angehaltenem Atem an. Er hält sich nach wie vor am Türrahmen fest, eines seiner Augenlider zittert und er gibt einen schwachen Laut von sich. Dann presst er eine Hand auf seine linke Brustseite und geht auf der Türschwelle in die Knie.

»Oh nein!« Linus springt auf ihn zu. Dabei stößt er den Filmapparat vom Bücherstapel, der mit einem schwer knackenden Laut auf dem Boden auftrifft.

Alban zuckt neben mir zusammen.

»Was ist denn los?«, fragt er erschrocken.

»Ich glaube, Karl hat einen Infarkt oder so etwas«, sage ich und stehe auf. Meine Beine sind taub und ich gerate ins Stolpern, als ich Linus nacheile.

Die Zwillinge haben Karl schon hingelegt, als ich die Deckenlampe einschalte.

»Karl?« Pi stützt seinen Kopf und gibt uns anderen ein Zeichen, dass wir uns auf Abstand halten sollen. »Karl, können Sie mich hören?«

»Herzmedikamente«, stöhnt Karl und schaut Pi mit großen Augen an. »Regal über dem Waschbecken. Rotes Glas.«

Ich habe mich schon an ihnen vorbeigequetscht, raus auf den Flur und ins Badezimmer. Mehrere Glasbehälter mit Tabletten fallen ins Waschbecken und splittern, bis ich das kleine rote Gefäß finde. Ich lese das Etikett.

Nitroglyzerin gegen Angina Pectoris
Karl Christensen
Bei Anfall 2 x unter die Zunge sprühen

›Angina Pectoris‹ klingt lateinisch, aber ich bin dem Begriff noch nicht auf meiner Wortjagd begegnet. Ich haste wieder ins Wohnzimmer und reiche Noah die rote Flasche.

Er wirft einen kurzen Blick auf das Etikett, zieht den Deckel ab und schüttelt die Flasche.

Karls Gesicht ist blassgrau und glänzt vor Schweiß. Er blickt ängstlich zu uns auf, während er seinen linken Brustmuskel unter dem Holzfällerhemd massiert.

»Machen Sie den Mund auf«, befiehlt Noah. »Zunge hoch.«

Ich überlasse Karl den Zwillingen und gehe hinüber zu Alban, der inzwischen aufgestanden ist.

»Wir haben sein Medikament gefunden«, sage ich und nehme Albans Hand. »Gegen etwas, das ›Angina Pectoris‹ heißt. Ich hoffe, es ist nichts allzu Ernstes.« Meine Stimme zittert fast so sehr wie meine Beine; es fühlt sich an, als würden sie von Tausenden winzigen Nadeln gestochen, als das Blut wieder zurück in die Adern unterhalb des Knies fließt.

»Das wird schon wieder«, sagt Alban. »Angina Pectoris ist ein Druckgefühl durch Verengung der Blutgefäße im Herzen. Mama sagt, dass einige der alten Leute im Pflegeheim regelmäßig Anfälle haben. Er hat sich einfach nur erschrocken.«

Ich schaue zur Tür. Noah und Pi helfen Karl auf das kleine Sofa an der Wand.

»Was haben wir uns dabei gedacht?«, frage ich. »Wir hätten ihm den Film nicht einfach so zeigen dürfen, ohne ihn uns vorher anzusehen. Und schon gar nicht auf diese Weise!«

»Ich glaube, es wäre trotzdem ein Schock gewesen«, sagt Alban.

Pi hilft Karl, sich hinzulegen, und Adriana drückt sich neben einer der Armlehnen an die Wand. Sie starrt auf Karl und hat die Arme fest um ihren Oberkörper geschlungen.

»Komm«, sage ich und führe Alban zum Sofa.

Linus hockt sich neben Karl, dessen Wangen schon wieder etwas Farbe bekommen haben.

»Tut uns leid, dass wir Sie erschreckt haben«, murmelt Linus.

Karl hustet und wendet den Kopf von ihm ab.

»Verdammt noch mal, was stinkt ihr denn so?«, fragt er matt. »Nach Rauch.«

Linus steht auf und tritt schnell ein paar Schritte zurück. Karl sieht ihn an und kneift die Augen zusammen.

»Woher hast du die Jacke?«, fragt er.

Linus blickt an sich herunter, auf das, was einmal die Herbstjacke des siebenjährigen Karl war. Sie ist rußverschmiert, und eine Seitennaht ist gerissen, weil sie Linus viel zu klein ist.

»Ähm …«, sagt er. »Die habe ich mir geliehen.«

»Die sieht aus wie eine, die ich früher mal hatte«, sagt Karl.

Linus antwortet nicht.

Karls Blick schweift zu Alban, der immer noch Josefs ausrangierte Winterjacke trägt. Die Hand auf seiner Brust krampft sich in den karierten Außenstoff.

»Und die sieht aus wie … sieht aus wie … die alte Jacke meines Vaters«, murmelt er. »Er hat sie an diesem Tag getragen, als er …« Plötzlich werden seine Augen groß und er setzt sich mühsam auf.

Noah legt ihm die Hand auf die Schulter, um ihn zu beruhigen, aber Karl schüttelt sie ab.

»Ihr … ihr riecht nach Rauch.« Er ringt nach Luft. *»Ihr riecht alle miteinander nach Rauch!«*

»Karl, beruhigen Sie sich«, sagt Noah.

»Woher habt ihr die Jacken?« Karls Blick flackert zwischen Noahs halb verbrannten Hosenbeinen und Linus' rußgeschwärztem Gesicht hin und her. »Wo wart ihr?«

»Immer mit der Ruhe, Karl.« Noah versucht, ihn wieder in die Sofakissen zu drücken. »Wir können darüber reden …«

»Sagt mir, woher ihr die Jacken habt!« Er schlägt Noahs Hände zurück, setzt sich auf und schwingt die Füße über die Sofakante. Dann schaut er abwechselnd zu Alban und Linus, während er versucht, zu Atem zu kommen.

Linus schaut zu Boden. Dann holt er tief Luft und sieht Karl in die Augen.

»Die Jacken haben wir uns ausgeliehen«, sagt er langsam. »Von Ihrem Vater.«

Karl schreit nicht auf. Er wirft Linus nicht vor, zu lügen, ihn zu verarschen oder geisteskrank zu sein. Er guckt nur von den zwei Jacken zu unseren ernsten Gesichtern und wieder zurück.

»Wann … wann habt ihr ihn getroffen?« Karls Stimme ist nicht mehr als ein Flüstern.

»Wir sind mit dem alten Code-Kompass Ihres Vaters durch die Zeit gereist«, sage ich. »Wir haben ihn versehentlich aktiviert. Drüben in der Schule.« Ich gehe einen Schritt auf das Sofa zu und Alban folgt mir. »Wir sind im Jahr 1969 aufgewacht und haben Ihren Vater getroffen. Er hat gesagt, dass er uns kenne, obwohl keiner von uns ihn je getroffen hat. Er gab uns den Film mit, um Sie zu überzeugen.«

»Zu welchem Datum seid ihr gereist?« Karl sieht nicht so aus, als wolle er die Antwort wirklich hören.

Ich winde mich, wende aber nicht den Blick ab.

»16. November 1969«, sage ich.

Die Erkenntnis lässt Karls Augen groß werden. Sein Adamsapfel bewegt sich auf und ab, wieder und wieder.

»Was … was ist da passiert?«, fragt er heiser.

»Es war eine Brandbombe«, sagt Noah. »Jemand hat den Werkzeugschuppen angezündet.«

»Aber wir haben nicht gesehen, wer es war«, sage ich. »Alles ging viel zu rasch. Und wir konnten … wir konnten nichts tun, bevor der Schuppen explodiert ist …«

Keiner von uns sagt mehr etwas.

Was soll man auch einem Mann erzählen, der gerade eine Nachricht von seinem toten Vater erhalten hat, die seine Vorstellung von Vergangenheit, Gegenwart und Zukunft ändert?

Karl beugt sich vor und krallt sich mit beiden Händen an der Sofakante fest. Er kneift die Augen zu und presst die Lippen zusammen.

Im ersten Moment befürchte ich, dass er gleich wieder Herzbeschwerden bekommt, dann aber zittern seine Schultern und tiefe krampfhafte Schluchzer zucken durch seinen Körper und die ersten Tränen rinnen zwischen den runzligen Schlitzen hervor, die seine Augen verbergen. Bald beginnt auch seine Nase zu laufen. Er wippt auf und ab und hält sich am Sofa fest, während er lautlos schluchzt. Der Stoff an den Knien seiner Hose verfärbt sich durch die Tränen, aber er bemerkt es nicht. Er sieht auch uns nicht mehr an.

Das ist das erste Mal, dass ich einen erwachsenen Mann weinen sehe. Und es ist das erste Mal, dass mir so richtig bewusst wird, was Karl an jenem Tag erlebt haben muss.

Anstatt mit seinem Vater Geburtstag zu feiern und sich die Sternschnuppen anzusehen, kam er nach Hause, wo ihn ein rauchendes Feuer und ein Leben als Waisenkind erwartete.

Ich würde mich gern entschuldigen. Weil wir nichts tun konnten, um Josef zu retten, und weil wir Karl an das größte Trauma seines Lebens erinnern müssen, um uns selbst zu retten.

Aber ein ›Entschuldigung‹ kann die Zeit nicht zurückdrehen.

Pi lässt sich vorsichtig auf der Sofakante nieder. Sie streckt eine Hand aus und legt sie auf Karls Schulter. Das Gewicht ihrer Berührung lässt ihn noch weiter nach vorne sacken. Tränen und Rotz tropfen direkt auf den Boden und er gibt einen Laut von sich wie ein verwundetes Tier. Ein tiefes klagendes Stöhnen, das auch über mein schmutziges Gesicht neue Tränen laufen lässt.

Ich werde das Gefühl nicht los, dass Josef unseretwegen gestorben ist.

Warum sollte ihn jemand umbringen, wenn es nicht um seine Verbindung zu diesem mysteriösen Zeitreisekompass und einer Gruppe Teenager mit übernatürlichen Fähigkeiten ging?

Josef muss gewusst haben, dass es gefährlich war, mit uns in Kontakt zu treten. *›Wenn ihr entdeckt werdet, habt ihr mehr zu befürchten als Horror Vacui‹*, so seine Worte.

War ihm klar, dass er sein Leben riskiert, wenn er uns hilft?

Und können wir von Karl erwarten, dass er das gleiche Risiko eingeht, nur weil sein Vater ihn darum gebeten hat?

Hätte Josef ihn darum gebeten, wenn er gewusst hätte, dass er selbst ermordet wird?

Pi legt eine Hand auf Karls Schulter, während sie vor sich hinstarrt. Tränen rinnen ihr lautlos über die Wangen. Linus' Augen glänzen und Adrianas Unterlippe zittert jedes Mal, sobald Karl schluchzt. Noah weint nicht, aber es ist ihm sichtlich unangenehm, Karl so heftig weinen zu sehen. Nach ein paar Minuten verlässt er das Zimmer.

Alban dreht den Kopf hin zum Geräusch von Noahs Schritten, lässt aber meine Hand nicht los. Auch seine stahlgrauen Augen schimmern.

Ich starre auf die zusammengekauerte Gestalt auf dem Sofa.

Der Gedanke, meine Mutter oder meinen Vater zu verlieren, ist schrecklich. Oder meine Geschwister, auch wenn sie nervig sein können. Oder Alban und Linus.

Albans warme Finger fühlen sich stark und echt an, wie sie meine eigenen umschließen. Was, wenn sie eines Tages verschwinden würden? Wenn ihm jemand wegen unserer Fähigkeiten etwas antun und ich ihn für immer verlieren würde?

Die Angst zieht die Schlinge um meine Luftröhre zu.

»Autsch«, sagt Alban leise, eine Sekunde, bevor ich seine Hand zu doll drücke.

Ich lasse ihn schnell los. Die Angst wächst in mir an, erstickend und alles verzehrend, ein Horror Vacui, der aus mir selbst kommt.

Alban legt einen Arm um meine Schulter.

»Hey«, flüstert er nah an meinem Haar.

Mit einem Mal wird mir alles zu viel. Karls Schluchzen und die tränenverschmierten Gesichter der anderen und das vollgestopfte Wohnzimmer.

Ich winde mich aus Albans Umarmung.

»Emilie?« Seine Stimme klingt besorgt, aber ich stolpere rasch dem Flur entgegen, ohne mich umzusehen.

Die geschlossene Toilettentür reicht nicht aus, um Karls Schluchzen auszublenden. Ich hätte große Lust, mir die Ohren zuzuhalten und so laut zu schreien, dass es das Geräusch übertönt.

Ich vermeide den Blick in den Spiegel über dem Waschbecken, weil ich den Anblick mehrerer Versionen meiner selbst gerade nicht ertragen kann. Stattdessen umklammere ich den Rand des Keramikbeckens und starre auf die kaputten Pillenbehälter. Das Licht der Glühbirne an der Decke spiegelt sich in den braunen Glasscherben und auf den kleinen glänzenden Tabletten.

Ich kneife die Augen zusammen und halte mich am kalten Waschbecken fest, um nicht zu verschwinden. Mein Atem wird schneller und abgehackter, bis ich lautlos schluchze.

Jemand räuspert sich hinter mir.

Ich drehe mich um. Noah sitzt auf dem heruntergeklappten Toilettendeckel und stützt die Ellbogen auf die Knie.

»Was machst du denn hier?«, murmle ich wütend und wische mir mit dem Jackenärmel Tränen und Rotz aus dem Gesicht.

»Ich versuche, meine Gedanken zu beruhigen.« Er schüttelt den Kopf und steht auf und ich glaube, dass er gehen will, aber stattdessen bleibt er stehen und sieht mich an.

Ich wische mir auch mit dem anderen Ärmel über das Gesicht. Nicht, dass es einen Unterschied macht. Ich weiß, dass ich scheiße aussehe, auch ohne einen Blick in den Spiegel.

»Wir schaffen das hier«, sagt er. »Ein Schritt nach dem anderen.« Ich habe vor der Turnhalle fast dieselben Worte zu Adriana gesagt, aber bei Noah klingt es eher wie ein Befehl als wie ein Versuch, mich zu trösten.

Mein Blick wandert von seinem verrußten Gesicht zu seinen Hosenbeinen mit den frischen Brandflecken.

»Und was, wenn wir es nicht schaffen?«, frage ich. »Jemand hat versucht, euch umzubringen, Noah.« Die Worte treiben meinen Puls in die Höhe, während sie sich als Wahrheit in meinem Körper festsetzen. Wie etwas, das tatsächlich passiert ist. »Wenn ich es nicht geschafft hätte, die Tür zum Schuppen zu öffnen …«

Ich kneife die Augen fest zusammen.

Ich kann immer noch Karls Schluchzen im Hintergrund hören. Und eine Stimme, möglicherweise Pi, die mit ihm spricht. Die Welt dreht sich auf der anderen Seite der Tür weiter, egal wie sehr ich sie am liebsten anhalten möchte.

Es sind Schritte auf den Fliesen zu hören.

»Aber du hast es geschafft«, sagt Noah. »Wir sind da rausgekommen.«

»Josef nicht«, flüstere ich.

»Wir werden schon herausfinden, wer das war«, sagt er.

»Ich habe keine Lust herauszufinden, wer es war. Ich will einfach nur aufwachen und mir sagen, dass das alles nur ein weiterer Albtraum war.«

Noah stößt ein kurzes freudloses Lachen aus, das mich wie ein schwacher Duft von Minze trifft.

»Yeah«, sagt er. »Me fucking too. Aber so funktioniert das nicht.«

Ich öffne die Augen wieder.

Noah steht näher bei mir als je zuvor. Er hält die Hände hoch, sodass ich seine beiden Narben sehen kann.

»Es hört nicht auf, wenn wir uns selbst bemitleiden, Emilie. Das ist die Realität. Der Kompass und alles, was er tut. Das ist kein verrückter Traum, der bald vorbei ist.«

Er nimmt eine meiner Hände in seine beiden. Dreht sie mit der Handfläche nach oben, sodass man die dreieckige Narbe unter dem verbrannten Loch sieht, das die Energie des Kompasses in dem Verband hinterlassen hat. Seine Finger sind kühl, nicht warm wie Albans.

»Die Realität kann fucking wehtun. Aber man kann lernen, die Zähne zusammenzubeißen.« Noah legt einen Daumen in die Mitte des Verbandes und drückt auf das dünne rosafarbene Narbengewebe.

»Au!«, zische ich und zieh die Hand zurück.

»So wie man lernen kann, seine Angst zu überwinden. Wenn man daran glaubt, dass man es schaffen kann.« Noah reagiert nicht auf meinen Ausbruch. Er fasst mich nicht mehr an, rückt aber auch nicht von mir ab. »Und du kannst das sehr wohl. Weil du es *musst*.« Es liegt kein Mitleid in seiner Stimme, nichts von Albans mildem Verständnis.

Wut schwillt in meinem Inneren an, so abrupt und schwarz wie die Kohlezeichnung, die ich neulich unter der Eiche angefertigt habe.

»Erzähl mir nicht, was ich kann und was nicht.« Die Worte

jagen wie harte Schraffuren durch meinen Körper. Ich richte mich auf und zwinge Noah, einen Schritt zurückzutreten.

Ein Lächeln zieht seine Mundwinkel nach unten.

»Was?«, sage ich kampfbereit.

Er hebt die Hände erneut, aber diesmal als Geste der Kapitulation.

»Ich kann dich zu nichts zwingen, aber das muss ich auch nicht.« Das schiefe Lächeln erreicht seine Augen. »Du bist ziemlich taff. Mehr, als du selbst glaubst.«

»Du weißt nicht, was ich glaube.«

Noah lacht auf. Es klingt so echt, dass es etwas von dem Gefühl der Kälte in mir auflöst.

»Nein, das ist mir klar.« Er schüttelt den Kopf, immer noch mit dem Anflug eines Lächelns im Mundwinkel, und geht rüber zur Toilette.

Er setzt sich wieder auf den Deckel, lehnt sich vor und stützt die Ellbogen auf die Knie. Er sieht mich lange an.

Die Stimmen im Wohnzimmer sind jetzt so leise, dass ich sie nicht mehr voneinander unterscheiden kann. Karls Schluchzen ist verstummt.

»Warum musste es ausgerechnet uns treffen?«, fragt Noah. »An dem Abend mit dem Kompass?« Er sieht von mir wieder hinunter auf seine Hand. Dreht sie langsam um, sodass die Narbe das Licht der Glühbirne über dem Waschbecken einfängt, bevor er seinen Handrücken betrachtet.

»Ich weiß es nicht«, sage ich. »Aber es scheint kein Zufall zu sein.«

Ich schaue seine Hand ebenfalls an. Er dreht sie erneut. Die Reflektion des Lichts auf der dreieckigen Narbe wirkt, als wäre seine Handfläche mit Licht gefüllt.

»Nein«, sagt er. »Das scheint es nicht.«

»Auf irgendeine Weise waren wir schon miteinander verbunden, bevor wir uns getroffen haben«, sage ich. »Wir alle.«

Noah hebt den Blick von seiner Hand und sieht mich wieder an. Es klickt, als er auf eins seiner Lippenpiercings beißt.

»Glaubst du an Schicksal?«, fragt er dann.

»Schicksal?«

»Die Vorstellung, dass man bestimmte Dinge nicht vermeiden kann, selbst wenn man es versucht.« Noah runzelt die Stirn und hält meinem Blick stand. »Bestimmte Dinge, die man … tun muss.«

»Ich weiß nicht, was ich tun *muss*. Wenn das hier Schicksal ist, wäre es nett, eine etwas klarere Gebrauchsanleitung zu bekommen.«

»Gebrauchsanleitungen sind was für Verlierer.« Einer von Noahs Mundwinkeln zuckt. »So wie Hausaufgaben. Wir müssen uns aus diesem Shit hier herausimprovisieren.«

»Wenn das bei einem Säure-Base-Experiment klappt, kann es vielleicht auch wieder gelingen.« Ich spüre, wie sich ein Lächeln auf mein Gesicht schleicht, das noch immer feucht von Tränen ist.

»Ja«, sagt Noah. Er legt den Kopf schief und sieht mich an. Plötzlich wird sein Gesichtsausdruck wieder ernst.

»Ich weiß nicht, ob es Schicksal ist«, sagt er. »Ich weiß nicht, ob das Ganze nur ein Traum ist. Ob wir im nächsten Moment aufwachen oder ob plötzlich jemand kommt, um uns zu ermorden.«

Ich folge seinem Blick zur Tür und den murmelnden Stimmen aus dem Wohnzimmer.

»Wir wissen gar nichts«, fährt Noah fort. »Und das ist völlig scary. Aber wir kriegen das schon heraus. Wir sind jetzt ein Team, oder? Wie die Avengers und so.«

Ich kann nicht anders, als ein verzweifeltes Lachen auszustoßen, das ein paar weitere Tränen auslöst, und ich reibe mir mit dem Handrücken über die Wangen.

»Ein richtiges Schrott-Team. Ich hoffe, wir sind nicht dazu

bestimmt, die Welt zu retten«, sage ich. »Mit Mäusezeichnungen und Telepathie kommt man nicht wahnsinnig weit.«

»You never know«, sagt er.

Im hellen Licht der Deckenglühbirne kann ich in seinen türkisgrünen Augen Funken von klarem Blau erkennen. Die Zeit, als er nur eine Zeichnung war, fühlt sich an wie eine Erinnerung aus einem anderen Leben, einer fernen Realität.

Das Licht spiegelt sich in seinen beiden Piercings, als Noah die Lippen spitzt. Sein Gesichtsausdruck wird plötzlich wachsam. Mir geht auf, dass ich ihn schon zu lange angestarrt habe, ohne etwas zu sagen.

»Was?«, fragt er.

Ich wende den Blick von seinen Lippen ab.

»Nichts.«

Das Funkeln in seinen Augen bohrt sich in mich hinein. Die Schmetterlinge flattern in Kreiselbewegungen unter meinen Rippen, schneller und schneller.

»Emilie, bist du da drin?« Albans Stimme draußen auf dem Flur schreckt uns beide auf.

»Ja!«, sage ich etwas zu laut.

»Geht es dir gut?« Alban klingt besorgt.

Ich atme tief in den Bauch ein und schließe die Hände um die kaputten Verbände. Meine Fingerspitzen streichen über die dreieckigen Narben. An ihren Rändern spüre ich kleine, schmerzhafte Erhebungen.

Ich sehe Noah an und atme wieder aus.

»Ja«, sage ich. »Mir geht es gut.«

Diesmal graben sich Lachfältchen in Noahs Wangen, die sein ganzes Gesicht verändern. Wie er so dasteht, den Kopf leicht geneigt, und ihm das dunkle wirre Haar in die Augen fällt, sieht er genauso aus wie der Junge aus meinem Traum. Der Junge mit dem schiefen Grinsen und den Händen, die ebenso türkis leuchteten wie seine Augen.

Ich rufe mir die Wärme von dem violetten Schein meiner Handflächen und die Farben der anderen wieder ins Gedächtnis. Unsere Narben sind gleich, aber das Licht unserer Hände ist unterschiedlich.

Ich weiß nicht, was das zu bedeuten hat, aber ich bin froh, dass Violett nicht die einzige Farbe des Spektrums ist.

Ich bin froh, dass ich nicht alleine bin.

DANKSAGUNG

Vielen Dank an meine fantastischen Testleser,
für eure scharfen Blicke und aufmunternden Worte.

An meine Familie,
für eure Geduld und Unterstützung.

An den Verein »Håbefulde Unge Forfattere« (dt. »Hoffnungsvolle junge Autor*innen«), der mir gezeigt hat, dass niemand allein schreiben muss.

QUELLENHINWEIS

Das Gedicht *Zeit und Raum* von Michael Strunge erschien unter dem Titel *Tid og rum* im Lyrikband *Livets hastighed*, Kopenhagen 1978, und wurde von der Übersetzerin frei ins Deutsche übertragen.

Nanna Foss, geboren 1985, studierte Journalismus sowie dänische Sprache und Medien. Darüber hinaus machte sie 2016 ihren Abschluss an der ›Writers' School for Children's Literature‹. Schlagartig bekannt wurde sie als Jugendbuch-Autorin der Sci-Fi-Fantasy-Reihe *Spektrum*, die erstmals 2014 erschien (Bd. 1 *Die Leoniden*) und 2020 in einer überarbeiteten Neuausgabe im Verlag Gyldendal veröffentlicht wurde. Nanna Foss unterrichtet literarisches Schreiben, hält Vorträge und Workshops an Schulen und ist Mutter von drei Kindern. Auf Instagram ist sie unter @nannafoss zu finden.

Alina Becker, geboren 1992, studierte Anglistik, Skandinavistik und Literaturübersetzen in Freiburg und Düsseldorf. Schon während des Studiums machte sie die ersten Schritte ins Übersetzerleben und ist seit 2016 als Videospiel- und Literaturübersetzerin tätig. Zu den von ihr übersetzten Werken zählen unter anderem Romane von Jenny Fagerlund, Leslie Wolfe und Cecilia Sahlström.